LES FOSSILES

Karl Beurlen/Gerhard Lichter

LES FOSSILES

Illustrations de
Fritz Wendler

FRANCE LOISIRS

Symboles utilisés
▷ = voir dessin
▷ 3 = voir photo 3

COLLECTION DIRIGÉE PAR GUNTER STEINBACH

Titre original de cet ouvrage :
VERSTEINERUNGEN
Traduction-adaptation de Christian BOUNAY et Marie-Anne TATTEVIN

Éditions du Club France Loisirs,
avec l'autorisation des Éditions Solar

ISBN : 2-7242-3361-1
Numéro d'éditeur : 12336

Imprimé en Allemagne par Mohndruck, Gütersloh
Photocomposition : PFC, Dole

Sommaire

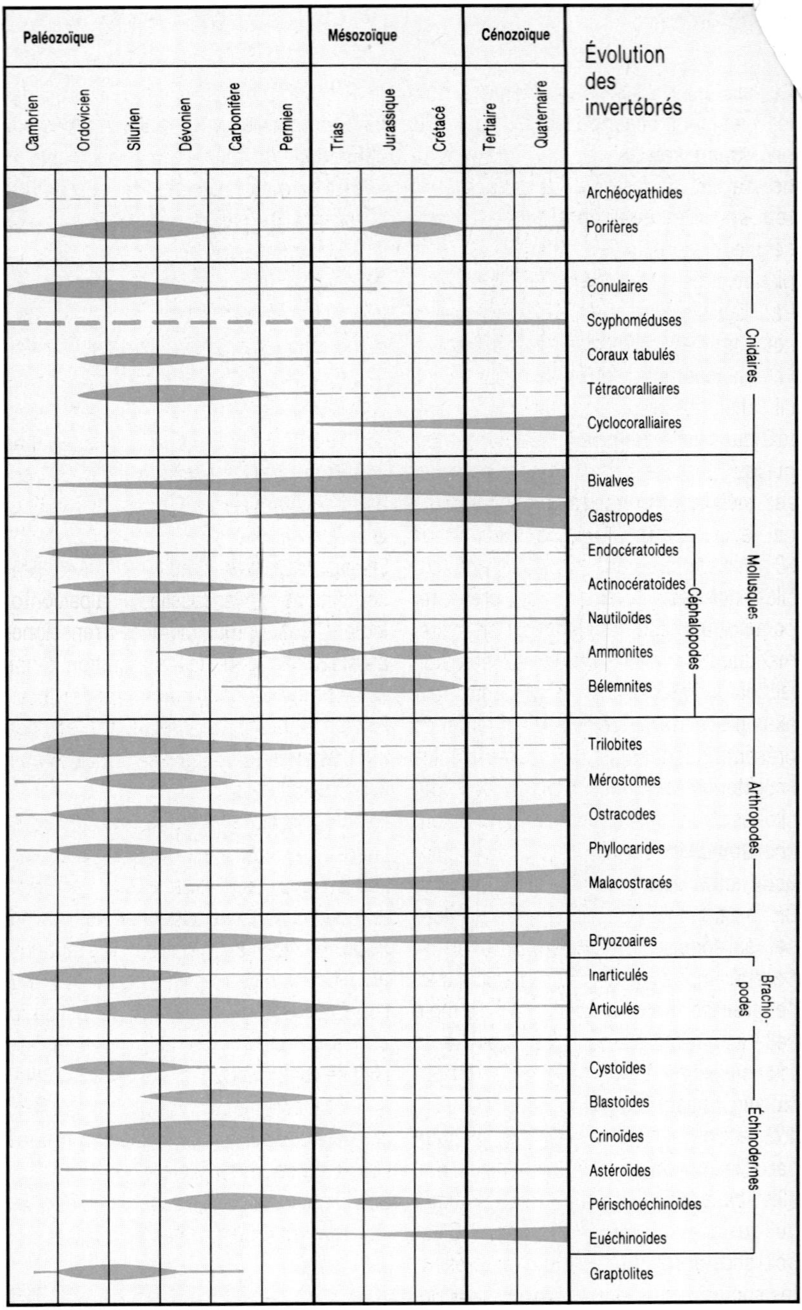
Paléozoïque
Mésozoïque
Cénozoïque
Évolution des invertébrés
Cambrien
Ordovicien
Silurien
Dévonien
Carbonifère
Permien
Trias
Jurassique
Crétacé
Tertiaire
Quaternaire
Archéocyathides
Porifères
Conulaires
Scyphoméduses
Coraux tabulés
Tétracoralliaires
Cyclocoralliaires
Cnidaires
Bivalves
Gastropodes
Endocératoïdes
Actinocératoïdes
Nautiloïdes
Ammonites
Bélemnites
Céphalopodes
Mollusques
Trilobites
Mérostomes
Ostracodes
Phyllocarides
Malacostracés
Arthropodes
Bryozoaires
Inarticulés
Articulés
Brachio-podes
Cystoïdes
Blastoïdes
Crinoïdes
Astéroïdes
Périschoéchinoïdes
Euéchinoïdes
Échinodermes
Graptolites

Avant-propos

Le concept de « fossiles » englobe tous les éléments, végétaux ou animaux, qui ont été conservés sous une forme pétrifiée depuis des périodes reculées de la vie terrestre. Ces êtres préservés nous renseignent sur l'évolution de la vie sur notre planète.

Par rapport à la moyenne des espèces actuelles, les fossiles représentent une immense variété de formes, et leur classification fait appel d'une part à la systématique et d'autre part au facteur temps, puisqu'il faut tenir compte des nombreuses métamorphoses survenues au cours de l'évolution des espèces, sur plus de 600 millions d'années. Un guide des fossiles ne peut donc pas se présenter comme un manuel d'identification systématique, comme les titres de cette collection sur les oiseaux ou les plantes, par exemple. Un tel guide doit se contenter de présenter les groupes de fossiles les plus importants, en les illustrant par des spécimens choisis, montrant ainsi ce que sont une ammonite, un trilobite ou un brachiopode, et donnant des indications sur la façon dont ces groupes se sont développés au cours de l'évolution. En effet, on pourrait faire un guide de cette ampleur en ne prenant qu'une classe, par exemple celle des céphalopodes, dont il existe de multiples formes depuis le début du paléozoïque jusqu'à nos jours.

L'auteur a donc dû opérer une sélection parmi les nombreux groupes connus, et il s'est basé pour cela sur l'utilité pratique du guide pour le collectionneur. C'est pourquoi la majorité des fossiles présentés sont des invertébrés. Les groupes qui jouent un rôle mineur dans l'ensemble des fossiles ou qui sont peu accessibles aux amateurs ont été traités brièvement, ou laissés de côté. L'essentiel de cet ouvrage est constitué par des fossiles que l'on peut trouver en Europe occidentale ou centrale.

Le collectionneur ou l'amateur de fossiles ne peuvent connaître les vertébrés, à l'exception de certains poissons, que par les collections des musées (stégocéphales, sauriens, mammifères et oiseaux). Les vertébrés et les végétaux fossiles sont donc traités brièvement à la fin de l'ouvrage.

Dans un premier chapitre, l'auteur présente au novice les fossiles et la paléontologie. Il donne également des renseignements utiles pour la constitution d'une collection : comment ramasser les fossiles et comment les préparer. L'ouvrage est complété par un glossaire des termes spécialisés.

La collaboration entre Karl Beurlen et Gerhard Lichter s'est révélée particulièrement fructueuse. Ce dernier possède une très importante collection de fossiles, doublée d'une documentation photographique sur les fossiles d'Europe qui compte parmi les plus riches. Il publie ici pour la première fois une partie de ses clichés. Karl Beurlen, éminent paléontologue, qui étonnait souvent ses auditeurs et ses interlocuteurs par l'ampleur de ses connaissances en biologie, est décédé peu après avoir rédigé ces textes. Que cet ouvrage honore sa mémoire.

G.S.

Symboles des groupes de fossiles

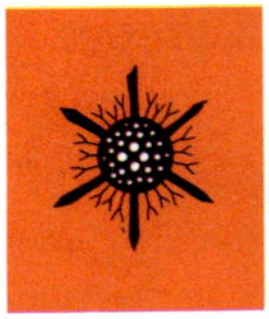

Protozoaires

p. 34

Porifères

p. 36

Cnidaires

p. 42

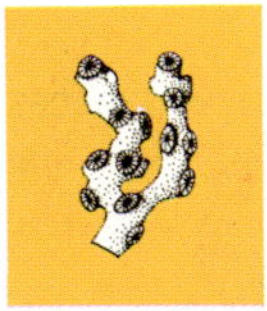

Cnidaires : coraux

p. 46

Mollusques

p. 58

Mollusques : bivalves

p. 60

Mollusques : scaphopodes

p. 78

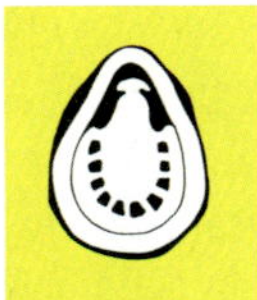

Mollusques : monoplacophores

p. 78

Mollusques : gastropodes

p. 80

Mollusques : céphalopodes

p. 100

Mollusques : nautiloïdes

p. 102

Mollusques : ammonites

p. 110

Mollusques : cléoïdes

p. 142

Mollusques : bélemnites

p. 144

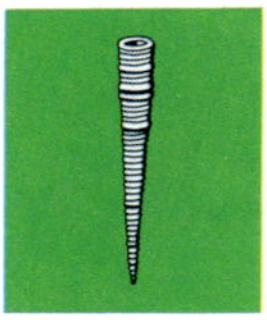

Mollusques : tentaculites, hyolithes

p. 148

Annélides

p. 150

Arthropodes

p. 152

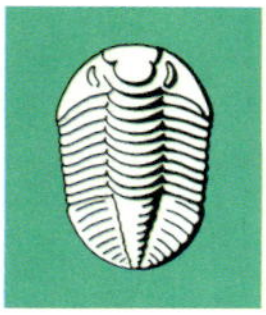

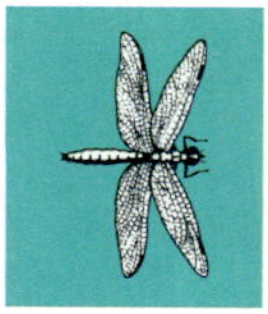

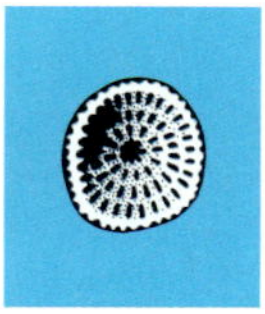

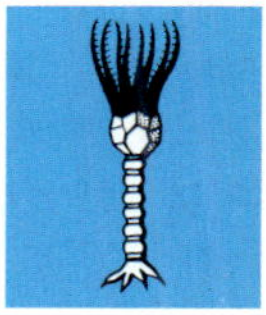

Qu'est-ce qu'un fossile ?

Le mot « fossile » vient du latin *fossilis*, et désigne tout ce « qu'on tire de la terre ». Ce terme a donc été utilisé initialement pour des découvertes occasionnelles ; par exemple pour des minéraux qui avaient une forme spéciale, pour des cristaux, des minerais, mais aussi pour des structures de nature organique. Les fossiles étaient alors considérés comme « un jeu de la nature », aucune étude sérieuse n'ayant permis d'établir leur origine organique.

Ce n'est que vers la fin du XVIIe siècle qu'on a commencé à réaliser que ces structures qui ressemblaient tellement à des débris organiques étaient en fait des vestiges d'êtres vivants qui s'étaient pétrifiés. C'est alors que s'est établie la distinction entre fossiles, choses enfouies, et pétrification (du latin *petra*, pierre). Depuis, le mot fossile a été repris, mais dans le sens particulier de « vestige organique pétrifié ». Les fossiles, dans le sens actuel du terme, sont donc des débris ou des empreintes de corps organisés dont la structure s'est conservée dans la roche.

Le concept de « fossile » a donc subi une évolution. Il est aujourd'hui synonyme de pétrification, et désigne tous les restes d'êtres vivants (au sens large) conservés dans l'écorce terrestre, plus ou moins entiers, plus ou moins modifiés (pétrifiés ou minéralisés), et qui peuvent être reconnus et identifiés en tant que tels. Dans un sens plus large, le terme fossile englobe également les empreintes reflétant l'activité d'êtres vivants : pistes et traces, vestiges de fouissage (terriers) ou de nutrition (broutements). Ces traces fossilisées, distinctes des fossiles au sens strict, fournissent également des indications précieuses aux paléontologues.

Traces de dinosaures (environ 140 millions d'années) (Barghausen, RFA)

La paléontologie, science des fossiles

Depuis la fin du XVIIIe siècle, on a réalisé que les fossiles n'étaient pas un simple jeu de la nature, des formations aléatoires apparues dans l'écorce terrestre, mais bien les vestiges d'une vie révolue, que c'étaient donc des témoins qui nous permettaient d'étudier les formes vivantes telles qu'elles existaient à l'époque où s'est formée la roche qui les contient. C'est alors qu'on a commencé à s'intéresser de près aux fossiles, à les comparer aux organismes connus, et à essayer de les identifier.

C'est là qu'on a vu que les organismes fossilisés ne correspondaient que très peu aux formes actuelles, et qu'ils pouvaient en être très différents. On a également constaté que les différentes strates rocheuses qui constituent l'écorce terrestre contiennent chacune des types de fossiles caractéristiques, et qui ont permis à la géologie de faire de grands progrès.

En établissant un répertoire systématique et complet des fossiles présents dans chacune des couches rocheuses, on a pu affiner le classement géologique, en définissant des *formations* nettement distinctes les unes des autres.

C'est ainsi qu'est née dès la fin du siècle dernier l'*échelle chronologique des formations*, encore valable dans ses grandes lignes (voir tableau page suivante). Ce tableau donne chaque ère géologique désignée par un nom, avec une description des fossiles correspondants. En établissant cette échelle, on a constaté qu'on pouvait regrouper les périodes géologiques, suivant leurs points communs, en une unité de temps plus grande : l'ère. Les ères géologiques sont :

le **paléozoïque** — ou ère primaire —, ère de la vie primitive où la plupart de la faune est invertébrée, les vertébrés étant encore très peu évolués ;

le **mésozoïque** — ou ère secondaire — caractérisé par la prédominance des sauriens ;

et le **cénozoïque** — regroupant les ères tertiaire et quaternaire —, qui voit le déploiement des mammifères.

Initialement, ce sont les géologues qui se sont consacrés à l'étude de l'intérieur de la terre et à celle des fossiles. On étudiait essentiellement les fossiles pour pouvoir distinguer les couches rocheuses et les époques auxquelles elles correspondaient, mais il n'y avait pas encore de science des fossiles à proprement parler. L'étude des fossiles était une fraction de la géologie.

En regroupant les époques géologiques en ères correspondant à des étapes du développement de la vie, on avait déjà formulé le principe de l'évolution. Mais on n'avait pas encore franchi le pas consistant à considérer les fossiles non seulement comme des documents géologiques, mais aussi comme des témoins de l'histoire de la vie. Les préoccupations des géologues étaient loin des interrogations des biologistes : ils se contentaient de répertorier les fossiles qu'ils découvraient dans les différentes couches sédimentaires. Les biologistes avaient alors fort à faire avec la classification des espèces vivantes, et ils considéraient que les vestiges fossiles étaient trop fragmentaires pour constituer un matériau d'études valable.

Pour Darwin, par exemple, les renseignements livrés par les fossiles ne permettent pas de tirer des conclusions scientifiques parfaitement fiables. Toutefois, à mesure que sa théorie de l'évolution s'impose, on commence à appréhender l'ensemble des fossiles comme des documents sur les êtres du

Échelle stratigraphique

(chronologie des formations)

Les chiffres de la première et dernière colonne représentent des millions d'années.

50	Cénozoïque	Quaternaire Tertiaire		Apparition de l'homme. Déploiement et dominance des mammifères supérieurs. Oiseaux. La faune invertébrée est semblable à celle de notre époque. Grands foraminifères	Déploiement et prédominance des angiospermes	50
100 150	Mésozoïque (secondaire)	Crétacé		Déploiement et dominance des sauriens. Apparition des oiseaux et des mammifères primitifs.		100 150
200		Jurassique	Chaînes alpines	Prolifération des néoammonites et bélemnites. Développement des bivalves supérieurs et des gastropodes. Échinodermes ; malacostracés. Cyclocoralliaires		200
250		Trias		Apparition des échinoïdes supérieurs et cyclocoralliaires. Mésoammonites. Début de l'expansion des bivalves supérieurs	Déploiement et prédominance des gymnospermes	250
300	Paléozoïque (primaire)	Permien	Chaînes varisques	Derniers trilobites et tétracoralliaires. Premières mésoammonites. Derniers blastoïdes. Extinction de la plupart des classes de crinoïdes et blastoïdes		300
350		Carbonifère		Important développement des tétracoralliaires et des brachiopodes. Crinoïdes et blastoïdes. Apparition des bivalves.	Expansion des sporophytes. Apparition des gymnospermes	350
400		Dévonien	Chaînes calédoniennes	Prolifération des paléoammonites. Début de la régression des trilobites		400
450		Silurien		Début du déploiement des tétracoralliaires. Crinoïdes et cystoïdes. Prolifération des brachiopodes et des trilobites.	Thallophytes (algues)	450
500		Ordovicien		Céphalopodes primitifs (nautiloïdes, endocérates et actinocérates). Gastropodes primitifs		500
550		Cambrien		Dominance des arthropodes, surtout les trilobites et brachiopodes primitifs. Archéocyathides		550
600 650	Protérozoïque	Précambrien	Chaînes assyntiques	Premiers invertébrés primitifs		600 650

L'échelle chronologique des formations

Les chiffres de la première et de la dernière colonne indiquent l'âge absolu en millions d'années. Ils donnent une idée de la durée des différentes périodes. Ces chiffres sont des approximations. Dans la deuxième colonne du tableau figurent les ères géologiques, dans la troisième les périodes selon leur enchaînement chronologique.
Les plissements de terrain se sont produits pratiquement sans interruption durant toute la période géologique, avec toutefois une alternance entre phases de forte et de faible intensité. A certaines époques, les plissements intensifs ont été plus fréquents : fin du protérozoïque (entre l'ordovicien et le dévonien inférieur), puis du dévonien supérieur jusqu'au permien, et enfin du jurassique supérieur à l'ère tertiaire. C'est au cours de ces plissements, respectivement les chaînes assyntiennes, calédoniennes, hercyniennes et alpines, que sont nés les principaux massifs montagneux de l'écorce terrestre. Les grands cycles de plissements montagneux ne sont pas aussi nettement délimités qu'on a pu le croire dans un premier temps. Les chaînes calédoniennes et hercyniennes se suivent pratiquement sans interruption.
Mais, entre les chaînes assyntiennes et calédoniennes, et entre les hercyniennes et les alpines, il y a également eu des plissements de l'écorce terrestre au cambrien, ainsi qu'au trias et au jurassique. La colonne relative à l'orogenèse ne comporte donc pas de cloisonnements entre périodes. Les communautés fossiles des différents temps géologiques — cinquième colonne pour les fossiles animaux et sixième pour les végétaux — sont définies par les groupes les plus importants et les plus typiques de la période considérée. En réalité, la diversité est beaucoup plus grande. On notera que l'évolution du monde végétal suit un rythme différent de celle du règne animal.

passé, à s'interroger sur leurs liens de parentés, et surtout à expliquer les métamorphoses constatées à l'intérieur d'un même groupe au fil du temps comme étant le processus de genèse des espèces actuelles. C'est ainsi que la théorie de Darwin a pu être étayée et prouvée par l'étude des fossiles et de leur évolution. Cette nouvelle direction de recherches exigeait des connaissances fondamentales en biologie.
L'étude des fossiles, qui était tout d'abord une science auxiliaire de la géologie, est ainsi devenue une science autonome, la paléontologie. Celle-ci a pour objet de reconstituer d'une manière aussi complète que possible les organismes ayant vécu avant les temps historiques, et leur mode de vie, en étudiant les vestiges fossilisés. La paléontologie peut ainsi éclairer les chemins de l'évolution, et expliquer la classification et la répartition des espèces actuelles. Cette science s'est orientée sur les connaissances de la biologie et de la géologie, et ses découvertes se sont révélées en retour extrêmement fructueuses pour l'étude des âges anciens sous un angle géologique.
En reconstituant les organismes éteints à partir des vestiges fossiles, on se heurte à la question de la représentativité d'une population fossilisée par rapport à la communauté vivant à l'époque étudiée. Des analyses méthodiques permettent de définir les relations écologiques et les conditions ambiantes à une époque donnée. Grâce à une étude poussée, les fossiles deviennent des témoins décisifs pour reconstituer les conditions locales qui ont conduit à la formation des différentes strates rocheuses. L'analyse paléoécologique des composants des fossiles fournit des indications beaucoup plus précises qu'une étude reposant uniquement sur leur structure minérale.
Le concept de *faciès*, qui recouvre les parti-

cularités locales aboutissant à la formation d'une couche minérale, a ainsi acquis des bases plus larges et plus solides.
Le rôle fondamental de la paléontologie est de tenter de reconstituer de la manière la plus complète et la plus précise possible les organismes et les communautés vivantes de la préhistoire, en utilisant les restes fossilisés, qui en donnent une image nécessairement fragmentaire. Les vestiges fossilisés sont, comparés aux organismes vivants que l'on peut étudier dans tous les détails et sur le plan du comportement, un matériel d'étude inerte et très incomplet. Pour résoudre ce problème fondamental de la paléontologie, il faut :

1. Une connaissance de base et systématique des êtres vivants actuels, de l'anatomie et de la morphologie comparées.

2. Une connaissance fondamentale des rapports écologiques au sein des communautés vivantes.

3. Une connaissance des processus de transformation que peut subir un organisme après sa mort et jusqu'à ce qu'il soit enfoui dans les sédiments, ainsi que des transformations qui peuvent se produire dans un organisme enfoui dans une roche en formation, jusqu'à ce qu'il prenne la forme fossilisée que l'on retrouve des millions d'années plus tard.

Comment se forment les fossiles ?

La surface de la terre, la couche supérieure du sol, l'eau et l'air sont peuplés par une infinie diversité d'êtres vivants. Ces organismes sont composés de combinaisons chimiques complexes à base de carbone (cellulose, amidon, sucres, protides, lipides, etc.) qui ne sont pas saturées en oxygène. Quand un organisme meurt, les liaisons organiques s'oxydent au contact de l'oxygène de l'atmosphère, et se décomposent en éléments inorganiques au cours d'un processus de putréfaction — l'organisme disparaît alors sans laisser de traces. Même les constituants plus résistants chimiquement des corps organiques, tels que la cellulose des plantes, la chitine des carapaces d'insectes, la corne et les os, se dégradent lentement par oxydation — bien moins vite il est vrai que l'amidon ou les protides. Les parties dures minéralisées, comme les os des vertébrés constitués de phosphate de calcium, ou la coquille calcaire des bivalves et des gastropodes, se dissolvent avec le temps ou sont brisées et usées, et sont ainsi réintroduites dans le cycle général des matières, tout comme les liaisons organiques.
Dans les conditions qui règnent normalement à la surface de la Terre, les restes d'organismes ne sont pas conservés, il n'y a donc pas de formation de fossiles. Ceux-ci ne peuvent se former que si un organisme est soustrait avant complète dégradation aux influences destructrices de la surface terrestre. C'est ce qui se produit quand le corps organique est inclus dans une roche en formation.
Les continents sont généralement soumis aux forces d'érosion ; seules quelques zones reçoivent au contraire des dépôts de sédi-

mentation : les bassins des lacs, les vallées, les dépôts morainiques des glaciers, les dunes des zones arides. Les possibilités d'inclusion de restes d'organismes dans les sédiments sont donc restreintes. Dans les mers, en revanche, les processus de sédimentation sont plus courants, par accumulation de toutes les alluvions charriées par les cours d'eau ; les conditions sont donc favorables à l'enfouissement de vestiges organiques. C'est pourquoi les fossiles d'organismes terrestres donnent une image très incomplète de la faune préhistorique, tandis que les organismes d'origine marine sont beaucoup mieux connus. Ces derniers sont proportionnellement mieux représentés dans les groupes de fossiles que les précédents.

Les parties molles des organismes se putréfient très rapidement. Il est exceptionnel que l'enfouissement soit assez subit et total pour couper court à tout phénomène d'oxydation. C'est pourquoi les fossiles ne conservent généralement que les parties dures, et les organismes qui ne produisent pas de parties dures sont exclus de la communauté fossilisée. Cela explique l'absence de fossiles dans certains groupes. Seule une petite partie des organismes est enfouie dans les sédiments et fossilisée.

Dans les zones où le dépôt minéral est constant et régulier dans un environnement peu agité, les vestiges des organismes sont inclus dans la roche à l'endroit de leur mort. La communauté fossilisée correspond alors pour l'essentiel à la communauté vivante originelle : c'est l'expression d'une *biocénose*. Dans les zones où la sédimentation est souvent interrompue, par exemple dans les mers peu profondes, les dépôts fluviaux ou les dunes, il peut s'écouler entre la mort de l'organisme et son enfouissement définitif un temps plus ou moins long, au cours duquel les parties dures susceptibles de conservation peuvent être déplacées sous l'action du vent ou de l'eau, et séparées les unes des autres selon leur densité, leur grosseur ou leur forme, avant d'être définitivement incluses dans la roche. On a alors une *taphocénose* (du grec *taphos*, tombeau). Il est donc important, lorsqu'on collecte des fossiles, d'étudier la position des spécimens prélevés par rapport à l'ensemble du gisement, et d'analyser celui-ci d'un point de vue paléoécologique, afin d'essayer de saisir les conditions qui ont présidé à l'enfouissement, et d'obtenir des indications quant aux conditions de vie des organismes qui se sont ainsi trouvés fossilisés.

Dans des conditions extrêmes, il peut arriver que des organismes entiers soient fossilisés, parties molles comprises. C'est le cas par exemple des mammouths retrouvés congelés dans les glaces de Sibérie, ou des corps enfouis dans les marais d'asphalte de Californie ou de Galicie (Europe centrale). D'autres modes de conservation « intégrale » plus courants sont la momification par dessiccation rapide dans les déserts, ou l'inclusion de petits organismes dans de la résine fossile (insectes dans l'ambre jaune). *Voir illustrations page suivante.*

Les parties molles peuvent également être conservées par manque d'oxygène, ce qui ralentit ou même stoppe complètement le processus de dégradation organique. Cette forme particulière de conservation se rencontre au fond des baies plus ou moins fermées et dans les lacs.

La putréfaction est alors remplacée par une décomposition bactérienne, les bactéries prélevant l'oxygène contenu dans les liaisons organiques, ce qui conduit à la formation d'hydrocarbures. Dans les lacs peu profonds, les résidus végétaux se transforment, par cette décomposition anaérobie, en

Mycétophile (diptère) 0,5 cm, de la presqu'île de Samland inclus dans de l'ambre fossile de l'éocène. A droite, agrandissement

tourbe, puis en *lignite* et enfin en *houille*, chaque stade étant déterminé par un enrichissement en carbone lié à une absorption d'oxygène.

Dans les lacs profonds et les baies qui ne sont pas soumis à l'eutrophisation, les hydrocarbures résultant de la décomposition des matières organiques se déposent et forment des *bitumes* — phase initiale du pétrole — mélangés aux particules argileuses, ce qui donne les *boues sapropéliques* (du grec *sapros*, pourri, et *pêlos*, fange). Sous la pression de nouveaux dépôts de sédiments, l'eau est progressivement chassée des boues, qui se transforment en schistes bitumineux. La tourbe, le charbon et les schistes bitumineux sont donc essentiellement composés de restes d'organismes morts ayant subi des modifications chimiques pour devenir des composants amorphes de la formation rocheuse. Comme ces composants ne sont plus identifiables, ils ne peuvent pas être considérés comme des fossiles au sens propre. On parle toutefois de « combustible fossile ».

Les cadavres des organismes assez grands qui ont vécu près de la surface de l'eau tombent au fond et sont enfouis dans les boues sapropéliques qui se déposent continuellement. Ils restent bien conservés en raison du manque d'oxygène du fond de l'eau, mais sont souvent fortement comprimés, du fait de la grande perte de volume entraînée par la compression des boues quand elles évoluent en schistes. La fosse Messel, près de Darmstadt, en Allemagne, est un exemple de ce type de fossilisation dans un lac. Les formations marines correspondantes sont par exemple les schistes bitumineux de Holzmaden, les schistes du dévonien de Bundenbach, ou les schistes à graptolites de l'ordovicien ou du silurien. Toutes ces formations renferment plus ou moins de fossiles ayant gardé l'empreinte originale du corps et des restes de peau. Les vestiges, qui ont parfois l'épaisseur du papier à cigarettes, et les empreintes des parties molles ne peuvent être exploités qu'après une préparation minutieuse.

En raison du manque d'oxygène (milieu réductif), le fer, omniprésent dans l'écorce terrestre, se présente dans les sédiments sapropéliques sous une forme bivalente. Les matières organiques dégagent du soufre en se décomposant. Ces deux éléments réagissent ensemble pour donner du sulfure naturel de fer : la *pyrite* (FeS_2). La pyrite est un minéral caractéristique des sédiments bitumineux. Sa précipitation a lieu essentiellement sur les corps qui dégagent du soufre. La réaction dominante étant légèrement acide, le calcaire des parties dures se dissout, et il est progressivement remplacé par la pyrite qui se forme. Le résidu organique initial disparaît totalement, mais il donne sa structure à la pyrite. C'est l'un des processus de fossilisation, l'épigénie pyriteuse, très courante dans les formations bitumineuses. Ce phénomène de fossilisation débute dès la phase de sédimentation sapropélique. La pyrite n'étant pas affectée par la compaction des boues lorsqu'elles évoluent en schistes, les fossiles pyriteux conservent leur structure originelle. Les fossiles non pyriteux sont transformés en même temps que la roche, et ils comportent parfois des empreintes de parties molles. Ces deux modes de conservation se complètent parfaitement bien.

La plupart des gisements fossilifères sont composés de sédiments de mers peu profondes, dans lesquelles les courants et les vagues ont renouvelé de manière continue l'oxygène absorbé par la décomposition organique. Les parties molles disparaissent entièrement par putréfaction. Seules restent, incluses dans les sédiments, les parties dures, qui sont souvent restées un certain temps à la surface du sol en raison de l'irrégularité de l'apport sédimentaire, surtout dans la zone littorale. Les roches prédominantes dans ce contexte sont les grès et les calcaires, qui peuvent avoir une teneur plus ou moins élevée en argile (schistes sablonneux, marnes...). Les grès et les roches calcaires ne sont pas soumis à une compaction intense ; les fossiles qu'ils renferment conservent donc une forme proche de l'originelle.

Quand la teneur en argile est élevée, particulièrement dans les marnes, la roche peut perdre une partie importante de son volume par évaporation de l'eau qu'elle renferme, et on a alors une grande compaction : les fossiles risquent d'être comprimés, mais moins que ceux des roches sapropéliques. Les roches purement argileuses peuvent être fortement transformées tout comme les roches sapropéliques. Leur faible porosité fait obstacle aux échanges d'eau entre les sédiments et la couche d'eau qui les recouvre, et la décomposition des organismes enfouis produit peu de bitume, souvent avec formation de pyrite. Les conditions de fossilisation sont semblables à celles qui règnent dans les couches sapropéliques, mais un peu atténuées. On rencontre ici deux types de fossiles : certains sont fortement comprimés, d'autres ont gardé leur forme car ils se sont minéralisés en pyrite. Le mode de fossilisation des organismes enfouis dans les marnes calcaires, les roches calcaires et les grès ne dépend pas seulement de la nature du sédiment, mais il est également fonction du matériau dont sont faits ces organismes. La plupart des invertébrés possèdent un squelette calcaire, à l'exception des spicules siliceux de certains types d'éponges. Le carbonate de calcium qui constitue les squelettes peut se présenter sous forme de calcite ou d'aragonite, cette dernière étant plus soluble et moins résistante.

Les restes de squelettes ou de coquilles de nature calcaire, qui sont enfouis dans des sédiments marneux, calcaires ou sablonneux, peuvent se conserver en leur état initial. Ce type de fossiles est plus fréquent dans les strates géologiques récentes. Au cours de leur long enfouissement, les parties calcaires subissent souvent un remplacement du minéral initial par un autre : l'épigénie fait disparaître la microstructure d'origine. La coquille peut alors devenir crayeuse, surtout lorsqu'elle est composée d'aragonite.

Dans les roches dont la porosité permet une certaine circulation de l'eau, comme le grès, les restes d'organismes enfouis finissent tôt ou tard par se dissoudre. C'est surtout le cas pour les parties en aragonite qui se dissolvent beaucoup plus aisément que celles en calcite. Les animaux à coquille de calcite, comme les brachiopodes, les échinodermes, ou les mollusques bivalves, sont donc souvent retrouvés entiers, alors que les autres mollusques, qui ont un squelette en aragonite, sont épigénisés. Les coquilles en aragonite peuvent se conserver dans les roches argileuses, où la circulation d'eau est très limitée, mais elles sont plus souvent épigénisées en calcite cristalline. Dans les roches calcaires, l'eau qui circule est chargée de calcaire dissous. Les coquilles calcaires y sont donc souvent mieux conservées que dans les roches sablonneuses, où les débris d'organismes en aragonite peuvent être entièrement lessivés par les eaux s'ils ne sont épigénisés en calcite.

Lorsque la dissolution des coquilles calcaires ou des restes de squelettes survient rapidement, avant que les sédiments ne soient définitivement consolidés, le vide laissé par la coquille est rapidement comblé par la pression de la roche, et il ne reste aucune trace de l'organisme dissous. La communauté fossile se limite dans ce cas aux animaux à coquille de calcite (tests d'oursins, brachiopodes, bivalves), tandis que les autres mollusques et les ammonites ne sont absolument pas conservés. Les fossiles donnent ainsi une image incomplète de la communauté vivante initiale.

En revanche, quand la dissolution des restes enfouis survient après la consolidation de la roche, le vide qu'ils laissent peut être conservé. On a alors un moule en creux du fossile. Par la suite, ce moule peut se remplir d'un autre dépôt minéral apporté par l'eau qui circule dans la roche, et il se crée un moulage qui reproduit la forme initiale de l'organisme enfoui sans en conserver la substance. Quand le moule externe reste vide, on peut par la suite faire un moulage artificiel.

Lorsque sont enfouis des bivalves, des gastropodes, des brachiopodes ou d'autres animaux à coquille, la roche en sédimentation peut se déposer autour de la coquille et à l'intérieur, remplissant son vide interne. Quand le sédiment se consolide, on a une contre-empreinte de la coquille et une empreinte externe. Les deux sont séparées par la coquille ou, après sa dissolution, par un vide. Ce dernier peut par la suite se remplir d'une autre essence minérale. Mais il peut également disparaître sous l'action de la pression de la roche. Le moulage interne

1 *Ammonite du genre* Pleuroceras *7 cm, du jurassique inférieur, Unterstümig, Franconie, RFA, dans un sédiment argileux ;*
à droite, moulage interne calcifié, montrant la ligne suturale,
à gauche, avec des restes de coquille calcaire
2 Ampullina, *gastropode du tertiaire 11 cm, bassin de Mayence, moulage interne*
3 *Coquille fossilisée d'*Ampullina
4 *Moule externe de* Manticoceras *5 cm, du dévonien, Eifel, RFA, avec un moulage artificiel à droite*

porte alors les marques du moule externe (reliefs, etc.).

Les restes organiques enfouis dans la roche ne peuvent se conserver sous forme fossile que dans des conditions particulièrement favorables. Et, même dans ce cas, ils sont généralement modifiés par *pseudomorphose*, ce qui veut dire que leur microstructure a disparu. Mais, dans la majorité des cas, les restes organiques enfouis disparaissent, ne laissant qu'une empreinte dans la pierre ou une contre-empreinte qui reproduisent la forme initiale.

Dans de nombreux cas, l'objet fossilisé est remplacé par des dépôts minéraux ultérieurs provenant des nappes phréatiques ou des eaux d'infiltration (matériaux de pétrification). Le coquillage ou la partie de squelette se dissout, laissant la place à un objet de même forme, mais composé d'une autre matière.

L'un des matériaux de fossilisation les plus courants est la pyrite, dont nous avons déjà parlé. Ce matériau est typique des situations de fossilisation où règne un manque d'oxygène. Mais la *calcite* est encore plus répandue. Les cavités conservées, comme la cavité palléale des ammonites, l'intérieur des brachiopodes fermés ou des bivalves, se rencontrent souvent sous forme de glandes cristallines remplies de calcite. Les tests d'oursins peuvent s'épigéniser en calcite, puis se remplir complètement de calcite par un accroissement des cristaux du squelette. Les coquilles en aragonite peuvent également s'épigéniser en calcite. Lorsque les coquilles sont conservées, il est souvent difficile de savoir, surtout dans les couches très anciennes, si l'on a affaire à une épigénie ou à une empreinte qui se serait formée après disparition de la coquille. Les spicules siliceux des éponges sont souvent calcifiés par la fossilisation ; le calcaire a pris la place de la silice. La silice des squelettes se compose d'opale, une variété de silice très hydratée qui se dissout relativement aisément. Quand le milieu dans lequel se trouve le squelette d'éponge est plus ou moins basique, le calcaire contenu dans l'eau peut prendre la place de l'opale en dissolution.

Nous en arrivons au troisième matériau de fossilisation important : la *silice*. La solubilité de l'acide silicique (quartz $=SiO_2$) est très faible. Les eaux de mer en reçoivent cependant un apport constant par l'érosion. La silice est utilisée par des organismes pour élaborer leur squelette : ce sont tout d'abord les éponges siliceuses, mais aussi les diatomées, algues unicellulaires, et les radiolaires unicellulaires, qui fixent la variété hydratée de la silice : l'opale. Lors de la décomposition des corps mous, l'opale se dissout et se mêle aux sédiments, où elle précipite rapidement pour donner la calcédoine, forme moins hydratée et donc plus durable. Les cristaux de calcédoine peuvent se regrouper, ou prendre la place du carbonate de calcium d'un coquillage enfoui, ce qui donne un fossile silicifié. La silicification des fossiles se traduit par l'apparition de petites structures

Anneaux de silice sur un brachiopode 3 cm, du jurassique supérieur (Liesberg, Suisse)

Cristallisation de pyrite autour d'une ammonite du genre Pleuroceras *3,5 cm. du jurassique inférieur (Reichenbach, RFA)*

annelées (anneaux de silice). La calcédoine et les fossiles silicifiés sont fréquents dans des formations du crétacé ou du jurassique supérieur, où les éponges siliceuses ont connu un très grand essor. Outre les trois matériaux de fossilisation les plus courants (pyrite, calcaire, silice), on peut rencontrer, selon les milieux chimiques, d'autres substances telles que le gypse, les phosphates, etc. Mais ces matériaux de fossilisation restent relativement rares.

Il est donc peu fréquent qu'un fossile nous livre des matières provenant de l'organisme enfoui. Dans la majorité des cas, il y a un remplacement de matière, ou une modification de la cristallisation. Ou on ne retrouve qu'une empreinte constituée par la roche d'enfouissement ou par une autre substance minérale venue combler un vide. Généralement, seules les parties dures de l'organisme ont été conservées au cours des millénaires. Lorsque l'enfouissement a été réalisé dans un milieu pauvre en oxygène, on peut retrouver des empreintes, généralement un peu effacées, des parties molles.

Lors de la fossilisation dans les schistes bitumineux, nous avons déjà indiqué que le reste fossile enfoui subit non seulement une modification plus ou moins complète de sa substance, mais que sa forme initiale n'est également pas toujours conservée. Ces fossiles sont soumis à une forte compression liée à la perte de volume de la boue argileuse quand elle évolue en schiste feuilleté. On retrouve à peu près le même phénomène, plus ou moins marqué, pour les sédiments argileux non bitumineux : on parle de *compaction pélomorphe*. Cette force de com-

Feuille de liquidambar 10 cm, près du lac de Constance, et libellule 6 cm, Jura souabe (deux fossiles du tertiaire)

pression étant due au poids des couches sédimentaires supérieures, elle s'exerce toujours sur un axe parfaitement vertical (perpendiculaire à l'horizontale au moment de la formation de la couche). Mais quand une strate fossilifère est soumise à des forces tectoniques, il y a une modification de la ligne horizontale. Il peut également y avoir, selon l'intensité et l'orientation du plissement, un allongement ou une déformation de la roche. Les fossiles, qui sont devenus des composants de la roche, subissent cette compression, cet allongement ou cette déformation en même temps que leur substrat. La déformation est fonction de la nature et de la direction du plissement. Une même forme initiale peut ainsi subir au fil du temps plusieurs types de sollicitations mécaniques aboutissant à des déformations.

Nous avons parlé jusqu'à présent essentiellement des parties dures provenant d'animaux éteints. En règle générale, les végétaux ne comportent pas de composants durs minéraux (à l'exception des algues calcaires ou siliceuses). Leurs éléments de soutien sont essentiellement composés de *cellulose*, à base de combinaisons organiques. Les processus de fossilisation sont donc différents de ceux des organismes animaux. Par perte d'oxygène et d'hydrogène, les matières végétales se transforment en carbone. L'évolution normale mène à la tourbe, puis à la lignite et à la houille, la plante initiale ne donnant alors pas de fossile identifiable.

Les fossiles végétaux ne se forment que lorsque des vestiges de plantes (feuilles, branches, etc.) sont enfouis en des lieux suffisamment secs, et non dans des lacs en voie d'eutrophisation ou dans des marais. L'enfouissement dans des sédiments argileux les protège d'une dégradation trop rapide. Il peut alors se former des empreintes de feuilles ou de branches, qui permettent d'observer de nombreux détails. Lorsque ces débris végétaux sont recouverts d'une couche de sable, ils se décomposent rapi-

dement en raison de la circulation d'air et d'eau dans le sable poreux. Mais quand le sable durcit assez rapidement, des empreintes des éléments végétaux peuvent subsister sur les surfaces des couches, parfois avec de fines membranes de carbone.
Les parties végétales les plus résistantes sont bien sûr les troncs d'arbres, qui peuvent perdurer même exposés à l'air. Dans les régions arides où l'érosion contribue à la formation d'une croûte sédimentaire à la surface, ces dépôts de sédiments, s'ils sont de nature siliceuse, peuvent produire une silicification des végétaux : la cellulose est alors remplacée dans le bois, molécule après molécule, par de la silice. C'est de cette manière que se forment les bois silicifiés, typiques des formations désertiques, et qui conservent leur structure initiale dans les moindres détails.
Les cellules reproductrices des plantes, pollens, spores et graines, possèdent aussi une très grande résistance. Elles peuvent être conservées, légèrement carbonisées, mais encore identifiables, même dans la tourbe et le charbon. Ces éléments étant souvent véhiculés par les vents, on peut les rencontrer dans toutes les formations géologiques.

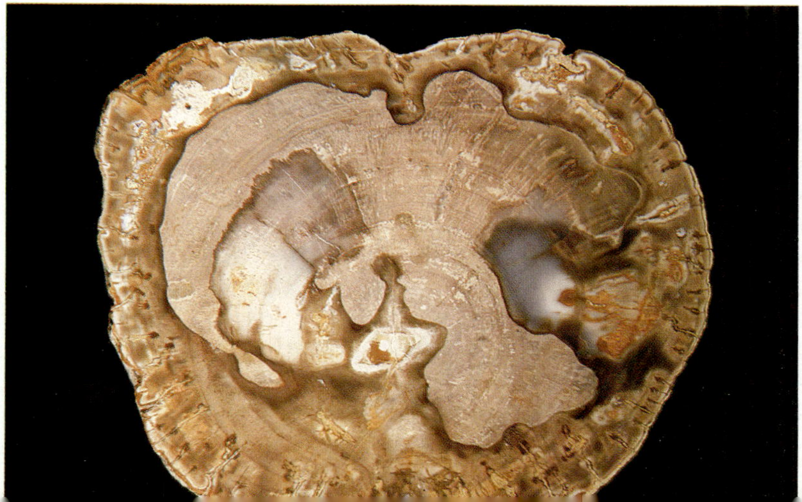

Tronc de bambou silicifié 15 cm (Madagascar)

Comme nous l'avons indiqué précédemment, les fossiles ne sont que des témoins fragmentaires de la vie passée, des échantillons. La grande majorité des organismes disparaissent après la mort, sans laisser de traces, leurs composants sont intégralement réintroduits dans les cycles de la nature ; et, des organismes fossilisés, on ne retrouve généralement que les parties dures (squelettes et coquilles). Ces éléments ne constituent pas des témoignages directs permettant de connaître les parties molles des organismes et leurs mœurs en tant qu'êtres vivants.

Les renseignements fragmentaires apportés par de tels restes fossilisés nous permettent-ils de tirer des conclusions sur la vie aux époques antédiluviennes et son évolution ? Toutes les strates rocheuses formées successivement dans l'écorce terrestre contiennent des témoignages de la vie passée, et nous montrent les étapes successives dans le temps. Si l'on part du principe que, dans les règnes animaux et végétaux successifs, les espèces les plus diverses étaient représentées par une multiplicité d'individus, on peut supposer que la plupart des espèces ont rencontré pour tel ou tel individu des conditions favorables à la fossilisation, ce qui nous a permis d'en avoir la connaissance. La multiplicité des individus permet de considérer les communautés fossilisées comme un échantillonnage de la vie à telle ou telle époque — au moins en ce qui concerne les groupes susceptibles de se conserver par un mode de fossilisation. Mais il est important d'étudier les communautés fossiles de nombreux gisements et de nombreux faciès géologiques différents.

Un biologiste peut étudier l'organisation d'un corps et le comportement des êtres vivants ; les parties dures d'un organisme ne sont qu'un domaine de recherche parmi de nombreux autres, les études et la classification des animaux ne reposent pas uniquement sur ces éléments. En revanche, dans l'étude des fossiles, on est souvent confronté à de simples fragments de parties dures, ou à leurs empreintes moulées dans la roche (sans compter que leur forme a pu être modifiée ultérieurement par diverses influences). Mais chaque organisme est un tout : chaque partie, organe ou complexe d'organes est en liaison directe avec toutes les autres parties, et une modification de l'organisation se répercute nécessairement sur toutes les parties. Cuvier avait déjà énoncé le principe de la *corrélation des organes* : on peut, en étudiant une partie, obtenir des informations par déduction concernant les autres parties. Il y a nécessairement une corrélation entre l'organisation des parties dures et celle des parties molles. La structure rayonnée pentamère des échinodermes, par exemple, se retrouve dans leur squelette. Le type de symétrie des valves, qui est différent chez les brachiopodes et les bivalves, se reflète dans le mode de formation et dans la disposition des organes des animaux de ces deux groupes. Chez les arthropodes, on retrouve la même segmentation dans l'organisation interne et dans le squelette. La structure et le type des parties dures permettent de classer un fossile dans une grande unité systématique, et de tirer des conclusions sur l'organisation de ses parties molles, à condition que les restes fossilisés ne soient pas trop fragmentaires. Les grandes unités de la systématique sont l'espèce, le genre, la famille, l'ordre et la classe. Lors-

qu'on connaît les corrélations entre le squelette et les organes d'un corps, qui peuvent être déduites de l'analyse des représentants actuels d'une unité systématique, on peut, à partir des modifications survenant dans les parties dures, acquérir, par déduction, des renseignements sur les modifications de l'organisation interne.
Les représentants d'une même unité systématique ont souvent des comportements différents qui traduisent des modes d'adaptation aux milieux différents, et qui ont des répercussions sur les organes et les parties dures. Les lois régissant ces phénomènes évolutifs peuvent être constatées et étudiées sur les espèces actuelles. La structure spéciale des parties dures retrouvées à l'état fossile permet ainsi d'émettre des hypothèses sur le mode de vie et le comportement des fossiles d'un même groupe.
On peut ainsi reconstituer un fossile et en déduire quel a pu être son mode de vie. C'est comme si on lui redonnait la vie. Pour cela, il est nécessaire de posséder une connaissance approfondie des représentants vivants du même groupe et de leur anatomie comparée. Cette démarche est opératoire quand les fossiles sont assez bien conservés, et qu'ils ne diffèrent pas trop des spécimens actuels. Mais plus on remonte le cours du temps, plus on rencontre des formes éloignées des contemporaines. On peut également suivre la démarche inverse, c'est-à-dire partir des éléments les plus primitifs et essayer de reconstruire, en suivant les chemins de l'évolution, la progression et la diversification des êtres vivants. Il faut pour cela pren-

Dégagement et préparation d'une ammonite du genre Hoplites *15 cm, du crétacé (environs de Troyes)*

dre en compte, de manière critique, le principe des corrélations.
Mais on rencontre également parmi les fossiles, surtout dans les strates les plus anciennes, des vestiges de groupes qui ne peuvent pas être directement comparés aux espèces actuelles. Citons par exemple les trilobites, les ammonites, les cystoïdes, ou encore les blastoïdes. Dans la plupart des cas, on peut rattacher ces groupes à l'une des grandes branches de la systématique : les trilobites aux arthropodes segmentés, les ammonites compartimentées avec leur coquille en aragonite aux céphalopodes, et les cystoïdes à structure radiaire et souvent pentamère aux échinodermes, de même que les blastoïdes. On obtient ainsi des renseignements sur l'organisation de base propre à chaque branche. La comparaison des différents groupes rattachés à une même branche permet également d'opérer une reconstitution de l'évolution. La recherche en ces domaines ne peut que procéder par essais et erreurs, jusqu'à ce que de nouvelles fouilles ou une amélioration des techniques de préparation ou d'étude des fossiles viennent apporter confirmation ou démenti et donner une explication satisfaisante. Le groupe éteint des graptolites a ainsi été rattaché successivement à diverses branches, chaque fois avec des arguments qui semblaient valables : de nouvelles études de la microstructure du squelette venaient infirmer les interprétations précédentes et justifiaient une nouvelle classification.
Lorsqu'un animal fossilisé est suffisamment bien conservé, une étude basée sur la morphologie et l'anatomie comparées conduit directement ou indirectement à une identification sûre et à la reconstitution de l'organisme. Mais les amateurs de fossiles savent que les vestiges qu'on trouve dans le sol sont souvent plus ou moins fragmentaires, que ce ne sont parfois que des contre-empreintes, et que ces fossiles peuvent avoir subi des déformations sous l'action de la compaction pélomorphe ou des forces tectoniques.
La première démarche pour effectuer une détermination correcte consiste donc à essayer de compléter le reste fossile, afin de reconstituer sa forme originelle. Il faut pour cela expliquer les processus de transformation auxquels il a pu être soumis avant son enfouissement dans le sédiment, puis au cours de la fossilisation.
Il faut refaire par la pensée le chemin inverse, en partant du fossile pour retrouver le vestige organique enfoui ; redresser les déformations. Dans le cas de la compaction pélomorphe, c'est relativement simple ; on utilise des vestiges non comprimés, parce que enfouis dans des concrétions ou pyritisés, qui permettent d'évaluer l'ampleur des forces de compression. Pour les fossiles ayant subi des déformations tectoniques, la tâche est plus ardue. Il faut prendre en compte l'orientation de la pression tectonique ou de l'étirement. Il peut alors être très utile d'étudier les rapports de symétrie discernables dans le fossile, dans la mesure où il comporte des plans de symétrie.
Lorsqu'on a affaire à des empreintes internes, qui ne donnent pour les coquillages aucun renseignement sur les reliefs et les ornementations externes de la coquille, il faut chercher des fossiles complémentaires dans d'autres gisements.
L'essentiel est de rétablir les rapports de symétrie, même à partir de fragments, car ils peuvent donner des indications utiles pour la reconstitution de l'ensemble. Les lignes de croissance des coquillages, quand elles sont conservées, fournissent également des renseignements importants. Il ne faut jamais se limiter à l'étude d'un seul spécimen, mais plutôt en comparer un grand nombre, pour

éliminer rapidement les particularités liées aux aléas des conditions d'enfouissement et de fossilisation d'un exemplaire unique, qui ont pu le modifier d'une manière ou d'une autre.

On le voit, une fois les fossiles collectés, leur reconstitution et leur identification demandent encore un long travail. Pour cela, il faut effectuer une préparation, qui consiste dans un premier temps à dégager avec soin le fossile de sa gangue minérale. Il ne faut pas, pour cette opération, agir du seul point de vue esthétique, car il est très important de retrouver la surface initiale avec tous ses détails et ses finesses.

Les amateurs de fossiles n'ont plus besoin de retrouver par eux-mêmes les techniques de préparation. En effet, en plus d'un siècle de recherches paléontologiques, les méthodes d'étude et de détermination des fossiles ont acquis des bases solides et complètes. L'amateur doit s'en instruire et s'y fier dans son travail d'interprétation de ses trouvailles. Mais cela ne signifie pas que toutes les questions soient résolues, loin de là. Tout nouveau fossile découvert peut constituer, s'il est étudié par un expert, une contribution à la progression du savoir paléontologique.

La paléontologie a permis et permet encore à l'homme d'acquérir une connaissance de plus en plus complète de la vie aux époques préhistoriques. La conception théorique de la genèse et de l'évolution des êtres vivants a dû être entièrement reprise à la lumière des découvertes paléontologiques. Les fossiles sont devenus des témoins indispensables pour étudier l'histoire de la vie, et aussi celle de la Terre. Il y a deux ou trois siècles, les collectionneurs de fossiles passaient pour des amateurs de curiosités. Aujourd'hui, la paléontologie est l'un des moyens les plus importants pour l'étude de notre environnement, de son passé et de son avenir.

A la recherche de fossiles

Où et comment ramasser des fossiles ?

Partout où la roche fossilifère apparaît à la surface de la terre, affleure, comme disent les géologues, l'amateur de fossiles a sa chance. On distingue les affleurements naturels, au fond des vallées ou sur le flanc des montagnes, et les affleurements artificiels, dans les carrières de pierre, de sable, ou d'argile, ou encore les chantiers. Les chantiers sont des affleurements très temporaires, mais souvent très fertiles. Pour les trouver, l'amateur doit ouvrir l'œil lors de toutes ses excursions.

Pour les travaux de construction routière ou de terrassement, il faut toujours demander l'accord du chef de chantier avant de pénétrer sur le terrain. Les carrières de pierre, de sable et d'argile sont aujourd'hui pour la plupart fermées au public, en raison de l'activité parfois destructrice des ramasseurs de fossiles, surtout à des fins commerciales. Il faut dans tous les cas se munir de l'autorisation du propriétaire ou de l'exploitant de la carrière. Pour les affleurements naturels, berges de ruisseaux, talus, etc., il est également nécessaire de s'entendre avec le propriétaire avant de commencer les fouilles.

Les fossiles ne peuvent se trouver que dans les formations sédimentaires, et non dans les roches cristallines : les affleurements de granite, basalte, gneiss, par exemple, n'offrent aucun intérêt pour un collectionneur de fossiles qui ne serait pas en même temps préoccupé de géologie. En revanche, toutes les roches sédimentaires : calcaires, marneuses, argileuses ou gréseuses peuvent être plus ou moins riches en fossiles. Quand on cherche à collectionner les fossiles, on doit donc faire des excursions dans des régions constituées de formations sédimentaires. Pour ne pas revenir bredouille, il est indispensable d'avoir des connaissances de base en géologie. Quand on reste relativement près de son lieu d'habitation, que l'on connaît plus ou moins bien, on peut sans difficulté s'orienter dans ses recherches : on connaît généralement les grandes lignes de la structure géologique de la région. Ailleurs, par exemple en vacances, il faut commencer par étudier les particularités géologiques de la région — chose indispensable pour avoir des chances de trouver des fossiles. On utilisera pour cela des cartes ou des guides géologiques, dans la mesure où il en existe. Ces documents donnent généralement des indications sur les affleurements et les gisements de fossiles.

A l'intérieur d'une même strate sédimentaire, la richesse en fossiles peut être très variable. Des couches particulièrement riches peuvent avoisiner les plus pauvres. Il y en a également où on ne trouve pas l'ombre d'un fossile. Dans une succession de couches fossilifères, il peut y avoir une alternance entre gisements et bancs pratiquement stériles. Ces particularités sont généralement portées sur les cartes géologiques. Il faut donc étudier ces documents avant de planifier les excursions. Quand les guides n'existent pas, il faut essayer de contacter des spécialistes locaux et, si ce n'est pas possible, il faut se débrouiller tout seul. On effectue d'abord des reconnaissances, en examinant le plus grand nombre possible d'affleurements et de couches géologiques, afin de déterminer quels sont ceux qui méritent une exploration plus poussée. Pour cela, il est impératif de prendre son temps. Des couches à première vue stériles peuvent se révéler fossilifères après un examen approfondi. Leur contenu peut parfois être particu-

Une ammonite est dégagée avec soin (Normandie)

lièrement intéressant et important. Quand de nombreux fossiles sont regroupés en un même lieu, ils sont souvent relativement identiques. Le chercheur de fossiles doit en tous les cas s'armer de patience. Quand il a découvert un gisement fossilifère, il lui faut souvent une ou plusieurs journées de labeur pour l'exploiter.

Dans les carrières de pierre, de sable ou d'argile, il faut éviter de travailler juste au pied des parois abruptes, et on doit porter un casque pour se protéger des chutes de pierre ou des éboulis. Quand on s'attaque à une roche dure, au marteau ou au burin, il est recommandé de porter des lunettes pour se protéger les yeux des éclats de pierre (calcaires ou grès durs, par exemple). Dans les carrières de pierre, l'inspection minutieuse des tas de déblais peut valoir la peine.

La démarche à suivre est différente selon la nature du gisement fossilifère.

Les couches argileuses affleurent souvent en talus abrupts. Après de fortes pluies, il n'est pas rare de trouver les fossiles tout simplement dégagés à la surface. La première chose à faire consiste donc à examiner soigneusement le talus, en le remontant à quatre pattes. Pour creuser, le marteau est de peu d'utilité, mieux vaut utiliser une courte spatule ou une truelle de maçon pour entamer le sédiment argileux à structure généralement feuilletée. Le fossiles pyritisés, fréquents dans les strates argileuses, sont aisés à ramasser. Ceux qui ne sont pas pyritisés restent le plus souvent comprimés et très fragiles. Il faut donc dégager la surface de la couche sédimentaire avec beaucoup de précautions, en découper un bon morceau tout autour du fossile, et bien empaqueter le tout pour conserver le taux d'humidité de la roche. Le séchage ultérieur devra être effectué lentement et soigneusement, afin que le fossile ne casse pas.

Lorsqu'on a affaire à des couches sablonneuses fossilifères non consolidées, il faut procéder méthodiquement et soigneusement. Ici encore, il est bon de commencer par bien inspecter la surface pour déceler d'éventuelles pièces dégagées par les pluies. Puis on prend un tamis pour séparer le sable fin des grains plus grossiers et des restes fossilisés.

Les roches dures (calcaire, grès) demandent un travail plus physique. Il faut émietter les débris rocheux à l'aide d'un marteau, ou d'un burin et d'un maillet, en essayant de fendre la roche dans le plan de la sédimentation. Quand une partie de fossile apparaît à la surface, on émiette le bloc rocheux depuis le bord, mais sans le réduire trop car, souvent, on ne peut pas prévoir quelle est la taille du fossile dissimulé dans la roche. D'une façon générale, il ne faut pas trop réduire les débris rocheux que l'on souhaite emporter, la mise à nu du fossile devant se faire lors du travail ultérieur de préparation. Il est recommandé d'emporter même les fossiles qui semblent peu intéressants à première vue. Ce n'est qu'après avoir réalisé le travail de préparation qu'on pourra juger réellement de l'opportunité de les garder.

Tous les morceaux prélevés doivent être empaquetés séparément dans du papier, afin qu'ils ne se détériorent pas par frottement lors du transport.

Chaque pièce prélevée devrait être immédiatement marquée sur place. Le meilleur système consiste à coller une petite étiquette avec un numéro sur chaque échantillon, et à consigner immédiatement les notes correspondantes dans un carnet : lieu de la récolte, couche rocheuse. Ainsi, on est sûr d'éviter toute confusion par la suite. Il ne faut jamais se fier à sa mémoire ! Car, souvent, on ne trouve pas le temps de trier les pièces ramenées immédiatement après l'excursion et, après quelques jours, il est trop tard pour se souvenir de tous les détails.

Fouilles dans des calcaires lithographiques, en Bavière

La préparation du matériel

Le matériel récolté est tout d'abord trié par lieux de provenance et par strates rocheuses, puis les échantillons sont lavés à l'eau et nettoyés par un brossage énergique. Ne jamais utiliser de brosse métallique, pour ne pas détruire les détails de la surface. Pour les empreintes prélevées dans les couches d'argile, il n'est bien sûr pas question de lavage à l'eau. Il faut dégager le fossile soigneusement, à l'aide d'une aiguille et d'un pinceau souple..

Le matériel nettoyé et trié selon sa provenance et la nature du substrat n'est pas encore prêt à être placé dans la collection. A l'exception de quelques pièces assez rares, les fossiles sont encore plus ou moins pris dans une gangue rocheuse, qu'il s'agit maintenant d'éliminer. Les deux qualités les plus utiles dans ce travail sont le soin et la patience. Ce travail lent et minutieux peut être gardé pour occuper les soirées d'hiver.

Pour les fossiles pyritisés dans un substrat argileux, ou les empreintes dans l'argile, la préparation consiste principalement en un nettoyage soigneux : il faut retirer une à une les particules d'argile en utilisant une aiguille et un pinceau souple, en s'aidant le cas échéant d'une loupe binoculaire. Pour les fossiles provenant de couches sablonneuses peu stabilisées, il faut faire sauter les grains de sable avec une aiguille.

Les fossiles pris dans une gangue rocheuse dure (grès ou calcaire) doivent être dégagés avec un burin et un maillet léger. La roche est attaquée avec une grande prudence. Plus on approche de la surface du fossile, plus on doit prendre un petit burin et un petit maillet. Pour affiner le travail, on peut également utiliser une aiguille. Il ne faut pas se faire d'illusions : l'apprentissage ne se fera pas sans quelques ratages ! Mais, en persévérant, on finit par acquérir une bonne technique.

Un préparateur au travail

Pour les fossiles pyritisés logés dans un sédiment calcaire, on peut utiliser la propriété de l'acide (chlorhydrique ou acétique, par exemple) d'attaquer le calcaire, mais pas la pyrite. Il suffit alors de plonger l'échantillon calcaire dans une solution acide pour dissoudre la gangue et dégager le fossile pyritisé. Mais même ce procédé exige de la patience. En effet, la dissolution du calcaire doit se faire lentement, dans une solution fortement diluée qui devra être renouvelée de temps à autre.

La constitution d'une collection

Une fois le fossile préparé, il ne peut être identifié qu'en utilisant un ouvrage spécialisé. Une fois cette identification faite, on y appose une étiquette mentionnant son nom, le lieu de provenance, la nature de la roche où il reposait, le nom de la personne qui l'a découvert et la date.

Le meilleur endroit pour disposer une collection de fossiles est une armoire vitrée ou une vitrine à parois coulissantes. Les étagères ne doivent pas être très hautes ; l'idéal est d'en posséder une ou deux plus grandes, qui seront réservées aux pièces importantes. Le principe de classification qui préside à la disposition d'une collection dépend du centre d'intérêt et du but recherché. S'il s'agit d'une collection locale (une région plus ou moins vaste), les fossiles seront regroupés selon leur provenance et leur disposition stratigraphique (dans les couches rocheuses). Le collectionneur plus directement intéressé par une étude stratigraphique disposera ses fossiles selon les strates. L'ensemble des fossiles d'une même strate est disposé selon un classement systématique. On peut ainsi reconstituer étape par étape l'évolution d'une communauté fossile et, partant, de la communauté vivante qu'elle représente de façon plus ou moins complète.

Si l'intérêt du collectionneur est principalement de nature paléobiologique, ses fossiles seront classés en ordre systématique. Les représentants d'un même ensemble y seront regroupés : gastropodes, ammonites, trilobites, etc., chacune de ces entités taxinomiques comportant des subdivisions, le dernier critère de classement choisi étant celui de la distribution stratigraphique. On obtient ainsi

Étapes du dégagement d'une ammonite de 16 cm du genre Ataxioceras *dans un calcaire dur du jurassique supérieur*

une représentation de l'évolution et de la métamorphose de chaque groupe au cours de la préhistoire.

Le domaine couvert par la paléontologie et la diversité des fossiles dans les couches successives de l'écorce terrestre sont si vastes qu'un particulier entreprenant une collection de fossiles ne peut nécessairement en toucher que des fragments. Ainsi, à mesure qu'il progressera dans son étude, il devra se spécialiser dans une branche plus ou moins restreinte de la paléontologie. Il pourra par exemple concentrer son activité et ses recherches sur un groupe, tel que les ammonites, les brachiopodes ou les trilobites, ou il pourra s'intéresser tout particulièrement à une unité de temps et de formation géologique : le dévonien, le jurassique ou le crétacé, etc.

Il est évident que ce choix sera conditionné par les données locales et la nature géologique des lieux accessibles. Mais, même en se spécialisant ainsi, on ne peut réunir qu'une fraction plus ou moins grande de l'ensemble des fossiles existants. Tôt ou tard, on prend alors contact avec des collectionneurs ayant domaine de recherche semblable, et on complète sa collection en procédant à des échanges. La collection grandit ainsi peu à peu.

Pour ne pas s'y perdre, et retrouver aisément un fossile, on peut constituer un fichier. Le meilleur système consiste à classer les fiches selon l'ordre systématique, et à indiquer à quel endroit de la collection est placé le fossile — selon le type de classification, par lieu de provenance ou par couche géologique.

Règne des procaryotes *(Procaryota)*

Êtres unicellulaires sans noyau

Phylum des bactéries *(Bacteria)*

On retrouve des traces de la présence de bactéries jusqu'au début de l'ère archaïque (c'est-à-dire dans des roches âgées de 3,5 milliards d'années), mais ces êtres n'ont pas laissé de fossiles identifiables.

Phylum des cyanophycées *(algues bleues)*

Les stromatolites sont des incrustations irrégulières et grumeleuses, souvent ramifiées, de structure plus ou moins cylindrique, formées de lamelles calcaires concentriques. Ces lamelles se trouvent en nombre suffisant pour former une roche dans les formations calcaires du protérozoïque ; elles deviennent de moins en moins fréquentes au paléozoïque et par la suite. Ces lamelles sont interprétées comme des traces de l'activité d'**algues bleues (cyanophycées).**

Règne des eucaryotes *(Eucaryota)*

Organismes à cellules parfaites : possédant un noyau différencié.

Phylum des protistes *(Protista)*

Organismes unicellulaires

Embranchement des coccolithophoracées ***(Coccolithophorida)***

Les coccolithophoracées sont des **algues unicellulaires** sphériques produisant un squelette formé de petites plaques calcaires, et constituant une partie importante du **plancton pélagique**. Leurs plaques calcaires, les coccolithes, étaient connues depuis longtemps par l'étude des roches calcaires. Mais on s'est rendu compte par la suite qu'elles provenaient d'un groupe d'algues planctoniques unicellulaires, les coccolithophoracées (qui portent des coccolithes). De nombreuses formations calcaires, comme celles du crétacé, sont des roches à coccolithes. ▷

Sous-embranchement des rhizopodes ***(Rhizopoda)***

Les rhizopodes se caractérisent par leur aptitude à former des pseudopodes. Les deux classes de rhizopodes les plus importantes sont les radiolaires et les foraminifères.

Classe des radiolaires *(Radiolaria)*

Les radiolaires possèdent un squelette siliceux de structure rayonnante. Ce sont des organismes planctoniques. Les squelettes échoués au fond de la mer peuvent être en densité suffisante pour donner naissance à une roche (limon à radiolaires). La dissolution des squelettes peut occasionner la formation d'une couche siliceuse amorphe, comme par exemple dans le carbonifère d'Europe centrale ou dans le jurassique alpin. Dans certaines conditions, les squelettes de radiolaires peuvent être conservés sous une forme identifiable. ▷

Classe des foraminifères *(Foraminifera)*

Les foraminifères sont des organismes soit benthiques, soit planctoniques, apparus au début du paléozoïque et qui ont joué ensuite un rôle de plus en plus important. Leur coquille généralement calcaire est compartimentée en petites loges, et de structure variable. On en trouve des formes géantes, atteignant quelques centimètres de diamètre, au carbonifère, au permien, puis à nouveau au crétacé supérieur et au début du tertiaire. Les **fusulines** (de l'ordovicien au trias) ont une coquille enroulée en spirale, fusiforme, ou, plus rarement, sphérique, compartimentée en nombreuses loges. Les **nummulites** sont discoïdes et fortement compartimentées, et les **orbitolines** ont une structure légèrement conique ; toutes ces coquilles ont une forme discoïde et peuvent atteindre un diamètre de 5 cm. Elles s'échelonnent du crétacé supérieur au début du tertiaire. Les calcaires à nummulites sont particulièrement répandus dans les roches du bassin méditerranéen datant de l'éocène. Tous les autres foraminifères sont de petite taille : ils dépassent rarement 5 mm. Les foraminifères, et tout particulièrement les formes planctoniques, jouent un rôle important en paléontologie pour la datation des sédiments et l'étude du milieu. ▷ 1-2

1 Foraminifère : nummulite 2 cm, éocène (Bavière)
2 Foraminifère : operculine 1 cm, éocène, Alpes de l'Allgäu (Allemagne)

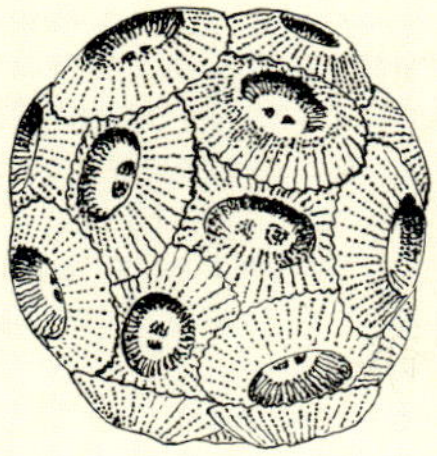

Coccolithe

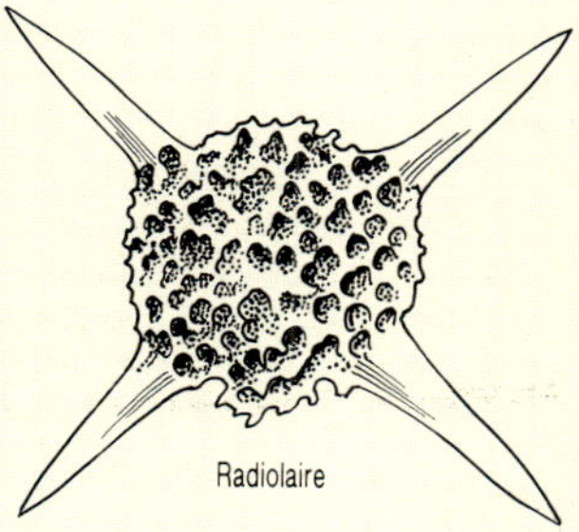

Radiolaire

Phylum des porifères *(Porifera)*

Les porifères, ou spongiaires, sont des organismes presque exclusivement marins, vivant fixés au fond de l'eau. Ce sont les formes les plus simples d'invertébrés, sans différenciation tissulaire ou organique. Dans le stade **ascon**, le corps est formé d'une paroi tubulaire ou cylindrique délimitant une cavité centrale (le paragaster), qui communique avec l'extérieur par un orifice supérieur (l'oscule). Cette paroi est criblée de pores, d'où le nom de porifères. Elle est formée de deux couches cellulaires : le feuillet externe, ou ectoderme, et le feuillet interne, ou endoderme, formé de choanocytes. Ces derniers sont munis d'un flagelle qui dépasse dans le paragaster et comporte une collerette visqueuse à sa base. Le mouvement synchrone de tous les flagelles aspire de l'eau à travers les pores et la fait refluer vers l'oscule. Les deux couches cellulaires sont séparées par une masse gélatineuse souvent importante, le mésenchyme, qui abrite des cellules mobiles, les amœbocytes. Le stade ascon ne se rencontre que chez les formes restées très primitives ou au stade juvénile. ▷

Dans le stade **sycon**, le feuillet interne comporte de nombreux diverticules radiaires qui pénètrent dans le mésenchyme. La superficie occupée par les choanocytes est donc nettement plus importante, ce qui accroît les capacités digestives et respiratoires de l'organisme. ▷

Dans le stade **leucon**, les tubes radiaires délimitent à leur tour de petites cavités tapissées de choanocytes, ce qui représente une étape ultérieure de l'évolution. Ces cavités sont reliées à l'extérieur et au paragaster par les tubes radiaires. Alors que les types ascon et sycon restent plus ou moins tubulaires, le corps du leucon constitue une masse compacte irriguée par de nombreux canaux. ▷

La couche intermédiaire de mésenchyme est le lieu de formation du squelette interne ; c'est ce qui permet la conservation des éponges sous des formes fossiles. Le squelette peut être constitué d'une substance cornée (la spongine des démosponges, bien connues comme éponges de toilette), du calcaire des calcisponges, ou de la silice des hexactinellides. La spongine se décomposant assez rapidement, seules les calcisponges et les hexactinellides sont connues comme fossiles. Leur squelette est formé de petits éléments souvent pointus et à plusieurs axes : les spicules. Après décomposition du corps mou, les spicules subsistent isolément et sont intégrés dans les sédiments en formation. Grâce à leur structure différente selon les espèces, les spicules isolés permettent une détermination précise. Ceux-ci pouvant être soudés par des sécrétions supplémentaires de calcaire ou de silice, on retrouve parfois la forme initiale de l'éponge.

Classe des démosponges *(Demospongea)*

Le squelette de ces éponges peut contenir de la spongine (démosponges largement représentées de nos jours mais inconnues à l'état fossile), ou de la silice. Leurs spicules comportent un seul axe (monactinellidés) ou quatre (tétractinellidés), les quatre aiguilles rayonnant d'un centre et constituant les normales d'un tétraèdre. Elles ne sont jamais à angle droit. Lorsque l'un des axes est fortement développé au détriment des trois autres, on obtient un tétractine ; si l'un des axes disparaît, on a un triactine, les trois axes ne formant jamais un angle droit. Ces types de base peuvent être soumis à de nombreuses variations. Les spicules siliceux sont souvent reliés par des fibres cornées pour former un réseau. Mais, comme la spongine se dégrade rapidement à la mort de l'organisme, on ne retrouve que les spicules siliceux, tétractinellidés ou monactinellidés, isolés. Les derniers, en forme d'épingle (avec une tête arrondie), sont caractéristiques du groupe des **cliones** *(Clionidae)*. Ce groupe important est constitué de démosponges foreuses, qui creusent des petits trous dans les coquilles épaisses de mollusques bivalves ou gastropodes. Parmi les démosponges fossiles, un ordre revêt une importance particulière :

Ordre des lithistides

Comme les autres démosponges, les lithistides ont un corps organisé selon le type leucon, massif et tubériforme, et irrigué par un système de canaux. Leur squelette se conserve bien car les spicules siliceux sont très développés. La structure de ces spicules, très irrégulière, dérive souvent de celle des tétractinellidés ou des monactinellidés, avec, en plus, des ramifications évoquant des racines, qui rejoignent celles des spicules voisins pour former un réseau. Ce réseau n'étant pas constitué de fibres de spongine, mais par les spicules siliceux entremêlés, il est très solide et résistant.

Les lithistides sont fréquents au paléozoïque inférieur (ordovicien et silurien), puis ils régressent pour reparaître au cours du jurassique et du crétacé sous

Structure des principaux types de spongiaires

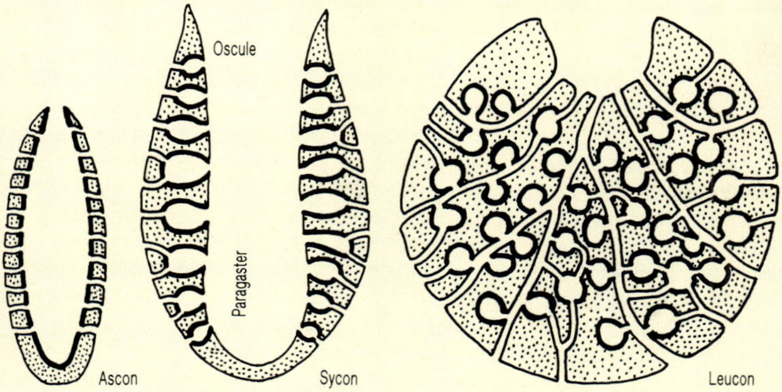

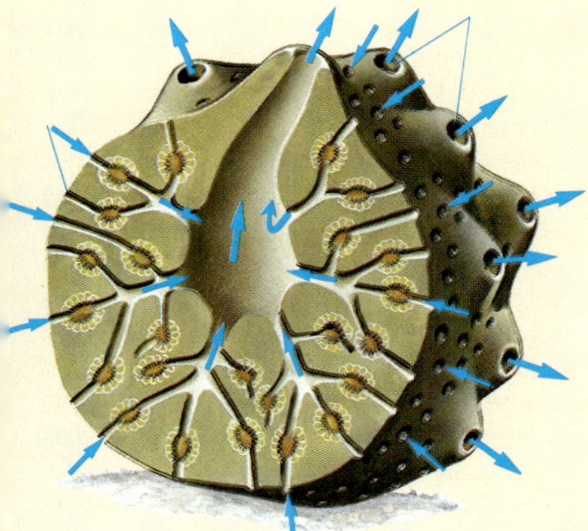
Leucon (schéma)

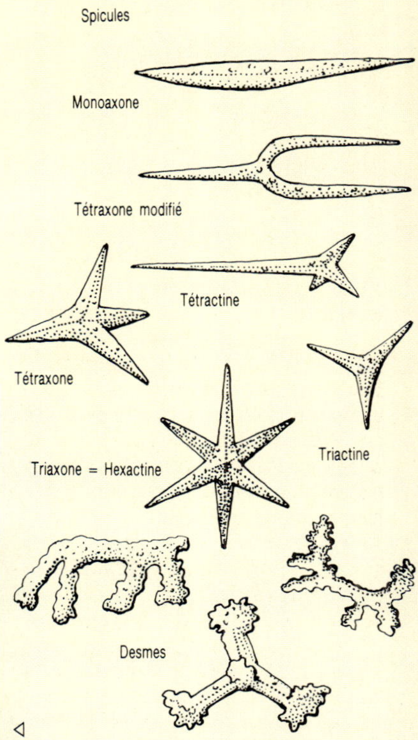

◁
Ce rocher calcaire, dans la vallée de l'Altmühl (affluent du Danube) est composé de restes minuscules de spongiaires datant du jurassique

une grande variété de formes, et en nombre important. Parfois, la structure de leur corps est très caractéristique ; une détermination précise exige un examen minutieux des spicules. En voici quelques genres typiques :

Astylospongia — de l'ordovicien au silurien — structure sphérique, paragaster plat et canaux méridiens. ▷ 1

Aulocopium — de l'ordovicien au silurien — en forme de sphère ou de tubercule, avec un paragaster profond et des canaux à orientation radiale, parallèles à la surface.

Cnemidiastrum — de l'ordovicien au jurassique — forme d'assiette ; la surface est creusée de stries rayonnantes, canaux radiaires. ▷ 2

Hyalotragos — du jurassique au crétacé — même structure, en forme d'assiette, de toupie ou d'entonnoir, mais le relief est concentrique. ▷ 3-4

Cylindrophyma — jurassique — structure cylindrique, avec un paragaster profond, s'étendant jusqu'à la base, et des canaux radiaires horizontaux.

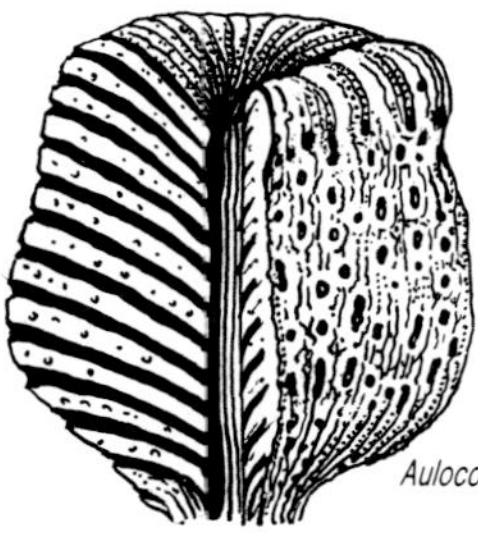

Aulocopium

Isoraphinia — crétacé — également de forme cylindrique et paragaster profond et étroit, mais se distingue par l'absence de pores dans les canaux.

Siphonia — crétacé et tertiaire — corps plus ou moins ventru ou en entonnoir porté par un pédoncule. Paragaster profond. ▷ 5

Jerea — crétacé — également en forme de poire ou d'entonnoir, généralement porté par un court pédoncule ; paragaster très plat.

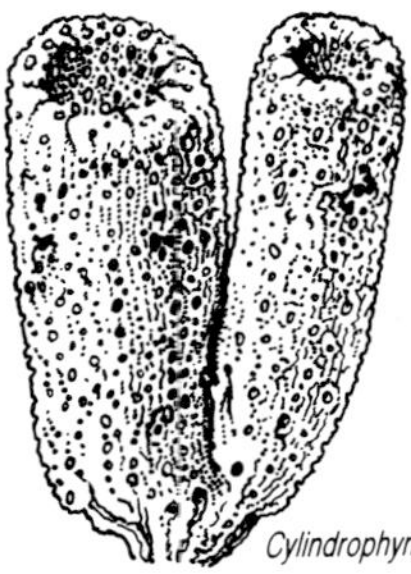

Cylindrophyma

Classe des hexactinellides

Cette classe de porifères est apparue au cambrien. Structure de type sycon ; squelette exclusivement siliceux ne comportant jamais de spongine. Les spicules sont réguliers, leurs branches sont à angle droit (leurs 6 axes ont donné le nom de la classe). Ils peuvent rester isolés et, dans ce cas, l'un des axes peut être atrophié ; on a alors deux axes situés sur le même plan et se coupant en leur milieu à angle droit, ce qui donne 4 rayons. Des sécrétions secondaires de silice peuvent relier entre eux les hexactines disposés de façon parallèle dans le corps de l'éponge, ce qui donne un réseau caractérisé par ses angles à 90°.

Ordre des lyssacines

Les spicules des hexactines, ou plus souvent des tétractines, ne sont pas soudés dans le corps de l'éponge. On retrouve ces spicules dans tous les types de formations, depuis le cambrien.

Ordre des dictyospongides

Les spicules sont toujours des hexactines simples, soudés entre eux pour former un réseau de mailles solide. On en rencontre quelques exemplaires de l'ordovicien, mais ils sont surtout représentés au jurassique et au crétacé. Principaux genres :

Tremadictyon — jurassique supérieur — forme de coupe plus ou moins plate, avec un large paragaster. Nombreuses ouvertures sur les parois du corps, disposées en rangées verticales.

Laocaetis — jurassique à tertiaire — en forme de coupe ou d'entonnoir avec un paragaster profond ; se distingue de l'espèce précédente par une disposition plus régulière des rangées verticales d'orifices.

Ordre des lychniskides

Comme chez les dictyospongides, les hexactines sont soudés en un réseau résistant de mailles à angle droit, mais l'intersection des trois axes est marquée par une rupture. Nombreuses formes au jurassique et au crétacé, dont les genres :

Cypellia — jurassique supérieur — en forme de coupe ou d'entonnoir, avec un paragaster relative-

1 Astylospongia praemorsa *3,5 cm, ordovicien : silurien (Sylt, RFA)*

2 Snemidiastrum rimulosum *8 cm, jurassique : kimméridgien (Duhlenbuck, Suisse)*

3 et 4 Hyalotragos patella *10 cm, jurassique : kimméridgien (Thengen, RFA)*

5 Siphonia sp. *12 cm, crétacé (Paulmy, France)*

1

2

3

5

4

ment petit et une superficie sillonnée de rides irrégulières.

Pachyteichisma — jurassique supérieur — corps en forme de plat large, à parois épaisses, avec un paragaster de taille moyenne et des parois fortement plissées.

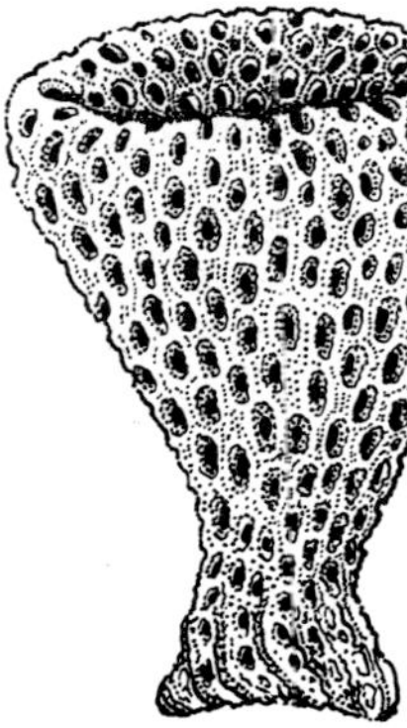

Tremadictyon

Ventriculites — crétacé — en forme de plat, de coupe ou d'entonnoir, avec un grand paragaster entouré de parois d'épaisseur moyenne. Des rangées verticales d'orifices ponctuent les parois du corps.

Coscinopora — crétacé — forme semblable à l'espèce précédente ; se distingue par des parois plus fines, ponctuées de petits orifices.

Coeloptychium — crétacé — en forme de champignon ou de parapluie, avec un fin pédoncule et un relief fortement plissé à la face interne. ▷ 1-2

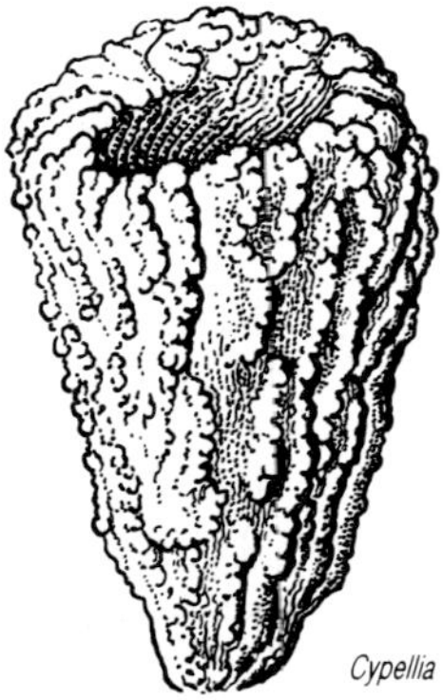

Cypellia

Classe des éponges calcaires *(Calcispongea)*

Le corps de ces éponges, dont le squelette est exclusivement composé de calcaire, se structure presque toujours selon le type leucon. Les spicules calcaires comportent généralement 3 axes (triactines), rarement 2 ou 4. Comparées avec les lithistides et les hexactinellides qui atteignent des tailles importantes au mésozoïque, les éponges calcaires restent plutôt petites et discrètes. Elles ont généralement une forme de truffe ou sphérique, cylindrique ou en coupe.

Ordre des pharétrones

Connus depuis le permien, les pharétrones ont un squelette composé de triactines en forme de diapason généralement imbriqués dans un ensemble de fibres de calcite.

Ordre des thalamides

Présentes depuis le permien, ces éponges calcaires se distinguent par la présence de cavités internes sphériques alignées. Elles constituent, avec des algues calcaires, la base des récifs coralliens du triassique alpin. ▷ 3-4

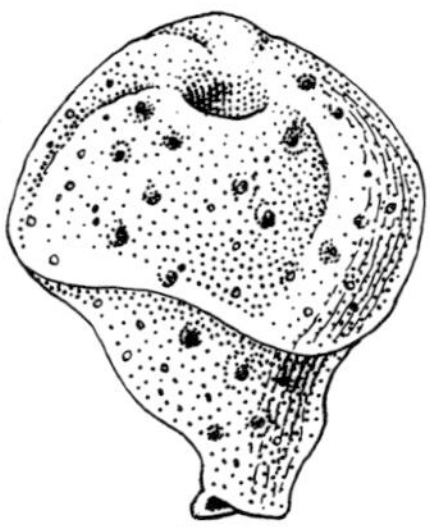

Myrmecium

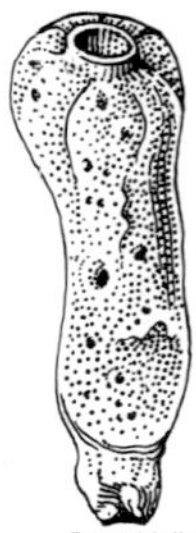

Peronidella

1 et 2 Coeloptychium sulciferum *8 cm, crétacé : campanien (Holtwick, RFA)*

3 et 4 Elasmostoma sp. *6,5 cm, crétacé : campanien (Höver, RFA)*

1

2

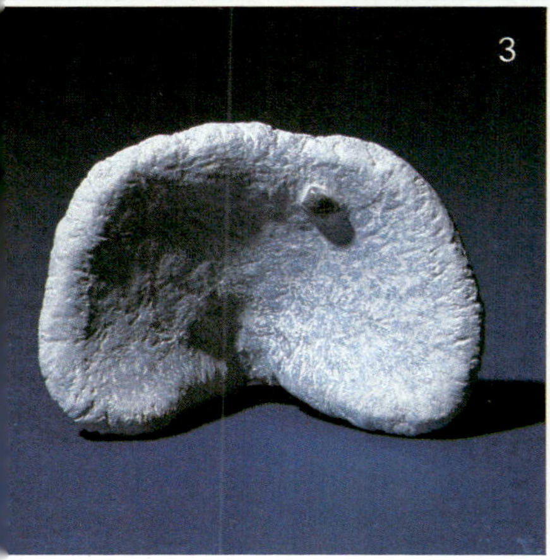
3

4

Embranchement des cnidaires *(Cnidaria))*

Les cnidaires constituent un embranchement d'une extraordinaire diversité, essentiellement constitué d'animaux marins qui possèdent des cellules urticantes, les cnidoblastes. Ces cellules comportent une capsule contenant une substance venimeuse et un filament enroulé. En cas de contact avec un cnidoblaste, le filament est dévaginé et administre à la proie ou à l'animal ennemi la substance toxique. Ce phénomène est bien connu des baigneurs qui ont eu la douleur d'entrer en contact avec une **méduse**.

La structure du corps est très simple. La paroi est constituée d'un feuillet externe, l'ectoderme, et d'un feuillet interne, l'endoderme, qui délimite une cavité centrale, la cavité digestive. Il n'existe pas de système vasculaire ni d'organes différenciés. La cavité digestive, de forme tubulaire, constitue l'axe central du corps. A l'un des pôles, le pôle végétal, s'ouvre la cavité buccale. L'autre extrémité est appelée pôle animal. Ce dernier peut être fixé au sol, et la bouche s'ouvre alors vers le haut. Cette forme de cnidaire est le **polype**, forme sédentaire. La forme libre a au contraire la cavité buccale ouverte vers le bas, c'est la **méduse**. La face supérieure est alors élargie en parapluie, perpendiculairement à l'axe du corps.

Les polypes et les méduses, bien que d'aspect très différent, appartiennent aux mêmes espèces, par le jeu de l'alternance des générations, c'est pourquoi leur structure est fondamentalement identique. L'œuf donne naissance à une larve qui se fixe au sol pour devenir polype. Ce dernier se reproduit de façon végétative, par bourgeonnement, formant des colonies de polypes. De temps à autre, un bourgeon se détache et devient une méduse. Les méduses ont une reproduction sexuée, leurs œufs donnent à nouveau naissance à des polypes. Ce schéma simplifié peut être modifié, des générations de polypes ou de méduses pouvant être fortement limitées en raison des conditions du milieu. Il peut également arriver que des générations de méduses se multiplient par bourgeonnement, et même forment des **colonies** (les **siphonophores**).

Les méduses possèdent un corps gélatineux, sans parties dures ; dans certaines conditions, elles ont pu laisser des empreintes fossiles. Chez les polypes, l'ectoderme produit généralement un squelette qui se conserve souvent très bien. ▷ 1-4

Sous-embranchement des hydrozoaires

Cet ensemble regroupe des cnidaires de structure primitive, à cavité gastrovasculaire simple et non ramifiée, presque toujours avec alternance des générations. Les méduses, de petite taille, ne sont pas connues à l'état de fossiles. Les polypes, petits également, forment généralement des colonies qui sécrètent un squelette parfois incrustant, parfois érigé et ramifié, composé de calcaire. Celui-ci est formé de couches horizontales irrégulières superposées et traversées de tubes verticaux également irréguliers. De tels squelettes d'hydrozoaires ont été retrouvés, datant du mésozoïque. Il est rarement possible d'opérer une classification de ces colonies d'hydrozoaires qui puisse se référer aux diverses formes vivant actuellement.

Ordre des stromatoporides ▷ 5

Les stromatoporides sont généralement rattachés aux hydrozoaires.

Leurs colonies sont des formations calcaires massives, incrustantes, dont l'envergure et la hauteur peuvent toutes deux atteindre et même dépasser 1 mètre. Elles sont formées d'une superposition de fines couches horizontales de calcaire, les *laminae*, parmi lesquelles on distingue des couches claires et sombres. Ces couches sont reliées entre elles par des piliers verticaux, qui peuvent être plus ou moins longs. De nombreux stromatoporides sont ornés de réseaux étoilés : les astrorhizes, qui sont de fins canaux verticaux se terminant à la surface des lamelles par un dessin rayonnant. La surface ex-

1 Medusina atara *1,5 cm, permien inférieur (Kusel, RFA)*
2 Medusites sp. *5 cm, cambrien (Lugnås, Suède)*
3 et 4 Medusites sp. *6 cm, cambrien (Kinnekulle, Suède)*
5 Stromatolithe sp. *13 cm, silurien (Suède)*

1

2

3

4

5

terne des stromatoporides porte souvent des monticules verruqueux, parfois ornés d'astrorhizes. La détermination des genres et des espèces de stromatoporides n'est possible que grâce à l'étude de leur microstructure en coupes minces. Chez les espèces les plus anciennes les *laminae* constituent l'élément principal de la structure, les piliers restant courts. Les spécimens plus récents ont des piliers plus grands, qui traversent un nombre de plus en plus important de lamelles. Enfin, les espèces qui datent de la fin du paléozoïque peuvent avoir une structure relativement irrégulière.

Quelques précurseurs, assez rares, ont été décrits comme datant du cambrien. Cet ordre reste encore assez peu représenté durant l'ordovicien. Au silurien et au dévonien, il constitue en revanche un élément important, très répandu et caractéristique, de la formation des récifs. Après le dévonien, il régresse progressivement, pour s'éteindre au début du mésozoïque, avec quelques rares formes connues à cette époque. ▷ p. 43, 5

Classe des scyphozoaires

Cette classe est caractérisée par une structure quaternaire : l'endoderme produit quatre plis longitudinaux qui divisent la cavité gastrovasculaire en quatre loges.

Sous-classe des scyphoméduses

Chez les scyphoméduses, la génération de polypes est réduite à une phase larvaire. Le scyphopolype larvaire se divise par scissiparité, donnant naissance à des scyphoméduses, qui atteignent une taille importante, dont on retrouve parfois des empreintes. Le gisement le plus connu est celui de Solnhofen, de calcaire lithographique. Certaines empreintes de méduses légèrement différentes, datant de l'édiacarien et du cambrien, sont également rattachées aux scyphoméduses. ▷ p. 43, 1-4

Sous-classe des conulaires

Les conulaires constituent un groupe éteint, du paléozoïque, dont les derniers représentants atteignent le trias. Elles possèdent une coquille conique, pointue, étroite ou pyramidale de section carrée, constituée d'une substance composée de chitine et de phosphate. Chacune des quatre faces est divisée par un fin sillon longitudinal qui se prolonge à l'intérieur de la coquille par une carène. D'où cette structure nettement quaternaire. La surface externe s'orne de fines rayures longitudinales et transversales.

Une cicatrice à l'extrémité apicale pointue montre que la coquille était soudée à un support. L'extrémité buccale supérieure pouvait être fermée par des appendices triangulaires. La bouche était probablement entourée d'une couronne de tentacules.

On peut donc penser que les conulaires étaient l'habitacle d'un polype solitaire de structure quaternaire, comparable au polype larvaire des scyphozoaires. Il semble que les conulaires se soient détachées à un certain âge de leur support, pour passer le reste de leur vie sous une forme planctonique. On pourrait alors considérer la sous-classe des conulaires comme une subdivision disparue des scyphozoaires, chez lesquels le cycle individuel était encore mieux développé à la phase polype que chez les scyphoméduses actuelles.

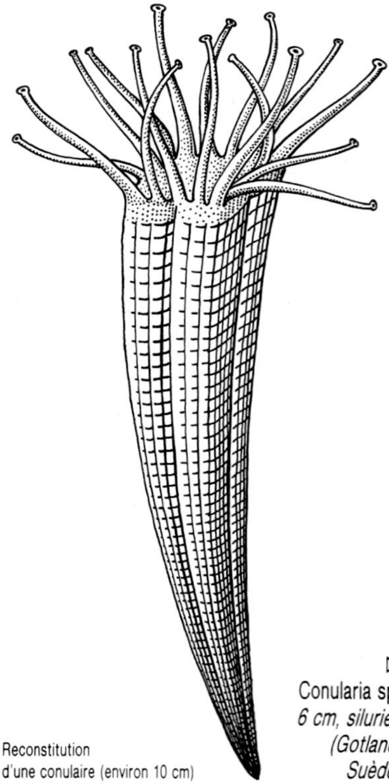

Reconstitution d'une conulaire (environ 10 cm)

▷ Conularia sp. *6 cm, silurien (Gotland, Suède)*

Sous-embranchement des anthozoaires *(Anthozoa)*

Cet ensemble regroupe les plus différenciés des cnidaires. Chez les anthozoaires, à l'inverse des scyphozoaires, la phase méduse du cycle individuel est totalement absente, alors que la phase polype est très développée et différenciée.

Comme chez les scyphozoaires, l'endoderme produit des divisions radiaires internes qui pénètrent dans la cavité gastrovasculaire : ce sont les mésentères ou sarcoseptes, dont le nombre ne reste pas limité à 4, mais se multiplie fortement par déploiement. Certains genres produisent des polypes isolés relativement grands avec un nombre variable de mésentères, mais sans parties dures pour supporter le corps en partie différencié. C'est le cas des anémones de mer. Ces animaux ne sont pas connus à l'état fossile.

Les anthozoaires qui sécrètent un squelette sont bien connus comme fossiles. Ce sont les coraux au sens strict.

Classe des hexacoralliaires

Cette classe renferme également des formes dépourvues de squelette, comme les anémones de mer. Les hexacoralliaires importants parmi les fossiles sont ceux qui comportent un squelette sécrété par l'ectoderme, qui renferme le polype et est constitué de calcaire : c'est le polypier. La base du polype est fixée à son support par un disque pédieux. Le bord du polypier s'élève, entourant le polype, et formant une paroi externe : l'épithèque. Plus le polypier pousse en hauteur, plus le polype est refoulé vers le haut, produisant des cloisons transversales, les tables, qui ferment un à un les espaces inférieurs abandonnés. Ces cloisons transversales peuvent être continues ou interrompues, surtout dans la partie périphérique du polypier. Quand ils sont discontinus, ces éléments de squelette plats ou bombés sont appelés dissépiments. La structure du polypier est alors composée d'une superposition de bulles dans les parties abandonnées par le polype. Pour soutenir les mésentères qui se multiplient constamment, des lamelles radiales de calcaire se forment, soit depuis la base, soit depuis l'épithèque : ces subdivisions radiales sont appelées scléroseptes, ou simplement septes. Les septes déterminent la structure radiale reconnaissable dans la section transversale du polypier. Lors de sa croissance, de nouveaux septes apparaissent. Leur disposition et leur échelonnement dans le temps donnent des indications sur l'anatomie et l'ontogenèse du polype ; ce sont donc des éléments importants pour la systématique et la détermination des espèces. Depuis le centre du disque pédieux peut s'ériger une colonne, la columelle, qui se divise parfois en plusieurs parties. Dans la phase initiale de formation du polypier apparaissent plus ou moins simultanément 6 septes, appelés protoseptes. Les autres septes, qui viennent renforcer la structure à mesure de la croissance du polypier, sont les métaseptes, parfois très nombreux.

Les gonades (glandes sexuelles) sont situées dans les sarcoseptes ; elles produisent des zygotes qui donnent des larves pélagiques. Puis, les larves se fixent sur un support pour former un nouveau polype. Quand le polype reste isolé, il forme un corail solitaire, mais s'il se multiplie par bourgeonnement, il forme une colonie. Les colonies de coraux sont constituées de nombreux polypes, l'individu fondateur restant lié à tous ceux qu'il produit par bourgeonnement.

Ordre des tabulés

Les tabulés, tous constitués de colonies, ont vécu exclusivement au paléozoïque (de l'ordovicien au permien). Le polypier est formé d'une épithèque résistante, qui croît en hauteur sans s'élargir (calice tubulaire), puisque les polypes qui se créent par bourgeonnement sont tellement serrés contre l'individu mère qu'il ne reste pas de place pour la croissance en largeur. Les parois du calice restent donc parallèles, sans évasement. Le polype n'ayant pas de place pour se développer, il ne produit pas de septes. Seules des rangées longitudinales d'épines peuvent donner l'illusion de septes. A mesure que le polype est repoussé vers le haut, des tables viennent cloisonner un à un les espaces laissés vides. Le polypier n'est donc constitué que de l'épithèque et des tables. Quelques genres :

Favosites — de l'ordovicien au dévonien — forme des colonies en masses arrondies, irrégulières, dont les polypiers ont une section polygonale et sont soudés entre eux sur toute la longueur de leurs parois externes. Ils communiquent par les pores de l'épithèque. Les bases sont nombreuses et serrées, les septes réduits à des rangées d'épines. ▷

Pleurodictyum — fossile typique du dévonien — est, comme *Favosites*, constitué de polypiers très rapprochés avec des pores dans les calices. La colonie reste petite, hémisphérique ou discoïde. Ce fossile étant surtout répandu dans les grès, on en conserve généralement l'empreinte externe. Malgré des liens de parenté étroits avec *Favosites* — et une struc-

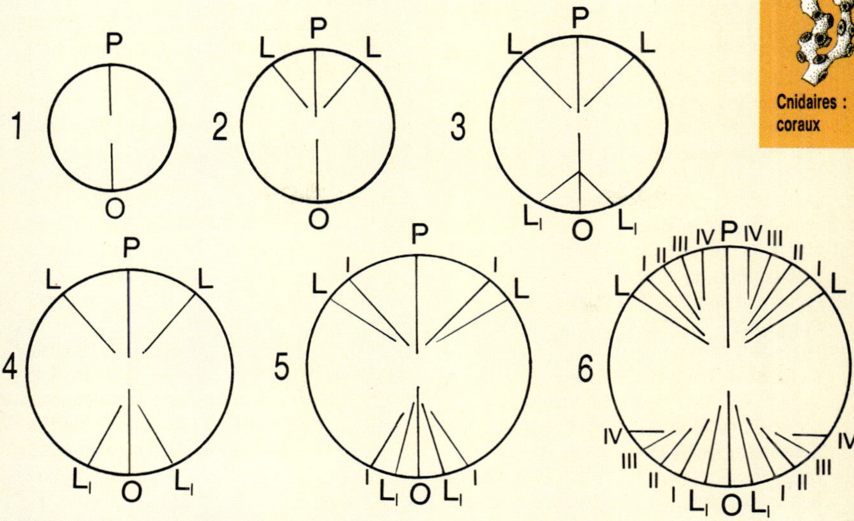

Schéma d'insertion des septes dans le squelette d'un polype

1er stade : septe principal (P) et opposé (O). 2e stade : septes latéraux (L). 3e stade : septes latéraux opposés (L_I). 4e stade : la couronne de protoseptes est achevée. 5e stade : les 4 premiers métaseptes apparaissent simultanément dans l'espace entre septe principal et septes latéraux, ainsi qu'entre septes latéraux et latéraux opposés. Jamais de métaseptes entre le septe opposé et les latéraux opposés. 6e stade : insertion d'autres métaseptes, 4 par 4, depuis les septes latéraux en direction du principal. 1re génération (I), 2e (II), 3e (III), 4e (IV), etc.

∇ Favosites *11 cm, silurien (Gotland, Suède)*

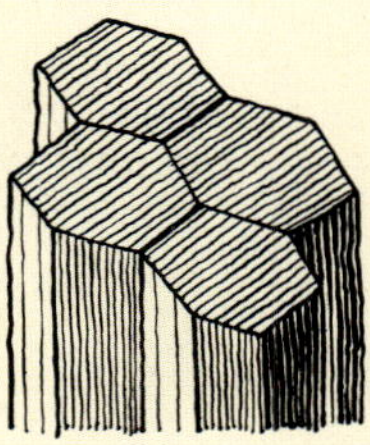

Structure

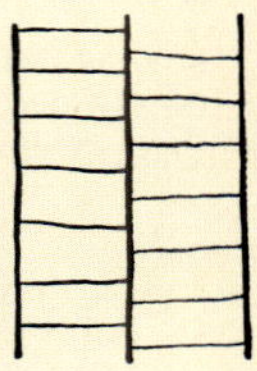

Coupe longitudinale

ture semblable –, *Pleurodictyum* se distingue aisément des calices de *Favosites* conservés dans les faciès calcaires. Un commensal fréquent est un ver dont on retrouve les restes courbés en « S » ou en « U » à la surface du polypier. S'agit-il d'un cas de symbiose ou de parasitisme ? Cette question n'a pas encore pu être élucidée.

Halysites — ordovicien et silurien. Les polypiers ont une section cylindrique ou ovale et ne sont soudés entre eux que par les flancs, si bien qu'ils peuvent former des chaînes courbes et ramifiées. Les tables sont nombreuses et serrées. Les cloisons sont dépourvues de pores et de septes. ▷ 1-2

Syringopora — du silurien au carbonifère supérieur — possède des polypiers cylindriques, tubulaires, qui ne sont pas en contact direct mais reliés par des stolons. Les cloisonnements transversaux sont nombreux, généralement bombés vers le bas. Il n'y a ni pores ni rangées d'épines. ▷ 3-4

Les *Favosites* sont les tabulés les plus répandus et les plus fréquents. Ils jouent un rôle important dans la formation des récifs de coraux.

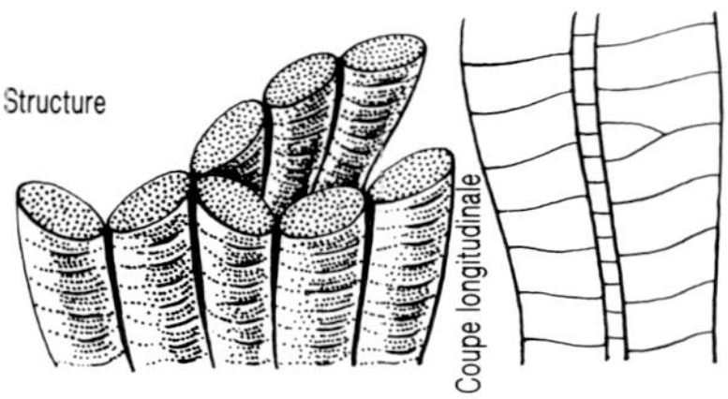

Ordre des tétracoralliaires

Tout comme les tabulés, il s'agit ici d'un ordre typique du paléozoïque (de l'ordovicien au permien). Il comprend des coraux solitaires et des colonies. Les polypiers, relativement grands, sont évasés en calice au sommet. Mais leur croissance se fait généralement plutôt en hauteur qu'en largeur. Le polype est entouré d'un épais squelette calcaire, dont la surface est le plus souvent striée longitudinalement. La croissance en hauteur oblige

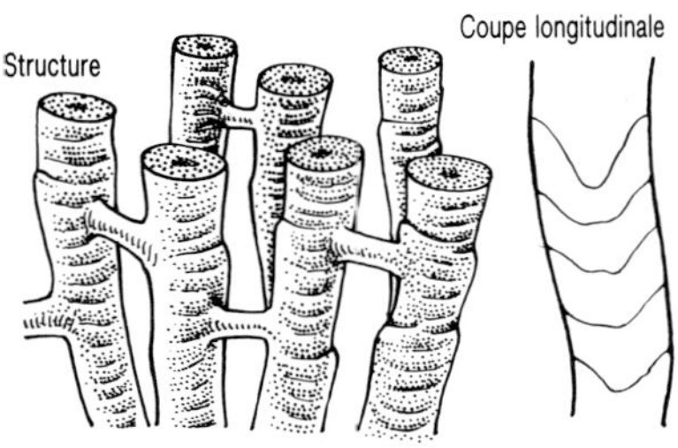

le polype à migrer vers le haut du polypier. Les tables et les dissépiments peuvent donc jouer un rôle très important dans la structure du polypier.

La bonne croissance en hauteur et en largeur n'est possible qu'avec un bon développement du système septal. Les 6 protoseptes de la phase juvénile se forment si rapidement l'un après l'autre qu'il apparaît tout d'abord dans la ligne médiane un couple de septes divisant le polypier en une moitié gauche et droite, le septe principal et le contre-septe. Puis il se forme de chaque côté du septe principal un septe latéral, et de chaque côté du contre-septe un contre-septe latéral. Cette disposition obéit à un principe de symétrie bilatérale qui régit également l'ordonnancement des métaseptes. Les contre-septes et les contre-septes latéraux se rapprochent les uns des autres, sans laisser de place pour la formation de métaseptes. L'insertion de métaseptes ne peut donc avoir lieu que dans quatre espaces : ceux qui séparent les contre-septes latéraux des septes latéraux, et ceux qui séparent ces derniers du septe principal. La formation de métaseptes se produit dans un seul sens : depuis le côté du contre-septe vers celui du septe principal (voir schémas p. 47). Il y a donc formation simultanée de 4 métaseptes (d'où le nom de **tétracoralliaires**). Souvent, les septes sont marqués sur la face externe de l'épithèque par des sillons longitudinaux. On peut alors reconnaître cette forme d'insertion des septes. Lorsque le nombre de septes devient très important, leur disposition bilatérale ne peut plus être mise en évidence que par une analyse minutieuse.

Comme chez tous les organismes sessiles, la forme extérieure est variable d'un individu à l'autre ; elle n'est pas nécessairement typique. La structure bilatérale interne ne se retrouve pas dans la forme du calice, dont la section est plus ou moins nettement circulaire. Une croissance importante en hauteur peut déterminer un calice pratiquement tubulaire. Quelques genres :

Streptelasma — de l'ordovicien au silurien — calice de forme simple. Outre les septes normalement développés, de nombreux septes courts dans le

1 Halysites escharoides *12 cm, silurien (Gotland, Suède)*
*2 Section transversale d'*Halysites*, 0,2 cm par membre, silurien (Gotland, Suède)*
3 Syringopora sp. *9 cm, dévonien (Eifel, RFA)*
4 Syringopora bifurcata *7 cm, silurien (Gotland, Suède)*

1

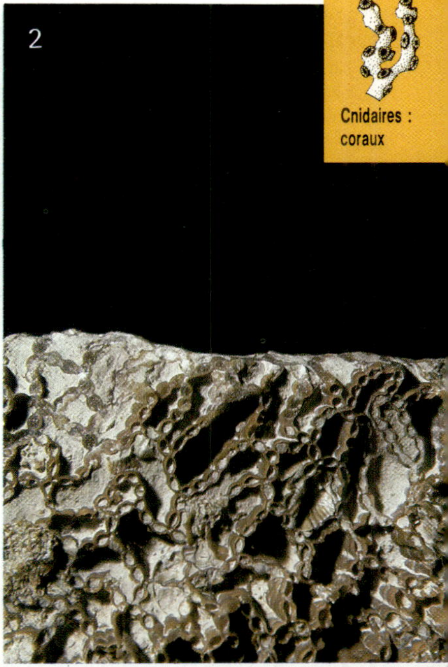
2

3

4

domaine périphérique. Pas de dissépiments.

Holophragma — ordovicien et silurien — se distingue par la forme du polypier : haut, fin, presque tubulaire, et une zone périphérique de microseptes moins nette.

Ketophyllum — silurien supérieur —, corail solitaire avec des septes longs et fins. La paroi du polypier porte des bourrelets transversaux et souvent de petits renflements. Le fond est constitué d'une sole légèrement bombée. De grands dissépiments dans la zone périphérique. ▷ 1-2

Favistella — ordovicien —, espèce vivant en colonies. Les polypiers hauts et étroits sont très serrés.

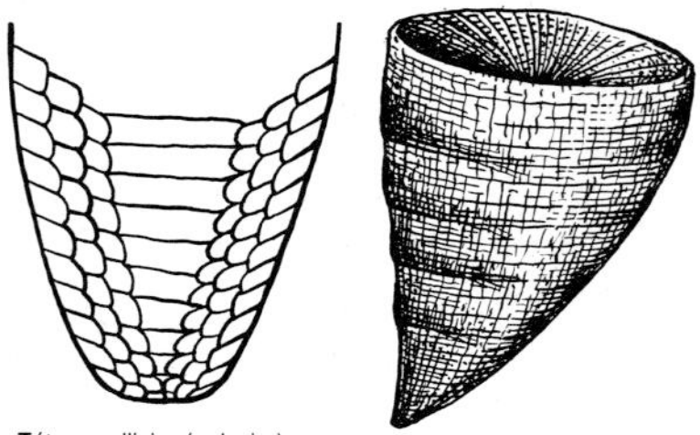

Tétracoralliaire (polypier)

Le nombre de septes est petit, et les cloisons transversales sont nombreuses dans les tubes étroits des polypiers. *Favistella* rappelle donc un

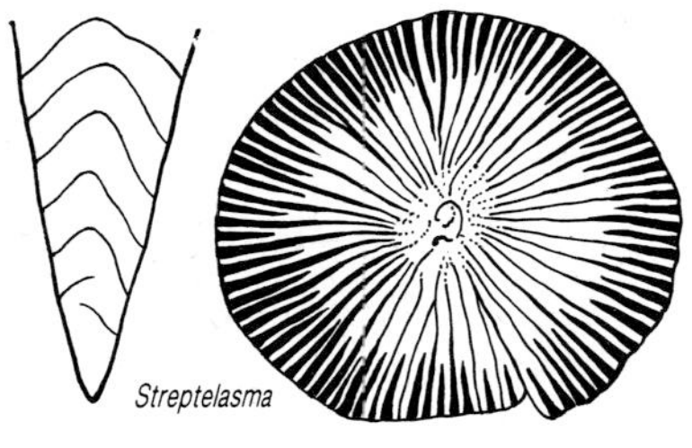

Streptelasma

peu le genre *Favosites*, dont il se distingue par la présence de septes bien développés.

Acervularia — silurien. Ce genre forme également des colonies. Les polypiers sont très serrés, ce qui leur confère une section polygonale. Mais la section transversale des polypiers est nettement plus grande que chez *Favistella*, et le nombre de septes en conséquence supérieur. La zone centrale du polypier est divisée par des tables, la zone périphérique par des dissépiments. Une paroi interne sépare ces deux zones.

Hexagonaria — du dévonien au carbonifère inférieur — possède une structure semblable, mais les septes nombreux et allongés s'amincissent en se rapprochant du centre. La zone périphérique est subdivisée par de nombreux dissépiments arrondis. Il n'y a pas de paroi interne séparant la zone centrale de la périphérique. ▷ 3-4

Favistella

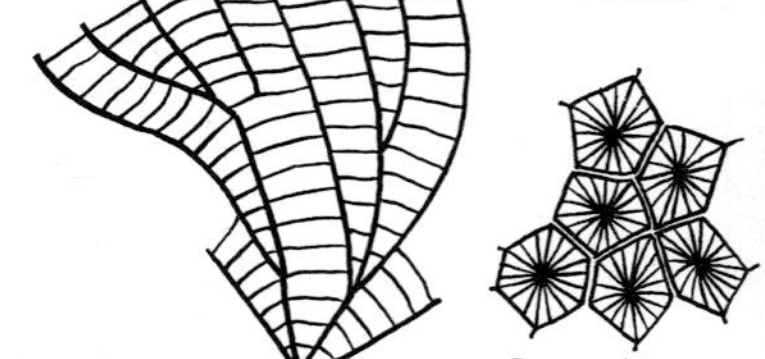

Coupe longitudinale — Face supérieure

Disphyllum — dévonien — est un genre proche. ▷ 5

Zaphrentis — dévonien. Ce genre comprend des espèces solitaires dont le polypier a un calice de forme simple, et d'autres espèces formant des colonies. Le septe principal est très prolongé ; les septes les plus importants se rejoignent au centre. La disposition des métaseptes est aisément visible sur la face externe du calice. De nombreuses tables irrégulièrement bombées occupent la zone centrale. Les dissépiments sont cantonnés à une zone périphérique étroite.

Hallia — dévonien — présente des calices isolés, simples, souvent en forme de corne, très semblables à ceux du genre *Zaphrentis*, et de structure interne identique.

1 Ketophyllum sp. *11 cm, silurien (Gotland, Suède)*

2 Ketophyllum subturbinata *5 cm, silurien (Gotland, Suède)*

3 Hexagonaria sp., *face supérieure, 12 cm, dévonien (Eifel, RFA)*

4 id., face inférieure

5 Disphyllum caespitosum *15 cm, dévonien (Eifel, RFA)*

1

2

3

4

5

Dohmophyllum — dévonien — est caractérisé par des calices isolés relativement grands, en forme de corne. Les septes, nombreux et longs, se poursuivent jusque dans la zone axiale centrale, où ils s'enroulent en spirale. La périphérie est divisée par de nombreux petits dissépiments, et la zone centrale par des tables irrégulièrement bombées, très rapprochées les unes des autres. ▷ 1

Cystiphyllum — silurien. Les grands calices isolés, souvent en forme de corne, rappellent ceux des *Dohmophyllum*. Mais les dissépiments sont fortement développés, si bien que tout l'intérieur du polypier est rempli par un réseau bombé de dissépiments, qui peut occulter presque totalement la structure radiale des septes. ▷ 2

Clisiophyllum — carbonifère inférieur — a le même aspect extérieur que *Cystiphyllum*. Le réseau de dissépiments occupe une large zone périphérique ; le centre comporte de nombreuses tables irrégulières, bombées en cônes orientés vers le haut.

Plasmophyllum — dévonien — possède un large calice relativement bas dont la structure septale est bien visible. Le réseau de dissépiments est bien développé, il forme comme un ensemble de petites bulles.

Goniophyllum — silurien — est un corail solitaire particulier qui se distingue aisément des formes à calice irrégulier. Le sien est court, légèrement incurvé en corne, souvent garni d'appendices dans la région apicale, et de section quadrangulaire, presque carrée. Les quatre faces aplaties sont séparées par des angles arrondis. Le profond calice possède des septes relativement épais, des tables également épaisses, et un réseau gaufré de dissépiments. Le bord supérieur de chaque côté porte un opercule triangulaire qui permettait au calice de se refermer. ▷ 3

Calceola — fossile typique du dévonien moyen — dont les gisements sont très fréquents. Le calice, court et large, en forme de corne, a une section semi-circulaire déterminant deux faces : l'une plate et l'autre arrondie. La face plate possède un opercule articulé. Pas d'appendices. Ce polypier de forme plutôt régulière était probablement posé sur le sol, sans fixation, sur le côté plat. Le calice est profond, avec des septes courts. La forme régulière rappelle celle d'une babouche, comme chez **Calceola sandalina**. ▷ 4

Stylastraea — carbonifère — forme des colonies. Les polypiers sont très serrés, leur diamètre est petit et leur section souvent polygonale. Une zone périphérique nettement délimitée est subdivisée par des dissépiments disposés de façon concentrique. Dans la zone centrale, les tables sont bombées en cône.

Koninckophyllum — carbonifère — forme également des colonies, mais ses polypiers sont légèrement plus grands que ceux des *Stylastraea*, moins serrés, et leurs septes sont plus nombreux. La zone périphérique des dissépiments est large. La zone centrale axiale comporte de nombreuses tables bombées en cône, disposées autour d'une columelle.

Lonsdaleia — carbonifère — est un genre proche, mais les polypiers tubulaires et hauts sont disposés les uns près des autres et ne se touchent pas. Entre la paroi du polypier et la zone périphérique de dissépiments s'étend une zone dont la structure évoque un amas de bulles, et dans laquelle les septes ne se prolongent pas. Le centre est occupé par une columelle.

Cravenia — carbonifère — et **Verbeekella** — permien — sont des coraux isolés de petite taille, à calice simple, généralement incurvé. Les septes sont très épais. Il y a des tables, mais pas de dissépiments. **Cyathaxonia** est également un petit corail solitaire en forme de coupe, mais il se distingue par une columelle fortement développée. Ce genre possède également des tables, mais pas de dissépiments. Alors que les tabulés connaissent leur développement optimal dès le silurien et régressent ensuite lentement, les tétracoralliaires ne font qu'apparaître au silurien. Ils se développent surtout au carbonifère, donnant naissance à de nombreuses formes. Leur régression est rapide, elle commence seulement au permien.

1 Dohmophyllum helianthoides *11 cm, dévonien (Eifel, RFA)*

2 Cystiphyllum tenue *6 cm, silurien (Gotland, Suède)*

3 Goniophyllum pyramidale *2,5 cm, silurien (Gotland, Suède)*

4 Calceola sandalina *2,5 et 5 cm, dévonien (Eifel, RFA)*

1

2

3

4

Classe des hexacoralliaires

Alors que les derniers tétracoralliaires s'éteignent au permien, les premiers hexacoralliaires ne font leur apparition qu'au trias. Ils connaissent un développement rapide au jurassique, produisant une profusion de formes, et se perpétuent jusqu'à l'époque actuelle.

Comme chez les tétracoralliaires, il existe des formes solitaires, dont certaines peuvent atteindre une taille respectable, et des formes coloniales. Mais on peut dire que les hexacoralliaires ont une tendance plus poussée à former des colonies (récifs de coraux) que les tétracoralliaires, chez lesquels les formes solitaires jouent un rôle plus important.

Ici aussi, le polypier se développe à partir du disque pédieux. La présence d'une épithèque entourant complètement le polypier (voir p. 48), qui caractérise les tétracoralliaires, est peu fréquente chez les hexacoralliaires. En revanche, ces derniers sont caractérisés par la présence d'une paroi interne, la thèque, qui s'élève en hauteur depuis un pli circulaire du disque pédieux. Alors que les septes des tétracoralliaires croissent depuis l'épithèque vers l'intérieur, ceux des hexacoralliaires se développent vers le haut, en partant du disque pédieux. La forme du calice des hexacoralliaires est plus fortement dominée par la croissance en largeur plutôt qu'en hauteur : les calices atteignent souvent une largeur importante, tout en restant assez bas. Les tables et les dissépiments ne jouent pas un rôle aussi important que chez les tétracoralliaires. L'élément dominant du squelette est l'appareil septal.

Tout d'abord apparaissent simultanément 6 protoseptes disposés en symétrie radiale. Une première couronne de 6 métaseptes vient ensuite s'insérer entre les protoseptes. On a alors 12 espaces, dans lesquels se forme une deuxième couronne composée de 12 métaseptes. Le nombre de septes augmente donc plus rapidement que chez les tétracoralliaires, ce qui correspond à une croissance en largeur plus importante. L'insertion et la disposition des septes obéit à un principe de symétrie radiale reposant sur le chiffre 6. La face externe du calice ne laisse donc pas apparaître de symétrie bilatérale, comme chez les tétracoralliaires. Les couronnes septales les plus récentes ont, sur la face externe du polypier, la base plus haute que les couronnes initiales. Quelques genres :

Oppelismilia et **Triadophyllum** — trias alpin — sont de petits coraux solitaires en forme de coupe. Les septes ne sont pas très nombreux. Présence de dissépiments, d'une columelle et d'une épithèque.

Les petits **Cyclolites** — crétacé à tertiaire — se rattachent peut-être aux deux genres précédents. Il s'agit également de coraux solitaires de petite taille, dont le polypier est large et plat, dépourvu d'épithèque. ▷ 1

Montlivaltia — trias à crétacé — est un corail solitaire à polypier en forme de coupe, qui peut atteindre une taille importante, avec parfois une forme pratiquement cylindrique. L'épithèque est peu développée. Nombreux septes, dont les bords sont dentelés. ▷ 2

Thecosmilia, genre voisin, remonte également à la période trias-crétacé. Forme des colonies aux polypiers presque cylindriques, comportant de nombreux septes et s'écartant les uns des autres au sommet. ▷ 3

Enallhelia — du jurassique au crétacé inférieur — forme des colonies ramifiées. Les petits polypiers, qui ne contiennent qu'un nombre limité de septes, ont généralement une disposition alternée sur les rameaux fins. ▷ 5

1 Cyclolites macrostoma *8 cm, crétacé : sénonien (Russbach, Autriche)*
2 Montlivaltia obconica *7,5 cm, jurassique : tithonien (Nattheim, RFA)*
3 Thecosmilia trichotoma *2 cm, jurassique : tithonien (Nattheim, RFA)*
4 Isastraea explanata *1 cm, jurassique : tithonien (Gerstetten, RFA)*
5 Enallhelia striata *0,2 cm, jurassique : tithonien (Gerstetten, RFA)*

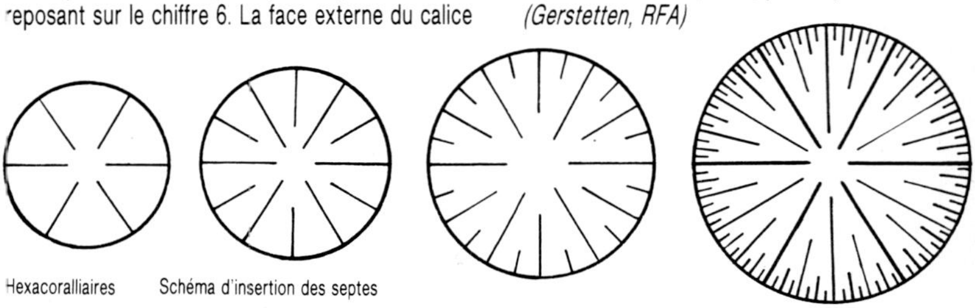

Hexacoralliaires Schéma d'insertion des septes

1

2

3

4

5

Isastraea — du jurassique au crétacé — forme également des colonies massives dans lesquelles les polypiers sont collés les uns aux autres, ce qui leur donne souvent une section polygonale. Leur extrémité supérieure est très peu surélevée par rapport à la base. Les septes ne sont pas très nombreux, et leur bord supérieur est dentelé. ▷ p. 55, 4

Thamnastraea — du trias au crétacé — forme des colonies massives, partiellement incrustées ou ramifiées. Comme il n'y a pas de cloisons, la limite entre les polypiers est effacée. Les septes d'un polypier se prolongent directement dans ceux du voisin. ▷ 1

Ce trait est encore accentué chez **Microphyllia** — jurassique — dont les polypiers s'imbriquent les uns dans les autres, formant de longues bandes plus ou moins courbes séparées des bandes voisines semblables. La superficie de la colonie est donc marquée de ces lignes de séparation qui forment des méandres et délimitent des groupes de polypiers. On parle de « méandrines ». ▷ 2

Thecocyathus — du jurassique à l'époque actuelle — est un petit corail solitaire à polypier bas, souvent discoïde, comprenant de nombreux septes mais pas de paroi extérieure.

Discocyathus — du jurassique au crétacé — est un genre très semblable, mais possédant en outre une columelle. ▷ 3-4

Au crétacé apparaissent de nombreuses formes de coraux solitaires avec un calice de hauteur réduite et sans épithèque. Citons, à titre d'exemples :

Rennensismilia — crétacé supérieur —, le polypier de faible hauteur est comprimé latéralement. La zone périphérique comporte des dissépiments. ▷ 5

Outre ces coraux solitaires, les formes coloniales qui peuvent donner des récifs de taille impressionnante jouent un rôle sans cesse croissant jusqu'à l'époque actuelle. Ces coraux, qui prolifèrent dans les mers tropicales, sont faiblement représentés en Europe au crétacé et au tertiaire.

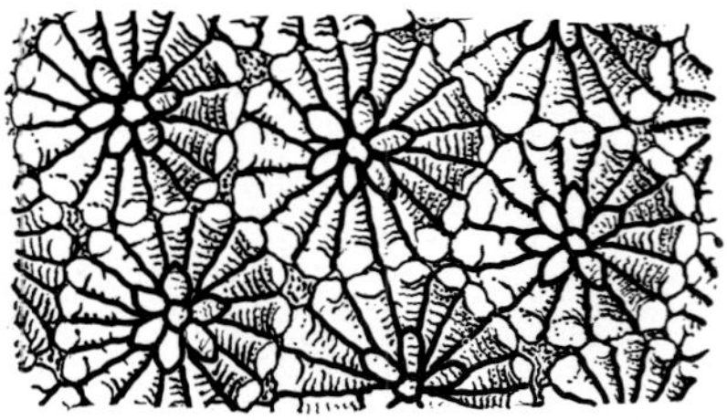

Porites

Porites — du jurassique à l'époque actuelle — forme des colonies massives constituées de rameaux épais ou d'incrustations. Les polypiers, de très petite taille, ont un nombre de septes limité et une columelle entourée de petits piliers. Ils sont relativement serrés les uns contre les autres et n'ont pas de paroi externe distincte ; ils sont reliés entre eux par des prolongements de la cavité générale dont l'ensemble constitue le cœnenchyme.

Acropora — du tertiaire à l'époque actuelle — forme des colonies fortement ramifiées. Les petits polypiers comportent un nombre réduit de septes

Acropora

courts. Ils sont dépourvus de columelle. Leur base est partie constituante du rameau, tandis que leur extrémité apicale est libre.

Les hexacoralliaires ayant un squelette constitué d'aragonite, ils se conservent moins bien que les tétracoralliaires, dont le squelette de calcite est très résistant. Des hexacoralliaires, on retrouve plutôt des empreintes externes, difficiles à identifier avec précision. Dans certaines roches du jurassique supérieur, au sud de la RFA, par exemple, les coraux sont souvent épigénisés en pyrite ; comme ils sont logés dans une roche calcaire, il est aisé de les préparer et de les déterminer.

Classe des octocoralliaires (alcyonaires)

Contrairement aux zoanthaires, dont le squelette calcaire peut subsister très longtemps, les octocoralliaires ne peuvent pas jouer un rôle important dans l'ensemble des fossiles. Leurs parties dures étant généralement uniquement cornées, leurs possibilités de fossilisation sont très réduites.

1 Thamnastraea sp. *7 cm, jurassique : tithonien (Gerstetten, RFA)*

2 Microphyllia astroides *1 cm, jurassique : tithonien (Gerstetten)*

3 Thecocyathus mactrus *1,7 cm, jurassique : toarcien (Wöhrsberg, RFA)*

4 Discocyathus sp. *2,2 cm, jurassique : bathonien (Anwil, Suisse)*

5 Rennensismilia complanata *4 cm, crétacé : sénonien (Russbach, Autriche)*

Cnidaires : coraux

1

2

3

4

5

Embranchement des mollusques *(Mollusca)*

L'embranchement des mollusques comprend, non seulement à l'époque actuelle, mais tout au long de l'histoire de la Terre, une diversité d'espèces difficile à imaginer. Les fossiles appartenant à cet embranchement sont les plus répandus, les mieux connus, et ils sont également les plus caractéristiques pour les paléontologues, du moins à partir de l'ordovicien. Ils occupent une place privilégiée dans les collections.

La structure de base, qui peut être sujette à de multiples variantes selon les espèces, se présente ainsi : en avant la tête, qui peut être plus ou moins atrophiée, sur la face ventrale une masse musculaire : le pied, et sur la face dorsale la masse viscérale. Le système nerveux est constitué d'un ensemble de nerfs reliant entre eux les centres nerveux (au nombre de deux dans chaque section). Dès les premiers stades du développement, un repli annulaire de la membrane est évaginé dans la zone dorsale, donnant naissance au manteau. Le manteau est séparé du corps du mollusque par un espace plus ou moins grand où se déploient les branchies : la cavité palléale (de *pallium*, manteau). La face externe du manteau sécrète sur son bord grandissant, mais aussi sur toute sa superficie, une substance calcaire qui durcit en formant la coquille. Cette dernière peut être constituée d'aragonite ou de calcite. Outre le calcaire, une autre substance du manteau prend part à l'élaboration de la coquille : la conchioline, chimiquement proche de la chitine. Les restes fossiles des mollusques sont exclusivement des coquilles calcaires : les parties en conchioline et les parties molles disparaissent au cours de la fossilisation. On divise les mollusques en cinq classes : les **amphineures**, les **gastropodes**, les **scaphopodes,** les **bivalves** (lamellibranches) et les **céphalopodes**.

Les amphineures, moins nombreux, renferment deux sous-classes : les **aplacophores**, dépourvus de parties dures, et qui ne sont pas représentés parmi les fossiles, et les **polyplacophores**, dont le corps ovale allongé porte généralement sur la face dorsale 8 plaques de forme rectangulaire. Bien que présents sur terre depuis le cambrien, les polyplacophores fossiles sont relativement rares. ▷

Les autres classes de mollusques sont caractérisées par la présence d'une coquille calcaire. Elles comprennent les innombrables mollusques connus comme tels.

La coquille est formée depuis le bord externe du manteau. Celui-ci ne dépasse pas le bord de la coquille. Il est replié vers l'extérieur, et forme une petite poche. Il sécrète dans un premier temps de la conchioline, qui se présente sous la forme d'une fine membrane dans laquelle s'édifient les cristaux de calcite, tout d'abord orientés perpendiculairement à la surface de la membrane, la « matrice organique ». La coquille est donc composée d'une couche externe de conchioline (le périostracum) recouvrant une structure résultant de l'agencement particulier des cristaux calcaires. C'est dans cette couche que s'édifient les éléments de relief de la coquille (cannelures, épines, etc.). La surface du manteau sécrète la couche interne de la coquille, formée d'une superposition de fines lamelles d'aragonite disposées parallèlement à la surface (couche de nacre), qui habille l'intérieur de la coquille de calcite. La couche de nacre est donc plus fine sur les bords, et de plus en plus épaisse à mesure que l'on va vers la partie initiale de la coquille. Cela explique que seule la face externe de la coquille soit sculptée, tandis que la couche interne de nacre reste toujours très lisse. Seuls les bords de la coquille, là où la couche de nacre est encore très fine, peuvent laisser apparaître sur la face interne les motifs qui ornent la face externe.

Cette structure type de la coquille en trois couches peut avoir évolué, surtout chez les espèces fortement différenciées. Chez les ammonites, par exemple, et chez d'autres coquillages très différenciés, la coquille est entièrement constituée d'aragonite. Chez les huîtres, au contraire, elle est exclusivement composée de calcite, les couches de cristaux étant disposées parallèlement à la surface.

Un polyplacophore : Chiton saeniensis *3,5 cm, tertiaire : pliocène (Sienne, Italie)*

Classe des bivalves (lamellibranches ou pélécypodes)

Chez les bivalves, le manteau, qui prend naissance sur le dos de l'animal, forme deux replis qui enveloppent les flancs. Ces deux parties du manteau sécrètent chacune l'une des valves de la coquille ; la ligne dorsale médiane ne produisant pas de sécrétion calcaire, les deux valves sont totalement indépendantes. Elles ne sont reliées que sur la face dorsale, par la membrane élastique de conchioline. La coquille de ces mollusques est donc constituée de deux parties recouvrant les flancs droit et gauche, l'une étant comme le reflet de l'autre dans un miroir. Le plan de symétrie des deux valves passe juste entre les deux. La bordure dorsale, par laquelle les deux parties sont reliées au moyen de conchioline, peut comporter une charnière. Le bord ventral, opposé, est libre. Les deux parties du manteau, et la coquille qu'elles sécrètent, s'étendent suffisamment loin dans toutes les directions (dorsale, ventrale, droite et gauche) pour que le corps du mollusque puisse s'enfermer totalement dans sa coquille lorsque les bords ventraux sont en contact. La fermeture de la coquille est assurée par la contraction d'un muscle adducteur. Ce mouvement de rotation des valves sur leur axe provoque une tension du ligament du bord dorsal. Lorsque le muscle adducteur se relâche, le ligament se rétracte en raison de son élasticité, et les deux bords libres s'écartent. Ce ligament initialement externe, puisque produit par le périostracum (couche de conchioline), devient souvent interne dans les formes les plus évoluées. Le ligament externe initial est conservé, mais il ne joue plus aucun rôle dans la fermeture de la coquille. Il se forme à l'intérieur du bord dorsal de la coquille une masse élastique logée dans un petit renfoncement. Lorsque la coquille est fermée, cette masse est comprimée ; et quand les muscles adducteurs se relâchent, elle se détend et provoque l'écartement des deux valves.

Le sommet de la coquille, souvent fortement bombé, est plus ou moins protubérant sur la face dorsale. Ce crochet peut être orienté antérieurement (prosogyre) ou, plus rarement, postérieurement (opisthogyre). Ce caractère renseigne sur l'orientation de la coquille.

Le bord du manteau est souvent un peu plus long que celui de la coquille ; il faut donc le ramasser pour la fermeture. C'est le rôle d'un ensemble de fibres musculaires radiales situées à la périphérie du manteau. Leurs points d'insertion postérieure sur la face interne de la coquille laissent des empreintes qui constituent une ligne parallèle au bord du manteau : la ligne palléale. Chez les formes évoluées, les bords ventraux du manteau se soudent. Le manteau forme alors un tube qui englobe le corps du mollusque et la cavité palléale, et se prolonge éventuellement par des expansions tubulaires qui dépassent de la coquille : les siphons. Les siphons remplissent un rôle dans la nutrition et la respiration. Les muscles du bord palléal s'allongent alors pour pouvoir assurer la rétraction et la protusion des siphons ; leur point d'attache se rapproche du sommet, ce qui se traduit sur la coquille par une ligne palléale sinueuse (voir schémas ci-contre).

Pour éviter les décrochages lors de l'ouverture et de la fermeture des valves, le bord dorsal est souvent garni de dents qui viennent se loger dans des renfoncements de l'autre valve. Ce dispositif qui guide le mouvement de rotation est la charnière. Lorsque le bord dorsal sur lequel la coquille s'articule est droit, il forme un axe de rotation, il n'y a alors pas besoin de dents. Mais, le plus souvent, le bord dorsal est arqué. La morphologie de la charnière est un élément déterminant pour la classification des fossiles : on étudie le nombre, la disposition et la forme des dents et des cavités dans lesquelles elles viennent se loger. Une charnière taxodonte comporte de nombreuses petites dents de même grandeur, une charnière hétérodonte se caractérise par un petit nombre de dents cardinales situées sous le crochet, et quelques dents latéro-postérieures en forme de lamelles, disposées paral-

Crassatellites *5 cm, crétacé (Tennessee, USA)*

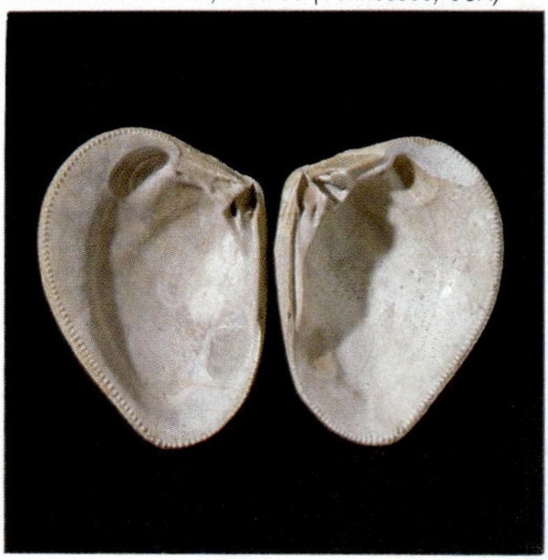

Caractéristiques des coquilles de bivalves

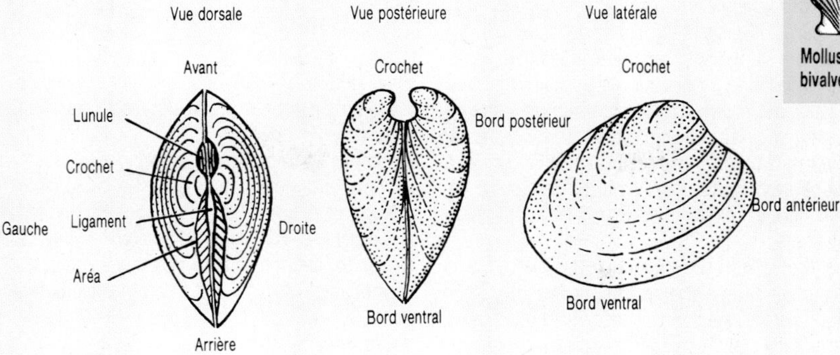

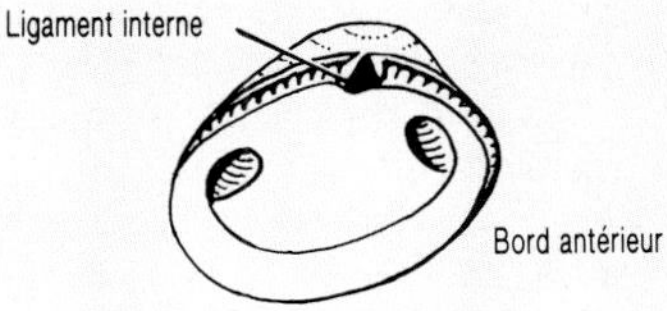

Charnière taxodonte
Deux muscles adducteurs identiques
(dimyaire-homomyaire)
Ligne palléale simple

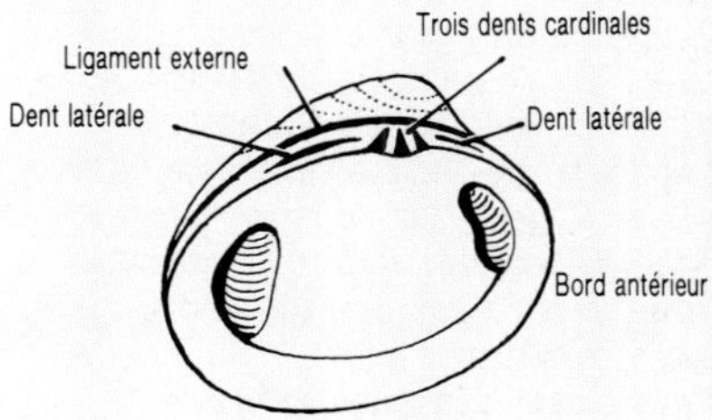

Charnière hétérodonte
isomyaire, ligne palléale simple

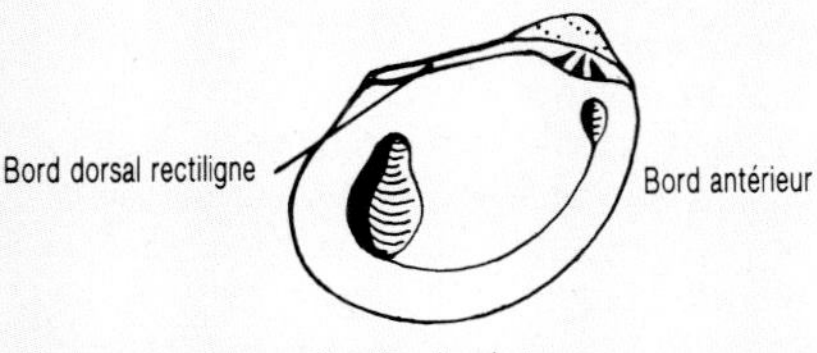

Charnière dysodonte
Un fort adducteur postérieur
et un faible antérieur
(anisomyaire)

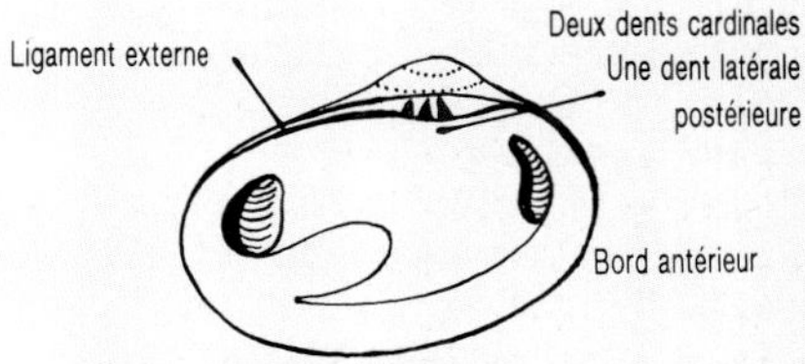

Charnière hétérodonte
homomyaire,
ligne palléale sinueuse

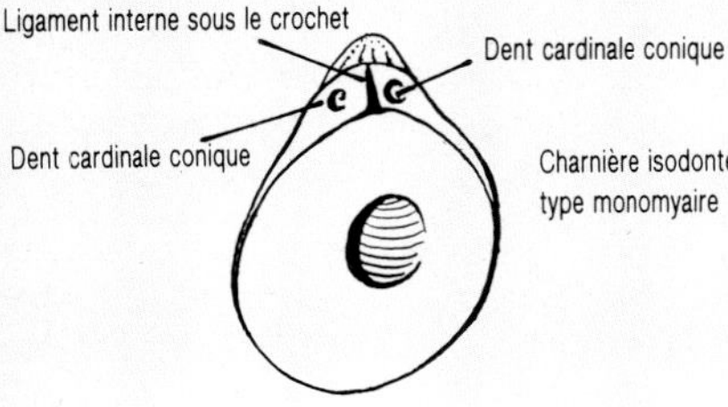

Charnière isodonte,
type monomyaire

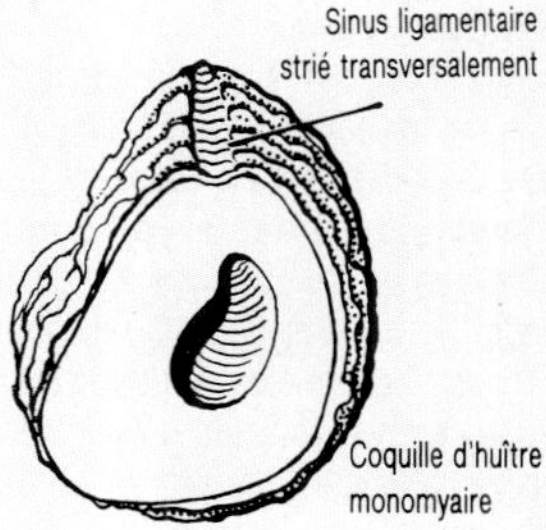

Coquille d'huître
monomyaire

lèlement au bord de la coquille. Il existe différents types de charnières hétérodontes. Lorsqu'il y a un ligament interne, on distingue son renfoncement parmi les éléments de la charnière.

La charnière, les empreintes de l'insertion des ligaments externe ou interne et les empreintes de fixation des muscles adducteurs ainsi que la forme de la ligne palléale constituent les caractères importants de la coquille. Leur étude permet de connaître en partie l'organisation interne du mollusque. Ce sont donc des clés précieuses pour la détermination des espèces.

Le relief externe de la coquille est également très important : ses éléments peuvent être concentriques, parallèles au bord de la coquille ou radiaux. Ils peuvent prendre naissance au niveau du crochet, ou être plus ou moins perpendiculaires aux bordures.

La croissance de la coquille se déroulant sur le bord libre, la face externe montre des cernes d'accroissement bien distincts. Leur étude peut être particulièrement utile quand on a affaire à des fragments : ils permettent de reconstituer la forme initiale du coquillage et donnent également des indications sur la façon dont la forme de la coquille peut se modifier avec le temps.

Sous-classe des paléotaxodontes

Elle comprend les mollusques les plus archaïques à charnière taxodonte, avec deux muscles adducteurs de même importance

Ctenodonta — de l'ordovicien au carbonifère —, petit mollusque fortement bombé, de forme arrondie ou ovale. Le ligament est externe et simple, la charnière est arquée. ▷

Nucula — de l'ordovicien à l'époque actuelle. Ce genre a plus tard donné naissance à plusieurs autres. C'est l'un des types de bivalves les plus anciens, puisqu'il a traversé les temps depuis l'ordovicien sans subir de transformations majeures. Il vit dans les océans, depuis le littoral jusqu'à plusieurs milliers de mètres de profondeur. Il est petit, fortement bombé, de forme arrondie à ovale. Sa surface est lisse, avec des cernes d'accroissement. Un renfoncement pour le ligament intérieur sépare les deux parties de la charnière taxodonte.

Sous-classe des cryptodontes

C'est un petit groupe, essentiellement du paléozoïque, de bivalves primitifs, encore insuffisamment connus. La forme de la coquille est variable, mais la charnière est toujours dépourvue de dents, et la ligne palléale est parallèle au bord ventral.

Solemya — du crétacé à l'époque actuelle. C'est le seul représentant de ce groupe qui ait survécu. De forme ovale allongée, il possède une fine coquille, dont le sommet est fortement décalé vers le bord postérieur. ▷

Janeia — dévonien et carbonifère — possède une forme semblable, étirée, et un sommet très décalé vers le bord postérieur. Il s'agit probablement d'un précurseur des *Solemya*. ▷

Grammysia — du silurien au carbonifère — atteint une taille relativement importante. De forme ovale allongée, ce bivalve possède un crochet fortement décalé vers le bord antérieur, et prosogyre. La coquille est creusée de 2 à 3 sillons qui partent du sommet et rejoignent la partie postérieure du bord ventral. Elle est également ornée de stries concentriques peu profondes. ▷, ▷ 1

Cardiomorpha et **Edmondia** — carbonifère et permien — ont également des dimensions assez grandes. De forme ovale allongée, ces bivalves ont le sommet fortement décalé vers le bord antérieur, et prosogyre. Leur coquille, très bombée, porte des rides concentriques. Ils se distinguent de *Grammysia* par leur forme plus bombée et l'absence de sillons radiaux.

Cardiola — silurien — possède une coquille épaisse, contrairement aux espèces présentées ci-dessus. De forme triangulaire arrondie, il a un crochet fortement proéminent qui fait penser à la forme d'un cœur. Une surface triangulaire est délimitée sous le crochet. La surface de la coquille est ornée de fortes côtes radiales coupées par des sillons concentriques, ce qui donne un fin quadrillage.

Buchiola — du silurien au dévonien — a une forme semblable, triangulaire arrondie et très bombée. Le bord dorsal (charnière) est rectiligne et relativement long. La coquille s'orne de larges côtes radiales et de fortes rides d'accroissement concentriques.

Praecardium — silurien et dévonien — est semblable. ▷ 2

Sous-classe des ptériomorphes

Il s'agit d'un groupe d'une extraordinaire diversité, qui s'est fortement développé depuis le début du paléozoïque, et dont le rôle ne fait que s'amplifier depuis. Les formes primitives possèdent une coquille essentiellement développée vers le bord pos-

1 Grammysia sp. *3,5 cm, silurien (Gotland, Suède)*
2 Praecardium clymeniae *1,8 cm, dévonien (Nehden, RFA)*

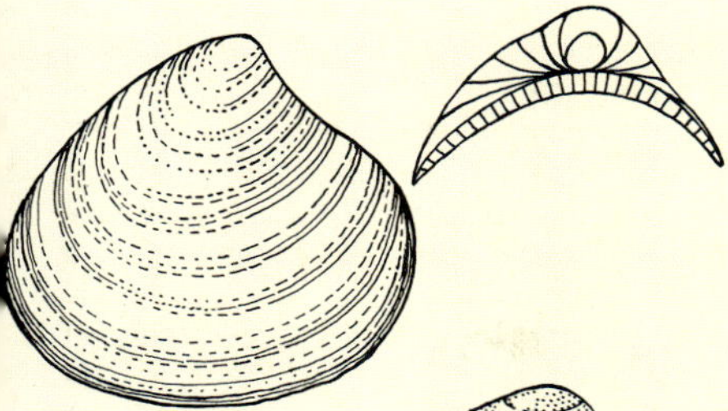

Ctenodonta

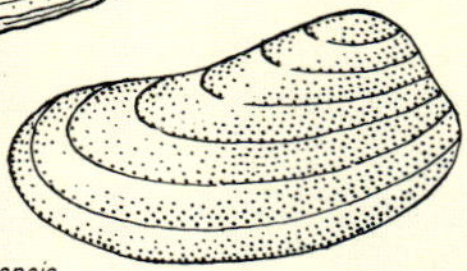

Janeia

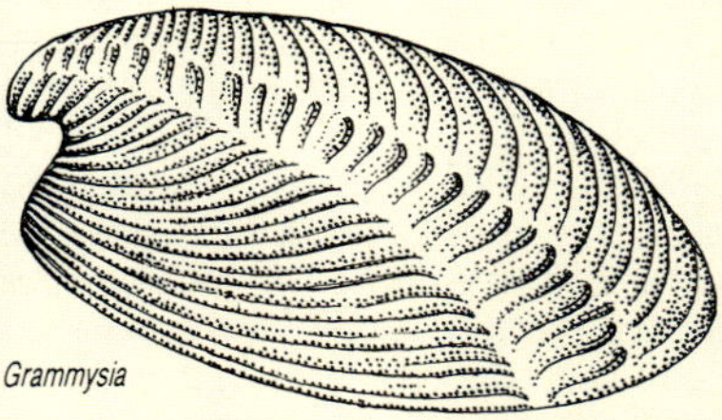

Grammysia

Solemya

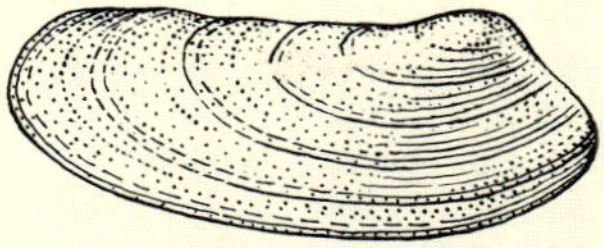

1

2

térieur, si bien que le crochet est complètement décalé vers le bord antérieur. Le bord dorsal est long et rectiligne, surtout en arrière du crochet. La charnière ne possède que quelques petites dents en avant du crochet. Le muscle adducteur antérieur est très petit, le postérieur est grand et vigoureux. Quelques genres :

Ambonychia — silurien — ne se distingue de *Pterinea* que par une coquille plus épaisse et plus fortement bombée. Possède quelques petites dents-charnières sous le crochet, et quelques longues dents latérales, parallèles au bord, ou seulement une seule sur le bord dorsal. ▷ 1

Pterinea — de l'ordovicien au dévonien —, de forme ovale inclinée, avec un petit crochet fortement déplacé vers l'avant, presque terminal. La valve gauche est généralement plus grande et plus bombée que la droite. Surface lisse ou striée de côtes radiales. Le bord dorsal, long et rectiligne, s'étend en arrière du crochet. Les ligaments sont externes. Ce genre s'est désormais irradié en un nombre important de genres.

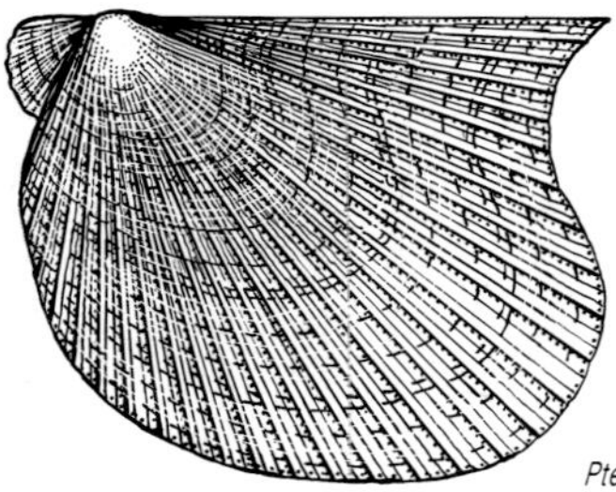

Pterinea

Pteria — du trias à l'époque actuelle — a donné naissance à de nombreux genres. La coquille, de forme triangulaire non isocèle, possède un crochet fortement décalé vers l'avant ; la valve gauche est légèrement plus bombée que la droite. Le bord latéro-dorsal forme une oreillette plate qui se distingue de la valve bombée. Souvent, on distingue également une oreillette antérieure, plus petite. La couche de nacre est bien développée.

Oxytoma — trias et crétacé — est semblable à *Pteria*. ▷ 2

Posidonia — du carbonifère au crétacé —, de forme ovale oblique ou presque circulaire, possède un crochet terminal, une coquille fine, et des stries d'accroissement concentriques. La coquille est légèrement bombée. Deux genres sont très proches :

Steinmannia — jurassique inférieur — dont la coquille est fine, petite, presque circulaire et marquée de stries concentriques, ▷ 3 ; et **Daonella** — trias alpin — qui se distingue de *Posidonia* par l'absence d'oreillettes.

Modiolus — du dévonien à l'époque actuelle — est de forme ovale oblique allongée, avec un crochet terminal. Coquille équivalve, fortement bombée. Le bord ligamentaire postérieur rectiligne forme une oreillette, à laquelle une petite oreillette ventrale fait parfois face. La couche de nacre est fortement développée.

Mytilus (le genre de la **moule**) — du jurassique à l'époque actuelle — se distingue par l'absence d'oreillettes distinctes. Sa forme devient donc triangulaire, pointue, avec un crochet terminal.

Contrairement à ces genres, les suivants ont l'adducteur antérieur complètement atrophié. Le muscle postérieur restant prend une position plus centrale dans la coquille : ce sont les **monomyaires**, dont l'essor est très important à partir de la fin du paléozoïque.

Gervillia — du trias au crétacé — possède une forme ovale oblique, allongée vers l'arrière. La coquille est fortement bombée, la valve gauche plus grande que la droite. Stries concentriques. Le ligament est logé dans quelques sillons transversaux du bord latéro-dorsal, long et rectiligne. ▷ 4

Isognomon — du trias à l'époque actuelle — a un développement ligamentaire comparable, sur une coquille oblique, triangulaire ou ovale, plus faiblement bombée. Sa couche de nacre est très développée.

Inoceramus — du jurassique à l'époque actuelle — a donné naissance à beaucoup de genres ; les très nombreuses espèces du crétacé, dont certaines sont de grande taille, sont de bons fossiles stratigraphiques. Inéquivalves — la valve gauche est plus grande que la droite —, ils ont une forme triangulaire arrondie, ou ovale oblique, avec un crochet

1 Ambonychia corragata *6 cm, ordovicien (Siljan, Suède)*

2 Oxytoma inaequivalvis *3,5 cm, jurassique : pliensbachien (Göppingen, RFA)*

3 Steinmannia bronni *1 cm, jurassique : toarcien (Dotternhausen, RFA)*

4 Gervillella sublanceolata *20 cm, crétacé (île de Wight, Angleterre)*

5 Inoceramus concentricus *5 cm, crétacé : albien (Troyes)*

6 Inoceramus sp. *14 cm, crétacé : sénonien (Russbach, Autriche)*

1

2

3

4

5

6

terminal. Le ligament se loge dans de nombreux sillons transversaux du bord postéro-dorsal. La surface de la coquille est marquée de stries concentriques ou, plus rarement, de côtes radiales ondulées. La couche de prismes de calcite est très développée, surtout chez les formes du crétacé. ▷ p. 65, 5-6

Pinna — du permien à l'époque actuelle — est un bivalve de forme allongée, en triangle équilatéral, à crochet pointu et terminal, par lequel l'animal s'enfonce dans le sédiment. Ce coquillage porte les noms de pinne ou jambonneau. Le bord postérieur, dirigé vers le haut, reste ouvert. Les deux valves ont une arête longitudinale médiane, ce qui donne à la coquille une section quadrangulaire. Le ligament est long et droit. La couche de prismes de calcite est fortement développée.

Aviculopecten — du carbonifère au permien — a une forme pratiquement circulaire, avec un petit crochet médian, et des oreillettes antérieure et postérieure nettement détachées. La valve gauche est plus grande et plus bombée que la droite. La charnière rectiligne et relativement courte possède un ligament externe. Surface striée de côtes radiales.

Contrairement à toutes ces formes, dont la valve inférieure est la gauche — généralement plus bombée que l'autre —, les **pectinidés** ont pour valve inférieure la droite. Ils ont en commun une forme intermédiaire entre le triangle isocèle et le cercle, avec un crochet médian ; un ligament interne logé dans une fossette triangulaire sous le crochet ; un grand muscle adducteur central. Une petite encoche sous l'oreillette antérieure facilite l'orientation de la coquille. Les grands genres faisant partie de la famille des pectinidés sont :

Entolium — du trias au crétacé —, presque circulaire, lisse, équivalve avec deux petites oreillettes identiques et saillantes. ▷ 1

Amusium — du jurassique à l'époque actuelle —, presque circulaire, l'oreillette postérieure généralement plus grande que l'antérieure, surface externe lisse, interne avec quelques petites stries radiales.

Chlamys — du trias à l'époque actuelle —, légèrement inéquivalve, la valve supérieure étant la gauche, plus bombée que la droite. De fortes lamelles d'accroissement concentriques forment avec les fines côtes radiales un motif réticulé. ▷ 2

Camptonectes — du jurassique au crétacé — possède une valve gauche fortement bombée, des côtes radiales et des lamelles d'accroissement.

Aequipecten — du jurassique à l'époque actuelle — est presque équivalve, avec des oreillettes pratiquement égales. Les côtes radiales relativement larges sont très serrées. ▷ 3

Pecten — du tertiaire à l'époque actuelle — a donné naissance à de nombreux genres. La valve droite est la plus bombée. Les deux oreillettes sont généralement égales. Les côtes radiales sont fortement marquées et différenciées. ▷ 4

Neithea — crétacé — a la valve inférieure (droite) très fortement bombée, la supérieure plate ou concave. Petites oreillettes égales. 4 à 6 fortes côtes radiales séparées par d'autres plus fines. Important fossile stratigraphique du crétacé. ▷ 5

Plicatula — du trias à l'époque actuelle — possède comme les pectinidés une valve inférieure droite plus grande, généralement fixe, mais ce genre se distingue par la présence de deux fortes dents à la charnière, une de chaque côté de la fossette ligamentaire. Forme triangulaire irrégulière, avec des côtes radiales irrégulières garnies d'épines, et de fortes lamelles d'accroissement.

Spondylus — du jurassique à l'époque actuelle — est plus grand, avec une coquille épaisse. De forme triangulaire irrégulière, avec des côtes radiales irrégulières, et souvent de fortes épines.

Lima — du carbonifère à l'époque actuelle — a donné naissance à de nombreux genres. Équivalve, de forme triangulaire oblique, avec deux petites oreillettes. Le ligament est logé dans une fossette triangulaire, sous le crochet. Surface lisse ou ornée de côtes radiales. ▷ 6

Ctenostreon atteint une taille importante. Il est orné de fortes côtes radiales, avec des lamelles d'accroissement squameuses. Coquille de forme irrégulière.

La famille des **ostréidés (huîtres)** constitue également un groupe important de monomyaires. Ces coquillages sont fixés par la valve inférieure, la gauche. Leur coquille est épaisse et constituée de

1 Entolium corneolum *4,5 cm, jurassique : bajocien (Bayeux)*

2 Chlamys sp. *2 cm, jurassique : sinémurien (Göppingen, RFA)*

3 Aequipecten opercularis *5,5 cm, tertiaire : miocène (Warthausen, RFA)*

4 Pecten gigas *10 cm, tertiaire : pliocène (Empoli, Italie)*

5 Neithea quadricostata *7 cm, crétacé : santonien (Haltern, RFA)*

6 Plagiostoma striatum *5 cm, trias : muschelkalk (Braunsbach-Kocher, RFA)*

1

2

3

4

5

6

lamelles de calcite parallèles à la surface (calcitostracum), ce qui donne des lamelles d'accroissement très visibles. Le grand adducteur est central. Le grand ligament partiellement interne est logé dans une petite cuvette trapézoïdale située sous le crochet ; il est finement rayé dans le sens transversal.
Voici les principaux genres :

Gryphaea — jurassique — n'est fixe que durant la phase juvénile ; sa valve inférieure est ovale allongée, très creuse, avec un crochet enroulé en spirale. Valve supérieure plate. ▷ 1

Pycnodonte — crétacé — a une forme semblable, mais sa coquille est de structure différente.

Exogyra — jurassique et crétacé — possède également une valve inférieure creuse, plus grande que la supérieure qui forme un couvercle plat ; mais son crochet enroulé en spirale reste toutefois dans le plan de la coquille.

Liostrea — jurassique — a une forme semblable à notre huître plate, et s'en distingue par la structure de la coquille. ▷ 2

Ostrea — du crétacé à l'époque actuelle — a une forme irrégulière. L'**huître plate** fait partie de ce genre.

Lopha — du trias à l'époque actuelle — se caractérise par les fortes côtes radiales qui ornent les deux valves. ▷ 3-5

Enfin, **Arctostrea** — jurassique et crétacé — possède une coquille allongée, étroite, avec un bord médian d'où part un fort plissement qui rejoint les bords latéraux.

Les **arcidés**, qui dérivent de formes semblabes à *Pterinea* du paléozoïque ancien, suivent une tout autre évolution. Leur bord dorsal s'allonge vers l'avant, ce qui rapproche le crochet du milieu. La partie antérieure de la coquille devient donc plus grande, et l'adducteur antérieur, au lieu de s'atrophier, atteint à nouveau la taille de l'adducteur postérieur, rétablissant l'état isomyaire initial (deux adducteurs identiques). Le ligament reste externe et se situe dans une zone triangulaire entre le crochet et le bord de la coquille. La charnière produit, outre les petites dents situées sous le crochet et disposées perpendiculairement au bord, une série de longues dents latérales en forme de lamelles, parallèles au bord qui seront progressivement remplacées par de petites dents transversales : on a alors une charnière rectiligne taxodonte.

Parallelodon — du silurien au jurassique — possède une coquille allongée, rectangulaire, aux angles arrondis, avec un crochet fortement déplacé vers l'avant. Deux à trois petites dents cardinales sous le crochet, et deux à trois longues dents latérales en arrière.

Cucullaea — du jurassique à l'époque actuelle — a une forme fortement bombée, en quadrilatère oblique. Grande zone ligamentaire. Outre les dents latérales antérieures et postérieures, possède un nombre variable de petites dents cardinales, orientées obliquement sous le crochet.

Arca — du crétacé à l'époque actuelle — a une forme rectangulaire à triangulaire avec les coins arrondis, et un crochet très proéminent, avec une grande zone ligamentaire triangulaire, et une charnière taxodonte sans dents latérales. Tout comme *Cucullaea*, ce genre est orné de fortes côtes radiales. Il a donné naissance à de nombreux genres actuels.

Glycimeris — du crétacé à l'époque actuelle — est presque circulaire, moyennement bombé, avec une charnière légèrement arquée et une petite zone ligamentaire. Surface généralement lisse. ▷ 6

Sous-classe des paléohétérodontes

Ces bivalves se distinguent par leur charnière hétérodonte (deux à trois fortes dents cardinales sous le crochet, pas de dents latérales) ; la charnière est légèrement courbée. Le ligament est externe, situé en arrière du crochet. La ligne palléale est courbe, non sinueuse. Les deux adducteurs sont toujours plus ou moins égaux (isomyaires).

Modiomorpha — du silurien au permien — possède une coquille ovale penchée, fortement prolongée vers le bord postérieur, avec un crochet très antérieur. Pas de côtes radiales, mais des lamelles d'accroissement concentriques.

Leptodomus — dévonien —, très semblable, a souvent une arête qui s'étend du crochet vers le bas de la partie postérieure.

1 Gryphaea arcuata *4,5 cm, jurassique : sinémurien (Aldingen, RFA)*

2 Liostrea eduliformis *12 cm, jurassique : bajocien (Gosheim, RFA)*

3 Lopha marshi *(2 spécimens), 12 cm, jurassique : bajocien (Fürstenberg, RFA)*

4 Lopha marshi *(valve isolée), 10 cm, jurassique : bajocien (Gosheim, RFA)*

5 Exemple d'une huître, 2,5 cm, qui s'est fixée avec sa valve gauche sur une coquille d'ammonite, et a reproduit sa structure sur la valve droite

6 Glycimeris sp. *3,5 cm, oligocène (Hildesheim, RFA)*

1

2

3

4

5

6

Mecynodon — dévonien — possède une épaisse coquille, de forme rectangulaire arrondie, avec un crochet fortement décalé vers l'avant, deux fortes dents cardinales sous le crochet, et deux arêtes s'étendant depuis le crochet vers le bas de la partie postérieure.

Pleurophorus — dévonien — est très proche, mais avec une seule dent cardinale et plusieurs côtes striant la partie postérieure.

Sphenotus — dévonien et carbonifère — a une forme en ovale incliné, prolongé vers l'arrière. Le crochet est en avant du milieu. Souvent, une forte arête part du crochet vers le bas de la partie postérieure.

Pour les collectionneurs, le groupe le plus intéressant parmi les paléohétérodontes est celui des **schizodontes**, dont la valve gauche porte une dent cardinale triangulaire, généralement fendue, et la valve droite deux dents cardinales qui encadrent celle de la valve gauche. La coquille est triangulaire arrondie, avec un crochet proéminent, souvent opisthogyre.

Schizodus — du dévonien au jurassique — est de forme triangulaire arrondie, avec un crochet moyennement saillant, et une surface lisse. Sa charnière schizodonte reste relativement petite.

Myophoria — trias —, en triangle incliné, souvent prolongé vers l'arrière, possède un crochet fortement décalé vers l'avant, et prosogyre. Une arête s'étendant depuis le crochet vers le bas de la partie arrière délimite une partie de la coquille marquée par une inclinaison plus prononcée. Des côtes radiales peuvent exister en nombre plus ou moins important en avant de cette arête. De nombreux genres actuels découlent de celui-ci, dont différentes espèces sont des fossiles stratigraphiques importants du trias.

Trigonia — du jurassique à l'époque actuelle — a également donné plusieurs genres actuels. Développé sous de nombreuses formes au jurassique, ce genre a connu une régression au crétacé, puis s'est limité progressivement à l'hémisphère Sud. Un dernier représentant de ce groupe cosmopolite au jurassique vit aujourd'hui dans les mers qui bordent l'Australie. La charnière schizodonte est très développée, et les dents cardinales cannelées. Le crochet, légèrement opisthogyre, est situé dans la moitié antérieure. Le bord inférieur dorsal est souvent très étiré. Une arête s'étend depuis le crochet jusqu'au bas de la partie antérieure, délimitant une zone plus fortement inclinée, dont le relief est différent du reste de la coquille. L'ornementation de la surface externe, avec des lamelles concentriques, des côtes radiales ou obliques, ou des rangées de protubérances, est très variable et sert à délimiter les différents genres. ▷

Les paléohétérodontes comprennent également des mollusques pélécypodes d'eau douce, les **unionidés**, dont la forme est généralement ovale allongée, avec un crochet en position antérieure. Le ligament externe est en arrière du crochet, et la charnière est souvent peu développée. Le genre actuel, **unio**, était relativement répandu dans les formations d'eau douce du tertiaire. Les plus anciens représentants de cette famille remontent au carbonifère :

Anthracosia — du carbonifère au permien — possède une fine coquille ovale allongée. Le crochet est à peine saillant. Il ressemble aux **anodontes** actuels, mais en plus petit.

Carbonicola — carbonifère — est fortement bombé, avec un crochet plus proéminent. Ces deux genres ont des lamelles d'accroissement très nettes.

Les formations dulçaquicoles renferment également d'autres genres, tels qu'**Asiathracon** et **Najadites**, qui pourrait bien être un descendant des ptériomorphes : crochet en position antérieure, bord ligamentaire rectiligne prolongé vers l'arrière, forme triangulaire inclinée.

Anoplophora — trias — est petit, ovale allongé, avec un crochet à peine saillant. La coquille, fine, comporte une dent cardinale simple dans chaque valve. Ce mollusque se rencontre surtout dans les faciès saumâtres, mais aussi, à l'occasion, dans les faciès dulçaquicoles ou maritimes.

Sous-classe des hétérodontes

Les hétérodontes forment, avec les ptériomorphes monomyaires, le groupe le plus diversifié et le plus répandu de bivalves du mésozoïque (secondaire) et du cénozoïque (tertiaire et quaternaire). S'ils divergent par la structure de la coquille, la position du ligament (interne ou externe), ou le bord du manteau (courbe ou sinueux), tous ces mollusques ont en commun le même type de charnière hétérodonte, avec deux ou trois dents cardinales et une ou deux dents latérales antérieures et postérieures, ainsi que la configuration isomyaire des adducteurs. La charnière peut être fortement atrophiée. L'organisation interne, avec des branchies lamelleuses,

Scaphotrigonia navis *7,5 cm, jurassique : aalénien (Weilerstoffeln, RFA)*

ou cténidies, bien développées (lamellibranches), est également un trait commun entre les multiples formes de cette sous-classe. La coquille est souvent purement aragonitique, ce qui fait que les sédiments ne nous livrent que des moulages.

Paracyclas — dévonien —, pratiquement circulaire, légèrement bombé, avec des stries concentriques. Bord palléal arrondi, deux petites dents cardinales.

Lucina — du crétacé à l'époque actuelle — est presque circulaire. Possède un petit crochet, avec une surface nettement délimitée en avant du crochet, appelée lunule. La surface de la coquille est ornée de stries concentriques. Le bord palléal est entier. Deux dents cardinales et une ou deux latérales. Les bords libres de la coquille sont dentelés sur leur face interne. Des formes semblables, très proches, sont connues depuis le paléozoïque supérieur.

Chama — du tertiaire à l'époque actuelle — a une coquille épaisse, soudée par sa valve gauche. Les stries d'accroissement concentriques sont fortement marquées, soit épineuses, soit écailleuses. Bord palléal entier. Deux dents cardinales sur la valve gauche, une seule sur la droite. ▷ 1

Cardita — du tertiaire à l'époque actuelle — a une coquille épaisse, de forme triangulaire inclinée ou trapézoïdale, avec un crochet fortement déplacé vers l'avant. Fortes côtes radiales. Deux grandes dents cardinales sur la valve gauche, trois sur la droite. Dents latérales peu développées. Le ligament est externe, en arrière du crochet. Des formes apparentées, très semblables, sont connues depuis le paléozoïque supérieur.

Astarte — du jurassique à l'époque actuelle — regroupe un nombre important de genres très voisins. De forme subtriangulaire à trapézoïdale, ces bivalves ont la coquille moyennement bombée, avec des lamelles concentriques et, plus rarement, des côtes radiales. Le ligament est externe, en arrière du crochet. Le bord palléal est entier. Deux fortes dents cardinales et de faibles dents latérales de chaque côté. ▷ 2 Forme proche : **Crassatella** — crétacé et tertiaire.

Cardinia — trias et jurassique —, triangulaire, quelque peu prolongé vers l'arrière. Orné de stries concentriques. Bord palléal entier. Une seule dent cardinale sur chaque valve, mais, en contrepartie, les dents latérales antérieures et postérieures sont bien développées. ▷ 3

Cardium (genre de la **coque**) — du trias à l'époque actuelle. Cette famille regroupe de nombreux genres apparentés, d'aspect très voisin, qui étaient confondus. Leur coquille fortement bombée est de forme subtriangulaire ou presque circulaire, avec un crochet proéminent. Le ligament est externe, en arrière du crochet. Le bord du manteau est entier. La charnière possède dans chaque valve deux fortes dents cardinales, coniques et courtes, et une dent latérale en arrière et en avant. La surface s'orne généralement de côtes radiales. ▷ 4

Protocardia — du trias au crétacé — est pratiquement circulaire. Ses côtes radiales généralement fines n'ornent que la moitié postérieure de la coquille. Le type connu actuellement sous le nom de coque est largement répandu depuis le crétacé supérieur. La distinction entre les nombreux genres repose sur la configuration des côtes radiales.

Mactra — du crétacé à l'époque actuelle —, circulaire à ovale incliné ou subtriangulaire, possède souvent une forte arête qui part du crochet et rejoint le bas du bord postérieur. La surface est lisse, à part de petites lamelles d'accroissement. Le bord du manteau est sinueux, formant un léger repli. La charnière comporte une à deux fines dents cardinales, entre lesquelles le ligament interne venait s'insérer dans une grande fossette de forme triangulaire. La valve gauche porte une dent latérale, la droite en a deux. *Mactra*, très développé et répandu depuis le crétacé supérieur, a donné naissance à de nombreux autres genres.

Congeria — de l'oligocène à l'époque actuelle — est un représentant aberrant des hétérodontes, qui rappelle plutôt les ptériomorphes par la forme de sa coquille. De forme arrondie ou quadrangulaire, avec un crochet antérieur. La coquille est épaisse et très bombée. La charnière est presque entièrement atrophiée. Ce genre vit dans les eaux saumâtres, mais également en eau douce, il est caractéristique du tertiaire supérieur dans le sud-est de l'Europe.

Dreissena — du tertiaire à l'époque actuelle — est un genre proche, dont la coquille ressemble à la moule, mais qui vit exclusivement en eau douce. Depuis le début du XXe siècle, ce genre a entrepris de conquérir les eaux d'Europe centrale à partir du bassin de la Volga.

1 Echinocama arcinella *4 cm, tertiaire : pliocène (Floride, USA)*

2 Astarte voltzi *1 cm, jurassique : aalénien (Tuningen, RFA)*

3 Cardinia sp. *7 cm, jurassique : hettangien (Göppingen, RFA)*

4 Cardites sp. *3,5 cm, tertiaire : éocène (Damery, France)*

1

2

3

4

Donax — du tertiaire à l'époque actuelle — a une forme ovale allongée, avec un crochet décalé vers l'arrière, et une partie antérieure très développée pour y loger un pied fouisseur de grande taille. Le bord du manteau est sinueux et forme un renfoncement important. La charnière possède deux dents cardinales. Le crochet est légèrement opisthogyre.

Tellina — du tertiaire à l'époque actuelle, mais avec des formes très voisines connues depuis le trias — a une coquille fine, contrairement à la donace. La telline est moyennement bombée, avec un sommet opisthogyre décalé vers l'arrière. Le bord du manteau ménage un très grand renfoncement. Les deux dents cardinales sont très petites. *Donax* et *Tellina* sont deux formes fouisseuses typiques de la zone littorale.

Corbicula (= Cyrena) — du jurassique à l'époque actuelle — est de forme subtriangulaire à subcirculaire — moyennement bombé, avec une surface lisse ou ornée de stries concentriques. Le ligament est externe, le bord du manteau entier. Trois dents cardinales, une à deux latérales.

Arctina (= Cyprina) — du crétacé à l'époque actuelle — se distingue par une coquille plus épaisse, et une taille plus importante, alors que sa charnière a la même structure que le genre précédent.

Venus — du crétacé à l'époque actuelle. Sous ce nom sont regroupés plusieurs genres voisins. Ce groupe ne cesse de se déployer et de se diversifier depuis le crétacé inférieur. Les coquilles relativement épaisses sont moyennement bombées, de forme subtriangulaire à subcirculaire, avec un crochet moyennement protubérant, nettement prosogyre. La surface est lisse ou ornée de stries concentriques. Le bord du manteau forme un renfoncement plus ou moins important. Le ligament est externe, et la charnière porte trois fortes dents cardinales, mais pas latérales. Les fossiles du genre *Astarte*, *Corbicula* et *Venus* sont souvent difficiles à identifier quand on ne peut pas étudier la ligne palléale et la charnière. ▷ 1-2

Megalodon — du dévonien au trias — est un genre particulier et isolé que l'on classe tantôt parmi les hétérodontes, tantôt parmi les paléohétérodontes. La coquille a une forme triangulaire arrondie, avec un crochet enroulé en spirale. Elle est très bombée et épaisse. Sous le crochet, la charnière forme une plaque pourvue de deux dents cardinales sur chaque valve. ▷ 3

L'adaptation à la vie fouisseuse ou foreuse se traduit par une évolution par rapport au type hétérodonte : la ligne palléale reste sinueuse, la coquille devient plus fine et s'allonge vers l'arrière. Elle est souvent bâillante et atrophiée, et la charnière s'atrophie également (disparition des dents).

Corbula — du jurassique à l'époque actuelle — est généralement de petite taille, inéquivalve (la valve gauche est plus petite), de forme triangulaire avec la partie postérieure prolongée en bec. Ce fossile très courant au tertiaire se rencontre également dans les faciès saumâtres.

Mya — du tertiaire à l'époque actuelle — est de forme ovale, avec la partie postérieure prolongée et bâillante, les longs siphons ne pouvant plus se rétracter dans la coquille. La ligne palléale forme un golfe important. Le ligament interne pénètre à l'intérieur de la coquille.

Panopaea — du crétacé à l'époque actuelle — est, comme la mye, d'assez grande taille, mais plus bombé. La coquille est ovale allongée, prolongée et bâillante, aussi bien devant que derrière (en avant sort le pied, en arrière les siphons). La ligne palléale forme un golfe important. ▷

Petricola — du tertiaire à l'époque actuelle — et **Pholas** — du crétacé à l'époque actuelle — ont une coquille allongée, presque cylindrique, avec le crochet fortement décalé vers l'avant. Sous le crochet apparaissent parfois des rudiments de dents cardinales. La surface rugueuse de la coquille sert à percer le bois, et parfois la roche (par exemple les récifs de coraux).

Teredo — du crétacé à l'époque actuelle — a une coquille très atrophiée qui ne renferme plus que la partie antérieure du corps mou. Ces mollusques qui creusent le bois sont aussi nommés tarets.

Un cas extrême de mollusque foreur est celui de **Clavagella** — du tertiaire à l'époque actuelle —, chez lequel les deux valves n'existent plus qu'à l'état rudimentaire. Les siphons sont protégés par une paire d'appendices calcaires appelés palettes ou calamules.

Les mollusques fouisseurs ou foreurs sont assez rares à l'état fossile. On retrouve en revanche fréquemment des traces de leur activité, comme sur la photo ci-contre. ▷ 4

1 et 2 Venus excentrica *6 cm, tertiaire : pliocène (Italie)*

3 Megalodon abbreviatus *4 cm, dévonien : givétien (Bergisch Gladbach, RFA)*

4 Galeries creusées par des mollusques foreurs dans une roche calcaire du jurassique supérieur : dépôts mollassiques (Heldenfingen, RFA)

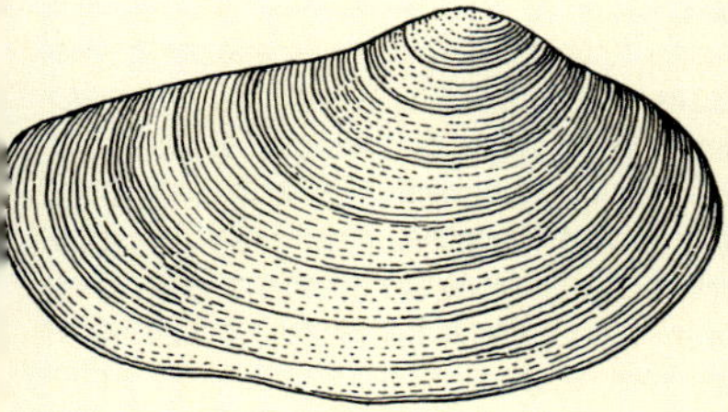

Panopaea

Sous-classe des pachyodontes

Cette sous-classe, qui comprend les **Hippurites** (famille des **rudistes**), constitue le groupe de mollusques le plus étrange et le plus particulier. La coquille ressemble si fortement à un polypier de corail isolé que ces mollusques ont tout d'abord été classés parmi les coraux. Ce n'est qu'en étudiant leur structure interne qu'on a pu établir leur appartenance à l'embranchement des mollusques.

Diceras — jurassique supérieur — est le précurseur des *Hippurites*, qui ont connu un important développement au crétacé. Son aspect extérieur correspond bien à l'image du mollusque. La coquille est très épaisse et bombée, de forme arrondie et inéquivalve. Le crochet, nettement protubérant, s'enroule en spirale, presque comme l'apex de la coquille d'escargot. C'est la pointe du crochet de la valve inférieure qui est fixée au substrat. Le ligament externe est logé dans un sillon qui suit la spirale de l'apex, depuis la pointe jusqu'au bord de la charnière. Celle-ci est située sur une large plate-forme et comporte deux fortes dents en forme de cône ou de pivot. La ligne palléale ne forme pas de golfe. Deux adducteurs. L'ensemble de ces caractères évoque les hétérodontes. ▷ 1 Les deux dents en pivot rappellent la charnière des **cardiidés**, qui sont donc considérés comme précurseurs. A la limite du jurassique et du crétacé, les *Diceras* évoluent pour donner les **Hippurites** proprement dits, qui vivaient exclusivement dans les mers chaudes et peu profondes. Leur essor a été très important tout au long du crétacé, où ils ont formé des récifs et des sédiments, puis ils se sont éteints sans laisser de descendance.

Tout comme les *Diceras*, les *Hippurites* sont fixés au substratum par la pointe du crochet de la valve inférieure, plus grande que l'autre, et qui peut être la droite ou la gauche. La spirale du crochet disparaît rapidement, et la valve inférieure s'étire vers le haut, en cornet ou en cylindre, évoquant le calice d'un corail. La valve supérieure garde souvent un léger crochet en spirale, puis devient un simple couvercle discoïde. La plaque de la charnière s'élargit et porte 2 à 3 longues dents en pivot qui viennent se loger dans des orifices de l'autre partie. La coquille peut donc s'ouvrir par un mouvement rotatif des valves. Le ligament, logé dans un sillon rectiligne, devient rudimentaire. L'ouverture et la fermeture sont provoquées par des muscles qui viennent s'insérer au niveau des dents, et peuvent soulever légèrement le couvercle. Cette particularité justifie le classement des *Hippurites* dans une catégorie distincte des hétérodontes.

Requienia — crétacé inférieur. La grande valve inférieure, la gauche, garde un enroulement en spirale, de même que la valve droite, bien que transformée en un couvercle plat. ▷

Monopleura — exclusivement crétacé inférieur, tout comme *Requienia* — possède une valve inférieure droite en forme de coupe et un couvercle plat, discoïde.

Caprina — jusqu'au crétacé supérieur — a également un couvercle plat, mais orné d'un enroulement spiralé. ▷

Radiolites — crétacé inférieur à supérieur — a la valve inférieure (droite) en forme de calice, et la valve gauche en couvercle plat, ornée de côtes radiales rayonnantes.

Hippurites — crétacé supérieur — se distingue par des canaux qui rayonnent autour du centre du couvercle plat. ▷ 2-3

Sous-classe des anomalodesmates

Ce groupe relativement restreint comprend essentiellement des bivalves à coquille mince et à ligne palléale sinueuse. De mœurs généralement fouisseuses, ces bivalves avaient une charnière légèrement épaissie par rapport au reste de la coquille, mais dépourvue de dents. Les anomalodesmates ont d'abord été rattachés, sous le nom de desmodontes, aux hétérodontes adaptés à la vie fouisseuse. Mais les desmodontes vrais conservent des rudiments de charnière, tandis que les genres regroupés sont tous caractérisés par un bord parfaitement lisse. Certains auteurs considèrent les genres *Grammysia, Edmondia* et *Cardiomorpha*, présentés p. 62, dans la sous-classe des cryptodontes, comme les ancêtres du paléozoïque des anomalodesmates.

Pholadomya — du trias à l'époque actuelle — possède une coquille fortement bombée et allongée vers l'arrière, et un crochet décalé vers l'avant. Le ligament est externe. La surface s'orne d'un nombre variable de côtes radiales espacées les unes des autres, souvent uniquement sur la partie antérieure. ▷ 4

1 Diceras sp. *6 cm, jurassique supérieur (Ladendorf, Autriche)*

2 Vaccinites gosauviensis *à double valve, 6 cm, crétacé (Russbach, Autriche)*

3 Hippurites sp. — *vue intérieure de la valve droite —, 8 cm, crétacé (Campan, Bordeaux)*

4 Pholadomya protei *12 cm, jurassique : kimméridgien (Liesberg, Suisse)*

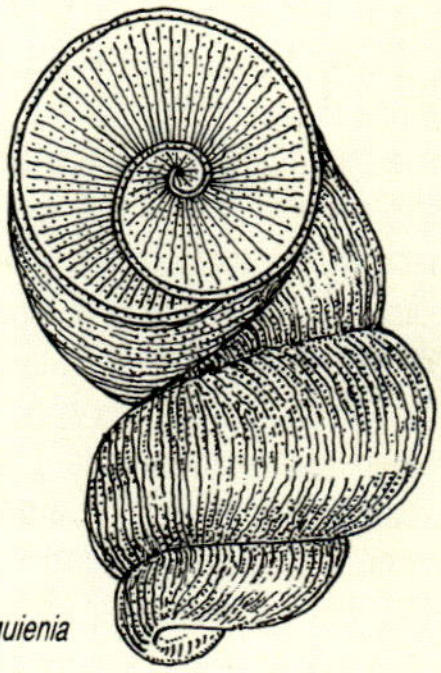

Requienia

1

2

3

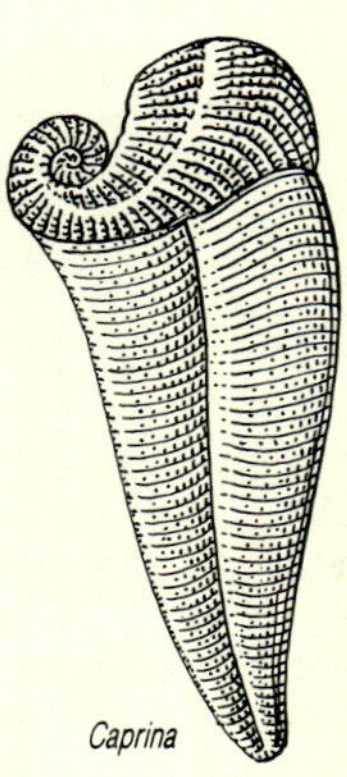

Caprina

4

Goniomya — du jurassique au tertiaire — a une coquille de structure semblable, en général un peu moins bombée, et se caractérise par un dessin en « V » des côtes radiales. ▷ 1

Pleuromya — du trias au crétacé inférieur — est de forme ovale allongée, étirée vers l'arrière ; l'extrémité postérieure ne ferme pas. La surface de la coquille s'orne de stries d'accroissement simples. ▷ 2

Homomya — trias — a une forme semblable à celle de *Pleuromya* ; ses deux extrémités sont bâillantes, la postérieure plus que l'antérieure.

Classe des scaphopodes

Comme chez les bivalves, le manteau des scaphopodes se prolonge sur la face ventrale par deux lobes qui recouvrent les flancs du corps mou. Ces lobes se soudent sur la face ventrale, et le manteau sécrète donc une coquille tubulaire, ouverte aux deux extrémités, et de diamètre décroissant vers l'extrémité postérieure. Par la grande ouverture antérieure, l'animal peut étendre son pied fouisseur, de forme variable suivant les espèces, et quelques tentacules qui forment une couronne autour de l'orifice buccal. L'extrémité antérieure est enfouie dans le sédiment, et l'orifice postérieur qui dépasse dans l'eau en assure la circulation et permet la respiration. Les scaphopodes sont loin de jouir de la diversité de formes des bivalves. Les plus anciens fossiles connus avec certitude remontent au dévonien. Des débris plus anciens n'ont pu être identifiés de façon certaine. La fréquence des scaphopodes dans les gisements s'accroît au mésozoïque, et surtout à partir du tertiaire. Ces fossiles caractérisent des gisements proches de plages, où on peut les trouver en très grand nombre (dentales).

Dentalium — du dévonien à l'époque actuelle. La coquille tubulaire est légèrement arquée et de section circulaire. Les espèces, les genres et éventuellement les sous-genres reposent sur des déformations de la coquille. ▷ 3-4

Classe des monoplacophores

Les monoplacophores constituent également une petite classe de mollusques, peu diversifiée. Le manteau ne se sépare pas en deux lobes s'étendant sur les flancs, mais il s'élargit pareillement sur tous les côtés. La coquille qu'il sécrète sur la face dorsale est donc plus ou moins circulaire et bombée, tout comme chez les **patellidés** (berniques), auxquels on a rattaché cette classe dans un premier temps. Mais, contrairement aux gastropodes dont font partie les patellidés, les monoplacophores ont conservé leur symétrie bilatérale initiale. En témoignent les deux rangées de 5 à 8 insertions musculaires parallèles aux bords. La pointe de la coquille conique est légèrement décalée en avant du milieu, et orientée vers l'arrière.

Les coquilles de monoplacophores sont de petite taille. On en retrouve depuis le cambrien et jusqu'au silurien. On pensait que cette classe était éteinte lorsqu'un mollusque récolté à une très grande profondeur dans le Pacifique a été identifié, en 1957, comme un descendant des monoplacophores. L'examen du corps de ce mollusque a permis de vérifier les extrapolations qui avaient été faites sur le mode de vie de ces animaux à partir de l'étude des fossiles. Les monoplacophores sont donc les ancêtres archaïques des mollusques conchifères tels qu'on avait pu les concevoir à partir des formes actuelles de mollusques : bivalves, gastropodes et céphalopodes.

Il semble que les monoplacophores aient été assez répandus au paléozoïque inférieur, puis se soient retirés dans les profondeurs abyssales, où ils ont pu survivre sans grandes modifications jusqu'à l'époque actuelle.

Scenella — cambrien — possède une coquille relativement haute, en coupelle, avec un crochet recourbé en corne vers l'avant et situé en avant du centre. La forme globale de la coquille est ovoïde.

Tryblidium — silurien — a une coquille basse, de forme ovale allongée, légèrement élargie vers l'arrière. Le crochet, orienté vers l'avant, est proche du bord antérieur. Les stries d'accroissement sont renforcées par des lamelles.

Neopilina galathea, la forme vivante trouvée dans le Pacifique, possède une coquille semblable à celle des *Scenella*, mais de forme pratiquement circulaire.

1 Goniomya literata *6 cm, jurassique : bajocien (Weilerstoffeln, RFA)*

2 Pleuromya elongata *5 cm, trias : muschelkalk (Crailsheim, RFA)*

3 Dentalium antiquum *3,5 cm, dévonien : givétien (Bergisch Gladbach, RFA)*

4 Dentalium sexangulum *6,5 cm, tertiaire : pliocène (Piacenza, Italie)*

1

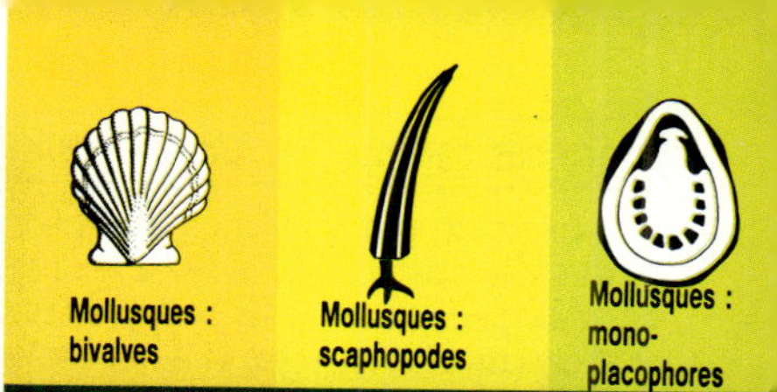
Mollusques : bivalves
Mollusques : scaphopodes
Mollusques : mono-placophores

2

3

4

Classe des gastropodes *(Gastropoda)*

Les gastropodes, plus diversifiés encore que les bivalves, sont la classe de mollusques la plus riche en formes. Ce sont en outre les seuls mollusques qui aient réussi à franchir le pas de la vie terrestre. Comme chez les monoplacophores, le manteau — et donc la coquille — s'étend dans toutes les directions depuis son point de naissance dorsal. Il se forme donc une coquille conique qui englobe la face dorsale du mollusque, et qui s'agrandit par son bord externe, tout en augmentant légèrement de diamètre : on a une forme pratiquement tubulaire. La coquille renferme la masse viscérale avec ses différents organes, alors que la masse musculaire du pied (sole) et la tête peuvent être sorties, et rentrées.

Le critère décisif, qui différencie les gastropodes non seulement des monoplacophores, mais de tous les autres mollusques, est le fait que la masse viscérale et la coquille qui l'entoure peuvent subir une torsion de 180°, si bien que la cavité palléale et les branchies se retrouvent en avant de la tête. Les branchies et les reins originellement à gauche passent à droite, et vice versa. Ce passage de la cavité palléale en avant se traduit par un croisement des nerfs qui relient les ganglions nerveux de la tête et du pied avec ceux de la masse viscérale. Contrairement aux monoplacophores et aux autres mollusques qui gardent la disposition initiale des organes, les gastropodes se caractérisent par cette torsion qui fait d'eux des **prosobranches**. Chez certains groupes, cette torsion se défait lors d'une évolution ultérieure, ce dont témoigne l'organisation interne du mollusque : on parle d'**opisthobranches**.

La forme de la coquille reflète cet état de choses. En effet, le bord de la coquille est plus épais dans la zone de la cavité palléale, ce qui détermine la courbure de la coquille conique. C'est ainsi que les monoplacophores ont le sommet orienté vers l'avant et courbé, tandis qu'il est au contraire orienté vers l'arrière chez les gastropodes. La croissance tubulaire de la coquille se double chez le gastropode d'un enroulement spiralé. Si la rotation du corps viscéral est exactement de 180°, c'est-à-dire dans le plan de la symétrie, on a une bilatéralité externe sous la forme d'une spirale plane bilatérale. Mais la torsion peut être incomplète, ou à l'inverse supérieure à 180°, et le plan de la spirale est alors incliné par rapport à celui de la symétrie. On a alors une coquille à enroulement spiralé hélicoïdal. Cette coquille est généralement dextre : lorsque le sommet de la spirale est placé en haut, son orifice inférieur est placé à droite de l'axe central. Il est rare que la coquille soit senestre, c'est-à-dire que l'orifice soit situé à gauche de l'axe. La pointe de l'enroulement en spirale est appelée l'apex. Le nombre d'enroulements varie fortement. Il est généralement petit lorsque le diamètre des tours s'accroît rapidement, et grand au contraire si ce diamètre croît peu. La coquille peut être allongée en forme de tour (turriculée) ou en forme de cône surbaissé (trochiforme). Les enroulements peuvent se succéder simplement, ou recouvrir partiellement l'enroulement précédent. Dans ce cas, le tour final peut être très haut comparativement à la hauteur totale de la coquille, qui est alors fusiforme. La ligne de contact entre deux tours sur la face extérieure est baptisée suture. La face extérieure des tours constitue leur flanc. L'axe de la spirale peut être creux, si la face interne des tours n'est pas soudée : on a alors un orifice central à la base de l'axe columellaire : l'ombilic. Mais, dans la majeure partie des cas, les faces intérieures des tours sont en contact et constituent un axe plein, la columelle, qui peut avoir une surface lisse ou ornée de plissements correspondant aux différents tours.

La forme du tour final, et particulièrement de son orifice, est un élément important. L'orifice a soit un bord lisse, ininterrompu — et on parle alors de gastropode holostome —, soit un bord interrompu à l'avant, à la base de l'enroulement, par une fente qui peut se prolonger en forme de tube ou de gouttière — et on emploie le terme de siphonostome. La face externe de l'orifice est la lèvre extérieure, celle qui est du côté de la columelle est la lèvre interne. Ces deux lèvres sont parfois séparées à l'extrémité postérieure de l'orifice par une fente anale. L'orifice holostome des gastropodes primitifs possède souvent une fente. Cette fente se ferme par la suite, mais elle reste décelable en raison des stries d'accroissement, qui forment une sélénozone.

Outre les stries d'accroissement, la face externe de la coquille peut s'orner de côtes, de bandes, de sillons, de nœuds, ou d'épines, qui sont disposés soit de façon axiale, dans la direction de l'axe columellaire, soit de façon spiralée, le long des tours. S'il y a sur une même coquille des éléments axiaux et spiralés, on obtient un dessin réticulé. La face interne habillée d'une couche de nacre est lisse. Les moulages internes ne peuvent donc pas

Formes typiques de coquilles

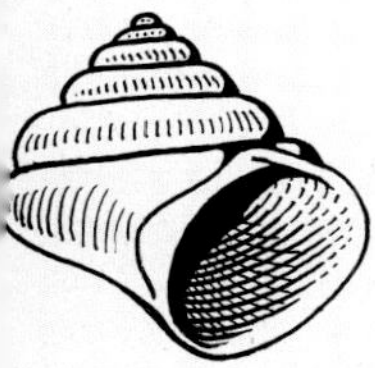

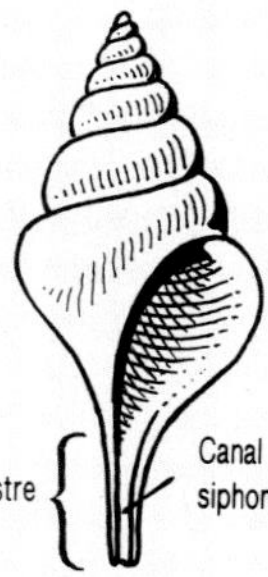

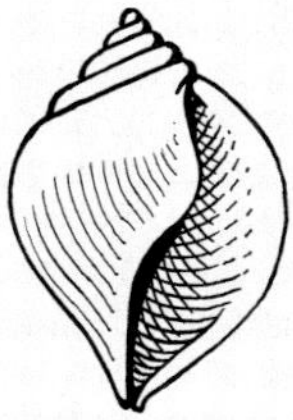

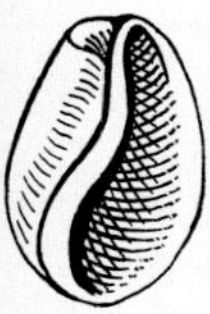

Dimensions de la coquille

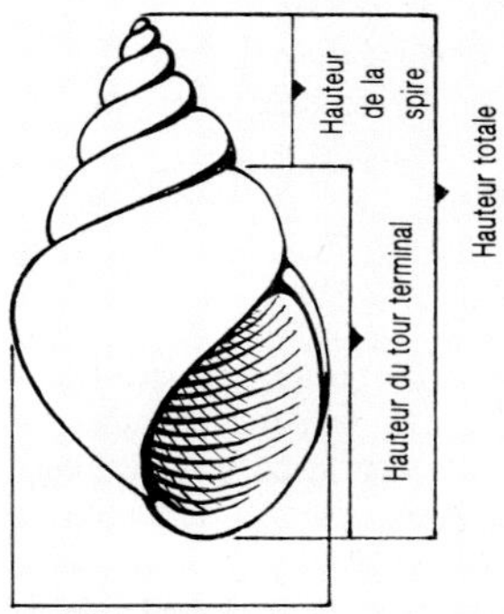

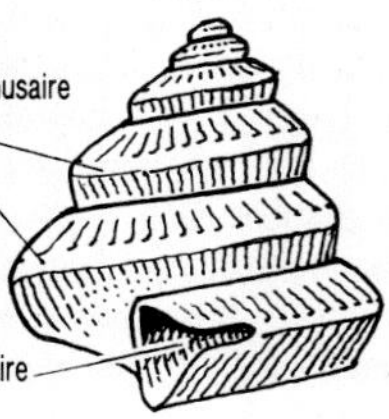

renseigner sur l'ornementation externe de la coquille, ce qui constitue un obstacle important à leur identification, puisque la systématique repose en partie sur ce relief.

Chez les gastropodes, on ne dispose pas des indications précieuses que sont, chez les bivalves, la charnière et le ligament, l'insertion des muscles et la ligne palléale, qui fournissent des indices sur l'organisation interne du mollusque. Le seul élément qui puisse donner quelque renseignement est la forme de l'orifice.

Il est donc souvent quasiment impossible d'identifier des gastropodes avec précision, surtout lorsqu'il s'agit de moules internes.

Sous-classe des prosobranches

Les prosobranches ont, en raison de la torsion qu'ils ont subie, la cavité palléale à l'avant, et les nerfs croisés.

Chez les **archéogastropodes**, qui réunissent des groupes primitifs, les deux branchies et les deux reins sont encore bien développés. Chez des groupes plus évolués, les **cænogastropodes**, il ne reste plus qu'un rein et une branchie, car la torsion a provoqué une forte régression d'une moitié du corps au profit de celle qui est située sur le bord externe de la rotation.

Ordre des archéogastropodes

Très répandus dès le paléozoïque inférieur, ces gastropodes ont une coquille relativement basse, avec un petit nombre de tours, et un orifice toujours holostome, avec une fente (sélénozone).

Temnodiscus — de l'ordovicien au silurien — possède une coquille spiralée à symétrie bilatérale, avec peu d'enroulements. Le bord antérieur de l'orifice est entamé par une large encoche.

Bellerophon — de l'ordovicien au permien, au trias ? — est divisé en nombreuses espèces, et se distingue de *Temnodiscus* par la présence d'une fente et d'une sélénozone. ▷ 1

Salpingostoma — de l'ordovicien au dévonien — a la même structure de coquille que *Temnodiscus*, mais avec un orifice s'élargissant en forme de trompette. ▷ 3-4

Maclurites — de l'ordovicien au dévonien — possède une coquille en spirale très plate, presque plane ; un petit nombre de tours, dont le diamètre croît rapidement, s'enroule autour d'un ombilic large, profond et ouvert. ▷ 2

Euomphalus — de l'ordovicien au carbonifère — forme de nombreux genres très semblables. La spirale est complètement plane, et se compose de 7 à 8 tours. L'ombilic est très large et plat entre les tours qui sont peu serrés les uns sur les autres. La face supérieure des tours est marquée par une carène très prononcée. ▷ 5

Lesueurilla — ordovicien — se distingue d'*Euomphalus* par le fait que le dernier tour est libre, sans contact avec le tour qui le précède.

Eccyliopterus — ordovicien — a une spirale ouverte presque plane, formée de 3 à 4 tours qui ne se touchent pas. ▷ 6

Straparollus — de l'ordovicien au crétacé — a une forme de coquille très variable, avec un enroulement plat ou trochiforme, et une section des tours plus ou moins circulaire.

Contrairement aux espèces présentées ci-dessus, qui sont très variables et presque exclusivement limitées au paléozoïque, le genre *Pleurotomaria* est très clairement délimité, et sa durée d'existence est beaucoup plus étendue, puisqu'il se prolonge jusqu'à l'époque actuelle. Il se caractérise par une coquille trochiforme, un petit nombre de tours, et la présence d'une sélénozone.

Pleurotomaria — du jurassique à l'époque actuelle — a une coquille moyennement haute, trochiforme,

1 Bellerophon sp. *10 cm, dévonien : givétien (Bergisch Gladbach, RFA)*

2 Maclurites magnum *5,5 cm, ordovicien (Indiana, USA)*

3 et 4 Tremanotus dilatatus *6 et 10 cm, silurien (Gotland, Suède)*

5 Euomphalus angulatum. *3,5 cm, silurien (Gotland, Suède)*

6 Ecculiomphalus sp. *3,5 cm, ordovicien (Hällekis, Suède)*

1
2
3
4
5
6

avec des enroulements aplatis sur leur face externe, des stries spiralées de fortes bandes d'accroissement, souvent une rangée spiralée de nœuds. La sélénozone, près de la ligne suturale, est très distincte. Des formes semblables sont très répandues au crétacé. ▷ 1-2

Worthenia — du dévonien au trias — a une coquille un peu plus haute, avec un échelonnement des tours en escalier et deux carènes spiralées. La sélénozone s'étend sous la carène supérieure.

Euryzone — de l'ordovicien au dévonien — a une coquille basse, des flancs plats et un sinus très large. ▷ 3

Ptychomphalina — du dévonien au carbonifère — possède des enroulements de forme arrondie dont le diamètre croît lentement. Le sinus est étroit et situé à la périphérie.

Mourlonia — carbonifère — a les flancs aplatis et un enroulement de hauteur moyenne. La face inférieure est bombée, et le sinus périphérique est étroit.

Trochonema et **Cyclonema** — de l'ordovicien au dévonien — ont une forme semblable à *Pleurotomaria*, trochiforme et de hauteur moyenne. Ils se distinguent par l'absence de sinus. Les tours ont les flancs bombés et, souvent, des stries ou des arêtes spiralées.

Murchisonia — de l'ordovicien au trias — comprend plusieurs espèces qui possèdent, tout comme *Pleurotomaria*, un sinus bien distinct ; se distingue par la forme de la coquille haute, turriculée, qui lui confère une position particulière au sein des archéogastropodes.

Naticopsis — du silurien au trias — et **Praenatica** — du silurien au dévonien — ont un enroulement très petit, avec le tour final très grand et renflé en forme de sphère, ce qui leur donne un aspect proche des naticides actuels, bien que ces deux genres ne soient pas apparentés.

Platyceras — du silurien au carbonifère — a un grand tour terminal, élargi en forme de coupelle ou d'entonnoir, tandis que la spire est très peu développée. ▷ 4

Platyostoma — ordovicien — est un précurseur de *Platyceras*, et sa spire est encore assez développée.

Neritopsis — du trias à l'époque actuelle — ressemble à *Naticopsis* par la petite spire et le tour terminal grand et arrondi, cependant, il s'en distingue par la lèvre interne de l'orifice, qui est renflée et lisse.

Nerita — du trias à l'époque actuelle — se distingue par le fait que les tours n'ont plus de paroi interne. La cavité interne n'est donc pas cloisonnée, et la spirale ne se manifeste plus que par les lignes suturales visibles sur la face externe de la coquille. *Nerita* vit également en eau saumâtre et même douce, et joue un grand rôle dans les dépôts sédimentaires du tertiaire. ▷ 5-6

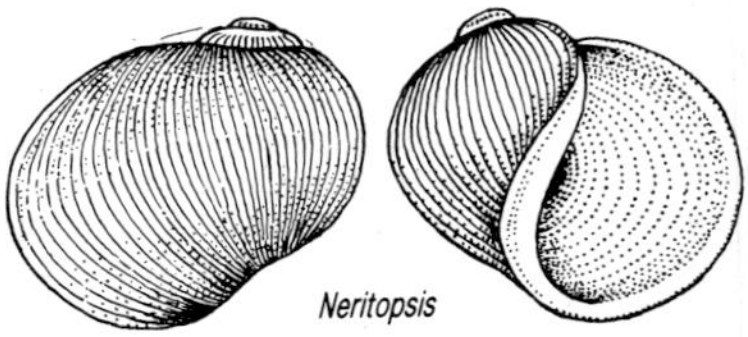
Neritopsis

1 Gyronema armata *5 cm, dévonien : givétien (Bergisch Gladbach, RFA)*

2 Pleurotomaria armata *6,5 cm, jurassique : bajocien (Bayeux)*

3 Euryzone delphinuloides *6 cm, dévonien : givétien (Bergisch Gladbach, RFA)*

4 Platyceras niagarense *2,5 cm, silurien (Waldron, Indiana, USA)*

5 Theodoxus crenulatus *0,6 cm, tertiaire : miocène (Pflummern, RFA)*

6 Nerita gigantea *3,5 cm, tertiaire (Epfenhofen, RFA)*

1

2

3

4

5

6

Trochus — du trias à l'époque actuelle — appartient à un groupe très vaste qui a connu un grand déploiement à partir du crétacé, et se compose de nombreux genres de trochidés : coquille conique de hauteur moyenne, à flancs aplatis, avec une base plate, nettement délimitée des flancs par une arête périphérique. L'orifice est petit, quadrangulaire, le plus souvent en losange. La surface externe s'orne de bandes spiralées, de rangées de petites protubérances granuleuses, et de bandes d'accroissement très nettes ; souvent, des côtes radiales complètent ce relief pour former un motif réticulé. ▷ 1

Turbo — du trias à l'époque actuelle — se distingue, avec une forme de coquille semblable, à la courbure des flancs, à l'absence d'arête périphérique, et à la forme arrondie de l'orifice.

Eucyclus — du trias à l'époque actuelle — possède une coquille haute, souvent presque turriculée, et des flancs rebondis avec 5 arêtes spiralées souvent ponctuées de granulations.

Amberleya — du trias au jurassique — a une forme semblable, mais avec des arêtes noueuses.

Ditremaria — jurassique — possède une coquille basse dont les tours sont dégradés en escalier. Les tours sont peu nombreux, l'ombilic est ouvert. La surface extérieure est striée en spirale. Un sinus rudimentaire apparaît sous la forme d'une ouverture en fente, souvent à deux branches, à la périphérie du tour final.

La tendance à la régression de la spirale, observée chez *Platyceras, Nerita*, etc., s'accentue fortement chez **Fissurella** — du tertiaire à l'époque actuelle — qui possède une coquille conique non spiralée, de forme ovale. L'ouverture à la pointe du cône est une relique de sinus.

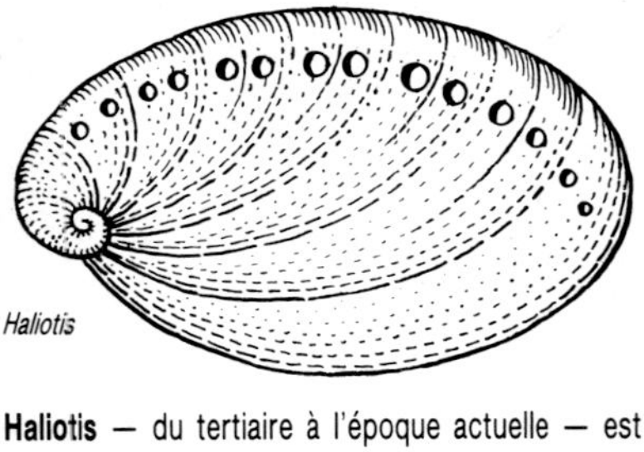

Haliotis

Haliotis — du tertiaire à l'époque actuelle — est également dépourvu de spirale. La coquille plate en forme d'oreille porte une rangée de petits orifices ronds disposés en spirale (sinus partiellement fermé).

Ordre des cænogastropodes

Si les cænogastropodes existent déjà au paléozoïque, ils sont encore nettement moins développés que les archéogastropodes. Leur déploiement et leur diversification ne commencent vraiment qu'au mésozoïque, surtout à partir du crétacé.

Les coquilles turriculées, les spirales comprenant de nombreux tours, jouent un rôle important ; l'involution se poursuivant, les coquilles deviennent fusiformes. Il y a parfois un raccourcissement de la spirale. L'orifice est holostome ou siphonostome, il n'y a jamais de fente ou de sinus.

Sous-ordre des mésogastropodes

Ce sous-ordre renferme une extraordinaire diversité de formes, comprenant des coquilles turriculées, ou fortement involutées, et fusiformes. Orifice holostome ou siphonostome.

Subulites — de l'ordovicien au dévonien — a une coquille étirée, turriculée, formée d'un petit nombre de tours très hauts, aux flancs à peine bombés. L'orifice est holostome, ovale allongé. ▷ 2

Ianthinopsis — du dévonien au permien — se distingue par une forme plus trapue et une coquille relativement épaisse.

Loxonema — de l'ordovicien au trias — a une coquille turriculée élancée formée de nombreux enroulements dont les flancs sont moyennement bombés. Orifice holostome. Surface lisse. Plusieurs genres semblables. *Loxonema* est problablement le groupe initial des mésogastropodes. ▷ 3

Pseudomelania — du trias au crétacé — se distingue de *Loxonema* par le fait que les flancs des tours sont plus plats et les sutures très peu creusées. ▷ 5

Zygopleura — du trias au jurassique — se distingue de *Loxonema* par la présence de côtes axiales peu profondes. **Allocosmia** — trias et jurassique — a une coquille de forme semblable, avec de fines stries spiralées.

Turritella — du crétacé à l'époque actuelle, avec des précurseurs depuis le dévonien — est de forme élancée, turriculée, avec de nombreux enroulements marqués de cordons spiralés très nets. L'ouverture holostome est arrondie. ▷ 4

1 Trochus sp. *1,5 cm, jurassique : kimméridgien (Geisingen, RFA)*
2 Subulites sp. *12 cm, ordovicien (Siljan, Suède)*
3 Loxonema sp. *5 cm, silurien (Gotland, Suède)*
4 Turritella turris *5 cm, tertiaire : miocène (Ermingen, RFA)*
5 Chemnitzia hehli *5,5 cm, trias : muschelkalk (Königslutter, RFA)*

1

2

3

4

5

Haustator — du crétacé à l'époque actuelle — se distingue par une ouverture plus quadrangulaire.
Mesalia — du crétacé à l'époque actuelle — a une coquille turriculée légèrement trapue. La famille des turritellidés joue un rôle relativement important depuis le crétacé supérieur. Elle est très largement répandue à partir du tertiaire.
Paraglauconia — jurassique et crétacé — est aussi une forme proche des turritelles, avec une coquille moyennement élancée, turriculée, et deux rangées spiralées de tubercules sur les flancs des tours, entre lesquelles des côtes radiales peuvent également apparaître.
Vermetus — du jurassique à l'époque actuelle — est un descendant atypique des turritellidés. Les spires initiaux sont encore ceux des turritelles, mais la spirale se dénoue ensuite, formant un tube irrégulier, non soudé, qui rappelle les serpulites.

Vermetus

La famille des **cérithidés** est aussi caractérisée par une coquille turriculée formée de nombreux tours ; son orifice quadrangulaire oblique porte une courte fente.
Procerithium — jurassique — a une coquille de petite taille ornée de rangées axiales et spiralées de petits tubercules.
Tympanotonos — du crétacé à l'époque actuelle — possède des bords épais et un siphon antérieur simple. De nombreuses côtes spiralées ornent les flancs qui sont plats. ▷ 1
Cerithium — du crétacé à l'époque actuelle. Famille divisée en nombreux genres. L'ouverture est quadrangulaire oblique, et se prolonge à l'avant par un court canal siphonal. La décoration, composée de rangées axiales et spiralées de petits tubercules, varie selon les espèces.
Campanile — du crétacé supérieur à l'époque actuelle — atteint une taille très grande. Les flancs des tours sont aplatis. De forts tubercules s'alignent en spirale juste sous les sutures. L'ouverture est oblique, avec un court siphon. ▷ 2
Nerinea — du jurassique au crétacé. Ce nom regroupe un ensemble de genres. La coquille turriculée, composée de nombreux tours, peut être très élancée. Les flancs des tours sont plats, parfois légèrement concaves, ce qui fait ressortir en relief les sutures. La surface est généralement lisse. L'orifice est subquadrangulaire avec une échancrure antérieure, mais sans canal siphonal. Les plissements des parois réduisent fortement le volume des lumens. Le nombre, la forme et la disposition de ces replis internes constituent un critère important pour différencier les genres. Les nérinéidés vivaient dans les eaux peu profondes des faciès calcáires. Ils sont souvent en quantité suffisante pour former des couches sédimentaires : les calcaires à nérinéidés du jurassique et du crétacé. Ils jouent un rôle important comme fossiles de détermination.

Nerinea

Aporrhais — du crétacé à l'époque actuelle — possède une coquille turriculée moyennement haute, plutôt trapue. Le grand tour terminal englobe jusqu'à la base de l'avant-dernier tour. L'orifice est étroit, siphonostome, avec un rostre moyennement prolongé. La lèvre interne est épaisse, la lèvre externe porte au moins deux appendices digitiformes. Les flancs des tours s'ornent de rangées axiales de tubercules.
Harpagodes — du jurassique au crétacé — porte sur son tour terminal grand et bombé de fortes arêtes spiralées, qui se poursuivent par cinq appendices de la lèvre externe, digitiformes et courbés.
Anchura — jurassique et crétacé — et **Drepanocheilus** — crétacé et tertiaire inférieur — ont une spire un peu plus haute et turriculée, avec un tour terminal moins renflé. Les flancs des enroulements portent deux carènes spiralées, et souvent des rangées de tubercules. La lèvre externe s'élargit comme pour former une aile, et porte 1 à 2 appendices digitiformes. Le rostre portant le canal siphonal est très allongé. ▷ 3
Le plus ancien représentant du groupe, **Spinigera** — jurassique et crétacé —, possède une spire turriculée très élancée et haute, dont le tour terminal n'est pas plus grand. Long rostre. Les flancs des enroulements s'ornent d'une carène spirale et d'une longue épine.

1 Tympanotonos margaritaceus *4 cm, tertiaire : oligocène (bassin du Main, RFA)*
2 Campanile giganteum *30 cm, tertiaire : lutétien (bassin parisien)*
3 Anchura subpunctata *4 cm, jurassique : aalénien (Heiningen, RFA)*

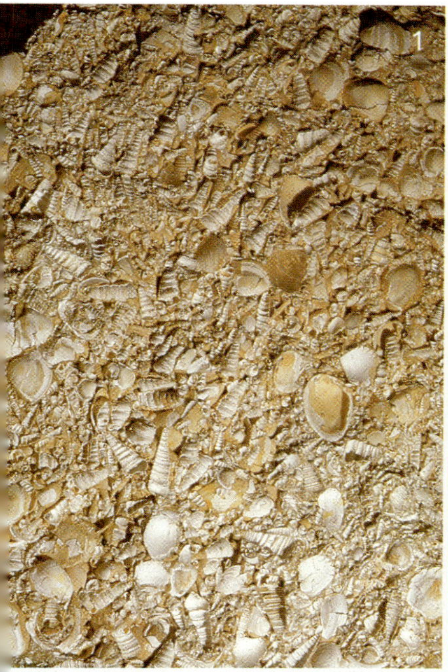
1

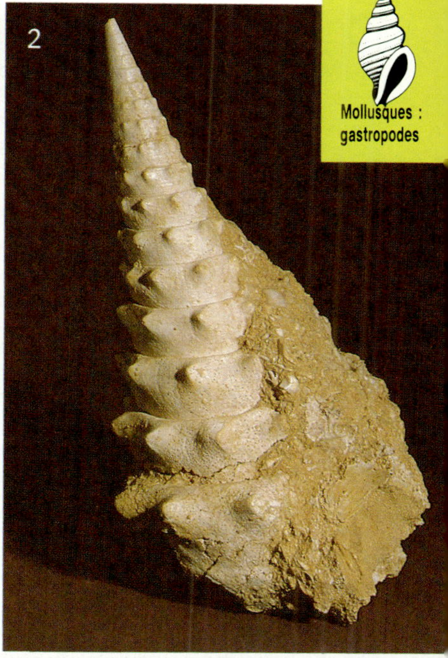
2

3

Tibia — du crétacé supérieur à l'époque actuelle — a une spire étroite, turriculée, à surface lisse ou faiblement striée dans le sens axial. L'ouverture longue et étroite est siphonostome et le canal siphonal se prolonge par un court rostre. La lèvre extérieure élargie en forme d'aile ne comporte pas d'appendices, mais se prolonge par un rebord plat jusqu'au niveau de l'apex, et peut même entourer l'ensemble de la spire. ▷ 1

Strombus — du crétacé supérieur au tertiaire — atteint une très grande taille. La spire est plus courte que chez *Tibia*, le grand tour terminal englobant la base de la spire. L'orifice est siphonostome, avec un rostre court. La lèvre extérieure s'élargit en forme d'aile, se repliant souvent sur la spire. La surface, lisse, comporte souvent une rangée spirale de tubercules.

Cypraea — du tertiaire à l'époque actuelle. La tendance, ébauchée chez *Tibia* et *Strombus*, à prolonger la lèvre extérieure vers l'arrière pour recouvrir la spire est ici tellement accentuée que le tour terminal englobe l'ensemble de la spire. On a donc une coquille de forme ovoïde, sans aucune

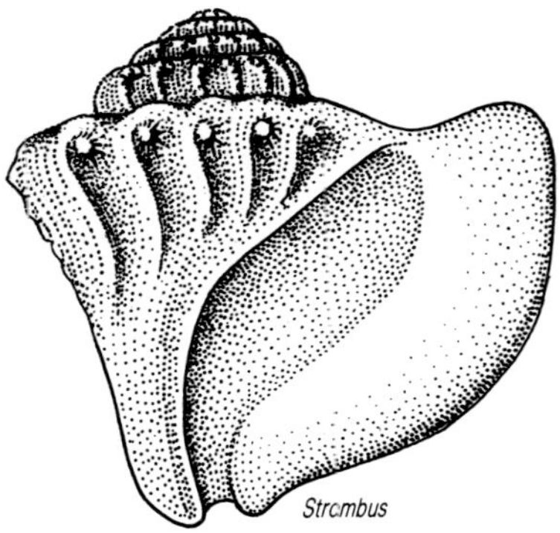

Strombus

trace extérieure de spire. L'orifice est étroit et allongé, siphonostome, mais non prolongé par un rostre. Le bord interne des lèvres extérieure et intérieure est le plus souvent dentelé.

Cypraea

Natica — du jurassique à l'époque actuelle — a une petite spire basse faite d'un petit nombre de tours, et un grand tour terminal renflé de forme sphérique qui recouvre la base de la spire. L'orifice est grand et large, de forme ovale à circulaire, et non siphonostome. La surface lisse s'orne de fortes bandes d'accroissement.

Les **néritopsidés** ont une forme semblable aux naticidés, à tel point qu'il est difficile de dire si certaines formes du trias font partie de l'une ou de l'autre de ces deux familles. Les naticidés sont divisés en nombreux genres.

Au jurassique, et surtout au crétacé, on trouve de nombreuses formes qui appartiennent plutôt aux néritopsidés. Leur spire est en général un peu plus haute et plus grande, et le tour terminal encore moins bombé. ▷ 2 C'est surtout le cas d'**Ampullina** — du jurassique au tertiaire —, voir p. 21. Ses enroulements sont dégradés en escalier. **Tylostoma** — crétacé — est semblable, avec une spire relativement grande et des flancs aplatis. Il peut atteindre une grande taille.

Cassis — du crétacé supérieur à l'époque actuelle — a une petite spire basse et un grand tour terminal bombé, de forme ovoïde, avec une large ouverture siphonostome dépourvue de rostre. La lèvre inférieure est fortement bombée, de même que la lèvre extérieure qui est, en outre, dentelée. ▷ 3-4

Ficus — du tertiaire à l'époque actuelle — a une forme de coquille semblable, mais avec un canal siphonal prolongé par un rostre. La surface s'orne d'un relief réticulé.

Les mésogastropodes comprennent également d'autres genres, qui y sont rattachés en raison de leur organisation interne, alors que leur apparence est très différente des espèces précédentes. Certains sont adaptés à la vie en eau douce, d'autres sont devenus terrestres.

1 Tibia fissura *6 cm, tertiaire : éocène (bassin parisien)*
2 Natica tigrine *8 cm, tertiaire : éocène (Vicence, Italie)*
3 Semicassis variabilis *3 cm, tertiaire : miocène (Baldissero, Italie)*
4 Cassis mammilaris *7 cm, tertiaire : miocène (bassin viennois)*

2

3

4

Hydrobia — du jurassique à l'époque actuelle — est de petite taille, avec une spire moyennement haute, formée d'un petit nombre de tours. Les flancs des tours sont faiblement bombés, et le tour terminal n'est pas plus grand. L'orifice holostome a une forme ovale. La surface est lisse. Les *Hydrobia* vivent essentiellement en eau saumâtre ou douce. Ces mollusques sont très abondants dans certains faciès du tertiaire, où ils forment des couches sédimentaires.

Viviparus (= **Paludina**) — du jurassique à l'époque actuelle — est de taille moyenne, avec une spire moyennement haute, formée d'un petit nombre de tours. Le tour terminal est relativement grand, mais n'englobe pas le précédent. Les flancs des enroulements sont fortement bombés, et les sutures profondément enfoncées. L'orifice holostome s'inscrit dans un large ovale. De fortes bandes d'accroissement ornent la surface. Vit surtout en eau douce, parfois en eau saumâtre. Très courant dans certaines formations dulçaquicoles du tertiaire. ▷ 1

Pomatias — du tertiaire à l'époque actuelle — a une coquille de forme semblable à *Viviparus*, mais plus petite. Elle s'orne de fines stries axiales et spirales. L'orifice holostome est pratiquement circulaire. C'est un genre terrestre.

Sous-ordre des néogastropodes

Ce sous-ordre ne fait son apparition qu'au crétacé supérieur, et prend une ampleur croissante jusqu'à l'époque actuelle. Les formes dominantes sont les coquilles turriculées et fusiformes. L'ouverture est toujours siphonostome, et se prolonge souvent par un rostre.

Murex — du tertiaire à l'époque actuelle — a une spire de hauteur moyenne avec un grand tour terminal. La coquille est toujours richement décorée de bandes spirales et axiales, comportant souvent des nodosités et des épines. Le canal siphonal se prolonge par un rostre de longueur moyenne. Le petit orifice ovale a la lèvre intérieure enflée et la lèvre extérieure fortement grossie, dentelée sur l'intérieur. Certaines formes du crétacé supérieur sont des précurseurs des *Murex*. La division en genres est fondée sur l'ornementation de la coquille.

Buccinum (buccins) — du tertiaire à l'époque actuelle — a une spire relativement haute composée de tours dont le diamètre croît de façon régulière. Le tour terminal n'est pas plus grand. L'orifice large et ovale se prolonge par un canal siphonal large et court. De nombreuses côtes spirales forment avec les ondulations axiales, plus espacées, un dessin réticulé.

Nassa — du crétacé supérieur à l'époque actuelle — est plus petit, avec une forme de coquille semblable. Le dessin réticulé est fortement accentué par des côtes axiales nombreuses et serrées.

Fusinus — du crétacé supérieur à l'époque actuelle — a une spire relativement élancée, turriculée, avec un tour terminal très haut. Les flancs des enroulements sont bombés avec des stries spirales et des côtes axiales peu marquées. Ce relief est souvent complété par des rangées spirales de nodosités. L'ouverture ovale se prolonge en un rostre souvent assez long portant le canal siphonal.

Clavilithes — tertiaire — possède une coquille de forme semblable, mais se distingue par les flancs plus plats et le relief moins prononcé. La surface peut même être pratiquement lisse, avec de simples bandes d'accroissement. ▷ 2

Aquilofusus — tertiaire — a une coquille de forme semblable, avec les flancs très bombés. Les stries spirales sont très prononcées, parfois aussi les côtes axiales. L'ouverture ovale se prolonge par un rostre pas très long qui porte le canal siphonal.

Tudicla — du crétacé supérieur à l'époque actuelle — a, comme l'espèce précédente, un long rostre droit avec un canal siphonal, mais la spire est petite et basse. Le tour terminal est grand et large, il a une carène spirale ornée de nodosités ou d'épines.

Oliva — du crétacé supérieur à l'époque actuelle — a une coquille étirée, ovoïde ou presque cylindrique, constituée en majeure partie par le tour terminal, tandis que la partie visible de la spire est très petite. L'ouverture longue et étroite s'élargit vers l'avant et se termine par un large sinus qui ne se prolonge pas par un rostre. La surface est lisse. Plusieurs genres semblables.

Volutilithes — du crétacé supérieur au tertiaire — est comparable à *Oliva* en ce qui concerne l'ouverture : elle est longue et étroite, et se termine à

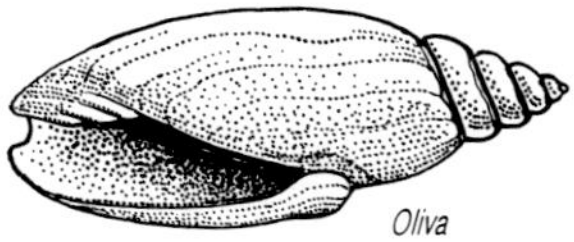

Oliva

1 Viviparus suevicus *4 cm, tertiaire : miocène (Ulm, RFA)*

2 Clavilithes *5 cm, tertiaire : éocène (bassin parisien)*

l'extrémité antérieure par un large sinus qui ne se prolonge pas par un rostre. Mais, contrairement à *Oliva, Volutilithes* possède une spire relativement haute et étirée, composée d'un petit nombre de tours. Les enroulements sont dégradés en escalier, leur partie supérieure formant une épaule plate, limitée par une carène spiralée porteuse d'épines. Les côtes axiales s'étendent depuis ces épines vers l'avant de la coquille. Le tour terminal est nettement plus grand que la spire libre, et il se rétrécit progressivement depuis la carène spirale jusqu'au large sinus. 3 à 5 fentes fuselées aboutissent sur la lèvre inférieure de l'orifice. *Volutilithes* ressemble à un genre actuel, **Voluta**, et peut, comme lui et les membres de sa famille, atteindre des dimensions très grandes. Ces mollusques ont connu un grand développement depuis le tertiaire et jusqu'à l'époque actuelle. ▷ 1-2

Volutispina — du crétacé supérieur à l'époque actuelle — a la même forme de coquille, avec des stries spirales sur les flancs des enroulements. ▷ 3

Turris — du tertiaire à l'époque actuelle — a une coquille plutôt élancée et haute, avec un tour terminal légèrement plus grand. Les flancs des enroulements sont relativement bombés. La surface s'orne de stries spirales et de bandes d'accroissement très nettes, avec parfois de faibles côtes axiales. L'ouverture ovale, pas très grande, possède une fente anale très marquée, et se prolonge en avant par un rostre large et pas très long qui comporte un canal siphonal. Pas de plis fuselés. La lèvre extérieure n'est pas épaisse ; elle porte une incurvation profonde et étroite qui se forme dans la ligne des bandes d'accroissement et rappelle quelque peu le sinus des archéogastropodes. Les *Turris* sont des fossiles caractéristiques importants, particulièrement au miocène. ▷

Conus — du tertiaire à l'époque actuelle —, la partie libre de la spire est généralement très basse, alors que le tour terminal est très haut, conique, se rétrécissant régulièrement vers le bord antérieur. L'orifice long et étroit comporte une large fente qui se prolonge par un rostre. La surface est lisse. ▷

Terebra — du tertiaire à l'époque actuelle — a une coquille élancée, turriculée, avec de nombreux enroulements, le tour terminal n'étant pas plus grand. Les flancs des tours sont aplatis ; la superficie est lisse, avec éventuellement de faibles côtes axiales. L'orifice est petit, ovale incliné, avec une large fente antérieure dépourvue de rostre. On a donc un habitus proche de celui des nérinéidés. ▷

Les prosobranches forment un ensemble tellement vaste et diversifié que nous n'avons pu présenter ici qu'une sélection des espèces les plus importantes et les plus typiques. Mais cela est suffisant pour montrer combien les archéogastropodes primitifs étaient nombreux au paléozoïque inférieur, alors que les cænogastropodes ne jouaient encore qu'un rôle subalterne. Au paléozoïque supérieur et au mésozoïque inférieur, les prosobranches régressent nettement et, à partir du mésozoïque supérieur, des groupes d'archéogastropodes, et surtout les cænogastropodes entament une évolution rapide alliée à une grande diversification. Les gastropodes prosobranches jouent donc un rôle dominant dans les gisements de fossiles du tertiaire.

Sous-classe des euthyneures

Chez les euthyneures, la torsion qui caractérise les prosobranches n'a visiblement pas eu lieu : la cavité palléale est postérieure, et les nerfs ne se croisent pas. En réalité, on peut affirmer qu'il y a eu deux étapes d'évolution : d'abord une torsion, puis une « détorsion » qui a ramené les organes à leur position initiale. L'organisation interne de ces mollusques en témoigne, de même que leur date d'apparition, très tardive par rapport aux autres gastropodes. Alors que les prosobranches sont largement répandus dès l'ordovicien, les premiers euthyneures, encore rares et archaïques, n'apparaissent qu'au carbonifère.

Les euthyneures forment une sous-classe de gastropodes dont les origines se situent probablement parmi les archéogastropodes du paléozoïque.

Super-ordre des opisthobranches

Les opisthobranches (« qui ont les branchies en arrière ») ne font leur apparition qu'au carbonifère (quelques rares spécimens, pas toujours identifiés avec certitude), et ne commencent à jouer réellement un rôle parmi les fossiles qu'à partir du trias. Seuls les groupes les plus primitifs sécrètent encore une vraie coquille. L'évolution des opisthobranches mène en effet à la régression plus ou moins totale de la coquille. On ne peut donc retrouver leurs

1 Volutilithes sp. *9 cm, tertiaire : éocène (bassin parisien)*

2 Voluta spinosa *4,5 cm, tertiaire : éocène (Altavilla, Italie)*

3 Volutispina sp. *4 cm, tertiaire : éocène (bassin parisien)*

1

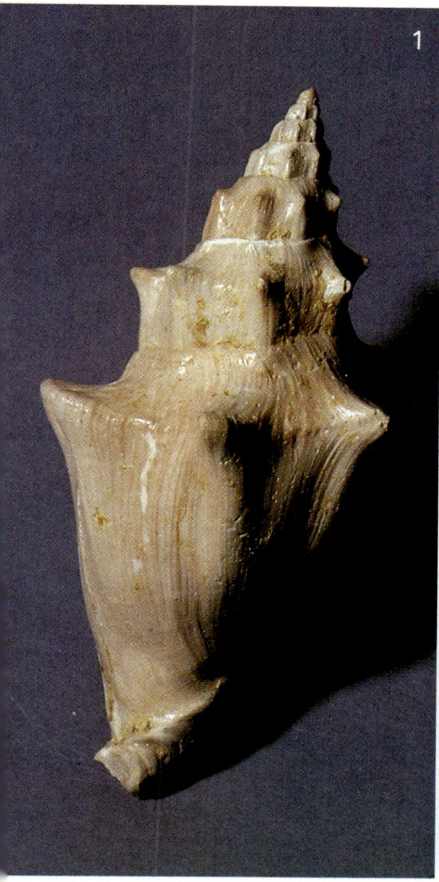

2

3

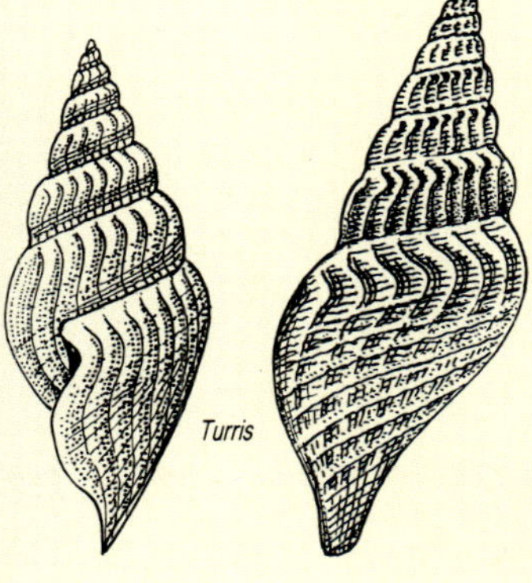

Turris

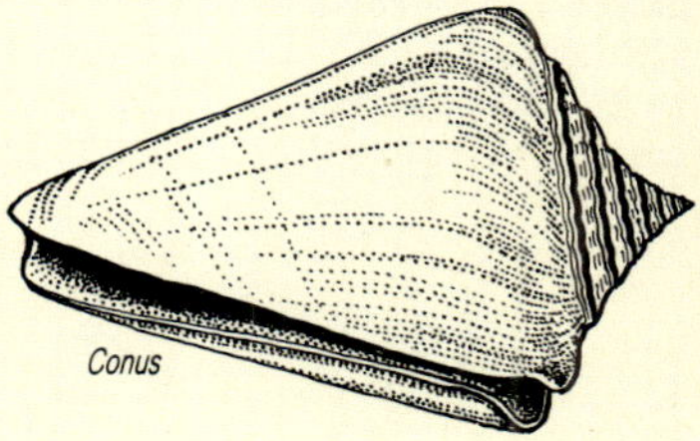

Conus

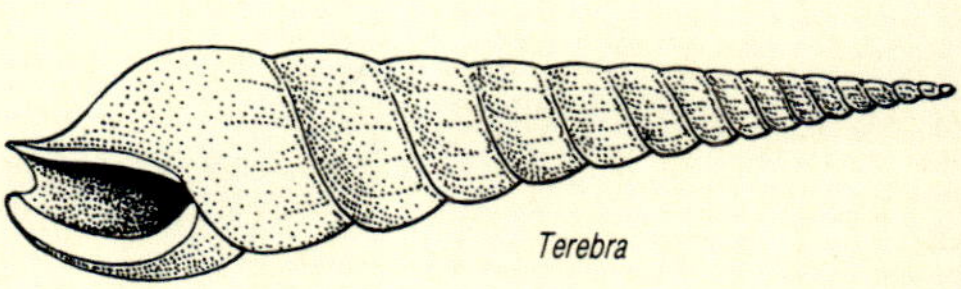

Terebra

traces qu'au premier stade de leur évolution — au mésozoïque supérieur.
La cavité palléale située sur la partie droite du corps s'ouvre sur l'arrière. L'ouverture de la coquille est toujours holostome, avec une tendance à s'élargir vers l'arrière. La coquille devient de plus en plus involutée, et prend une forme totalement différente de celle des prosobranches.
Actaeonina — carbonifère, trias et jusqu'au jurassique — a encore une spire relativement bien développée, haute, et peu englobée dans le tour terminal. Ce dernier est haut, ovoïde et élancé. L'orifice est étroit et allongé.
Actaeonella — du trias au crétacé — atteint une grande taille, et sécrète une coquille épaisse. Le tour terminal, grand, ovale et relativement large, englobe une grande partie de la spire, dont la partie visible est donc petite. L'orifice est étroit et allongé ; les lèvres extérieure et intérieure sont parallèles. La lèvre intérieure porte 3 plis décalés vers l'avant. ▷ 2
Trochactaeon — crétacé — est semblable, également grand avec une épaisse coquille ; se distingue par une spire libre un peu plus haute. Ces deux genres sont fréquents et typiques du crétacé.
Cinulia — crétacé — est de petite taille, avec une coquille fine. Seule une petite partie de la spire émerge du tour final, qui est bombé, sphérique. L'ouverture est relativement large. La surface s'orne de stries spirales.
Acera — du crétacé à l'époque actuelle — est également petit, avec une coquille fine, et un grand tour terminal ovoïde qui entoure presque la totalité de la spire. Le large orifice s'élargit encore vers l'avant. La superficie est lisse.
Bulla — du crétacé à l'époque actuelle — est petit, avec une coquille fine. Le tour terminal renflé, ovoïde, englobe totalement la spire. La grande ouverture s'élargit vers l'avant. La superficie est lisse.

Après le fort développement de la coquille des **actéonidés** au crétacé, ces formes de petite taille et à coquille fine de type *Bulla*, ébauchent la tendance à la régression de la coquille. Cette évolution mène d'une part aux **ptéropodes** (« pied en ailes », ou « nageoires »), et d'autre part aux **limacinidés**. Les ptéropodes n'ont qu'un rudiment de coquille, et leur pied s'élargit de chaque côté pour former des nageoires. Ce sont des mollusques marins pélagiques et nageurs. Les limacinidés, également marins, ont donné une multitude de formes dont il ne reste pas de traces fossiles.

Super-ordre des pulmonés

Les pulmonés sont des gastropodes devenus terrestres, probablement dérivés d'opisthobranches primitifs. Les branchies sont atrophiées, et les parois de la cavité palléale sont transformées en poche respiratoire, ou poumon.
Les premiers témoignages de la vie des pulmonés sont rares ; ils remontent au carbonifère. Ce n'est qu'au tertiaire, où les formations terrestres et dulçaquicoles commencent à prendre de l'ampleur, que ces mollusques jouent un grand rôle parmi les fossiles.
Lymnaea — du tertiaire à l'époque actuelle — est divisé en différents genres. La forme de la coquille est haute, avec un apex pointu, une spire composée d'un nombre restreint d'enroulements, et un grand tour terminal enflé en forme d'œuf. La coquille est fine, et sa surface lisse porte de fines stries d'accroissement. ▷ 1
Planorbarius — du tertiaire à l'époque actuelle — possède une coquille de forme discoïde, avec une spirale enroulée dans un plan (coquille planispiralée). ▷ p. 99, 1

Cinulia

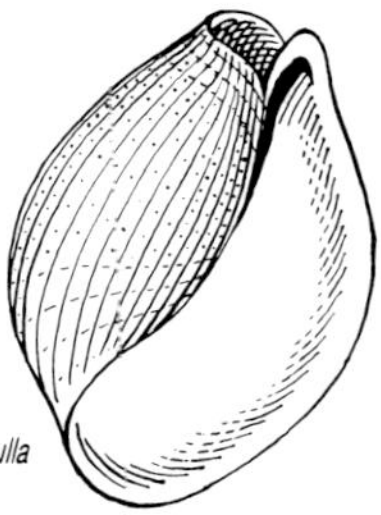
Bulla

1 Radix socialis *2,5 cm, tertiaire : miocène (Zwiefalten, RFA)*
2 Actaeonella sp. *8 cm, crétacé : turonien (Brandenberg, Autriche)*

1

2

Physa — du jurassique à l'époque actuelle — a la même forme de coquille que *Lymnaea*, mais l'enroulement hélicoïdal est senestre.

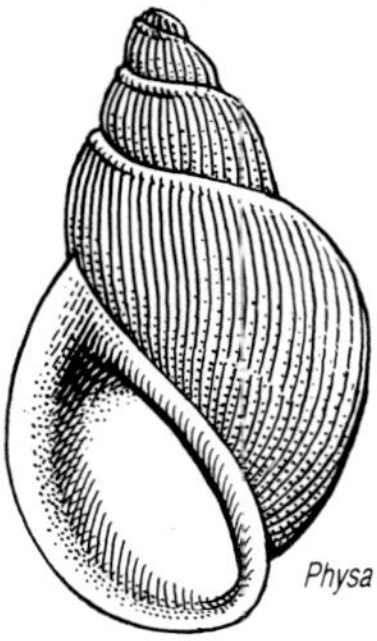

Physa

Gyraulus — du jurassique à l'époque actuelle — est de petite taille, avec une spire plate, parfois légèrement dilatée, et une ouverture un peu plus large que le genre précédent. Ces genres vivent en eau douce, mais, comme en témoigne leur poumon, ils ont connu au préalable une phase terrestre. Parmi les gastropodes terrestres figurent les limaces, qui n'ont pas laissé de traces fossiles, et les **hélicidés**. ▷

Helix est un genre riche en espèces contenant, entre autres, l'**escargot de Bourgogne.** On distingue de nombreux genres proches, en fonction de la forme de l'ombilic et de l'ouverture. Tous ces gastropodes ont en commun une petite spire composée d'un nombre restreint de tours. Nous n'en citons ici que quelques-uns :

Trichia — du tertiaire à l'époque actuelle — possède un nombre de tours relativement important, avec un tour terminal assez grand, et un ombilic ouvert.

Cepaea — du tertiaire à l'époque actuelle — a également une petite spire composée d'un petit nombre de tours, un tour terminal relativement grand, mais l'ombilic est fermé. ▷ 2

Succinea — du tertiaire à l'époque actuelle — est de petite taille, avec une coquille fine. La petite spire comporte un nombre restreint de tours, et le tour terminal est grand, assez dilaté ; l'ouverture est large et ovale.

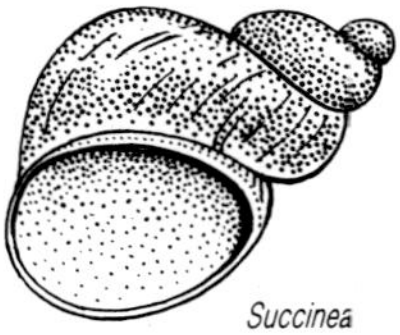

Succinea

Pupilla — du tertiaire à l'époque actuelle — est de petite taille, mais haut. Les flancs des enroulements sont bombés, convexes, et l'apex est arrondi, non pointu. La partie antérieure de la coquille est presque cylindrique. Le petit orifice circulaire a des bords épais.

Clausilia — du tertiaire à l'époque actuelle — est fin, turriculé, avec de nombreux enroulements. Le petit orifice a des bords épais. La surface s'orne souvent de stries axiales ou de côtes. Le sommet n'est pas pointu. La spire est généralement senestre.

Pupilla

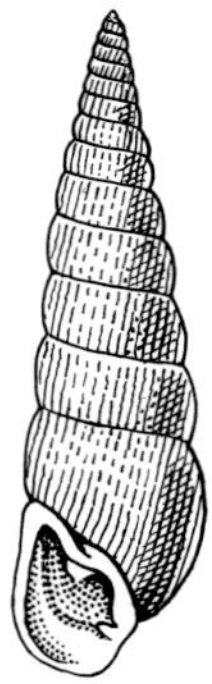

Clausilia

1 Coretus cornu *3 cm, tertiaire : miocène (Pflummern, RFA)*

2 Cepaea sp. *2,5 cm, tertiaire : miocène (Pflummern, RFA)*

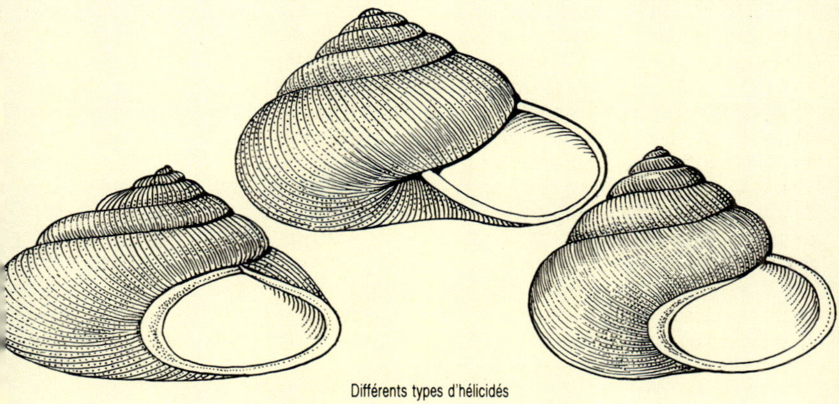

Différents types d'hélicidés

Classe des céphalopodes *(Cephalopoda)*

Les céphalopodes constituent la troisième classe de mollusques, après les bivalves et les gastropodes. Comme ces derniers, ils renferment de nombreux genres, très répandus depuis leur apparition au cambrien. Ils jouent un rôle encore plus important que les bivalves ou les gastropodes en paléontologie. Si les **seiches** et les **pieuvres** constituent à l'heure actuelle les représentants les plus répandus de cette classe, elles n'en sont qu'un groupe hautement différencié, nullement caractéristique de cette classe, puisqu'elles ont renoncé au dénominateur commun de la majorité des mollusques : la coquille externe entourant le corps.

Contrairement aux bivalves et aux gastropodes qui conservent encore aujourd'hui une large répartition, les céphalopodes ont connu leur apogée dans le passé ; les groupes qui survivent actuellement sont plutôt marginaux par rapport à l'ensemble des formes fossiles connues.

Les céphalopodes ont à l'origine, comme les autres mollusques, une coquille renfermant le corps mou, et dont la structure reflète très nettement l'organisation interne. Les seiches et les pieuvres, bien que dépourvues de coquille externe, ne peuvent s'expliquer qu'à partir des formes à coquille. Comme chez les gastropodes, la coquille des céphalopodes est une formation dorsale, conique, et qui s'agrandit par le bord externe tout en augmentant progressivement de diamètre.

Mais, chez les gastropodes, la masse viscérale grandit en même temps que la coquille, dont elle remplit toujours tout l'espace, tandis que le corps des céphalopodes reste compact, et quitte progressivement les tours initiaux à mesure que grandit la coquille. Les espaces ainsi abandonnés sont cloisonnés un à un, par des parois internes parfois nommées septes. Les septes se suivent à intervalles réguliers et délimitent des loges. La coquille est donc formée d'une partie cloisonnée, le phragmocône, et d'une loge d'habitation qui fait suite à la dernière cloison. La ligne de contact entre le bord du septe et la paroi externe de la coquille est appelée ligne suturale. Elle n'est pas visible sur la coquille, mais apparaît sur les moulages internes.

La partie postérieure du corps de l'animal est fixée par une série de muscles à la dernière cloison. Cette fixation reste en place même quand le corps migre vers une nouvelle loge ; elle est constituée d'un prolongement du manteau, le siphon, qui est irrigué et traverse toutes les loges jusqu'à la loge d'habitation. Les cloisons comportent donc un orifice par où passe le siphon. Ce dernier permet des échanges entre le corps vivant dans la loge d'habitation et les anciennes loges qu'il a délaissées. Les plus récentes sont remplies d'un liquide, qui est remplacé peu à peu par du gaz. Les loges remplies de gaz donnent à l'animal marin une certaine portance, qui peut être renforcée ou affaiblie par l'intermédiaire du siphon en jouant sur la pression des gaz ou la quantité de liquide interne. C'est ainsi que le mollusque utilise son phragmocône pour flotter plus ou moins haut dans l'eau.

Cette particularité permet aux céphalopodes d'avoir un mode de locomotion différent de celui des gastropodes classiques, la reptation, et de nager librement dans l'eau. Le pied musculeux est en conséquence modifié de façon très caractéristique. Sa partie postérieure forme deux lobes qui se soudent à l'extrémité de la cavité palléale pour donner un entonnoir. Par cet entonnoir, la cavité palléale peut alternativement aspirer et éjecter de l'eau, ce qui provoque une nage rapide par réaction. La partie antérieure du pied se transforme en tentacules musculeux, qui peuvent avoir un rôle de préhension, de reptation ou de marche — de là le nom de céphalopode. Le pied, transformé en entonnoir d'une part, et en gerbe de tentacules d'autre part, et la coquille cloisonnée avec un siphon constituent les caractéristiques principales des céphalopodes, qui sont les mollusques les plus différenciés et les plus évolués.

Les céphalopodes à coquille externe, caractérisés par leur structure cloisonnée, apparaissent dès le cambrien supérieur, et connaissent une remarquable expansion jusqu'à la fin du crétacé. Une seule forme, le **nautile**, subsiste à l'époque actuelle. ▷ 1-2

En revanche, les seiches et les pieuvres, dont les premiers représentants primitifs font leur apparition au paléozoïque supérieur, connaissent depuis le mésozoïque et jusqu'à l'époque actuelle une importante expansion.

Pour l'identification des céphalopodes à coquille, il est très utile d'étudier dans un premier temps la structure de la coquille. Dans le plus simple des cas, elle est conique et droite (orthocône), ou recourbée

Endoceras sp. *44 cm, ordovicien (Öland, Suède)*

Formes de coquilles

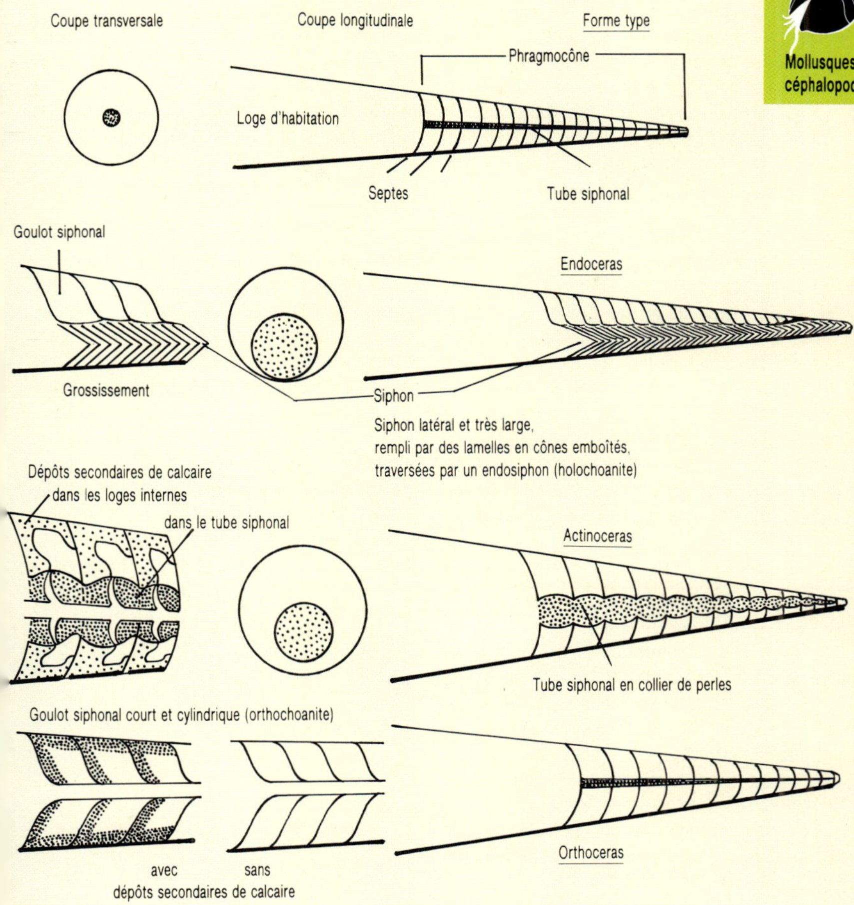

en corne (cyrtocône), ou encore enroulée en spirale (gyrocône) ; enfin, elle peut être en spirale fermée, avec un nombre de tours plus ou moins grand (nautilocône). Dans la majeure partie des cas, la spirale témoigne d'une symétrie bilatérale. La courbure ou l'enroulement peut se produire vers l'avant, au-dessus de l'extrémité de la tête (exogastrique) ou vers l'arrière (endogastrique). Le cas le plus fréquent est l'enroulement exogastrique. Un autre élément utile est la position du siphon, qui peut être plus ou moins central, ou au contraire périphérique, dans la cloison. A l'endroit où le siphon perce la cloison, il se forme un goulot, dont la structure varie. Les goulots sont souvent reliés entre eux par une mince paroi, qui forme le tube siphonal. Le siphon est soit très étroit, soit au contraire large ; ses vaisseaux ont parfois sur leurs parois des dépôts calcaires. Le siphon peut également provoquer dans les loges emplies de gaz des dépôts de calcaire, ce qui a pour effet de réduire leur espace intérieur. Enfin, un autre élément important, surtout chez les gastropodes à coquille hautement différenciés, est la disposition des cloisons et des lignes suturales. ▷ 3

Sous-classe des nautiloïdes

Les nautiloïdes constituent un groupe très diversifié, répandu tout au long du paléozoïque et du mésozoïque, et dont une forme subsiste aujourd'hui. La coquille, ou pragmocône, peut être droite, courbée en cyrtocône, ou enroulée en spirale. Le siphon est étroit ou moyennement large, et sa disposition dans la coquille est variable.

Les **Elleresmerocerida**, qui ont fait leur apparition au cambrien supérieur, possèdent un petit phragmocône courbé, cyrtocône, avec des cloisons très rapprochées, et un tube siphonal de largeur moyenne, situé en position ventrale. La loge d'habitation est relativement grande. Ce genre est probablement l'ancêtre commun des céphalopodes, dont l'organisation était semblable à celle des gastropodes primitifs.

Orthoceras — de l'ordovicien au trias — a une coquille élancée, orthocône et fine, avec un étroit siphon qui perce en leur centre les cloisons relativement éloignées. Les éléments du tube siphonal sont cylindriques et assez courts, dirigés vers l'arrière, mais ils ne se prolongent pas jusqu'à la cloison suivante. Il y a parfois des dépôts secondaires de calcaire dans les loges à gaz. Le genre *Orthoceras*, qui a produit des coquilles de plusieurs mètres de longueur durant l'ordovicien, fait partie, avec **Endoceras**, des fossiles typiques de cette période. Les représentants de ce genre postérieurs à l'ordovicien ont des dimensions nettement plus modestes. ▷ p. 101

Kionoceras — de l'ordovicien au silurien — se caractérise par les stries longitudinales qui ornent sa superficie.

Michelinoceras — de l'ordovicien au trias — se différencie par ses cloisons tournées vers l'avant.

Cycloceras — de l'ordovicien au silurien — porte des stries annelées transversales.

Cyrtoceras — ordovicien — possède une coquille cyrtocône.

1 *Coquille de* Nautilus *17 cm, vue externe*
2 *Coupe longitudinale montrant la partie cloisonnée et une ébauche de tube siphonal témoignant du passage du siphon. La partie non cloisonnée est la loge d'habitation*
3 *Ce moulage interne d'une ammonite du crétacé,* Placenticeras meeki *16 cm (Dakota du Sud, USA), montre une ligne suturale très distincte*

1

2

Ascoceras — de l'ordovicien au silurien — a une coquille orthocône, élancée, qui ressemble à celle d'*Orthoceras*, et caduque à l'état adulte. La loge d'habitation comporte un renflement qui s'agrandit par la formation de nouvelles loges à gaz.

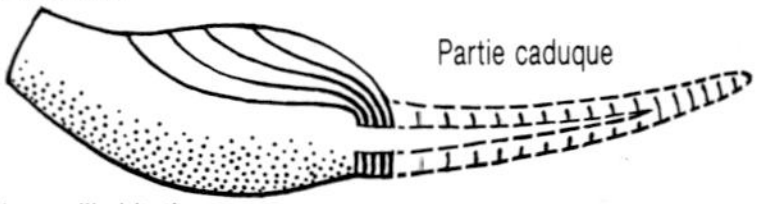

Gomphoceras — de l'ordovicien au carbonifère — a, contrairement aux espèces d'*Orthoceras*, un phragmocône court et trapu, comportant des cloisons très rapprochées et une étroite ouverture en fente pour la loge d'habitation. Cette fente peut se ramifier. Le siphon central a la forme d'un collier de perles, avec des dépôts de calcaire secondaires ; mais sa structure est différente de celle des **actinoceratidés**, et il n'a pas leur système vasculaire. L'extrémité ventrale de l'ouverture s'élargit pour laisser passer l'entonnoir. ▷ 1

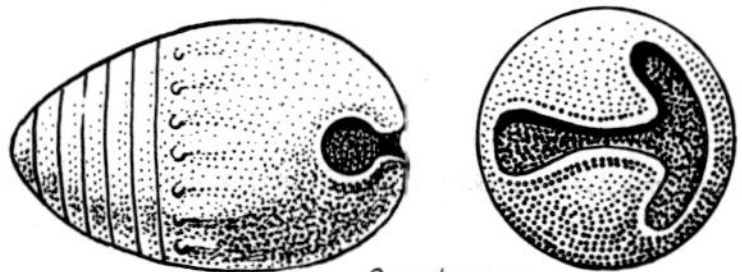

Gomphoceras

Oncoceras — ordovicien et silurien — se distingue de *Gomphoceras* par son phragmocône cyrtocône exogastrique.

Phragmoceras — silurien et dévonien — possède un phragmocône endogastrique cyrtocône ou gyrocône, avec des dépôts calcaires secondaires. L'ouverture de la loge d'habitation, en fente étroite, s'élargit pour le passage de l'entonnoir. ▷ 2

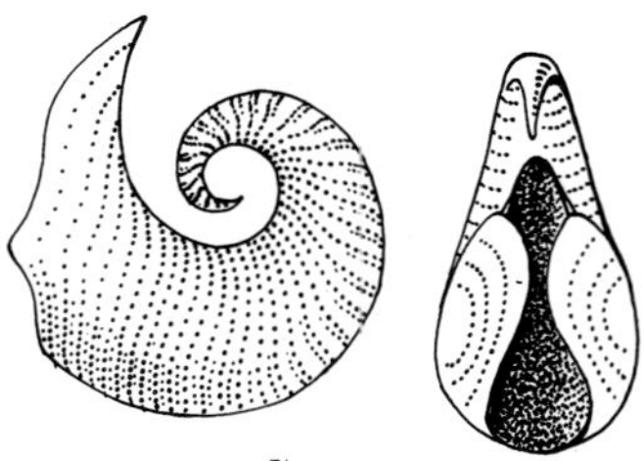

Phragmoceras

Contrairement aux genres proches, *Gomphoceras* et *Phragmoceras*, qui ont un phragmocône raccourci et un siphon en forme de collier de perles, **Lituites** — ordovicien — a une longue coquille orthocône élancée, avec un siphon situé en position centrale. S'il ressemble en cela à *Orthoceras*, il en diffère par l'enroulement spiralé de la partie initiale de la coquille, et par la présence dans l'ouverture de la loge d'habitation d'une échancrure pour l'entonnoir. On voit donc que le pied musculeux s'est transformé en entonnoir, ce qui indique le passage au mode de locomotion natatoire. Cette évolution, ébauchée par les orthocératidés, est ici achevée, alors qu'apparaît simultanément l'enroulement en spirale exogastrique. ▷ 3

Ophioceras — ordovicien — se distingue de *Lituites* par le fait que l'extrémité orthocône de la coquille est courte, proportionnellement à la partie initiale enroulée en spirale. ▷ 4

Pleuronoceras — dévonien — et **Trochoceras** — dévonien — ont une coquille enroulée en spirale ouverte, sans extrémité orthocône. Le diamètre des tours n'augmente que faiblement.

Aipoceras — carbonifère — possède également une coquille enroulée en spirale ouverte, mais le diamètre des tours augmente rapidement et fortement.

Tetragonoceras — dévonien — a une coquille enroulée en spirale fermée, dont les tours se recouvrent à peine. La ligne suturale est faiblement ondulée, le siphon central est fin.

1 Gomphoceras inflatum *7 cm, dévonien (Gerolstein, Eifel, RFA)*
2 Phragmoceras sp. *9 cm, silurien (Gotland, Suède)*
3 Lituites lituus *9 cm, ordovicien (Öland, Suède)*
4 Estonioceras sp. *9 cm, ordovicien (Suède)*

1

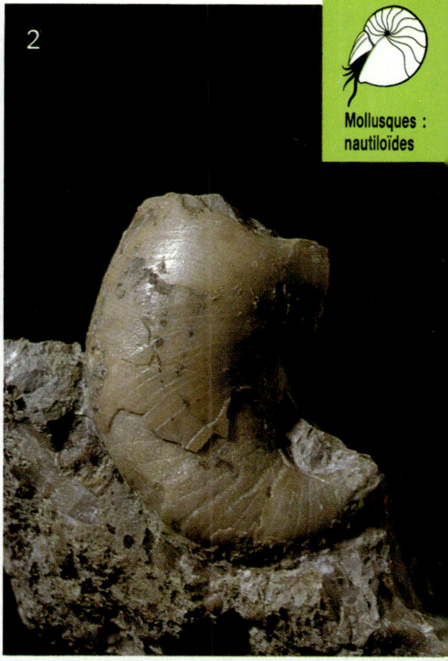
2

3

4

Germanonautilus — trias — a une coquille plus fortement enroulée, dont les tours s'embrassent quelque peu. La section est quadrangulaire, avec une face extérieure aplatie. Le siphon en position centrale est du type « collier de perles ». ▷ 1, 2

Paranautilus — trias — a une coquille fortement involutée dont le tour terminal embrasse complètement les tours initiaux. La ligne suturale est à peine ondulée.

Cenoceras — trias et jurassique —, coquille également fortement involutée, avec une face extérieure aplatie. Les flancs des enroulements sont marqués par une ligne suturale très ondulée, formant une grande échancrure vers l'arrière. ▷ 3

Pseudonautilus — jurassique et crétacé — a également une coquille fortement involutée. Les enroulements, de plus en plus hauts et larges, ont les flancs plats. La ligne suturale marque sur les flancs une profonde encoche, parfois pointue, vers l'arrière.

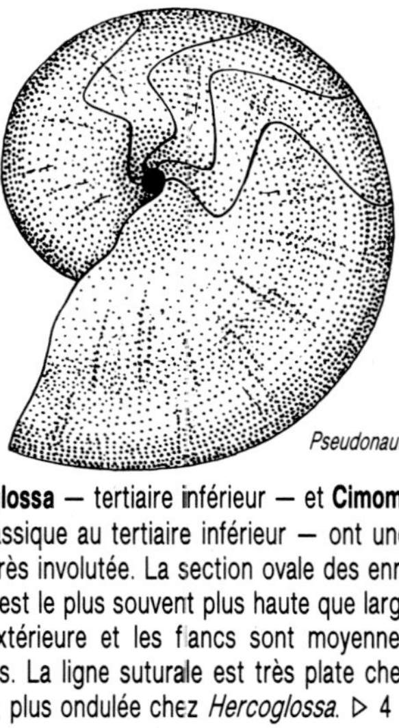

Pseudonautilus

Hercoglossa — tertiaire inférieur — et **Cimomia** — du jurassique au tertiaire inférieur — ont une coquille très involutée. La section ovale des enroulements est le plus souvent plus haute que large. La face extérieure et les flancs sont moyennement bombés. La ligne suturale est très plate chez *Cimomia*, plus ondulée chez *Hercoglossa*. ▷ 4

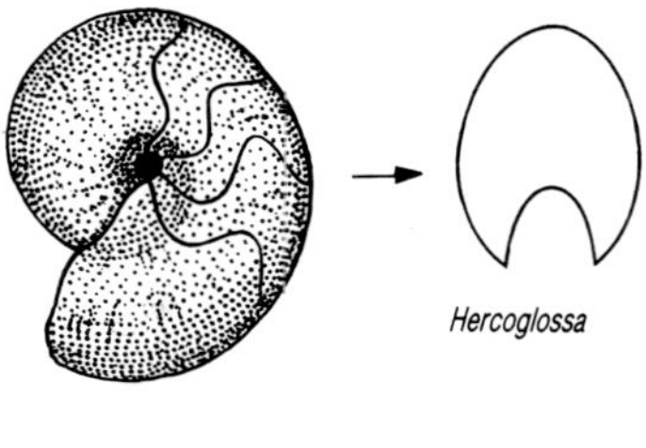

Hercoglossa

Aturia — tertiaire — a une coquille complètement involutée, de forme discoïde ; les flancs des enroulements sont aplatis, et leur hauteur est supérieure à leur largeur. La ligne suturale a sur le flanc une profonde encoche, moyennement pointue vers l'arrière.

Nautilus — la seule espèce qui vive encore actuellement (dans les mers qui entourent l'Australie), nageant à 400 m de profondeur, juste au-dessus du fond. L'entonnoir est simple. L'appareil tentaculaire est formé de deux couronnes et comprend 94 tentacules dont l'extrémité, rétractile, porte des cirres. ▷ p. 103, 1-2

Grâce aux caractéristiques de la coquille, on a pu déterminer que les familles proches des orthocératidés avaient une organisation interne proche de celle des **nautilidés**. Des découvertes récentes ont toutefois montré que l'appareil tentaculaire des premiers était plus proche de celui de la seiche : peut-être devra-t-on exclure les orthoceratidés de l'ordre des **nautiloïdes** pour en faire les précurseurs des coléoïdés.

L'enroulement en spirale est ici une adaptation à la nage. Grâce à la force portante des loges remplies de gaz, la loge d'habitation contenant le corps mou est suspendue vers le bas. Une longue coquille orthocône dont la pointe serait dressée vers le haut et dont la propulsion serait donnée en bas, par l'entonnoir, serait très difficile à manœuvrer. L'enroulement en spirale permet de concentrer le phragmocône près de la loge d'habitation, ce qui facilite les manœuvres. C'est pourquoi l'évolution des nautiloïdes enroulés passe par cette involution croissante dans laquelle la loge d'habitation embrasse une partie du phragmocône. A partir du mésozoïque, les formes dominantes sont toutes enroulées en spirale.

Le fort raccourcissement du phragmocône, dans les genres proches de *Gomphoceras* et de *Phragmoceras*, était peut-être une autre tentative pour améliorer la manœuvrabilité lors de la nage par réaction, mais cette formule connut un moindre succès, car un phragmocône court avec des cloi-

1 Germanonautilus tridorsatus *13 cm, trias : muschelkalk (Bad Mergentheim, RFA)*

2 Germanonautilus sp., *coupe transversale, 5 cm, trias : muschelkalk (Crailsheim, RFA)*

3 Cenoceras lineatum *7 cm, jurassique : bajocien (Bayeux)*

4 Hercoglossa sp. *5 cm, tertiaire : lutécien (Vicence, Italie)*

1

2

3

4

sons rapprochées contient moins de gaz, et produit donc une force portante moindre. Ces formes ont donc disparu rapidement, tandis que les véritables nautiloïdes, encore présents à l'époque actuelle, perdurent.

Sous-classe des endocératoïdes

Les **endocères** sont presque exclusivement ordoviciens, avec quelques espèces subsistant au silurien. Ils ont une coquille orthocône, parfois légèrement courbée — cyrtocône —, avec un long phragmocône et une loge d'habitation assez courte. Dès l'ordovicien inférieur, ils atteignent des tailles gigantesques, avec des coquilles de 6 m de long. Les cloisons sont peu rapprochées. Le siphon, très large, se situe en position périphérique, sur la face ventrale. Il est logé dans un long tube siphonal cylindrique dont les éléments s'étendent sans interruption d'une cloison à l'autre. Un dépôt calcaire dans le canal siphonal, par des lamelles en forme de sacs s'empilant les unes sur les autres, provoque petit à petit l'obturation du tube, en commençant par la pointe de la coquille. Les gisements fossiles livrent souvent cet élément calcaire seul : il ressemble à une broche. ▷ 1

Les **endocérates** sont des fossiles fréquents, typiques des formations calcaires de l'ordovicien. On en retrouve parfois dans les plaines, mêlés aux alluvions, mais ce ne sont généralement que des débris. Les *Endoceras* entiers ne peuvent s'observer que dans les couches à fleur de terre. ▷ p. 101

Sous-classe des actinocératoïdes

Les **actinocères** constituent également un groupe limité au paléozoïque, qui s'étend depuis l'ordovicien jusqu'au carbonifère. Ils ont également une assez grande coquille orthocône, mais ils n'atteignent pas des tailles aussi importantes que les endocères.

Actinoceras — de l'ordovicien au carbonifère — a les parois septales relativement éloignées.

Chez **Armenoceras** — ordovicien et silurien — les cloisons sont plus rapprochées, et le tube siphonal plus large.

Les **actinocérates** connaissent un grand essor, surtout à l'ordovicien et au silurien. Ensuite, ils commencent à se raréfier, pour s'éteindre au carbonifère.

Sous-classe des bactritoïdes

Avec leur coquille orthocône élancée, les bactritoïdes, qui s'étendent de l'ordovicien jusqu'au permien, rappellent les orthocères, mais ils ont des dimensions plus modestes. Les cloisons sont relativement éloignées les unes des autres ; elles sont bombées vers l'arrière. Les bactritoïdes se distinguent des orthocères par leur fin siphon, décalé vers la face ventrale, dont le tube est partiel : il se compose de petits cylindres partant de chaque cloison et dirigés vers l'arrière. En conséquence, la ligne suturale, qui est simplement circulaire chez les orthocères, devient sinueuse : elle est fortement recourbée vers l'arrière sur la face ventrale, formant une pointe. De telles incurvations pointues vers l'arrière dans la ligne suturale, qui correspondent à un repli sur le bord de la cloison, sont appelées lobes. La ligne suturale devient ligne de lobes. **Bactrites** se caractérise par une ligne de lobes avec un lobe ventral, ce qui le distingue des orthocères. Outre le lobe ventral, on peut encore voir un second lobe, plus faible sur les flancs : le lobe latéral. Par rapport aux céphalopodes à coquille primitifs (endocérates, actinocérates, nautiles), qui n'ont qu'une ligne suturale simple, les *Bactrites* se distinguent par la formation d'une ligne de lobes.

Eobactrites — ordovicien — possède une longue coquille élancée et orthocône, de section circulaire, avec un lobe ventral étroit et profond.

Bactrites — silurien et dévonien — se distingue d'*Eobactrites* par la section de la coquille, qui est aplatie latéralement, de forme elliptique. ▷ 2, ▷

Cyrtobactrites — dévonien —, avec une coquille cyrtocône, possède, outre le lobe ventral, un léger lobe latéral. ▷

Parabactrites — carbonifère et permien — possède une coquille cyrtocône raccourcie à cloisons rapprochées.

1 Endoceras, *coupe transversale (largeur : 6 cm), ordovicien (Öland, Suède)*

2 Bactrites ausaviensis *1 cm, dévonien (Nehden, RFA)*

Formes de coquilles et lignes suturales

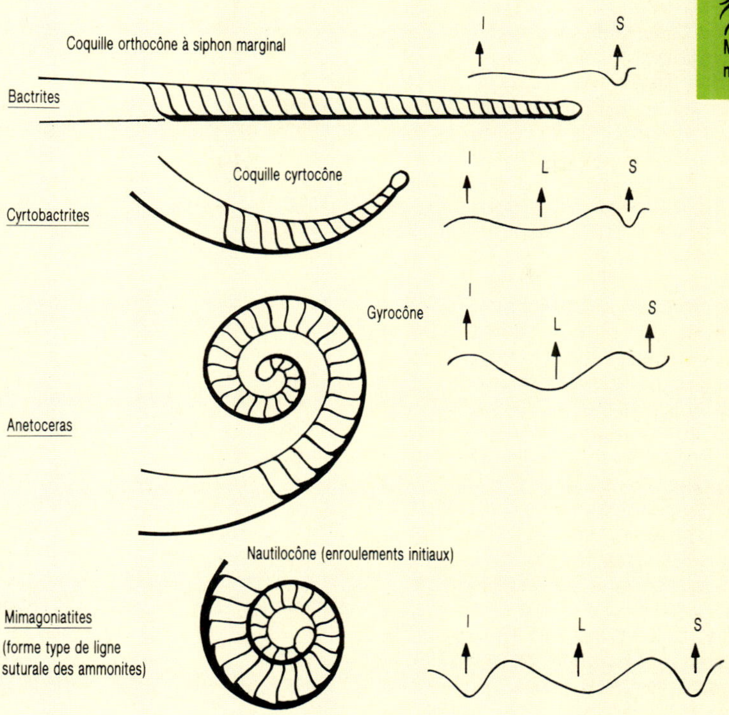

S = Lobe siphonal (= externe) I = Lobe interne L = Lobe latéral

Sous-classe des ammonites *(Ammonoidea)*

Les ammonites constituent le groupe le plus riche et le plus différencié de céphalopodes à coquille ; elles ont peuplé les mers du monde entier, depuis le dévonien jusqu'à la fin du crétacé. Elles appartiennent aux fossiles les plus répandus et les plus typiques du paléozoïque et du mésozoïque, et jouent un rôle important comme fossiles stratigraphiques. Elles possèdent une coquille à enroulement exogastrique en spirale plane, et une ligne suturale ornée de lobes. En raison de cette spirale exogastrique à symétrie bilatérale, les ammonites ont longtemps été rangées près des nautiloïdes, qui ont également une coquille exogastrique. Mais on a désormais établi que la spirale exogastrique des coquilles de nautiles et d'ammonites ne sont pas homologues. Les ammonites descendent en effet des bactrites, qui présentent également une lignée lobée. On a retrouvé dans des gisements du dévonien inférieur des formes intermédiaires montrant l'évolution depuis les bactrites orthocônes jusqu'à la spirale fermée des ammonites, en passant par des formes cyrtocônes et gyrocônes.

La forme de la spirale varie selon que les tours sont simplement accolés, ou qu'ils s'embrassent plus ou moins. La partie visible de l'enroulement interne, à l'intérieur du tour terminal, reçoit le nom d'ombilic. Le rapport entre le diamètre total et celui de l'ombilic permet de mesurer le degré d'involution. Une coquille à tours embrassants est dite involute, tandis que si les tours sont simplement juxtaposés, on parle de coquille évolute.

Plus les enroulements de la spirale se recouvrent, plus le diamètre de l'ombilic est petit. Quand le diamètre des tours croît lentement, la spirale comporte un nombre élevé de tours, mais lorsque leur diamètre croît rapidement, les tours sont moins nombreux.

Un autre élément utile pour décrire la forme de la spirale est la section des tours. On distingue la face externe ou ventrale et la face interne ou dorsale, et les flancs (face latérale). L'écartement des deux flancs constitue la largeur, et la distance entre la face externe et la face interne (le bord ombilical) est la hauteur du tour terminal. Si la largeur est supérieure à la hauteur, l'ombilic est profond ; quand la croissance en largeur est faible, l'ombilic reste plat. La face externe peut avoir un profil arrondi, aplati, ou pointu.

La superficie de la coquille peut être lisse ou plus ou moins ornée. Les éléments de sculpture à orientation spirale sont relativement rares, mais on rencontre souvent des éléments radiaux, sous forme d'ondulations ou de côtes. Ces dernières sont soit strictement radiales, soit orientées vers l'avant, ou (plus rarement) vers l'arrière. Elles sont simples, ou parfois fourchues. D'autres formes de reliefs existent : épines ou piquants. Les possibilités

1 Coupe longitudinale d'une ammonite du genre Pleuroceras *7 cm (Franconie, RFA)*

2 Coupe transversale d'une ammonite du genre Sonninia *22 cm, jurassique : bajocien (Nenningen, RFA)*

Reconstitution d'une ammonite

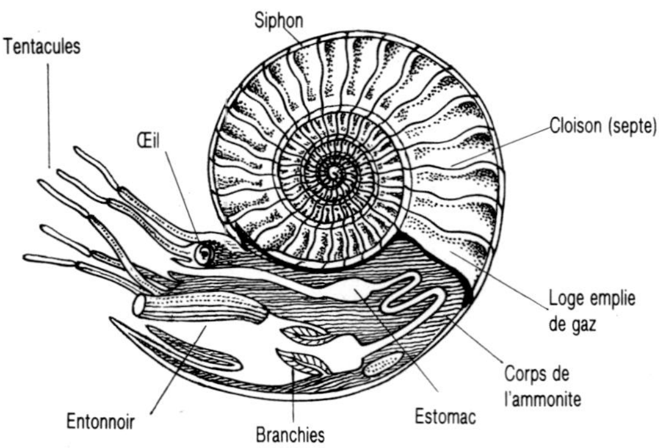

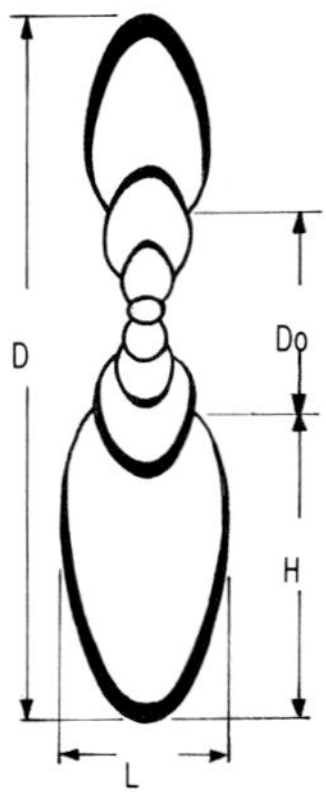

D = Diamètre total, L = Largeur, Do = Diamètre de l'ombilic, H = Hauteur du tour terminal

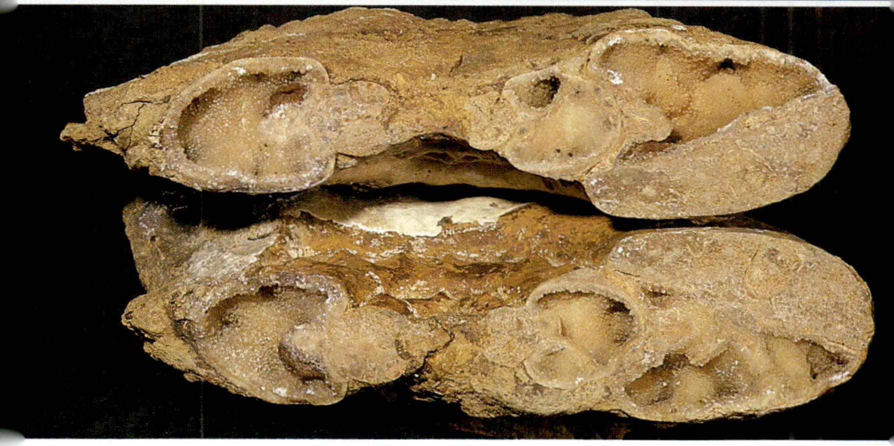

de variation de ces ornementations sont multiples. Comme l'organisme ne vit que dans la loge d'habitation, mais pas dans les autres loges — qui sont abandonnées une à une —, les dépôts internes de nacre, comme on en voit chez les gastropodes et les bivalves, sont très limités. Les éléments sculpturaux internes ne sont donc pas recouverts. L'ornementation de la coquille est le plus souvent bien conservée et aisée à observer sur les moulages internes.

En raison de cette grande variabilité, la forme de la coquille et son ornementation fournissent des critères d'identification très utiles, mais néanmoins insuffisants, puisque des familles différentes peuvent, à l'occasion, présenter des coquilles de forme et d'ornementation semblables. La classification et la détermination des ammonites ne peuvent donc se passer d'un caractère complémentaire décisif : l'étude de la ligne suturale, qui représente la ligne d'insertion des cloisons sur la coquille. Cette ligne, qui décrit des méandres parfois très compliqués, constitue le seul caractère décisif d'identification d'une ammonite. Les ammonites n'ont pas, comme les nautiloïdes, les cloisons septales simplement bombées vers l'arrière. Elles sont plates ou légèrement bombées vers l'avant. Leur partie périphérique est de plus en plus plissée, ce qui se traduit dans la ligne suturale par la présence de lobes orientés vers l'arrière et terminés en pointe, et de selles arrondies, orientées vers l'avant, qui séparent ces lobes. La complexité de ce dessin croît à mesure de l'évolution des ammonites. Il est à peu près établi que ce plissement de plus en plus important des cloisons correspond à un accroissement de la résistance des coquilles à la pression exercée par l'eau. En effet, les ammonites ne vivaient pas, comme on l'a longtemps cru, près de la surface, mais, comme les nautiles, à des profondeurs importantes, juste au-dessus du fond, où elles trouvaient leur nourriture. Le phragmocône devait donc être apte à résister à des pressions relativement élevées.

La ligne de lobes la plus primitive comprend le lobe externe (ou ventral) E, le lobe interne qui lui fait face (I), ainsi que le lobe latéral (L) situé sur le flanc. Entre E et L, on a la selle latérale ; et entre I et L, la selle ombilicale, située sur le repli entre le flanc et la face interne concave du tour. L'espace compris entre L et I est relativement long en raison de ce repli. La selle ombilicale est donc subdivisée par des lobes supplémentaires, les lobes ombilicaux (O), dont le nombre croît avec le degré d'involution de la coquille. La selle latérale peut également être divisée par des lobes supplémentaires, les lobes adventifs (A).

Chez les ammonites primitives, les lobes ont une seule pointe et sont relativement petits ; à mesure de la croissance, leur nombre augmente progressivement, particulièrement pour les lobes adventifs et ombilicaux. Chez les ammonites plus évoluées, les éléments primitifs des lobes deviennent plus grands, mais il y a moins de A et de O supplémentaires. On obtient alors des formes sans lobes adventifs, et avec un nombre restreint de lobes ombilicaux. Mais les lobes atteignent une taille plus importante, et portent des lobes secondaires. Puis les selles larges et arrondies se découpent également en lobes secondaires, qui se divisent à leur tour en lobes tertiaires, ce qui donne ces lignes « persillées » typiques des ammonites.

Il y a donc un retour à un nombre limité d'éléments essentiels, les lobes externes E, latéraux L, internes I et ombilicaux O, dont la taille et la complexité augmentent. Les seuls lobes pouvant varier et s'accroître en nombre à mesure que l'involution s'amplifie sont les lobes ombilicaux.

Les ammonites ont un siphon fin, avec des éléments de tubes dirigés vers l'avant à partir des cloisons (contrairement aux céphalopodes à coquille plus primitifs). Le siphon est généralement ventral, c'est-à-dire sur la face externe, juste sous la paroi de la coquille. L'ordre des **clyméniidés** constitue la seule exception à cette règle.

Cloison septale d'une ammonite Aspidoceras sp. *6 cm, jurassique : tithonien (Laisacker, Danube). On voit nettement la succession des lobes et des selles*

Lignes suturales typiques

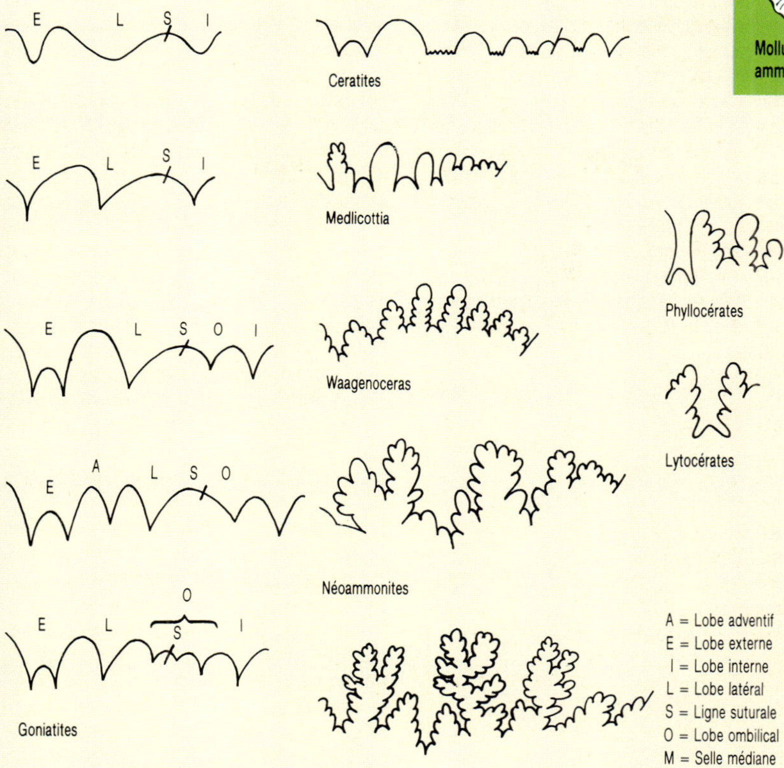

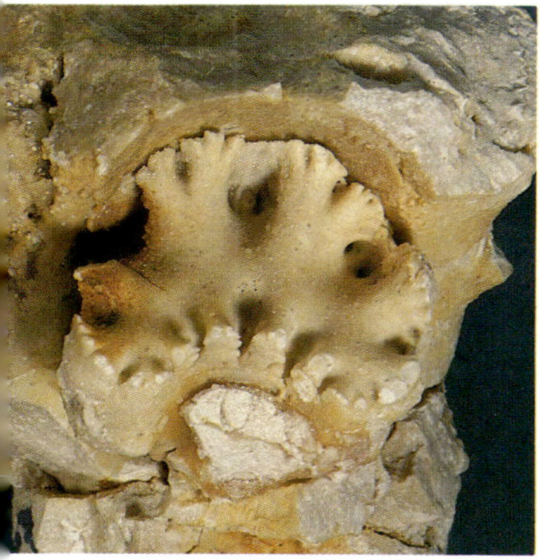

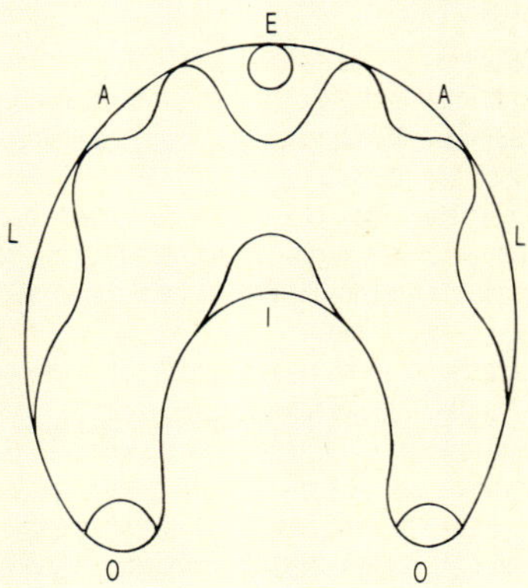

Super-ordre des paléoammonoïdes

On regroupe dans ce super-ordre différents genres appartenant tous au paléozoïque. Les ammonites du dévonien supérieur et du carbonifère font de bons fossiles stratigraphiques. Elles ont généralement une taille modeste, une coquille de forme variable avec une superficie lisse, ou seulement quelques côtes radiales peu marquées. Les lobes sont simples, à une seule pointe, ou, chez quelques représentants hautement différenciés, avec formation de lobes secondaires. Le nombre des éléments lobaires peut être très élevé.

Anarcestes — dévonien inférieur et moyen — a un ombilic relativement large, et des tours d'une section pratiquement circulaire. La ligne lobaire est simple, avec de larges I et L arrondis, et des E plus étroits. ▷ 1

Maenioceras — dévonien moyen — a un ombilic étroit et un orifice haut. L relativement profonds et pointus.

Manticoceras — dévonien : frasnien — a un ombilic étroit, une ouverture haute, avec des flancs plats qui convergent vers la face externe. E grands et profonds, et séparés en deux par une selle médiane. ▷ 2

Beloceras — dévonien : frasnien —, coquille à ombilic étroit, plate et discoïde, avec une ouverture très haute. Nombreux petits lobes pointus sur les flancs des tours.

Prolobites — dévonien supérieur —, petite coquille à ombilic très étroit et larges tours, de forme sphérique. La ligne lobaire est simple, avec un grand lobe latéral pointu.

Tornoceras — dévonien supérieur — a des lignes suturales à quatre lobes peu profonds. ▷ 3

Cheiloceras — dévonien : famennien — est en forme de disque épais, avec un ombilic très étroit. Le tour terminal porte deux ou trois marques de compression filiforme, qui n'apparaissent que sur les moulages internes. E n'a qu'une pointe, sans selle médiane. Le flanc porte un lobe latéral et un lobe ombilical. ▷ 4

Sporadoceras — dévonien supérieur — a une coquille de forme semblable à *Cheiloceras*, mais sans les étranglements. Les flancs portent un lobe L, O et A.

Imitoceras — du dévonien supérieur au permien — est en forme de disque épais, avec un ombilic très étroit. Les flancs portent un profond lobe latéral, un adventif et un petit lobe ombilical.

Ammonellipsites — carbonifère inférieur — est en forme de disque épais avec un ombilic un peu plus large, et de faibles côtes radiales. E est large avec une petite selle médiane, donc à deux pointes ; pas de A.

Goniatites — carbonifère inférieur — a un ombilic profond et relativement étroit. E a une selle médiane assez grande. L est très profond et pointu.

Gastrioceras — carbonifère supérieur — possède un ombilic relativement large. Les enroulements, ornés de côtes radiales simples, sont plus larges que hauts. E est large avec une grande selle médiane.

Schistoceras — carbonifère supérieur : stéphanien — semblable à *Gastrioceras*, se distingue par la section subquadrangulaire des tours.

Shumardites — carbonifère supérieur-stéphanien — a une coquille de même forme, mais avec des lobes latéraux plus pointus.

Waagenoceras — permien moyen — a une coquille presque sphérique, très involutée, avec de nombreux lobes, eux-mêmes légèrement subdivisés, sur les flancs.

Cyclolobus — permien supérieur —, en forme de disque renflé, à ombilic étroit, a un lobe externe large et subdivisé, et de nombreux lobes de petite taille, également subdivisés, sur les flancs. La multiplication des lobes est la conséquence de l'insertion de plusieurs adventifs près des lobes ombilicaux.

Perrinites — permien inférieur — se distingue de *Cyclolobus* par le fait que les nombreux lobes des flancs sont subdivisés, mais pas les selles, qui restent entières et arrondies.

1 Anarcestes sp. *3,5 cm, dévonien (Erfoud, Maroc)*
2 Manticoceras sp. *7 cm, dévonien (Eifel, RFA)*
3 Tornoceras planidorsatum *2,4 cm, dévonien (Nehden, RFA)*
4 Cheiloceras subpartitum *2,7 cm, dévonien (Nehden, RFA)*

1

2

3

4

Ordre des Clymeniida

Parmi les paléoammonoïdes, l'ordre des *Clymeniida* se distingue par la situation exceptionnelle du siphon : sur la face interne de l'enroulement. Ce groupe est donc typique et nettement délimité, et sa durée de vie est brève : uniquement dévonien supérieur (famennien). Mais, durant cette courte période, les *Clymeniida* sont répandus dans le monde entier, ce qui en fait d'excellents fossiles stratigraphiques. Le déplacement du siphon vers la face interne provoque la disparition des lobes externes habituellement présents chez les ammonites, ce qui simplifie quelque peu la ligne suturale.

Gonioclymenia possède une coquille plate et discoïde, avec un large ombilic et de nombreux tours, dont la section circulaire augmente lentement de diamètre. La ligne suturale comporte encore un E, un I bien développé, ainsi qu'un A et un O plats près du L.

Hexaclymenia a une section des tours subtriangulaire. Les lobes sont plats et arrondis. ▷ 1

Platyclymenia a la même forme de coquille que *Gonioclymenia*, discoïde à large ombilic, mais avec des côtes radiales peu profondes. Le lobe externe a disparu, remplacé par une large selle externe plate. L et I sont larges et plats. ▷ 2

Clymenia se distingue de *Platyclymenia* par l'absence de côtes radiales. ▷ 3

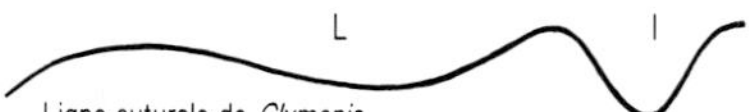

Ligne suturale de *Clymenia*

Parawocklumeria a une selle externe, un lobe latéral et un lobe interne plats, et un lobe ombilical peu marqué. La coquille est très involutée, avec des tours embrassants et des marques de compression sur le tour terminal. Sa forme est subtriangulaire.

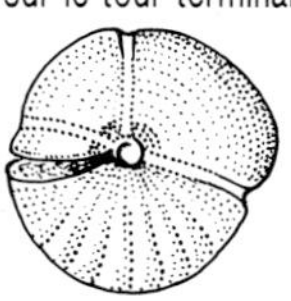

Parawocklumeria

Super-ordre des mésoammonoïdes

La majorité des familles de paléoammonoïdes, nombreuses du dévonien au carbonifère, disparaissent ensuite. Une seule survit, et elle évolue rapidement au trias pour donner les nombreuses formes de mésoammonoïdes. Elles se caractérisent par la subdivision des lobes en lobes secondaires, et également des selles, et par une ornementation de la superficie surtout déterminée par des côtes radiales.

Ordre des Prolecanitida

Cet ordre regroupe les précurseurs, au paléozoïque supérieur, des mésoammonoïdes.

Prolecanites — carbonifère inférieur —, coquille à large ombilic. Tours de section ovale. La ligne suturale est formée de lobes entiers, à une seule pointe, mais relativement larges. Le lobe externe est dépourvu de selle médiane. ▷

Medlicottia — permien —, coquille plate et discoïde, fortement involutée, avec une ouverture haute. La face externe porte un sillon. La ligne lobaire comprend de nombreux lobes à deux pointes, dont la grandeur diminue depuis l'extérieur jusqu'au bord ombilical. E est persillé. ▷

Popanoceras — permien — est également involuté, à tours embrassants, avec une haute ouverture. La coquille discoïde est un peu plus épaisse. Pas de sillon externe. Les nombreux petits lobes sont dentelés à la base.

Stacheoceras — permien — est renflé, de forme sphérique, involuté, avec de nombreux petits lobes à deux pointes. Les selles sont simples, arrondies.

Ordre des Ceratitida

Cet ordre renferme les vrais mésoammonoïdes, limités au trias. La ligne lobaire des *Ceratitida* comporte de larges selles non découpées, et des lobes relativement larges, dont la base est dentée. E possède une selle médiane. Cette ligne typique se retrouve dans les genres ci-dessous :

Hungarites — permien supérieur —, ombilic étroit, ouverture haute, coquille discoïde plate. Superficie lisse. Les flancs des tours ne portent que deux larges selles arrondies.

Xenodiscus — permien supérieur —, coquille discoïde plate à ombilic large, et tours de section quadrangulaire dressée. Côtes radiales simples et espacées. Lobes plus profonds que chez *Hungarites*.

Tirolites — trias inférieur — a également un ombilic large et une forme de disque plat. Se distingue de *Xenodiscus* par des côtes radiales simples plus rapprochées formant une nodosité sur la face externe.

1 Hexaclymenia sp. *8 cm, dévonien (Iberg, Harz, RFA)*
2 Platyclymenia sp. *5 cm, dévonien (Erfoud, Maroc)*
3 Clymenia sp. *5 cm, dévonien (Eifel, RFA)*

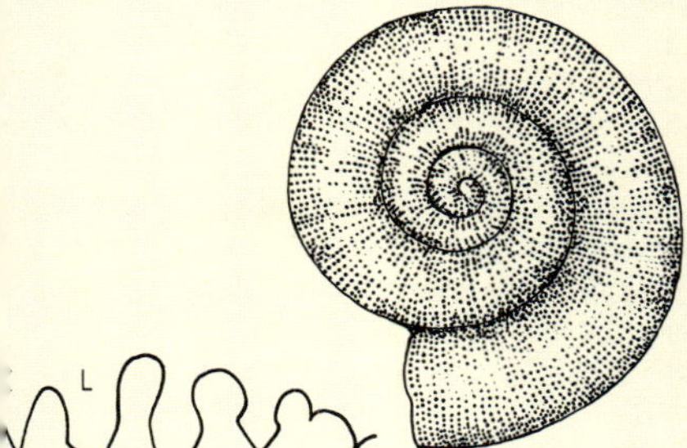

Prolecanites

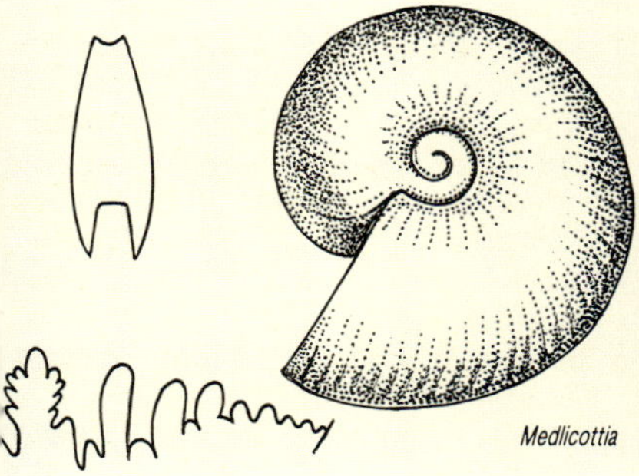

Medlicottia

Beneckeia — trias inférieur et moyen —, en forme de disque plat, à tours embrassants, avec une haute ouverture et une face externe pointue. La ligne lobaire comporte de nombreux lobes et selles plats.
Ceratites — trias moyen — fossile stratigraphique typique du muschelkalk — a un ombilic étroit ou de largeur moyenne. La section des tours est subrectangulaire ou carrée. Les fortes côtes radiales espacées peuvent être renforcées par des tubercules. ▷ 1
Discoceratites — trias moyen —, ombilic étroit, ouverture haute, forme discoïde plate. Les côtes radiales sont très atténuées : elles donnent une simple ondulation ou disparaissent complètement. ▷ 2
Choristoceras — trias supérieur — ombilic très large, section des tours en rectangle dressé. Fortes côtes radiales. Le tour terminal est libre, il se détache des tours précédents. Chez les mésoammonoïdes plus évolués, le découpage des lobes gagne les selles. La base des lobes n'est plus simplement dentée, mais très découpée. La ligne lobaire peut devenir très compliquée.
Ptychites — trias moyen — en forme de disque plat ou épais. La face externe est arrondie, et les flancs relativement bombés. Ombilic plutôt étroit. Côtes radiales simples, plates et espacées. Lobes et selles régulièrement découpés ; l'extrémité du lobe porte 3 pointes principales.
Trachyceras — trias moyen et supérieur —, ombilic moyennement large ou étroit. Section des tours rectangulaire dressée ou trapézoïdale. Côtes radiales légèrement orientées vers l'avant, avec 4 à 6 tubercules, ordonnées en spirale. Lobes et selles réguliers comme chez *Ptychites*, moyennement découpés. ▷ 3
Margarites — trias moyen —, large ombilic. Arête externe carénée et nodosités sur les flancs. ▷ 4
Gymnites — trias inférieur et moyen —, ombilic large, forme discoïde plate, tours de section ovale dressée. Superficie lisse. Le découpage en méandres des selles et des lobes est nettement plus prononcé que chez *Ptychites* et *Trachyceras*.
Cladiscites — trias moyen et supérieur — est fortement involuté, en forme de disque épais. Les tours ont une section carrée à angles arrondis ou rectangulaire dressée. La surface s'orne de fortes côtes spirales. Les lobes sont larges et à angles droits, très découpés, tandis que les selles sont très étroites, surtout à la base, et également intensément ouvragées. Un petit nombre de lobes ombilicaux. ▷ 5-6

Pinacoceras — trias moyen et supérieur —, de forme discoïde plate, avec une ouverture très haute et des tours embrassants. Les flancs aplatis des tours convergent vers la face externe pointue. Superficie lisse. Les lobes étroits à pointe unique sont fortement découpés, de même que les larges selles. Nombreux petits lobes ombilicaux, de taille

Pinacoceras

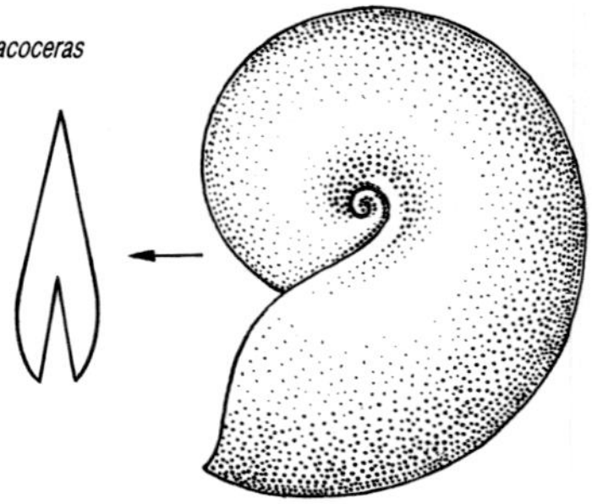

décroissante vers l'ombilic, également très découpés. *Pinacoceras* est le géant parmi les mésoammonoïdes : son diamètre peut atteindre 1 mètre.
Joannites — trias moyen —, extrêmement involuté. Le tour terminal a quelques étranglements très marqués et englobe complètement les tours intérieurs, à tel point qu'il n'y a plus d'ombilic. Les tours sont de section ovale allongée, avec les flancs et la face externe régulièrement bombés. Superficie lisse. Les lobes et les selles sont fortement persillés.
Arcestes — trias moyen et supérieur —, coquille extrêmement involutée, de forme ovale bombée ou sphérique, sans ombilic apparent. Superficie lisse, marquée ou non par des étranglements. La loge d'habitation est très longue, et l'orifice se rétrécit.

1 Ceratites nodosus *17 cm, trias : muschelkalk (Gemünd, RFA)*
2 Discoceratites semipartitus *27 cm, trias : muschelkalk (Kitzingen, RFA)*
3 Trachyceras austriacum *10 cm, trias : carnien (Röthelstein, Autriche)*
4 Margarites circumspinatus *7 cm, trias : carnien (Röthelstein, Autriche)*
5 Cladiscites multilobatus *6 cm, trias : carnien (Röthelstein, Autriche)*
6 Cladiscites subtornatus *11 cm, trias : carnien (Röthelstein, Autriche)*

1

2

3

4

5

6

Selles et lobes sont intensément découpés. ▷ 1 et 2
Les mésoammonoïdes de l'ordre des *Ceratitida* sont limités au trias inférieur et moyen, et disparaissent ensuite. Les espèces les plus évoluées, à ligne lobaire très élaborée, ont connu leur essor optimal au trias moyen, et elles régressent fortement au trias supérieur. La majorité d'entre elles disparaissent sans descendance. Seules quelques formes survivent au trias supérieur, et donnent, à partir du jurassique inférieur, le :

Super-ordre des néoammonoïdes

Les néoammonoïdes se rencontrent depuis le jurassique inférieur jusqu'à la fin du crétacé, puis disparaissent totalement. Leur diversité est incomparablement plus grande que celle des paléo- et mésoammonoïdes, tant pour la forme de la coquille que pour son ornementation. Bien qu'il existe aussi des familles de petite taille, les néoammonoïdes ont en moyenne des dimensions plus importantes que les mésoammonoïdes, qui sont à leur tour plus grandes, en moyenne, que les paléoammonoïdes. L'évolution globale des ammonites passe donc par un accroissement de leur taille moyenne.
De la même façon, la différenciation de la ligne lobaire s'amplifie au cours de l'évolution. Les paléoammonoïdes n'avaient que des lobes à une seule pointe et des selles entières. Chez les mésoammonoïdes apparaissent des découpages secondaires des lobes, puis, dans une étape ultérieure, des selles. Les néoammonoïdes franchissent un nouveau pas en introduisant les découpages secondaires et tertiaires des lobes et des selles.
Le schéma de la ligne lobaire montre toujours un lobe externe (E) et un grand lobe latéral (L), qui est séparé de E par une selle latérale externe, et des lobes ombilicaux (O) par une selle latérale interne. Les O sont de petite taille, et en nombre variable. Il n'y a jamais de lobes adventifs (A). Les éléments de base peuvent avoir une forme variable et un découpage secondaire et tertiaire plus ou moins prononcé.

Ordre des Phylloceratida

Cet ordre d'ammonites est clairement délimité. Il a une durée de vie assez longue, mais une diversité limitée. Les *Phylloceratida* commencent à se distinguer des mésoammonoïdes dès le trias inférieur : ils ont une coquille à ombilic moyennement étroit, ouverture haute, et une surface lisse ou ornée de stries radiales. Leur ligne lobaire est fortement découpée et se caractérise par des selles dont l'extrémité antérieure est ovale, en forme de feuille (même pour les selles secondaires).

Phylloceras — jurassique et crétacé — est un terme collectif regroupant plusieurs genres assez semblables mais distincts. Ce groupe homogène a fait preuve d'une grande longévité. Il s'agit très probablement d'espèces ayant peuplé les grandes profondeurs océaniques. Dans les formations issues de mers peu profondes, les *Phylloceras* restent relativement rares. La coquille à ombilic moyennement large ou étroit est de forme discoïde. Elle est constituée de tours ovales dressés, avec la face extérieure arrondie. La superficie est lisse ou ornée de stries radiales, ou parfois d'ondulations radiales peu profondes. L'extrémité des selles est toujours ovale, en forme de feuille, et la ligne lobaire est fortement ouvragée. ▷ 3-4
Tragophylloceras — du trias supérieur au jurassique inférieur (lias) — a l'ombilic relativement large. La moitié externe des flancs des tours porte des côtes radiales larges et plates.

Ordre des Lytoceratida

Les Lytoceratida sont également des néoammonites jouissant d'une grande homogénéité et d'une grande longévité. Ils apparaissent dès le trias supérieur et subsistent jusqu'au crétacé supérieur. Leurs précurseurs du trias **(Trachyphyllites)** sont probablement issus d'une évolution des **phyllocératès** primitifs. Contrairement à ces derniers, ils ont un ombilic très large. Les tours, de section presque circulaire, sont contigus, sans embrassement. La ligne lobaire est très fortement et finement ciselée.

1 Arcestes cheilostomus *6 cm, trias : carnien (Röthelstein, Autriche)*
2 Arcestes cymbiformis *7 cm, trias : carnien (Röthelstein, Autriche)*
3 Calliphylloceras aveyronnense *3 cm, jurassique : toarcien (Mende)*
4 Phylloceras heterophyllum *3 cm, jurassique : toarcien (Mende)*

1

2

3

4

Lytoceras — du lias au crétacé supérieur —, terme collectif regroupant plusieurs genres très semblables : ombilic large, tours de section circulaire à subovale. Les tours s'embrassent à peine. Surface lisse ou fortement marquée de côtes radiales. Ces dernières, correspondant aux anneaux d'accroissement, peuvent être lamelleuses et saillantes. Parfois, on observe des étranglements filiformes. ▷ 1

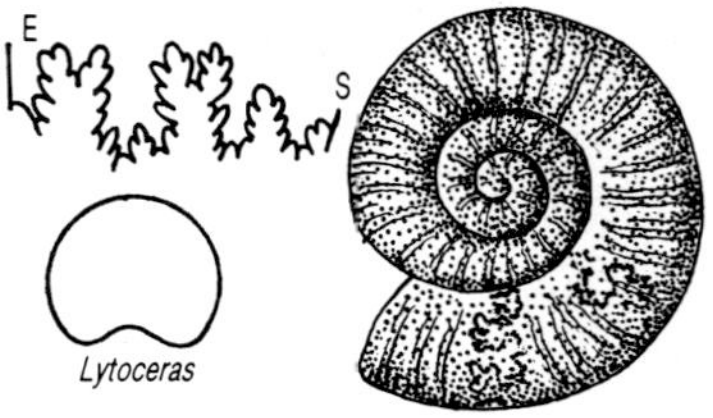

Alocolytoceras — lias — s'orne de fines côtes radiales et, en outre, d'une dizaine d'étranglements filiformes sur le tour terminal.

Pachylytoceras — dogger (jurassique moyen) — possède des tours un peu plus embrassants, et de nombreuses côtes radiales épaisses et marquées.

Ordre des Ammonitida

Les *Ammonitida* sont, contrairement aux phyllocératidés et aux lytocératidés, peu évolutifs, des néoammonites très prolifiques qui ont donné naissance à des formes très variées, souvent fugaces. Les ammonitidés comportent donc de nombreuses familles, dont les relations phylogénétiques ne sont pas toujours clairement établies.

Tandis que les phyllocératidés et les lytocératidés semblent avoir vécu essentiellement dans les océans, les ammonitidés peuplaient surtout les zones marines peu profondes. La plupart des formations mésozoïques correspondant à des mers de faible profondeur (moins de 200 m), les ammonitidés jouent un grand rôle dans ces communautés fossiles.

Les ammonitidés ont longtemps été considérés comme un groupe issu des phyllocératidés et des lytocératidés au jurassique inférieur. Des recherches récentes tendent à prouver qu'ils proviennent d'un groupe archaïque du trias supérieur, des phyllocérates. Ils représentent donc une troisième souche, qui fait la jonction entre le trias et le jurassique.

Psiloceras — lias inférieur — a une coquille à ombilic très large, et de nombreux tours peu embrassants. La section des tours est de forme ovale dressée ou presque circulaire. De fines stries d'accroissement ou de faibles côtes radiales simples ornent la surface. ▷ 2

Arietites — lias inférieur — atteint de grandes dimensions. Sa coquille possède également un large ombilic et des tours peu embrassants. La section des tours est carrée ou rectangulaire à angles arrondis. Fortes côtes radiales. La face externe forme une carène encadrée par deux sillons. ▷ 3

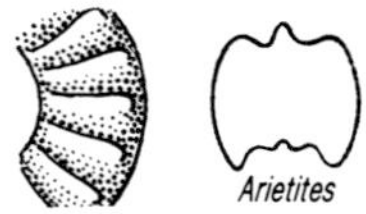

Schlotheimia — lias inférieur — a un ombilic plus étroit. Les tours ont une section ovale étroite. Les fortes côtes radiales se recourbent vers l'avant pour se rejoindre sur l'arête externe, qui est étroite mais non pointue. Les côtes forment alors un angle incliné vers l'avant. ▷ 4

Oxynoticeras — lias inférieur — a une coquille discoïde à ombilic très étroit et à face externe fortement convexe. Superficie lisse ou fines côtes radiales, inclinées vers l'avant sur la moitié externe des flancs. ▷ 5

Echioceras — lias inférieur —, ombilic très large, et tours à peine embrassants, de section circulaire ou ovale allongée. Les fortes côtes radiales sont espacées. La face externe forme une fine carène. ▷ 6

Uptonia — lias moyen —, large ombilic, forme discoïde plate, tours de section ovale allongée ou rectangulaire dressée. Les côtes radiales espacées et légèrement inclinées vers l'avant parcourent la face externe en décrivant un large arc de cercle.

1 Lytoceras fimbriatum *33 cm, jurassique : pliensbachien (Fresney, France)*
2 Psiloceras plicatulum *5 cm, jurassique : hettangien (Wellingen, RFA)*
3 Arietites solarium *45 cm, jurassique : sinémurien (Aldingen, RFA)*
4 Schlotheimia angulata *6 cm, jurassique : hettangien (Buer, RFA)*
5 Oxynoticeras oxynotum *5 cm, jurassique : sinémurien (Schömberg, RFA)*
6 Echioceras raricostatum *4 cm, jurassique : sinémurien (Schömberg, RFA)*

1

2

3

4

5

6

Androgynoceras — lias moyen — possède un ombilic très large avec des tours à peine embrassants, de section circulaire ou carrée, à angles arrondis. De fortes côtes radiales forment des bourrelets sur la surface, et décrivent un large arc de cercle sur la face externe. ▷ 1

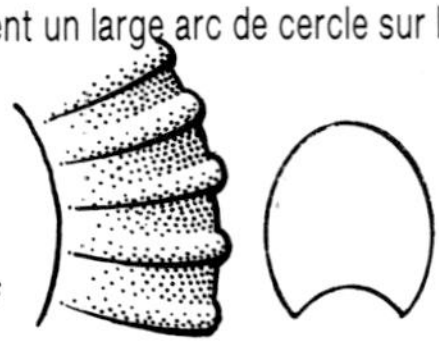
Androgynoceras

Coeloceras — lias moyen — possède des tours larges, de section ovale, peu embrassants, et donc un ombilic large et profond. Les côtes radiales se terminent par un nodule sur le milieu du flanc, d'où partent des côtes beaucoup plus fines en direction de la face externe.

Amaltheus — lias moyen —, ombilic plus ou moins large, coquille de forme discoïde, plate. Les côtes radiales comportent parfois un nodule sur les flancs, et se recourbent vers l'avant sur la moitié externe des flancs. Elles se rejoignent sur la face externe étroite d'une carène d'ornementation cordée. ▷ 2

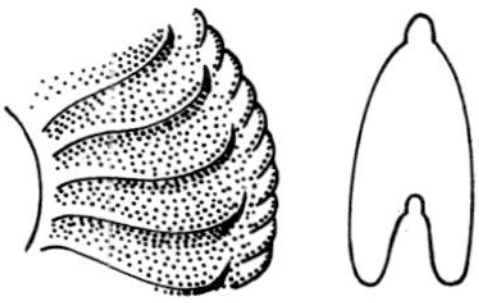
Amaltheus

Prodactylioceras — lias moyen —, de forme discoïde, à ombilic très large. Les tours de section circulaire se recouvrent à peine. De nombreuses côtes radiales fines ornent les flancs et la face extérieure, en se courbant légèrement vers l'avant. La moitié externe des flancs porte de forts nodules à intervalles irréguliers. ▷ 4

Dactylioceras — lias supérieur — a la même forme de coquille que *Prodactylioceras*. Les tours ont une section circulaire ou ovale et haute. La surface porte de fortes côtes radiales, qui se divisent souvent sur la moitié externe des flancs pour former une fourche qui se prolonge sur la face externe. ▷ 3

Les genres présentés ci-dessus, caractérisés par des côtes radiales simples, sont des fossiles stratigraphiques du lias inférieur et moyen. Au lias moyen apparaissent des ammonites ornées de côtes arquées en faucille. Ces formes dominent ensuite au lias supérieur et au dogger inférieur.

Harpoceras — lias supérieur — possède une coquille discoïde à ombilic relativement plat ; les tours sont de section ovale haute, avec une carène externe lisse et pointue. De nombreuses côtes radiales fines et arquées ornent la surface, en s'intensifiant vers la face externe.

Pleydellia — lias supérieur — a un ombilic légèrement plus large ; les côtes, plus fortes, sont légèrement plus espacées. La carène extérieure est pointue, et nettement saillante.

Dumortieria — lias supérieur — a un ombilic encore plus large (coquille évolute). Les fortes côtes sont espacées et légèrement arquées. La carène externe est peu développée.

Hildoceras — lias supérieur — se distingue par un sillon spirale ornant les flancs.

Leioceras — dogger inférieur — est en forme de disque plat, avec une très haute ouverture et un ombilic étroit. La face externe ne comporte pas de carène, mais elle est néanmoins pointue. Les stries d'accroissement arquées peuvent être accompagnées de côtes parallèles peu marquées.

Ludwigia — dogger inférieur — a un ombilic un peu plus large. Les tours épais, en forme de rectangle haut, portent une carène externe nettement délimitée. Les fortes côtes arquées en faucille sont souvent bifurquées vers l'extérieur.

Hammatoceras — lias supérieur — a un ombilic relativement large. Les tours ont une section subtriangulaire, plus large vers le bord ombilical, d'où les flancs convergent vers la carène nettement saillante. Une rangée de nodules près de l'ombilic. De ceux-ci partent deux à trois côtes faiblement arquées, qui ornent les flancs. ▷ 5

Glochiceras — malm inférieur à moyen —, coquille de petite taille, fortement involute, avec une ouverture haute. La face externe est étroite et arrondie, la superficie lisse. Le péristome (zone entourant l'ouverture) porte sur le milieu des flancs une petite languette : l'apophyse jugale. ▷ p. 127, 2

1 Androgynoceras sp. *10 cm, jurassique : pliensbachien (Braunschweig, RFA)*

2 Amaltheus subnodosus *3 cm, jurassique : pliensbachien (Hechingen, RFA)*

3 Dactylioceras sp. *6 cm, jurassique : toarcien : à gauche, aplati, provenant de Balingen (RFA), à droite : forme conservée intacte (Normandie)*

4 Prodactylioceras davoei *12 cm, jurassique : pliensbachien (Tuningen, RFA)*

5 Hammatoceras insigne *9 cm, jurassique : toarcien (Caen)*

1

2

3

4

5

Sonninia — dogger moyen — a un ombilic moyennement large ou étroit. Les tours sont de section ovale dressée, avec une carène bien distincte, étroite, mais haute. Les côtes radiales sont fortes, légèrement arquées, à des intervalles irréguliers. Certaines d'entre elles portent, irrégulièrement réparties, de fortes nodosités sur le milieu du flanc.

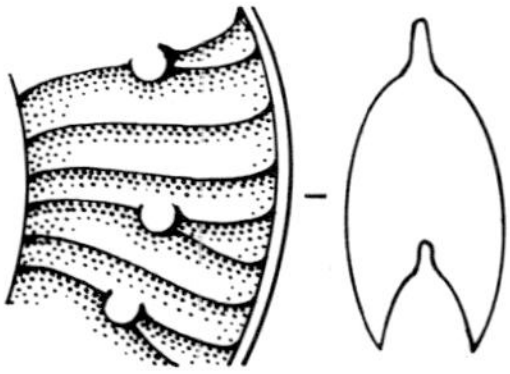

Sonninia

Haploceras — malm moyen et supérieur —, coquille fortement involute, à ombilic étroit et tours de section ovale dressée. Un peu plus bombée que la coquille de *Glochiceras*. Superficie lisse. De taille plus importante que le petit *Glochiceras*.

Trimarginites — malm inférieur — même forme de coquille qu'*Oppelia*, mais se distingue par la présence de trois carènes très rapprochées sur le bord externe. Les côtes radiales arquées sont très peu marquées. ▷ 1

Streblites — malm moyen —, coquille discoïde, à ombilic très étroit. La face externe est pointue, mais sans carène. ▷ 3

Oppelia et **Oxycerites** — dogger moyen et supérieur —, en forme de disque plat, avec un ombilic très étroit, et une face externe pointue, mais sans carène nettement délimitée. Les côtes sont faibles, arquées, un peu plus distinctes sur la moitié externe des flancs.

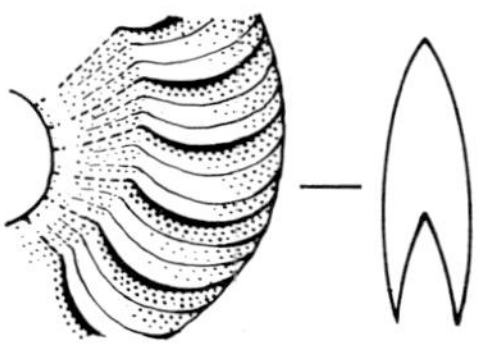

Oppelia

Ochetoceras — malm —, en forme de disque plat, avec des côtes arquées très nettes, interrompues au milieu du flanc par un sillon spirale. ▷ 4

Creniceras — malm —, coquille discoïde de petite taille, à superficie généralement lisse. Se distingue par une carène extérieure dentée sur la loge d'habitation. ▷ 5

Taramelliceras — malm —, discoïde, très involute, à ombilic étroit. La section des tours est en forme de rectangle dressé, légèrement bombée. La face externe aplatie s'orne de trois rangées de nodosités. Les côtes radiales arquées sont parfois très marquées, et souvent renforcées au milieu des flancs par un tubercule. ▷ 6

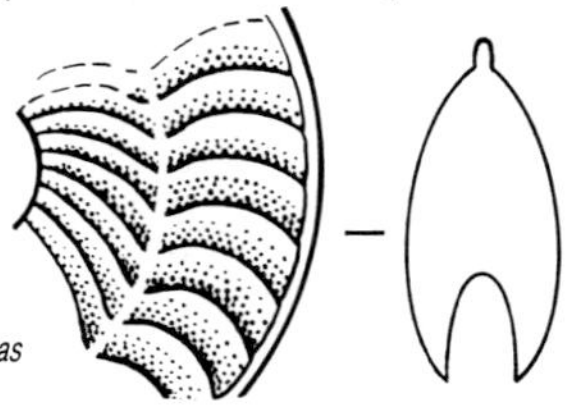

Ochetoceras

Outre les *Taramelliceras*, qui se rencontrent jusqu'au malm supérieur, avec les genres proches d'*Oppelia*, les ammonites acquièrent à partir du dogger moyen une grande diversité de formes de coquille : les côtes radiales fortement marquées bifurquent sur les flancs. Entre les côtes bifurquées, des côtes supplémentaires viennent souvent s'insérer. Ce type d'ammonoïdes est dominant au malm et au crétacé inférieur.

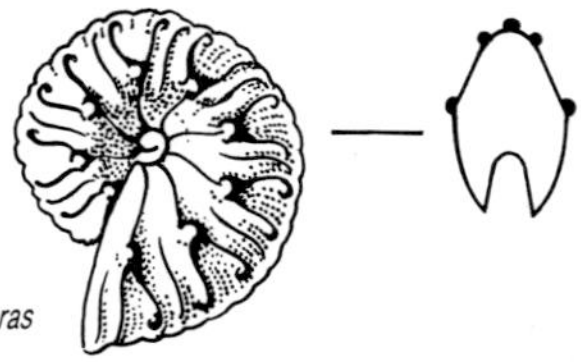

Taramelliceras

Teloceras — dogger moyen — atteint une taille très importante. Les tours sont très bas et larges, avec de fortes nodosités sur le milieu des flancs, où se rejoignent les côtes radiales simples et courtes venant de l'ombilic, et les bifurcations qui partent vers le bord externe. Ce dernier est large, moyennement bombé. ▷ p. 129, 2

1 Trimarginites sp. *6 cm, jurassique : oxfordien (Blumberg, RFA)*

2 Glochiceras sp. *2 cm, jurassique : kimméridgien (Geisingen, RFA)*

3 Streblites tenuilobatus *6 cm, jurassique : kimméridgien (Geisingen, RFA)*

4 Ochetoceras canaliculatum *4 cm, jurassique : oxfordien (Balingen, RFA)*

5 Creniceras renggeri *2 cm, jurassique : oxfordien (Liesberg, Suisse)*

6 Taramelliceras trachynotum *7 cm, jurassique : kimméridgien (Geisingen, RFA)*

1
2
3
4
5
6

Stephanoceras — dogger moyen —, ombilic large. Les tours sont bas, larges, ovales, et c'est ce qui fait l'ombilic profond. Depuis le bord ombilical partent de fortes côtes radiales, qui s'arrêtent au milieu du flanc pour former un nodule, et repartent, divisées en trois branches, vers la face externe.

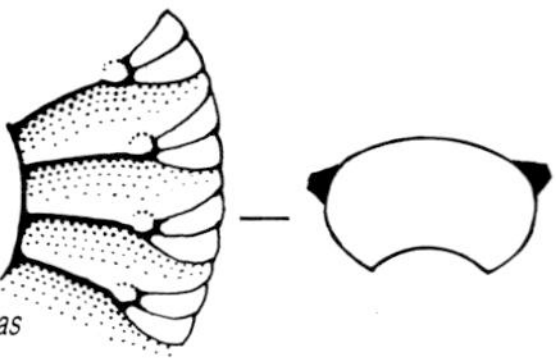

Stephanoceras

Garantiana — dogger moyen —, ombilic de largeur moyenne. Nombreuses côtes radiales, interrompues au milieu des flancs par un nodule, puis bifurquées. Sur le bord externe, un sillon les interrompt à nouveau. ▷ 3

Strenoceras — dogger moyen — est très semblable, avec un sillon bien marqué sur le bord externe.

Macrocephalites — dogger supérieur —, ombilic très étroit. Les tours bombés, de forme ovale dressée, portent de nombreuses côtes très serrées, inclinées vers l'avant, qui bifurquent et se poursuivent sur le bord externe. ▷ 1

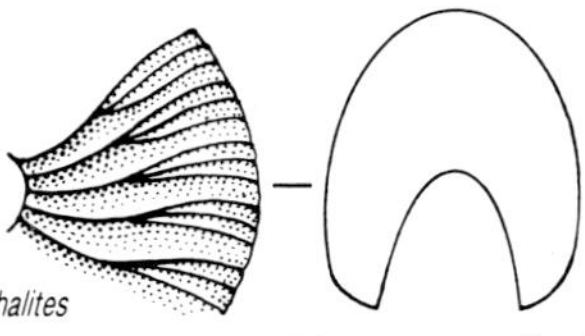

Macrocephalites

Parkinsonia — dogger supérieur —, coquille discoïde à ombilic moyennement large ou étroit. Les tours sont de section ovale dressée. Les côtes radiales faiblement inclinées vers l'avant sont souvent bifurquées sur la moitié externe des flancs. Un sillon les interrompt sur le bord externe. Pas de nodosités. ▷ 4

Spiroceras — dogger moyen —, petite coquille, en spirale ouverte, formée d'un petit nombre de tours qui ne se touchent pas. Leur section est cirulaire ou ovale. Fortes côtes radiales. ▷ 5

Kosmoceras — dogger supérieur —, ombilic relativement large ou étroit. Tours de section ovale dressée ou arrondie, ou hexagonale. Les côtes radiales ont des nodules au milieu des flancs, d'où elles bifurquent. Elles se terminent par une nodosité avant d'atteindre le bord externe aplati et relativement incurvé. ▷ 6

Quenstedtoceras — dogger supérieur —, coquille involute à ombilic étroit. Les tours ont une section subtriangulaire. Les flancs convergent depuis le bord ombilical vers la face externe faiblement pointue. Les côtes radiales faiblement inclinées vers l'avant bifurquent, et forment sur la face externe un angle aigu pointé vers l'avant.

Amoeboceras — malm — semblable à *Cardioceras*, se distingue par une face externe un peu plus large et aplatie. La carène dentée devient donc très nette ; elle est flanquée de deux sillons.

Cardioceras — malm inférieur —, de forme discoïde, à ombilic plutôt étroit. Les flancs des tours convergent depuis le bord ombilical vers l'extérieur. Les côtes radiales légèrement incurvées, orientées vers l'avant, se rejoignent sur la face externe de la coquille, et forment une petite carène dentée.

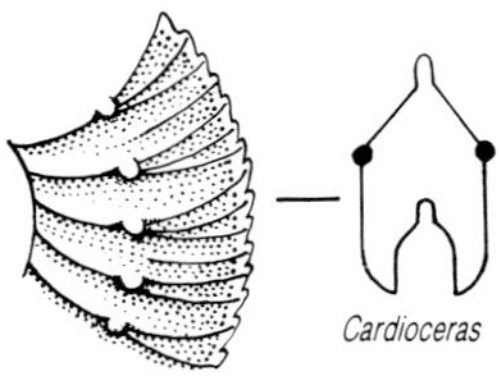

Cardioceras

1 Macrocephalites macrocephalus *6 cm, jurassique : callovien (Geisingen, RFA)*

2 Teloceras sp. *20 cm, jurassique : bajocien (Beuren, RFA)*

3 Garantiana baculata *4 cm, jurassique : bajocien (Bayeux)*

4 Parkinsonia parkinsoni *15 cm, jurassique : bajocien (Bayeux)*

5 Spinoceras sp. *3 cm, jurassique : bajocien (Dorset, Angleterre)*

6 Kosmoceras ornatum *4 cm, jurassique : callovien (Albstadt-Lautlingen, RFA)*

1

2

3

4

5

6

La famille des **périsphinctidés** apparaît dès le dogger moyen, d'abord en petit nombre, pour devenir très répandue et diversifiée au malm. Ces ammonoïdes ont un ombilic de largeur variable, une coquille discoïde et des tours de forme ovale dressée. Les côtes radiales sont toujours bifurquées, et des côtes supplémentaires viennent s'insérer entre elles. Il n'y a généralement pas de nodosités. Une grande variabilité des formes rend la détermination difficile. ▷ 1-2

Perisphinctes — malm inférieur —, large ombilic, forme discoïde, section des tours ovale dressée. Les fortes côtes radiales bifurquent sur le tiers extérieur des flancs, formant 2 ou 3 branches. ▷ 3

Perisphinctes

Orthosphinctes — malm inférieur et moyen —, même forme de coquille, même type de bifurcation, mais des côtes simples viennent en plus s'insérer entre les bifurquées.

Ataxioceras — malm moyen — est de forme discoïde plate. Les côtes radiales très espacées bifurquent au milieu des flancs en 3 ou 4 branches, entre lesquelles des côtes supplémentaires viennent s'intercaler. Cette espèce fait preuve d'une extraordinaire variabilité. ▷ 4

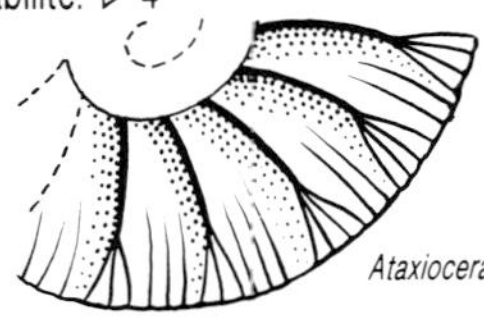

Ataxioceras

Lithacoceras — malm moyen et supérieur — a un ombilic un peu plus étroit, des côtes plus fines, avec de nombreuses bifurcations et côtes intermédiaires, à partir du milieu du flanc.

Virgatosphinctes — malm supérieur —, coquille discoïde plate, avec un ombilic relativement large. Outre la bifurcation des côtes au milieu des flancs, il peut y avoir une deuxième bifurcation sur leur moitié externe.

Rasenia — malm moyen —, disque plus épais, ombilic plus étroit. Chaque côte radiale initiale se réduit à une nodosité proche du bord ombilical, d'où partent 3 à 4 branches s'étendant jusqu'à la face externe. ▷ 5

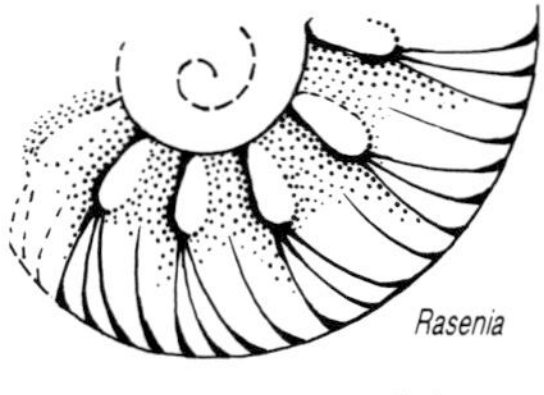

Rasenia

Aulacostephanus — malm — se distingue de *Rasenia* par un ombilic généralement plus étroit et un sillon externe qui interrompt les côtes.

Gravesia — malm supérieur — a des tours très bas en ovale couché, ce qui donne un ombilic profond, moyennement large. Le milieu des flancs s'orne de forts nodules, d'où partent vers la face externe quelques côtes bifurquées.

Idoceras — malm inférieur et moyen —, coquille discoïde plate à large ombilic. Section des tours en ovale dressé. Les fortes côtes radiales légèrement inclinées vers l'avant bifurquent sur le tiers externe des flancs en deux branches qui se rejoignent sur l'étoite face externe en formant un angle orienté vers l'avant.

Sutneria — malm —, petite taille. Les enroulements internes ont la même forme que chez les *Perisphinctes*. Le gros tour terminal, qui embrasse largement les tours internes, est de section ovale ou carrée. Sa superficie est lisse ou ornée de côtes radiales, soit entières, soit bifurquées.
Un détail typique : le tour terminal présente un coude. Le péristome (tour de l'ouverture) porte des apophyses jugales. ▷ 6

1 Homoeoplanulites balinensis *5 cm, jurassique : callovien (Geisingen, RFA)*

2 Grossouvria sulcifera *6 cm, jurassique : callovien (Staffelstein, RFA)*

3 Arisphinctes plicatilis *6 cm, jurassique : oxfordien (Sengental, RFA)*

4 Ataxioceras planulatum *14 cm, jurassique : kimméridgien (Geisingen, RFA)*

5 Rasenia sp. *9 cm, jurassique : kimméridgien (Geisingen, RFA)*

6 Sutneria platynota *3 cm, jurassique : kimméridgien (Geisingen, RFA)*

1

2

3

4

5

6

La famille des **aspidocératidés**, présente tout au long du malm, est proche des périsphinctidés.

Peltoceras — dogger supérieur — a un large ombilic. Les tours ont une section circulaire ou presque carrée ; ils sont peu embrassants. De fortes côtes radiales, rarement bifurquées, s'intensifient vers le bord externe. Elles s'inclinent souvent vers l'arrière. ▷ 1

Peltoceras

Euaspidoceras — malm inférieur — a un ombilic relativement large. Les tours ont une section carrée ou rectangulaire dressée. Les côtes radiales, espacées, se renforcent sur les bords ombilical et externe par une nodosité. ▷ 2

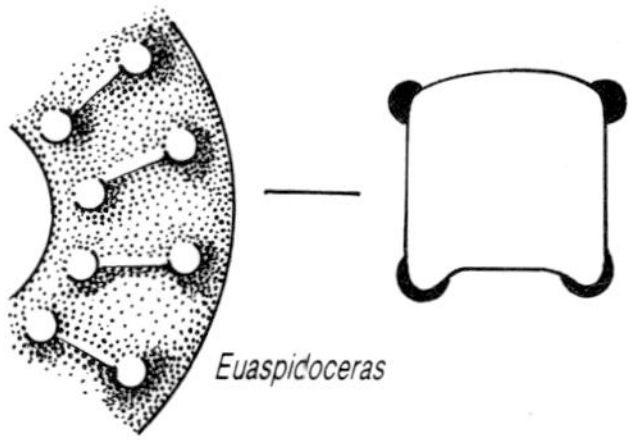

Euaspidoceras

Aspidoceras — malm moyen et supérieur — a un ombilic plus étroit. La section des tours est bombée, arrondie. Une rangée de nodules orne le bord ombilical, une deuxième les flancs. Pas de côtes radiales. ▷ 3

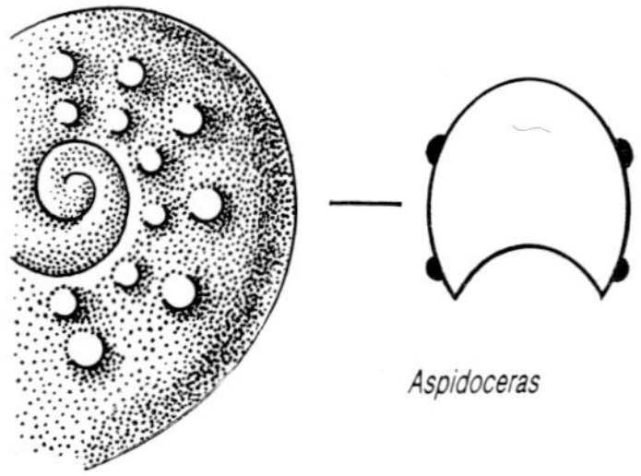

Aspidoceras

Physodoceras — malm moyen —, coquille renflée, sphérique, étroit ombilic. Une seule rangée de nodosités prolongées en épines sur le bord ombilical, la pointe orientée vers l'ombilic. Pas de côtes. ▷ 4

Les périsphinctidés se prolongent au crétacé inférieur par des formes quelque peu différentes :

Craspedites — crétacé inférieur —, ombilic moyennement large. Tours de section ovale dressée. Les côtes radiales sont assez courtes : elles prennent naissance en un long nodule sur le bord ombilical et s'évanouissent sur les flancs.

Platylenticeras — crétacé inférieur —, étroit ombilic, forme discoïde, moyennement épais et lisse. Bord externe pointu. ▷ 5

Olcostephanus — crétacé inférieur —, étroit ombilic ; tours larges, en forme d'ovale couché ou dressé. Une rangée de nodules sur le bord ombilical donne naissance à quelques petites côtes, qui bifurquent à nouveau sur les flancs.

Polyptychites — crétacé inférieur —, même forme de coquille, mais côtes principales courtes, non nodulaires. Quelques-unes connaissent une seconde bifurcation sur les flancs. ▷ 6

Dichotomites — crétacé inférieur —, disque un peu plus épais. Les côtes bifurquent plusieurs fois, et sont plus fortement inclinées vers l'avant.

Astieria — crétacé inférieur —, disque plat, à ombilic étroit. Les étroits nodules ombilicaux donnent naissance à des côtes bifurquant plusieurs fois.

Neocomites — crétacé inférieur —, forme discoïde, ombilic étroit. Les côtes étroites, bifurquant plusieurs fois, sont légèrement arquées, et ne se prolongent pas sur la face externe.

Acanthodiscus — crétacé inférieur — a les tours plus fortement bombés, de section ovale dressée. Une rangée de nodules sur le bord ombilical, une autre au milieu des flancs, et une troisième sur le bord externe. Des côtes radiales et bifurquées rejoignent toutes ces lignes de nodules.

Au crétacé inférieur voisinent les dernières formes de périsphinctidés et de nouvelles familles, qui font leur apparition à la fin de cette période et annoncent la grande diversité d'ammonitoïdes du crétacé supérieur. Les rapports entre ces différentes formes n'ont pas encore été définis avec précision.

1 Peltoceras annularis *3,5 cm, jurassique : callovien (Albstadt-Lautlingen, RFA)*

2 Euaspidoceras costatum *10 cm, jurassique : oxfordien (Obernheim, RFA)*

3 Aspidoceras binodum *10 cm, jurassique : kimméridgien (Geisingen, RFA)*

4 Physodoceras sp. *15 cm, jurassique : kimméridgien (Geisingen, RFA)*

5 Platylenticeras heteropleurum *12 cm, crétacé : valanginien (Sachsenhagen, RFA)*

6 Polyptychites sp. *15 cm, crétacé : valanginien (Sachsenhagen, RFA)*

1

2

3

4

5

6

Callizoniceras — du néocomien supérieur à l'albien —, ombilic moyennement large, forme discoïde, section des tours ovale dressée. Les côtes simples, radiales ou légèrement inclinées vers l'avant, passent sur le côté extérieur sans modification. Ce genre introduit la famille des **desmocératidés.**

Pulchellia — néocomien supérieur et aptien —,

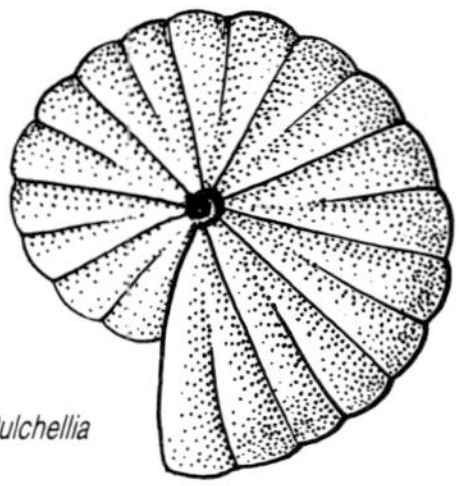

Pulchellia

ombilic très étroit, forme discoïde. Les tours ont une section ovale dressée, avec le bord externe arrondi. Les côtes très larges, en forme de bourrelets, s'élargissent vers le bord externe. Elles sont séparées par des côtes extrêmement fines.

Desmoceras — du néocomien supérieur au cénomanien —, la coquille, de forme semblable, est légèrement plus épaisse. Les côtes sont à peine esquissées. Des stries d'accroissement orientées vers l'avant apparaissent nettement. Parfois, le tour terminal porte des étranglements.

Puzosia — crétacé supérieur —, les tours ont une section en ovale dressé ou circulaire. Les côtes radiales sont faibles, surtout sur la moitié externe des flancs, voire absentes. On observe des étranglements. Les tours sont à peine embrassants.

Pachydiscus — crétacé supérieur-sénonien —, ombilic moyennement large ou étroit. Section des tours en ovale dressé ou circulaire. Des côtes espacées, faiblement inclinées vers l'avant, à intervalles irréguliers. Ce groupe compte les plus grandes ammonites connues, avec un diamètre de presque 2 mètres. ▷ 1-2

Les **hoplitidés**, caractérisés par une bifurcation externe et de fortes côtes radiales, jouent un rôle important comme fossiles stratigraphiques, surtout dans l'albien.

Leymeriella — albien inférieur — a un ombilic relativement large, et une coquille en disque épais. La section des tours est un rectangle debout. Les fortes côtes radiales s'inclinent vers l'avant, et ne bifurquent pas.

Hoplites — albien —, ombilic relativement large. Les fortes côtes espacées, faiblement inclinées vers l'avant, portent un nodule sur le milieu des flancs et se terminent sur le bord du sillon externe par un autre nodule. ▷ 3-4. **Saynoceras** — albien —, très semblable, est plus épais, avec des côtes plus écartées et des nodosités plus fortes.

Les genres suivants ont une carène extérieure plus ou moins développée :

Oxytropidoceras — albien —, en forme de disque plat, à ombilic étroit. L'ouverture est haute, avec de larges côtes orientées vers l'avant. La carène extérieure est haute et pointue.

Mortoniceras — albien —, le disque est plus épais et l'ombilic plus large. La section des tours est de forme rectangulaire ou carrée. Les côtes radiales se renforcent sur les bords ombilical et extérieur par des nodules. La carène extérieure se détache nettement de la coquille.

Schloenbachia — cénomanien — est de forme discoïde, moyennement épais. La section des tours est en ovale dressé. Les côtes radiales, imparfaitement régulières, sont partiellement bifurquées et souvent renforcées vers l'extérieur par des nodules. La carène extérieure est bien distincte. ▷ 5

Dipoloceras — albien —, ombilic relativement large. Les tours ont une section plus large que haute. De fortes côtes radiales se terminent vers l'extérieur par des nodules, qui se prolongent à intervalles irréguliers par des épines orientées vers l'extérieur.

Mantelliceras — cénomanien —, coquille moyennement involute, à ombilic relativement large. La section des tours, épaisse, est en forme de rectangle debout ou presque circulaire. Ombilic profond. Côtes radiales espacées, renforcées sur le bord ombilical, les flancs et l'extérieur par des nodosités. Face externe aplatie.

Acanthoceras — cénomanien —, même forme de coquille, mêmes ornementations, mais se distingue par une rangée médiane de nodules sur la face extérieure et de fortes nodosités sur les flancs. ▷ 6

1 Pachydiscus stobaei *40 cm, crétacé : campanien (Rorup, RFA)*

2 Pachydiscus sp. *14 cm, crétacé (Dakota du Sud, USA)*

3 Hoplites interruptus *4 cm, crétacé : albien (Troyes)*

4 Otohoplites bulliensis *6 cm, crétacé : albien (Bully, France)*

5 Schloenbachia varians *4 cm, crétacé : cénomanien (Mühlheim, RFA)*

6 Acanthoceras rhotomagense *44 cm, crétacé : cénomanien (Wettringen, RFA)*

1

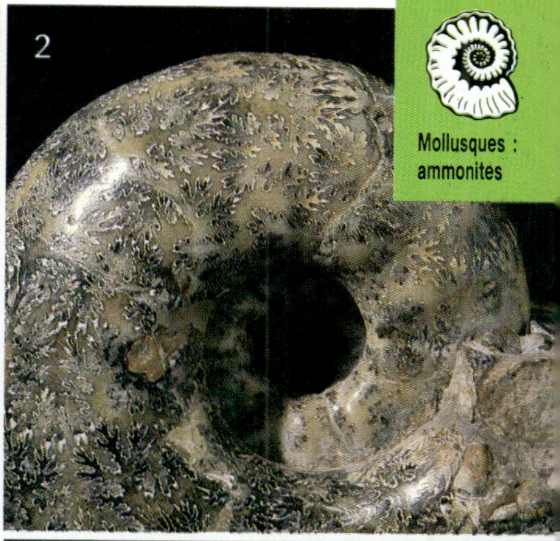
2

3

4

5

6

La famille des **vascocérates** reproduit la forme de coquille des aspidocérates du malm.

Vascoceras — turonien —, coquille très involute, bombée en sphère, avec une superficie lisse. Chez certains spécimens moins fortement bombés, l'ombilic, habituellement très profond et étroit, s'élargit quelque peu.

Vascoceras

Pseudaspidoceras — turonien —, ombilic de largeur moyenne. Les tours ont une section carrée ou rectangulaire debout. Les nodosités qui s'alignent sur le bord ombilical et sur la face externe peuvent être reliées par de faibles côtes radiales.

Mammites — turonien —, même forme de coquille que *Pseudaspidoceras*, mais se distingue par le fait que les nodules du bord ombilical sont très gros, et ceux du bord externe prolongés par des épines orientées vers l'extérieur.

Mammites

Hoplitoides et **Coilopoceras** — turonien —, deux genres très semblables, à coquille discoïde fortement involute. Les tours ont une section en ovale dressé, les flancs plats et une face externe étroite, arrondie. La superficie est lisse ou ornée d'ondulations radiales plates. La ligne des lobes a subi une simplification secondaire. Les selles sont larges et basses, encore un peu découpées chez *Hoplitoides*, entières et arrondies chez *Coilopoceras*. Les lobes sont dentés, et la ligne suturale rappelle le dessin des cératitidés.

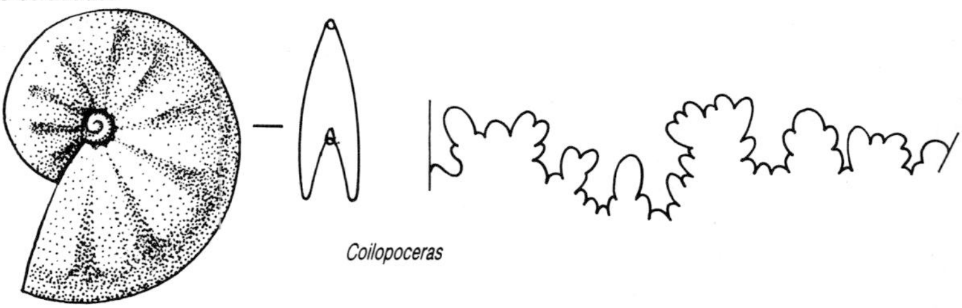

Coilopoceras

Tissotia — crétacé supérieur-sénonien — et **Sphenodiscus** — campanien — ont un ombilic très étroit, une coquille en forme de disque plat, et une face externe pointue. La ligne des lobes comporte de larges selles plates, aux bords entiers, et des lobes dentés, comme les cératitidés.

Ordre des Ancyloceratida

Les ancylocératidés, exclusivement du crétacé, ont une place particulière parmi les ammonoïdes, par la forme tout à fait spéciale que prend chez eux la coquille spiralée classique. On les appelle pour cela ammonites hétéromorphes.

Crioceras — crétacé inférieur — se caractérise par une spirale ouverte, dont les tours peuvent éventuellement être légèrement en contact, mais sont le plus souvent disjoints. Leur section est ovale ou circulaire. Les fortes côtes, souvent renforcées par des nodules, forment des anneaux autour de la coquille. Cette famille comprend des genres très différents. Les précurseurs de ces formes à spirale déroulée sont *Choristoceras* (trias supérieur) et *Spiroceras* (dogger moyen), ils ont subsisté fort peu de temps. ▷ 1-2

Baculites — crétacé inférieur et supérieur — marque un retour aux coquilles orthocônes des orthocères paléozoïques, mais en gardant la position du siphon typique des ammonites : près du bord externe, et la ligne suturale quelque peu simplifiée des néoammonites. La partie initiale de la coquille (protoconque) est rarement conservée : elle comporte deux enroulements spiralés normaux. Ensuite, le reste de la coquille est droit. L'ensemble peut atteindre 2 mètres. ▷ 4

Ancyloceras — crétacé inférieur —, la protoconque forme une spirale déroulée, qui rappelle les *Criceras*. Ensuite, la coquille est rectiligne, puis se recourbe vers la protoconque. La superficie s'orne de côtes souvent noduleuses. ▷ 3

1 Aegocrioceras raricostatum *13 cm, crétacé : hauterivien (Stadthagen, RFA)*
2 Crioceras sp. *22 cm, crétacé : barrémien (Castellane, France)*
3 Macroscaphites ivani *9 cm, crétacé : barrémien (Alpes de Haute Provence)*
4 Baculites sp. *35 cm, crétacé (Montana, USA)*

1

2

3

4

Ptychoceras — crétacé inférieur —, la coquille rectiligne forme un coude à la moitié de sa longueur. Les deux parties se recourbent en épingle à cheveux. ▷ 1

Ptychoceras

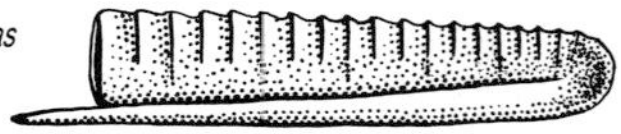

Hamites — crétacé inférieur (albien) — présente une forme de coquille très particulière : une partie initiale rectiligne, formant un premier virage en épingle à cheveux, puis, après un tronçon rectiligne relativement long, un second virage du même type ramenant la coquille dans sa direction initiale. Enfin, la partie terminale forme à nouveau un coude. Les différents tronçons composant la coquille sont plus ou moins parallèles entre eux, mais non jointifs.

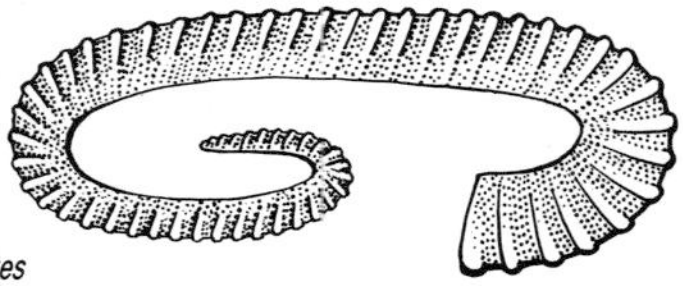

Hamites

Scaphites — crétacé supérieur —, les premiers représentants de cette famille ont une coquille semblable à *Ancyloceras*, avec une spirale initiale suivie d'un tronçon rectiligne, qui se recourbe enfin vers la première partie. Au cours d'une évolution ultérieure, le tronçon rectiligne se raccourcit, aboutissant à des formes composées d'une grande spirale initiale et d'un tour terminal raccourci et coudé. Cette forme de coquille rappelle *Sutneria* (malm). L'ornementation se compose de côtes plus ou moins prononcées, parfois noduleuses. ▷ 2-3
Turrilites — albien et cénomanien — forme une spirale à enroulement hélicoïdal, de type gastropode, assez haute. La superficie s'orne de côtes prononcées, et souvent de nodules. ▷ 4
Hyphantoceras — crétacé supérieur —, la spirale se déroule en tire-bouchon, et les tours ne sont plus jointifs. ▷ 5
Quelle est la signification de ces variations hétéromorphes, alors que la forme spiralée des ammonites n'a pas changé du dévonien au crétacé ? C'est difficile à dire, d'autant plus qu'une évolution ultérieure marque un retour à la spirale normale. On observe déjà cette tendance chez *Scaphites*, dont le tronçon de type *Ancyloceras* régresse au profit de la spirale.

Douvilleiceras — aptien et albien —, spirale ammonoïde à ombilic large. Tours de section pratiquement circulaire. Les premiers représentants du type ont les tours juxtaposés, et parfois le tour terminal libre. Par la suite, les tours sont de plus en plus jointifs et même légèrement embrassants. Des côtes radiales simples portent des rangées spirales de nodules. *Douvilleiceras* descend très probablement de *Crioceras*. ▷ 6
Deshayesites — aptien — possède une spirale discoïde à ombilic moyennement large. Les tours ont une section en ovale dressé, avec la face externe aplatie. Les côtes radiales obliquent vers l'avant, s'élargissent vers l'extérieur, et se poursuivent sur la face externe. La ligne suturale montre qu'il s'agit également d'une forme dérivée de *Crioceras*.
La famille des deshayesitidés est contemporaine des *Hoplites*, et leur ressemble par la forme de la coquille et le sillon externe peu prononcé :
Parahoplites — aptien —, coquille en disque plat. Tours de section ovale dressée, avec la face externe aplatie, mais pas de réel sillon externe. Les côtes radiales s'arquent vers l'avant et bifurquent sur les flancs.
Acanthoplites — albien —, les tours ont une section rectangulaire haute, et un faible sillon extérieur. Nombreuses côtes radiales simplement bifurquées.
Comme on le voit, seuls les **criocérates**, avec leur spirale simple, légèrement déroulée, retrouvent la forme initiale des ammonites, tandis que les autres familles hétéromorphes l'abandonnent définitivement.

1 Ptychoceras sp. *28 cm, crétacé (Höllengebirge, Autriche)*
2 Crioscaphites sp. *7 cm, crétacé (Montana, USA)*
3 Scaphites geinitzi *4 cm, crétacé : turonien (Baddeckenstedt, RFA)*
4 Turrilitoides saxonicum *9 cm, crétacé : turonien (Halle, RFA)*
5 Hyphantoceras reussianum *7 cm, crétacé : turonien (Halle, RFA)*
6 Douvilleiceras mammilatum *10 cm, crétacé : albien (Troyes)*

1

2

3

4

5

6

Les **Aptychus** sont des formes calcitiques, triangulaires et légèrement bombées, dont une face est plate tandis que les deux autres sont soit convexes, soit concaves. Ces pièces vont par deux, et s'accolent par leur face plate. L'ensemble rappelle donc la forme d'un bivalve, mais il est exclu que les *Aptychus* soient des bivalves, puisqu'ils n'ont ni ligament, ni charnière, ni marques d'insertions musculaires, ni ligne palléale. Comme ces pièces se trouvent souvent dans la loge d'habitation des ammonites, on a établi depuis longtemps leur relation avec les ammonites. On distingue plusieurs types d'*Aptychus* :

Cornaptychus — lias et dogger —, petite pièce cornée, non calcifiée, appartenant à la famille des **harpocératidés**. Fossile rare. ▷ 1

Lamellaptychus — malm —, orné de côtes parallèles au bord externe ; fait partie des **oppeliidés**. ▷ 5-6

Praestriaptychus — dogger —, fossile rare. Pièce très fine à superficie finement plissée. Famille des **stéphanocératidés**.

Striaptychus — malm —, fossile rare ; pièce relativement fine ornée de stries concentriques, appartenant aux stéphanocératidés et aux périsphinctidés. Également chez les **scaphitidés** du crétacé.

Granulaptychus — malm —, orné de rangées spirales de nodosités, appartient aux **périsphinctidés**.

Laevaptychus — malm —, le plus fréquent des aptychus fossiles. Pièce épaisse, à surface finement granuleuse, appartenant aux **aspidocérates**. ▷ 3-4

Les *Aptychus* calcaires en deux pièces ne se trouvent qu'au jurassique et au crétacé, uniquement avec les néoammonoïdes. Les pièces retrouvées près des paléo- et mésoammonites sont rares, car elles ne sont que cornées et se fossilisent moins bien. Elles ne sont pas constituées de deux parties : ce sont les **Anaptychus**.

La forme des *Aptychus* correspondant à peu près à la section de la loge d'habitation des ammonites, on l'a longtemps interprétée comme un opercule qui aurait permis à une ammonite de se retrancher dans sa loge, comme le font les gastropodes.

Des recherches plus récentes tendent à prouver qu'il s'agit plutôt de pièces de la mâchoire inférieure. En effet, les nautiles et les coléoïdés (seiches) ont dans la partie antérieure de l'appareil digestif un bec corné, qui rappelle un bec d'oiseau. Ce bec peut éventuellement être calcifié. Les becs de nautiles sont connus depuis longtemps : ce sont les **rhyncholites**, pièces relativement fréquentes au muschelkalk. ▷ 2

On a pu prouver que les *Anaptychus* et les **Cornaptychus** correspondent à la mâchoire inférieure de céphalopodes. Quant aux *Aptychus* calcaires du jurassique, ils constituent indubitablement une étape ultérieure dans l'évolution des *Cornaptychus*, ils doivent donc provenir également de l'appareil maxillaire d'ammonites. Les recherches récentes ont donc permis d'établir que les ammonites avaient un appareil maxillaire comme tous les autres céphalopodes. Chez les néoammonites hautement différenciées du jurassique et du crétacé, cet appareil a donné les *Aptychus*. Mais on n'a pas encore établi quel a été le rôle de cette évolution, et si les *Aptychus* avaient par exemple rempli une nouvelle fonction.

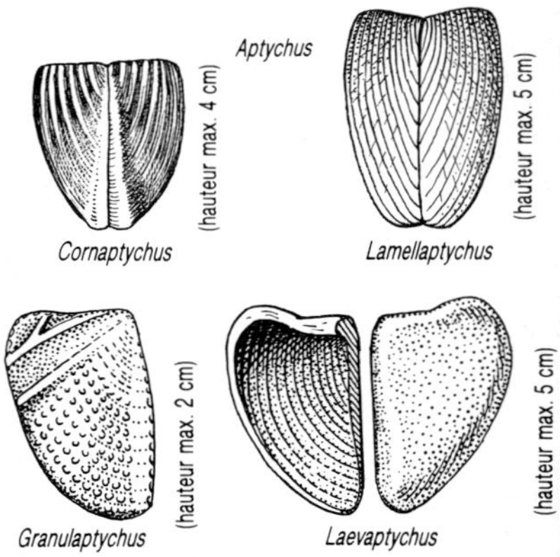

1 Cornaptychus *dans une ammonite aplatie du genre* Hildoceras *4 cm, jurassique : toarcien (Weilstetten, RFA)*

2 Rhyncholites *2 cm, trias : muschelkalk (Kirchberg, RFA)*

3 Laevaptychus *(face externe) 5 cm, jurassique : kimméridgien (Geisingen, RFA)*

4 Laevaptychus *(face interne) 4 cm, jurassique : kimméridgien (Geisingen, RFA)*

5 Neochetoceras *8 cm, avec* Aptychus lamellosus, *jurassique : tithonien (Ensfeld, RFA)*

6 Taramelliceras *10 cm, avec* Aptychus lamellosus, *jurassique : oxfordien (Obernheim, RFA)*

1

2

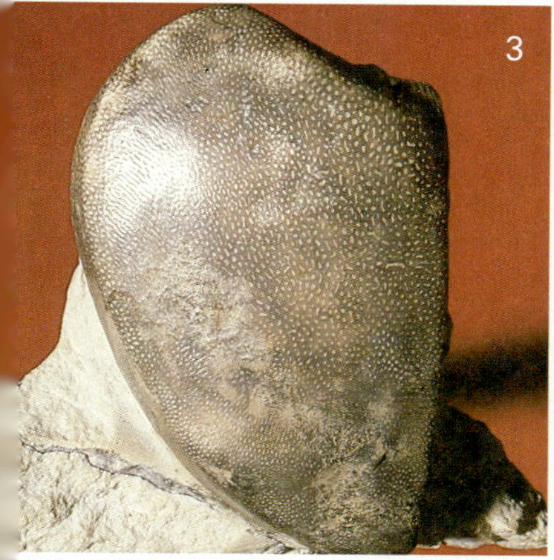
3

4

5

6

Sous-classe des coléoïdes *(Coleoidea)*

A la fin du crétacé, les ammonites disparaissent, interrompant brusquement le développement diversifié des céphalopodes à coquille. Le nautile est la seule forme qui ait subsisté jusqu'à l'époque actuelle. Mais une partie des céphalopodes est restée très prolifique : il s'agit des coléoïdes, qui ont en commun l'absence de coquille externe enveloppant l'organisme. On regroupe dans cette sous-classe les **seiches** et les **calmars**, ainsi que les **poulpes** (ou pieuvres).

Les coléoïdes font leur apparition au carbonifère, et descendent, tout comme les ammonites, des bactrites. Leur organisation interne diffère de celle des nautiloïdes (connue grâce au nautile) par le fait que leur couronne tentaculaire ne comprend pas les quelque 94 tentacules de ce dernier, mais 8 ou 10 forts tentacules musculeux munis de ventouses et ordonnés autour de l'ouverture buccale. Des recherches récentes tendent à montrer que non seulement les ammonites, mais également les **orthocères** auraient disposé d'un appareil tentaculaire semblable à celui des coléoïdes. Sachant que les coléoïdes et les ammonites sont issus, par l'intermédiaire des bactrites, des orthocères, il semble logique de penser que l'appareil tentaculaire tel qu'il se présente chez les pieuvres et chez les seiches a été celui des céphalopodes à coquille, tandis que celui du nautile serait le produit d'une évolution particulière, limitée aux seuls nautiloïdes au sens strict. La sous-classe des nautiloïdes, constituée sur la base de similitudes dans la structure de la coquille, comporterait donc plusieurs familles distinctes, mais qui restent difficiles à distinguer en s'appuyant uniquement sur les caractéristiques de la coquille.

Ordre des octopodes

Les octopodes possèdent huit forts tentacules musculeux garnis de ventouses, non renforcés par des dépôts de chitine, et n'ont pas de rudiment de coquille. Ces animaux n'ont donc aucune partie dure. A l'exception de quelques rares empreintes de corps mou, les octopodes n'ont pas laissé de traces fossiles. Chez les **argonautes**, toutefois, la femelle produit une capsule ovigère qui sert au développement des œufs. Cette formation secondaire n'a rien à voir avec la coquille des céphalopodes à coquille. ▷ 1

On a parfois interprété les octopodes comme des descendants des ammonites, qui auraient perdu leur coquille. Cette thèse s'appuie sur la ressemblance entre les appareils maxillaires des deux sous-classes et sur le fait que les ammonites ne possédaient apparemment pas de crochets chitineux sur leurs tentacules.

Ordre des décapodes

Dans l'état actuel des connaissances, on peut affirmer que tous les coléoïdes qui n'étaient pas des octopodes possédaient 10 tentacules musculeux, aux ventouses généralement renforcées par des crochets de chitine.

Sous-ordre des aulacocératides

Les aulacocératides sont rares au permien, mais très répandus au trias. Leurs derniers descendants se rencontrent au jurassique inférieur. Ils possèdent un phragmocône étiré, qui rappelle le genre *Bactrites*, et une loge d'habitation tubulaire. Le phragmocône est entouré de dépôts secondaires, en partie de conchioline, et en partie calcaires, qui prouvent que le manteau entourait toute la coquille. Cette coquille interne prend le nom de rostre. Les dépôts secondaires sur le phragmocône ont pour effet d'alourdir l'ensemble, ce qui permet à l'animal de se tenir horizontalement dans l'eau, et de se déplacer en nageant (formes nectoniques).

Aulacoceras — trias —, rostre fortement marqué de stries longitudinales.

Atractites — du trias au lias — peut atteindre 1 mètre de long. La superficie du rostre est lisse. ▷ 2

Sous-ordre des sépioïdes

Les sépioïdes sont rarement représentés à l'état fossile. Les plus anciens remontent au crétacé supérieur.

Le phragmocône de la **seiche** est interne, et porte communément le nom d'« os de seiche». Les nombreux septes disposés obliquement dans le phragmocône lui confèrent un aspect lamelleux.

1 Argonauta sp. *8 cm, tertiaire : miocène (Rimini, Italie)*

2 Atractites dubium *(strié) et* Atractites triadicum *10 cm, trias : carnien (Röthelstein, Autriche)*

1

2

Spirula — un céphalopode de petite taille vivant dans les océans — possède un phragmocône interne, enroulé en spirale endogastrique. Les coquilles flottent entre deux eaux grâce au gaz contenu dans les loges du phragmocône, et elles sont très fréquemment rejetées sur les plages par la marée. ▷ 2

Sous-ordre des teuthoïdes

Les calmars ne jouent pas non plus de rôle important dans les communautés fossiles. Leur phragmocône se prolonge en avant par un proostracum. Cette pièce cornée est appelée « plume de calmar ». Les calmars nagent bien en haute mer. Ils sont connus à l'état fossile depuis le jurassique. ▷ 1

Sous-ordre des bélemnoïdes *(Belemnitida)*

Les bélemnoïdes font leur apparition dès le carbonifère, mais, jusqu'à présent, on n'en a retrouvé d'aussi anciens qu'en Amérique du Nord. Ils ont connu un grand essor au jurassique et au crétacé, dont ils sont des fossiles typiques et fréquents.

Le phragmocône est fortement raccourci et compartimenté par des septes très rapprochés. Le siphon est en position ventrale. Un rostre massif en calcite entoure le phragmocône ; il est de forme conique allongée ou cylindrique (en cigare). La plupart des fossiles de bélemnites ne comprennent que ce rostre. Il est creusé à une extrémité par une cavité conique, l'alvéole, où se logeait initialement le phragmocône, rarement conservé intact. La loge d'habitation est réduite à une plaque calcaire ovale ou linguiforme, le proostracum, qui servait d'appui à l'organisme. Cette partie n'est qu'exceptionnellement conservée. Les bélemnites possédaient probablement 10 tentacules identiques, avec des ventouses garnies de crochets chitineux. ▷ 4

Les rostres de bélemnites sont de taille variable. En règle générale, ils ne dépassent pas 10 cm, mais certains atteignent 1 mètre de longueur. On pense que l'animal était au moins 3 fois plus long que son rostre. Les bélemnites du carbonifère sont de taille relativement modeste et possèdent un phragmocône long et fin. Celles du jurassique et du crétacé sont plus grandes. Leur détermination est souvent difficile, en raison de la forme simple du rostre. ▷ 5

Amas de bélemnites (jusqu'à 5 cm de longueur)

1 Plesioteuthis prisca *30 cm, jurassique : tithonien (Daiting, RFA)*

2 Spirula sp. *2 cm, récent (Lanzarote)*

3 Hibolites hastatus *(section transversale), 17 cm, jurassique : kimméridgien (Treuchtlingen)*

4 Passaloteuthis paxillosa *25 cm, jurassique : toarcien (Holzmaden, RFA ; musée Hauff). Bélemnite avec muscle palléal fossilisé, alvéole brisé, encre versée et couronne de tentacules avec crochet.*

5 Rostre de bélemnite avec phragmocône, 12 cm, jurassique : aalénien (région de la Wutach, RFA)

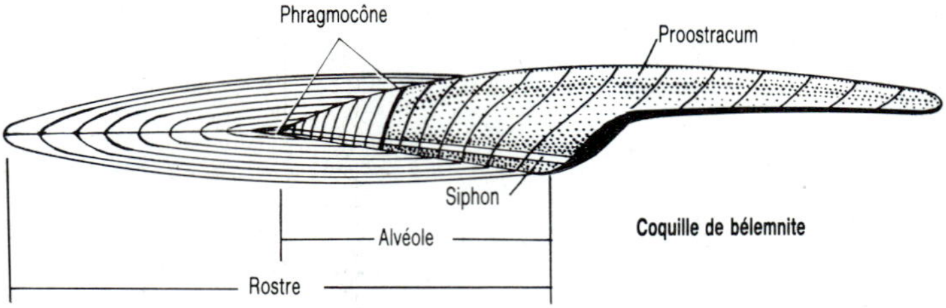

Coquille de bélemnite

1

2

3

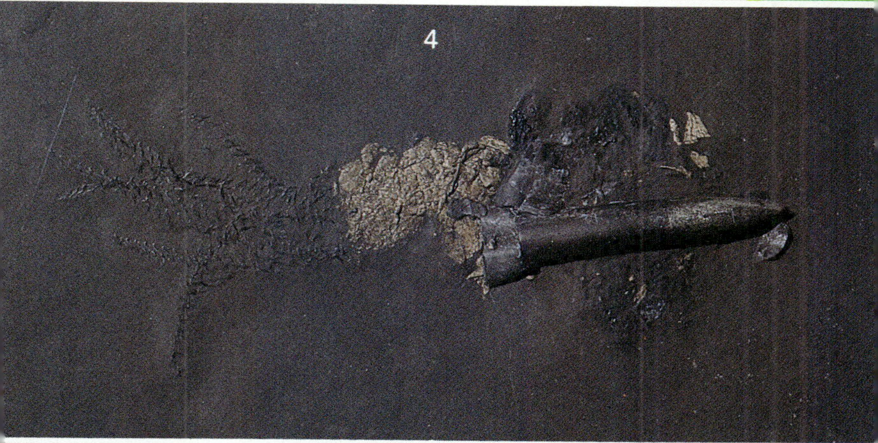
4

5

Nannobelus — lias —, rostre court, conique et pointu. ▷ 2

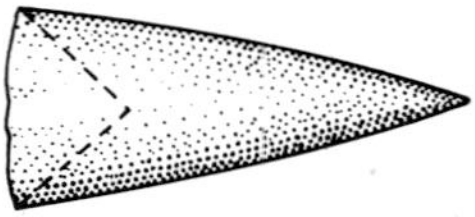

Nannobelus

Passaloteuthis — lias —, de taille plus grande, rostre cylindrique se terminant en pointe qui se rétrécit doucement et porte 2 sillons dorsaux-latéraux. ▷ 1

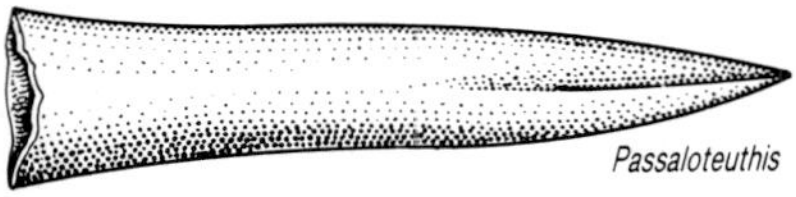

Passaloteuthis

Dactyloteuthis — lias — a un rostre court et compact, de section ovale, avec une pointe mousse. ▷ 3

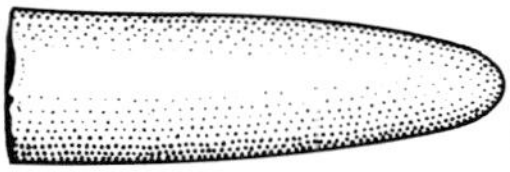

Dactyloteuthis

Megateuthis — lias et dogger —, rostre très pointu et effilé, marqué de 2 sillons longitudinaux près de la pointe. Section ovale. Peut atteindre jusqu'à 1 mètre de long. ▷ 4

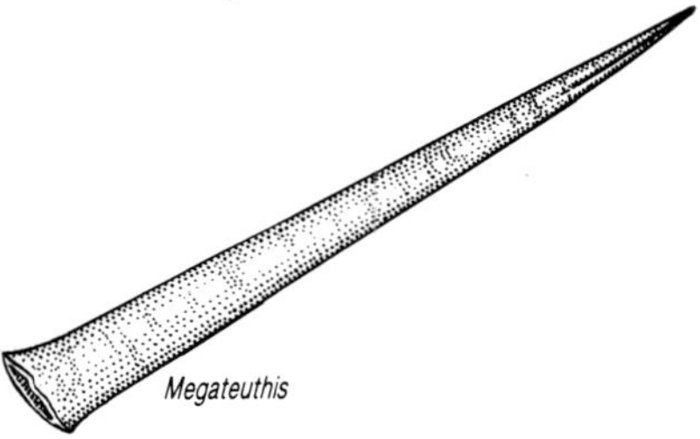

Megateuthis

Hastites — du lias au malm — possède un rostre très effilé, dont la moitié postérieure est renflée en forme de massue, et se termine en pointe. ▷ 5

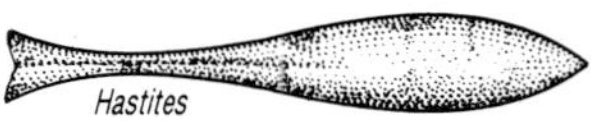

Hastites

Hibolites — du dogger au malm —, forme semblable. Le renflement de la partie postérieure est moins prononcé. La face ventrale est marquée d'un profond sillon au niveau de l'alvéole, prolongé vers l'arrière. ▷ 6

Hibolites

Neohibolites — de l'aptien au cénomanien —, également en forme de massue, mais le profond sillon ventral se limite au niveau de l'alvéole.

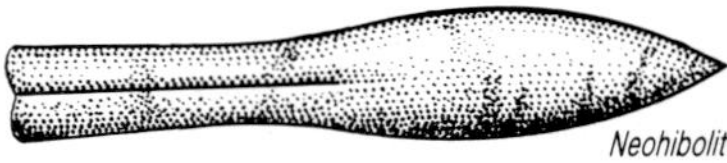

Neohibolites

Belemnopsis — dogger —, rostre cylindrique et fin, marqué d'un fort sillon ventral qui se poursuit presque jusqu'à l'extrémité postérieure.

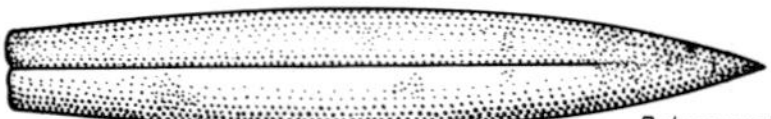

Belemnopsis

Gonioteuthis et **Actinocamax** — du cénomanien au campanien — renferment des espèces jouant un rôle important comme fossiles stratigraphiques. Le rostre est fin, cylindrique, souvent légèrement claviforme. L'extrémité postérieure se termine par une pointe aiguë qui semble rapportée. Les deux genres se distinguent par la configuration du tronçon alvéolaire. ▷ 7

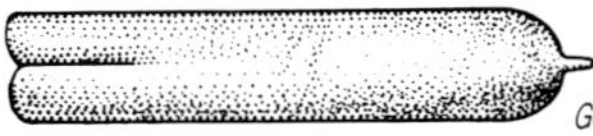

Gonioteuthis

Belemnitella — du santonien au maestrichtien —, le rostre cylindrique, relativement grand, finit en pointe nettement délimitée. La superficie, souvent granuleuse, porte les empreintes de vaisseaux. Le bord ventral de la section alvéolaire est découpé d'une profonde fente. ▷ 8

Belemnitella

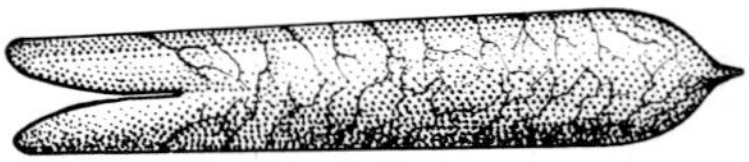

1 Passaloteuthis paxillosus *16 cm, jurassique : pliensbachien (Unterstürmig, RFA)*
2 Nannobelus acutus *5 cm, jurassique : sinémurien (Göppingen, RFA)*
3 Dactyloteuthis sp. *7,5 cm, jurassique : pliensbachien (Schömberg, RFA)*
4 Megateuthis giganteus *32 cm, jurassique : bajocien (Bopfingen, RFA)*
5 Hastites subclavatus *6 cm, jurassique : toarcien (Hechingen, RFA)*
6 Hibolites hastatus *13 cm, jurassique : kimméridgien (Geisingen, RFA)*
7 Actinocamax plenis *7 cm, crétacé : cénomanien (Mühlheim, Westphalie, RFA)*
8 Belemnitella mucronata *12 cm, crétacé : campanien (Rorup, Westphalie, RFA)*

1
2
3
4
5
6
7
8

Classe des tentaculites *(Cricoconarida)*

Les tentaculites ont existé de l'ordovicien au dévonien supérieur, parfois en peuplements très denses (schistes à tentaculites). Ils sont regroupés aujourd'hui dans une classe propre, les **Cricoconarida**, qui fait partie des mollusques. Ce sont d'intéressants fossiles stratigraphiques.

Les tentaculites sécrétaient une coquille calcaire de petite taille (généralement moins de 1 cm), en cône pointu (angle apical compris entre 2 et 8°), tubulaire. Leur superficie s'orne de côtes transverses arrondies, souvent granuleuses, et parfois de stries longitudinales. La partie initiale de la coquille est souvent remplie de calcaire ou cloisonnée par des parois transversales. ▷ 1-2

Les tentaculites étant tous éteints, on ne connaît pas leur organisation interne. Des études portant sur la forme de la coquille et sa microstructure permettent, d'une façon générale, de les considérer comme une classe de mollusques. Il semble que certains animaux de cette classe aient été planctoniques, et d'autres nectoniques.

La classification et la détermination des tentaculites s'appuient sur les caractéristiques de la coquille (l'angle apical, par exemple) et son ornementation. Les côtes annelées se présentent le plus souvent sous forme de groupes de grandes et fines côtes, qui peuvent alterner de différentes façons ou se regrouper à leur tour. Les côtes elles-mêmes sont d'aspect variable : lisses, granuleuses, arrondies ou plutôt pointues, etc. Comme on le voit, les variantes sont multiples. En raison de leur petite taille, les tentaculites intéressent surtout la micropaléontologie.

Classe des hyolithes *(Calyptopomatida)*

Les hyolithes constituent également un groupe exclusivement paléozoïque. Ils jouent un grand rôle au cambrien, puis régressent lentement. Leurs derniers descendants datent du permien.

Leur position systématique n'est pas clairement établie. Il est toutefois probable qu'ils fassent partie des mollusques, dont ils sont considérés, sous réserves, comme une classe autonome : les **Calyptomatida**.

Les hyolithes forment une coquille conique pointue (angle apical compris entre 10 et 40°), pouvant atteindre jusqu'à 5 cm de longueur. Cette coquille calcaire a une section subtriangulaire, ovale ou circulaire. La superficie est lisse ou finement striée dans le sens transversal. La partie initiale de la coquille est souvent cloisonnée par des parois transverses. L'ouverture pouvait être fermée par un opercule. ▷ 4

De ce groupe éteint, mais typique et clairement délimité, on ignore l'organisation interne. Il est probable, vu la forme et la structure de la coquille, que les hyolithes forment une classe autonome au sein des mollusques. Mais l'opercule caractéristique pourrait également conduire à rattacher ce groupe aux annélides. ▷ 3

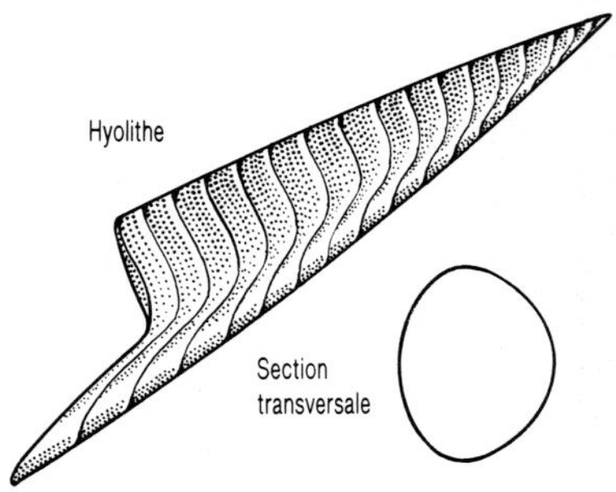

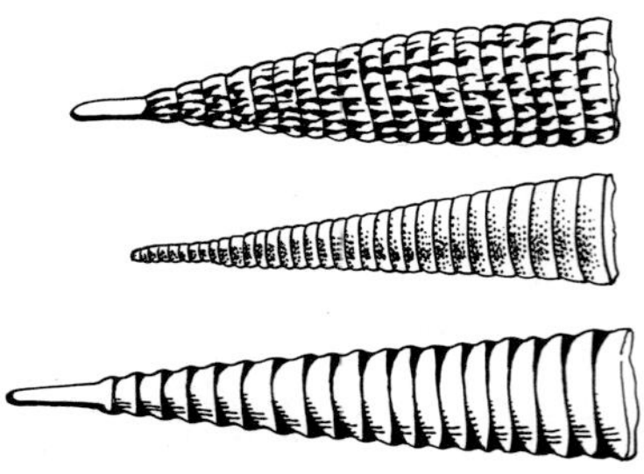

Tentaculites

1 Tentaculites 0,7 cm, dans un « schiste à tentaculites », dévonien (Eifel, RFA)

2 Tentaculites ornatus *2 cm, silurien (Gotland, Suède)*

3 Cornulites serpularius *3 cm, silurien (Gotland, Suède)*

4 Hyolithes sp. *3 cm, ordovicien (graviers du Danemark)*

Mollusques :

tentaculites, hyolithes

Les annélides possèdent un corps généralement allongé, constitué de nombreux segments (métamères) identiques. Chaque segment peut porter une paire d'expansions non articulées, les parapodes (absents chez les espèces terrestres, telles que les **vers de terre** et les **sangsues**). Le corps a une peau molle, mais il arrive que le tégument soit renforcé par des sécrétions de chitine. Des soies chitineuses peuvent recouvrir le tégument, ou être regroupées sur les parapodes.

Les annélides ne possédant pas de parties dures, leurs possibilités de fossilisation sont restreintes. Il ne reste par exemple aucune trace des **oligochètes**, pour la plupart terrestres, qui sont dépourvus de parapodes et portent de très rares soies. Les **polychètes**, en revanche, qui sont des espèces marines pourvues de parapodes et de nombreuses soies, ont laissé des traces très variées dans toutes sortes de formations depuis le cambrien.

Une grande partie des polychètes vivent dans les sédiments. Leur activité fouisseuse produit des perturbations dans les couches sédimentaires (traces de fouissage ou bioturbations). Dans les terrains argileux ou marneux, ces traces se traduisent souvent par des stries ou des taches de teinte plus sombre : ce sont les substances organiques amassées dans les terriers qui prennent une couleur foncée en se transformant en bitumes.

De nombreux polychètes fouisseurs, qui ne se nourrissent pas en broutant les sédiments, vivent dans des terriers qu'ils creusent et dont ils renforcent les parois par des sécrétions. L'**arénicole** des pêcheurs creuse dans le sable des galeries en « U ». Ce type de galeries se rencontre dans les formations de grès depuis le cambrien. Les **sabelles** construisent, à l'aide du mucus qu'elles sécrètent, des tubes verticaux qui émergent du sable, parfois très rapprochés les uns des autres. Leur activité confère donc aux sédiments sablonneux ou vaseux une structure en piliers verticaux. C'est le cas des grès à scolithes scandinaves (cambrien), également trouvés sous forme de gravier. Les traces de polychètes sont beaucoup plus rares, mais elles existent tout de même : les plus anciennes ont environ 600 millions d'années, et se trouvent à Ediacara, en Australie (antécambrien). Citons également celles des schistes de Burgess (cambrien). Les traces de fouissage et les terriers de polychètes (parfois difficiles à distinguer des traces de **crustacés**) permettent de prouver leur présence depuis la fin du précambrien. Elles témoignent également du rôle de cette classe dans la formation des sédiments, mais elles ne constituent pas à proprement parler des restes fossiles permettant d'identifier des espèces.

Sous-classe des sédentaires

Dans la classe des polychètes, seuls les sédentaires jouent un rôle parmi les fossiles, puisqu'ils sont fixés au sol et sécrètent souvent un tube calcaire (vers tubicoles).

Serpula — du silurien à l'époque actuelle — forme un tube de section circulaire, avec des renflements irréguliers. ▷ 2 et 3

Ditrupa — du crétacé à l'époque actuelle — possède un tube ouvert aux deux extrémités, court, rectiligne ou légèrement courbé.

Spirorbis — de l'ordovicien à l'époque actuelle — a un tube enroulé en spirale plane ou en coquille d'escargot. ▷ 4

Rotularia — du crétacé au tertiaire — est enroulé en spirale plane ou légèrement conique, entièrement soudée au substrat par sa face inférieure.

Ces tubes adhèrent souvent à des coquilles de bivalves, de gastropodes, ou d'ammonites.

1 Rhizocorallium commune *(la plaque mesure 25 cm), trias : muschelkalk (Crailsheim, RFA)*
2 Serpula grandis, *diamètre 1,5 cm, jurassique : bajocien (Fürstenberg, RFA)*
3 Serpula gordialis *(la plaque mesure 15 cm), jurassique : oxfordien (Liesberg, Suisse)*
4 Spirorbis valvata *0,2 cm, trias : muschelkalk (Obersontheim, Bühlertal, RFA)*

1

2

3

4

Embranchement des arthropodes *(Arthropoda)*

Les arthropodes, dont on retrouve des traces fossiles depuis la fin du précambrien, ont, tout comme les annélides, une structure métamère. Mais leur tégument est renforcé par une couche de chitine, et souvent aussi par des incrustations de calcaire, ce qui contribue à former un squelette externe. Les parapodes deviennent des organes locomoteurs articulés, d'où le nom d'arthropodes (« à pieds articulés »). Conformément à la structure du corps, le squelette externe est divisé en segments, ou métamères, reliés entre eux par des membranes souples, et donc articulés. Chaque segment se compose d'une partie dorsale (tergite) et d'une partie ventrale (sternite). A la soudure souple entre ces deux parties naît l'appendice.
Chez les annélides, les métamères en arrière de la tête sont tous identiques : on parle de métamérie homonome. Mais la formation, chez les arthropodes, d'un squelette et d'appendices, permet une différenciation des métamères, et on a ici une segmentation hétéronome. Chez tous les arthropodes, on observe une fusion entre quelques segments antérieurs et la tête. On dit que ces métamères sont céphalisés, et leurs appendices se spécialisent pour remplir des fonctions nutritives. Les segments restants sont, dans un premier temps, homonomes, mais une nouvelle évolution peut conduire à leur différenciation, certains segments se regroupant pour assumer une fonction précise. C'est sur le type d'hétéronomie des segments que repose la classification des arthropodes. La division du squelette externe reflète l'anatomie et l'hétéronomie de l'organisme. Cet élément chitineux étant très résistant, les possibilités de fossilisation sont bonnes. Les restes fossilisés d'arthropodes sont donc très répandus, surtout pour les formes marines. Les conditions de reconstitution et de détermination sont souvent favorables. Toutefois, l'inconvénient des fossiles de cet embranchement réside dans le type de liaison membraneuse entre les différentes parties du squelette, qui fait que ces parties sont rarement retrouvées selon leur disposition originale. Quand on étudie ces fossiles, on a souvent affaire à des pièces éparses. La cohérence initiale du squelette ne peut être conservée que si l'animal est enfoui relativement rapidement dans le sédiment.
Le squelette des arthropodes étant rigide, il forme une carapace qui s'oppose à la croissance. C'est pourquoi les arthropodes doivent régulièrement muer pour se débarrasser d'une carapace devenue trop étroite, et en sécréter une nouvelle. Un individu laisse donc derrière lui au cours de sa vie un nombre variable de carapaces vides (exuvies), qui peuvent très bien se fossiliser. Il faut en tenir compte lorsqu'on essaie d'évaluer l'importance d'une population en fonction du nombre de carapaces retrouvées dans un gisement fossile.

Classe des trilobitomorphes *(Trilobitae)*

Les trilobites font leur apparition dès le commencement du cambrien, et connaissent leur apogée au cambrien et à l'ordovicien. A partir du silurien, ils entrent dans une phase de lente régression, pour s'éteindre au permien.
Ils doivent leur nom aux divisions en trois parties qui affectent leur corps : dans le sens longitudinal, on a la tête (céphalon), l'abdomen segmenté (thorax) et la queue (pygidium). Dans le sens transversal, la division en trois parties est également très nette : au centre, le rachis, ou axe central, est flanqué de deux plèvres, libres au niveau de l'abdomen, soudées dans le céphalon et le pygidium. La classe des trilobitomorphes fait partie de l'embranchement des **arthropodes**.
Le céphalon, plus ou moins semi-circulaire, comporte une partie centrale bombée, la glabelle, délimitée par un sillon, et parfois subdivisée par des sillons transverses. En avant du sillon le plus antérieur, on a le lobe frontal. La glabelle est flanquée de chaque côté par les joues, qui sont plates et portent chacune un œil composé. La suture faciale divise les joues en deux parties : une joue libre et une joue fixe (entre la glabelle et l'œil). Cette suture va du bord antérieur du céphalon vers l'arrière, en passant par le bord postérieur de l'œil (qui est donc

Squelette de trilobite

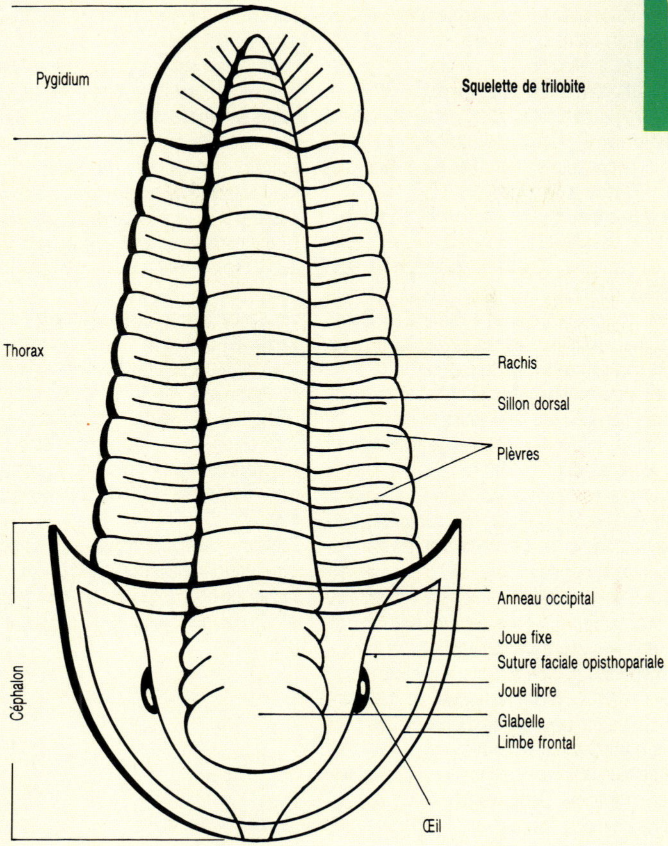

Appendice

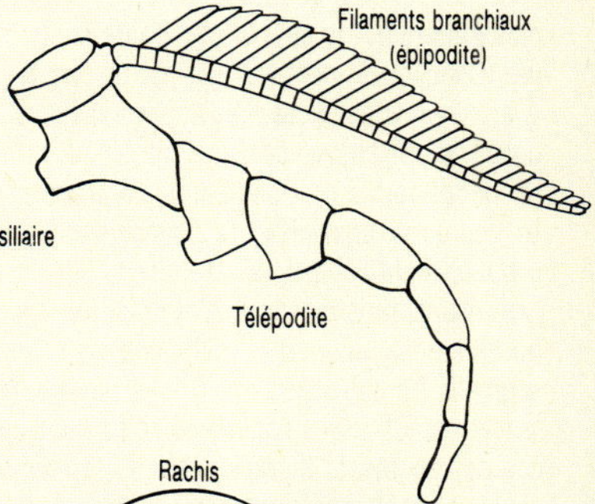

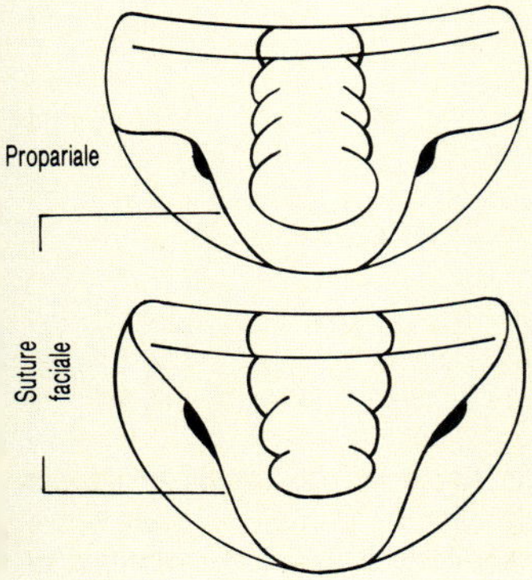

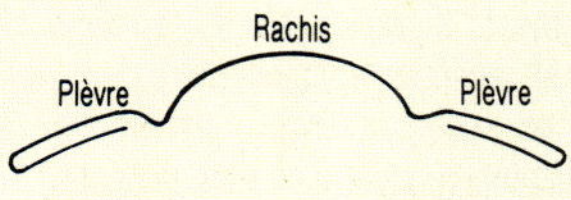

Tergite dorsal, section transversale d'un segment

sur la joue libre). Si elle se prolonge jusqu'au bord antérieur du céphalon, on a le type opisthoparial ; si elle s'arrête sur le bord latéral, on parle de type proparial, et, si elle aboutit à l'angle du bord postérieur et du bord latéral (appelé « pointe génale »), on a le type gonatoparial Chez certaines formes, l'œil est atrophié, et la suture faciale disparaît de la face supérieure pour se retrouver sur la face inférieure : c'est le type hypoparial. Le dessin de la suture faciale est un critère important d'identification et de classification. Les deux angles postérieurs du céphalon, ou pointes génales, sont souvent effilés. L'anneau occipital est toujours délimité par un sillon transversal situé à l'arrière du céphalon : le sillon occipital. Les restes fossiles de trilobites les plus courants sont les céphalons. Souvent, les joues libres sont tombées, et on ne retrouve que la glabelle flanquée des deux joues fixes.

Le thorax est formé d'un nombre variable de segments, dont les tergites sont reliés entre eux par des membranes souples. Le sillon qui délimite chaque côté de la glabelle se poursuit sur les segments thoraciques, séparant la partie médiane renflée (rachis) des deux côtés plats (plèvres).

La queue (pygidium) est de forme semi-circulaire ou plutôt triangulaire. Sa taille est très variable, de même que le nombre de segments qui la constituent. Le rachis se poursuit sur le pygidium, soit jusqu'à l'extrémité postérieure, soit en s'arrêtant avant. La partie pleurale du pygidium, de taille variable, porte des sillons transversaux parallèles au bord antérieur. Si le rachis est très court, ces sillons forment un éventail. Certaines formes ont le pygidium plus ou moins lisse.

La face inférieure des trilobites et les appendices, plus fragiles que la cuticule, sont rarement conservés. Chaque segment marqué par un tergite porte une paire d'appendices. Les appendices sont composés d'un article basilaire (précoxa) et d'un télépodite formé de 7 segments. Le précoxa porte en outre un ensemble de filaments branchiaux, probablement voués à la respiration.

Les éléments soudés pour former le céphalon portent aussi une paire d'appendices. Ceux du segment frontal sont transformés en antennules, tandis que les autres sont semblables aux appendices des segments thoraciques. Les segments céphaliques sont généralement au nombre de 4. Leurs appendices ne sont pas encore transformés en organes buccaux, ce qui montre un vestige d'homonomie. L'hétéronomie ne s'est encore réalisée que dans la partie dorsale des segments. Ceux du bouclier pygidial portent aussi des appendices semblables à ceux du thorax, mais de plus en plus petits vers l'arrière.

Cette homonomie des appendices constitue une différence essentielle entre les trilobites et les autres arthropodes, chez lesquels les appendices des segments céphalisés sont devenus des outils buccaux (mandibules, maxillaires, ou éventuellement antennes). Ainsi, les trilobites constituent une classe d'arthropodes de structure très archaïque, ce qui correspond bien à leur place paléontologique : déploiement au début du paléozoïque inférieur.

Les **agnostidés** constituent un groupe de trilobites tout à fait particulier ; ils se rencontrent du cambrien moyen à l'ordovicien. Leur taille est petite, et dépasse rarement 10 millimètres. Les boucliers céphalique et pygidial sont grands, en forme de demi-cercle ou allongés, pratiquement identiques, et séparés seulement par 2 ou 3 segments thoraciques. Ces trilobites sont le plus souvent dépourvus d'yeux.

Pagetia — cambrien moyen — a de petits yeux et une suture faciale propariale. Deux segments thoraciques. Le bord antérieur des boucliers céphalique et pygidial porte une épine dirigée vers l'arrière.
▷ 2, ▷

1 Trilobite Ampyx 4,5 cm, ordovicien (Hållekis, Suède)

2 Peronopsis interstrictus *0,6 cm, cambrien (Utah, USA)*

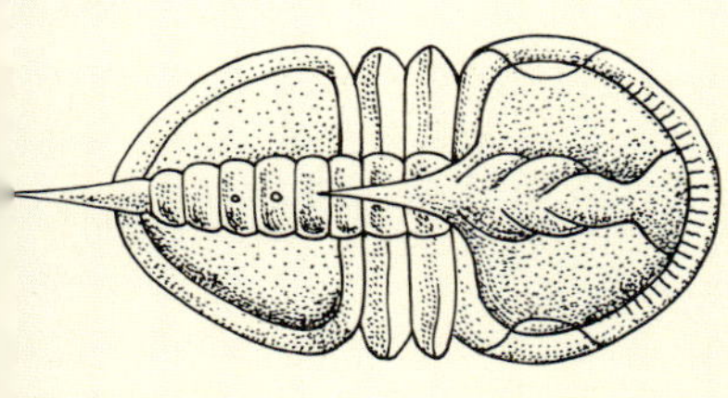

Pagetia

Eodiscus — cambrien moyen —, pas d'yeux ni de suture faciale ; 3 segments thoraciques.

Agnostus — cambrien supérieur —, pas d'yeux ni de suture faciale ; 2 segments thoraciques. Des formes semblables encore durant l'ordovicien.

Tous les autres trilobites ont un bouclier pygidial très différent du céphalon : il est toujours plus petit que le thorax, constitué d'un nombre variable de segments (généralement plus de 8).

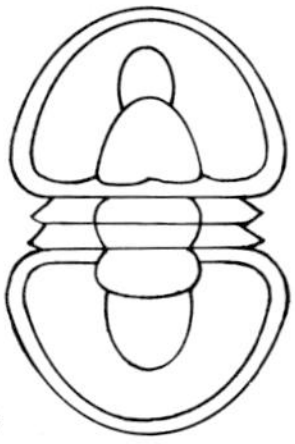

Agnostus

Olenellus — cambrien inférieur —, le céphalon est court et large, avec des pointes génales prolongées en épines. La glabelle, large également, se termine par un bord parallèle au bord antérieur. Les yeux sont allongés, proches de la glabelle. La suture faciale part du bord postérieur du céphalon, longe la glabelle, contourne les yeux, et revient en direction du bord postérieur. Le thorax peut compter jusqu'à 40 segments. Sa partie postérieure est rétrécie, en forme de ver. Le pygidium est remplacé par une épine caudale.

Holmia — cambrien inférieur —, très semblable. Nombreux segments thoraciques, de taille décroissante vers l'arrière. Le pygidium existe, mais il est petit.

Trilobites opisthopariaux (à suture faciale)

Paradoxides — cambrien moyen — atteint plus de 20 cm de longueur. Grand bouclier céphalique semi-circulaire, avec une glabelle qui s'élargit vers l'avant. Pointes génales. Les nombreux segments thoraciques ont des plèvres formant une pointe dirigée vers l'arrière. Le pygidium est très petit. ▷ 1

Ellipsocephalus — cambrien inférieur à moyen —, petite taille. Bouclier céphalique semi-circulaire sans pointes génales. La glabelle a des bords parallèles, et se termine en avant en triangle. 12-15 segments thoraciques, dont les plèvres ne forment pas de pointe. Très petit pygidium. ▷ 2

Ptychoparia — cambrien moyen —, de taille petite à moyennement grande. Bouclier céphalique semi-circulaire à pointes génales. Petite glabelle, n'atteignant pas le bord antérieur, et se rétrécissant vers l'avant, marquée d'un sillon transversal arqué vers l'arrière. 14-15 segments thoraciques. Le petit pygidium renferme 5 segments, il a une forme large. ▷ 3

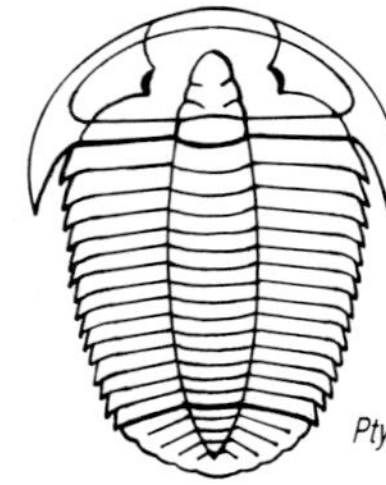

Ptychoparia

Protolenus — cambrien moyen —, très semblable, se distingue par le fait que la petite glabelle ne se rétrécit pas vers l'avant et ne porte pas de sillon transversal. La suture faciale est fortement décalée sur le côté.

Euloma — ordovicien inférieur — se distingue par la petite glabelle rectangulaire, marquée d'un sillon transversal peu profond. Suture faciale plus proche de la glabelle.

Conocoryphe — cambrien moyen — a un bouclier céphalique semi-circulaire et des pointes génales, avec une glabelle qui rappelle *Ptychoparia*. Petit pygidium. Les yeux sont atrophiés, ce qui fait disparaître la suture faciale opisthopariale.

Olenus — cambrien supérieur —, bouclier céphalique large, subrectangulaire, avec des pointes génales. La petite glabelle, à bords parallèles ne se prolonge pas jusqu'au bord frontal. La suture faciale est à peu près à mi-chemin entre la glabelle et le limbe (bord externe). 13-15 segments thoraciques. Le rachis est étroit, et les longues plèvres se terminent en pointes. Le petit pygidium, de forme semi-circulaire, comprend en moyenne 5 segments.

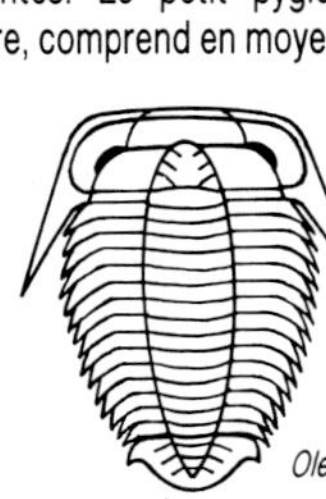

Olenus

1 Paradoxides daridis *18 cm, cambrien (pays de Galles)*

2 Ellipsocephalus hoffi *2,5 cm, cambrien (Jince, Tchécoslovaquie)*

3 Elrathia kingii *2 cm, cambrien (Utah, USA)*

1

2

3

Parabolina — cambrien supérieur et ordovicien inférieur — se distingue par une glabelle légèrement plus grande, et un pygidium pourvu de pointes latérales.

Peltura — cambrien supérieur — a un céphalon en ovale large, sans pointes génales. La large glabelle va jusqu'au bord frontal, et porte des sillons transversaux. 12-13 segments thoraciques. Très petit pygidium à pointes pygidiales.

Peltura

Eurycare — cambrien supérieur — a un céphalon ovale large, avec des pointes génales dirigées sur le côté. La glabelle est petite, comme chez *Olenus*. Le petit pygidium comprend 4 à 5 segments, dont les extrémités pleurales forment des épines latérales.

Ceratopyge — ordovicien inférieur —, bouclier céphalique semi-circulaire. Glabelle petite et étroite. Suture faciale proche de la glabelle. Fortes pointes génales. Le pygidium est à peu près aussi grand que le céphalon, de forme subquadrangulaire, avec deux épines latérales en situation postérieure.

Les genres présentés ci-dessus, du cambrien moyen ou supérieur, sont d'une taille relativement modeste, avec un petit pygidium et 12-15 segments thoraciques. Leurs descendants de l'ordovicien sont plus grands ; le nombre de segments thoraciques est limité : de 8 à 10 en moyenne. Le pygidium est plus grand.

Niobe — ordovicien supérieur — a un céphalon semi-circulaire sans pointes génales. La glabelle est nettement délimitée, et ne s'élargit pas vers l'avant. Elle ne porte pas de sillons transversaux. La suture faciale est proche de la glabelle. Le pygidium, de forme semi-circulaire, a à peu près la même taille que le céphalon. Il porte des sillons transversaux qui reflètent la segmentation.

Niobe

Megalaspis — ordovicien inférieur — atteint une taille nettement plus grande. Le bouclier céphalique parfois pointu en avant, de forme triangulaire, a de courtes pointes génales et une glabelle vaguement délimitée, non élargie vers l'avant. Les sillons transversaux du grand pygidium semi-circulaire sont peu marqués. ▷ 1

Asaphus — ordovicien inférieur et moyen — peut atteindre jusqu'à 40 cm de longueur. Le bouclier céphalique, de forme semi-circulaire, porte une grande glabelle très élargie à l'avant, aux contours peu distincts. La suture faciale est proche du bord de la glabelle. Les 8 segments thoraciques ont des plèvres de forme arrondie. Le pygidium semi-circulaire, à peu près aussi grand que le bouclier céphalique, porte des sillons transversaux peu marqués, ou est entièrement lisse. ▷ 2

Aeglina — ordovicien — a un bouclier céphalique très bombé, avec une large glabelle aux contours peu marqués, et des joues étroites. Pas de pointes génales. Seulement 6 segments thoraciques.

Nileus — ordovicien —, bouclier céphalique large et ovale, large glabelle aux contours peu marqués, et pygidium lisse, semblable au céphalon. 8 segments thoraciques. Pas de pointes génales.

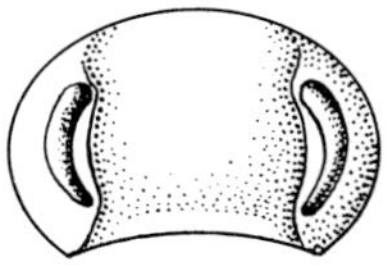

Nileus

Illaenus — ordovicien et silurien — a des boucliers céphalique et pygidial fortement bombés, et très semblables. Les sillons longitudinaux sont effacés, si bien qu'il est difficile de distinguer sur le céphalon la glabelle des joues, et sur le thorax et le pygidium le rachis des plèvres. Les yeux sont proches du limbe (bord externe). 10 segments thoraciques. ▷ 3

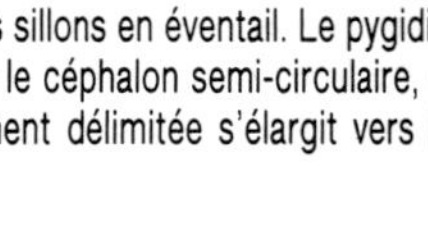

Illaenus

Scutellum — dévonien inférieur — a un pygidium semi-circulaire dont le rachis est très court, et marqué par des sillons en éventail. Le pygidium est plus grand que le céphalon semi-circulaire, dont la glabelle nettement délimitée s'élargit vers l'avant. ▷ 4

1 Pseudomegalaspis patageata *9 cm, ordovicien (Hållekis, Suède)*

2 Asaphus expansus *5 cm, ordovicien (Närke, Suède)*

3 Illaenus linnarssoni *3,5 cm, ordovicien (Siljan, Suède)*

4 Scutellum flabelliferum *2 cm, dévonien (Gerolstein, Eifel, RFA)*

1

2

3

4

Après les *Asaphus* et les *Illaenus*, qui regroupent des formes d'assez grande taille, essentiellement limitées à l'ordovicien et au silurien, voici les **Proetus** et genres affines, de plus petite taille, qui apparaissent également à l'ordovicien et se prolongent jusqu'au permien.

Paraaulacopleura (= Arethusina) — ordovicien à dévonien moyen —, le céphalon semi-circulaire porte des pointes génales et une petite glabelle, qui n'atteint pas le bord frontal. Le thorax se compose en moyenne d'une quinzaine de segments à rachis étroit. Le petit pygidium, tout en largeur et marqué de sillons transversaux, présente des similitudes avec les *Ptychoparia*.

Proetus — ordovicien à dévonien moyen —, la glabelle va jusqu'au bord frontal. Pas de pointes génales. La glabelle se rétrécit vers l'avant et s'orne de stries transversales. La suture faciale est proche du bord de la glabelle. Le pygidium semi-circulaire, barré de sillons transversaux, se compose de 7 segments. Il est plus petit que le céphalon. ▷ 1

Dechenella — dévonien moyen — se distingue par une glabelle plus petite et plus courte. Le céphalon porte des pointes génales de longueur moyenne. Le pygidium est assez grand (12 segments).

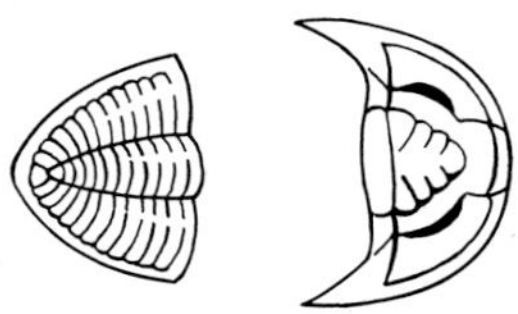

Dechenella

Cyrtosymbole — dévonien supérieur — a également une petite glabelle courte, rétrécie vers l'avant, mais des pointes génales plus développées.

Griffithides — carbonifère —, le céphalon semi-circulaire porte des pointes génales, et une glabelle légèrement élargie sur le bord antérieur qui atteint le limbe frontal. Le thorax ne compte que 9 segments, mais le pygidium est grand, allongé, et marqué de stries transversales qui indiquent la présence d'au moins 14 segments.

Phillipsia — carbonifère et permien —, céphalon semi-circulaire. Le bord de la glabelle est parallèle au limbe. La suture faciale est très proche de la ligne délimitant la glabelle. Le thorax ne comporte que 9 segments, tandis que le pygidium, grand et nettement strié transversalement, en compte au moins 15.

Voici maintenant des espèces hypopariées (la suture faciale est sur la face inférieure) et sans yeux.

Trinucleus — ordovicien — a un bouclier céphalique semi-circulaire et une glabelle qui va jusqu'au limbe frontal. Le thorax se compose de 6 segments en moyenne. Le pygidium est petit, ovale ou triangulaire. Le bord du céphalon est entouré d'un limbe

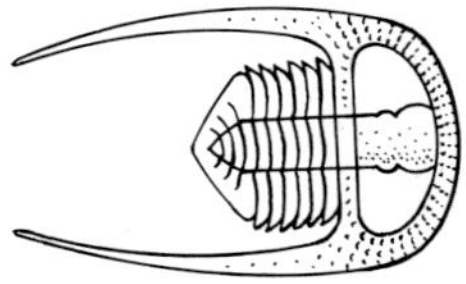

Trinucleus

céphalique plat et perforé de petits trous, qui se prolonge pour former de longues pointes génales.

Ampyx — ordovicien — se distingue par un pygidium légèrement plus grand, l'absence du large limbe céphalique, et la présence d'une grande épine frontale qui prend naissance sur la glabelle et pointe vers l'avant. ▷ p. 155, 1

Harpes — de l'ordovicien au dévonien moyen — a, tout comme *Trinucleus*, un large limbe céphalique orné de multiples perforations et prolongé par de longues pointes génales. La glabelle est très petite. Le thorax compte plus de 20 segments très courts. Le pygidium est très petit.

La famille des Lichasidés est caractérisée par une suture faciale opisthopariale, mais le céphalon est tout à fait différent de celui des autres trilobites opisthopariaux. La glabelle est grande, généralement granuleuse, très bombée, souvent avec un renflement en avant du bord frontal. Elle ne porte pas de sillons transversaux, et les joues sont très petites et étroites.

Lichas — de l'ordovicien au dévonien —, le thorax comporte 8 à 10 segments. Sur le pygidium, composé d'un petit nombre de segments, les plèvres se prolongent par de fortes épines latérales. *Lichas* peut atteindre une longueur de 70 cm ; il est donc plus grand qu'*Asaphus* et *Paradoxides*. Ce genre est assez facile à identifier, même à partir de vestiges incomplets, grâce à la granulation de la glabelle fortement bombée, aux fortes épines latérales du pygidium, aux pointes génales bien développées, et aux épines qui prolongent les segments thoraciques.

1 Proetus cuvieri *2,5 cm, dévonien (Gerolstein, Eifel, RFA)*

2 Acanthalomina minuta *1 cm, silurien (Morina, Tchécoslovaquie)*

1

2

Chez **Ceratarges** — dévonien —, la tendance à la formation d'épines s'accroît. Ce trilobite porte de longues épines légèrement arquées sur la glabelle

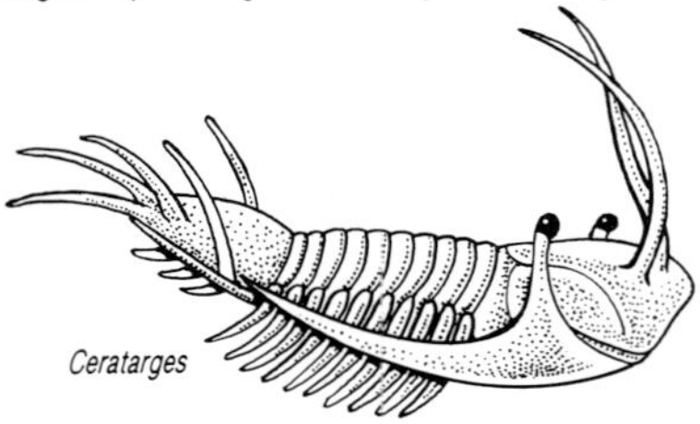

et le pygidium, ce qui lui donne un aspect bizarre.

Acidaspis — de l'ordovicien au dévonien — et **Odontopleura** — silurien — ont une glabelle un peu moins bombée que *Lichas*. Le bouclier céphalique est plus élargi. Les plèvres des segments thoraciques se terminent en longues épines, et le pygidium s'orne également de fortes épines latérales. ▷ p. 161, 2

Trilobites gonatopariaux et propariaux

Calymene — de l'ordovicien au dévonien moyen — a un bouclier céphalique semi-circulaire, moyennement large, sans pointes génales, à suture faciale gonatopariale. La glabelle se rétrécit vers l'avant et n'atteint pas tout à fait le bord frontal. Elle s'orne de sillons transversaux bien nets. 12-13 segments thoraciques. Le pygidium relativement petit porte des sillons transversaux distincts. Il est de forme semi-circulaire ou triangulaire. ▷ 1

Homalonotus — du silurien au dévonien — possède des boucliers céphalique et pygidial subtriangulaires. La large glabelle a des contours peu marqués. De même, la délimitation entre le rachis du thorax et du pygidium et les courtes plèvres est peu nette.

Cheirurus — de l'ordovicien au silurien — a un bouclier semi-circulaire avec une suture faciale propariale, et une grande glabelle qui va jusqu'au bord fontal. De faibles pointes génales. Le pygidium n'est pas très grand, et porte de larges épines latérales.

Encrinurus — de l'ordovicien au silurien — se distingue par une grande glabelle, fortement bombée vers l'avant, et de longues pointes génales. Les yeux sont situés sur des renflements qui forment comme des pédoncules. Le pygidium triangulaire a les bords lisses, mais souvent une épine pointée vers l'arrière. ▷ 2

La plus importante famille de trilobites propariaux est celle des **phacopidés** :

Chasmops — ordovicien — a un bouclier céphalique semi-circulaire, avec de fortes pointes génales, et une grande glabelle élargie vers l'avant. Le pygidium semi-circulaire est strié transversalement, et presque aussi grand que le céphalon.

Dalmanitina — de l'ordovicien au silurien — se distingue par des pointes génales nettement plus courtes, et un pygidium à bords lisses, terminé en pointe à l'arrière. La glabelle élargie vers l'avant est nettement striée de sillons transversaux.

Acaste — du silurien au dévonien —, le bouclier céphalique semi-circulaire n'a pas de pointes génales. La glabelle élargie vers l'avant porte des sillons transversaux. Le pygidium semi-circulaire a les bords entiers ; sa taille est nettement inférieure à celle du bouclier céphalique.

Odontochile — dévonien — a de fortes pointes génales, une glabelle qui n'atteint pas tout à fait le bord frontal, et un grand pygidium pointu à l'arrière.

Asteropyge — dévonien — a un bouclier céphalique subtriangulaire avec de fortes pointes génales, une glabelle qui n'atteint pas tout à fait le bord frontal, et un pygidium de taille moyenne avec de fortes épines latérales. ▷ 5

Phacops — silurien et dévonien —, le bouclier céphalique semi-circulaire n'a pas de pointes génales. La glabelle, généralement granuleuse, est grande, élargie vers l'avant, et fortement bombée. Les joues également renflées sont comparativement petites et étroites. Le pygidium est de forme semi-circulaire, et moyennement grand. Comme chez les autres phacopidés, le nombre de segments thoraciques atteint 11. Les derniers descendants de *Phacops* se trouvent dans les sédiments du carbonifère inférieur. ▷ 3-4

1 Flexicalymene sp. *2,5 cm, dévonien (Utah, USA)*
2 Encrinurus punctatus *3 cm, silurien (Gotland, Suède)*
3 Phacops ferdinandi *7,5 cm, dévonien (Bundenbach, RFA)*
4 Phacops rana *2,5 cm, dévonien (Sylvania, Ohio, USA)*
5 Asteropyge sp. *5 cm, dévonien (Vireux, France)*

1

2

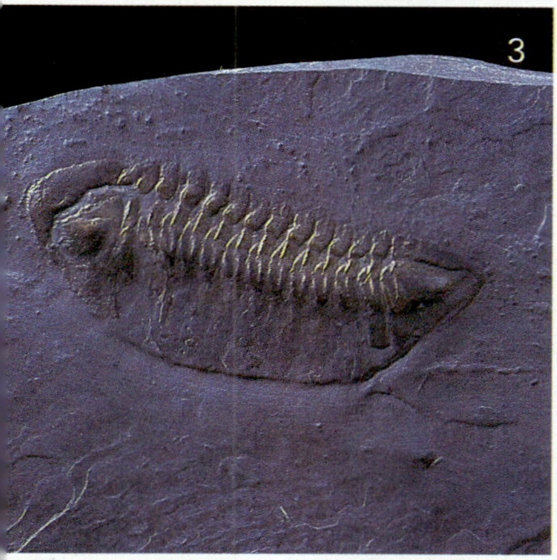
3

4

5

Sous-embranchement des chélicérates *(Chelicerata)*

Les chélicérates constituent un sous-embranchement d'arthropodes qui a fait son apparition au cambrien, comme les trilobites, mais qui peuple toujours la terre sous de nombreuses formes, avec les **araignées** et les **scorpions.**

Ils se distinguent des autres arthropodes par le fait qu'ils ne possèdent pas d'antennes flagellées, et que leur corps n'est divisé qu'en deux régions, la tête et le thorax étant réunis pour former le prosoma, qui remplit les fonctions de nutrition et de locomotion. La partie arrière du corps, l'opisthosoma, renferme les organes digestifs et respiratoires.

Le prosoma est recouvert d'un bouclier dorsal, comparable au bouclier céphalique des trilobites. Ce bouclier porte les yeux. Les 6 paires d'appendices sont en position ventrale par rapport à ce bouclier : il y a une paire de chélicères (du grec *khêle*, pince, et *kêras*, corne), une paire de pédipalpes (organes du toucher) et quatre paires de pattes. Ces dernières sont surtout consacrées à la locomotion ; mais, chez les représentants primitifs, elles participent également à l'absorption de nourriture.

L'opisthosoma comprend initialement 12 segments, tous habillés d'un anneau formé d'un tergite et d'un sternite. Le dernier segment porte généralement un appendice terminal, le telson. Seuls les chélicérates primitifs ont encore des appendices sur les segments de l'opisthosoma. Dans la plupart des cas, l'opisthosoma est privé de pattes, ou possède des appendices transformés (par exemple en organes respiratoires).

Les chélicérates renferment d'une part les **mérostomes marins**, et d'autre part les **arachnides**, de mœurs terrestres (dont les scorpions et les araignées).

Classe des mérostomacés

Les mérostomes marins apparaissent dès le cambrien, avec le groupe quelque peu problématique des **Aglaspida**. La sous-classe la plus importante parmi les fossiles est celle des **euryptéridés**.

Les euryptéridés apparaissent dès l'ordovicien, et s'éteignent au permien. Ils atteignent une taille relativement grande, jusqu'à 2 m de longueur, ce qui en fait les plus grands arthropodes connus.

Le prosoma, ou céphalo-thorax, de forme semicirculaire, est relativement petit. L'opisthosoma composé de 12 segments est long. Ses 7 premiers segments sont relativement larges ; leur tergite s'articule avec le sternite par une membrane souple. Les appendices sont ventraux (mésosoma), et transformés en organes respiratoires. Les 5 derniers segments (métasoma) ont un squelette annulaire, et sont plus étroits. Le corps se termine par un telson.

Le prosoma porte sur sa face ventrale une paire de minuscules chélicères, et une paire de pédipalpes plus grands, portant souvent des pinces. Puis viennent quatre paires d'appendices locomoteurs, dont la première paire peut être équipée en sus d'un organe de préhension servant à capturer les proies. Les deux paires suivantes sont des pattes normales, et la dernière est élargie pour servir de nageoire. En outre, les articles basilaires de ces quatre paires d'appendices sont équipés pour participer au travail de mastication.

Les euryptéridés ont connu un vaste développement au silurien et au dévonien ; les formes géantes, du dévonien, ont valu à cette classe d'être baptisée gigantostracés. Le squelette chitineux, relativement fin, comprend peu d'inclusions calcaires, à la différence des trilobites. Cette classe est donc rare parmi les fossiles. On n'en connaît généralement que des fragments (carapaces isolées de prosoma, tergites, etc.). Ce n'est que dans des conditions de fossilisation exceptionnellement favorables que des squelettes entiers ont pu se conserver.

Les euryptéridés vivaient dans la mer, en eau peu profonde, près du littoral, mais également en eau saumâtre. La spécialisation de leurs appendices montre, pour certaines espèces, qu'il s'agissait de prédateurs actifs.

De petits fragments de squelette sont généralement attribués aux euryptéridés s'ils sont fins, avec une surface lisse ou ornée de stries très fines, généralement en ondulations irrégulières. Une identification plus précise ne serait possible qu'en présence des appendices. ▷

Euryptéride 25 cm, silurien, Écosse

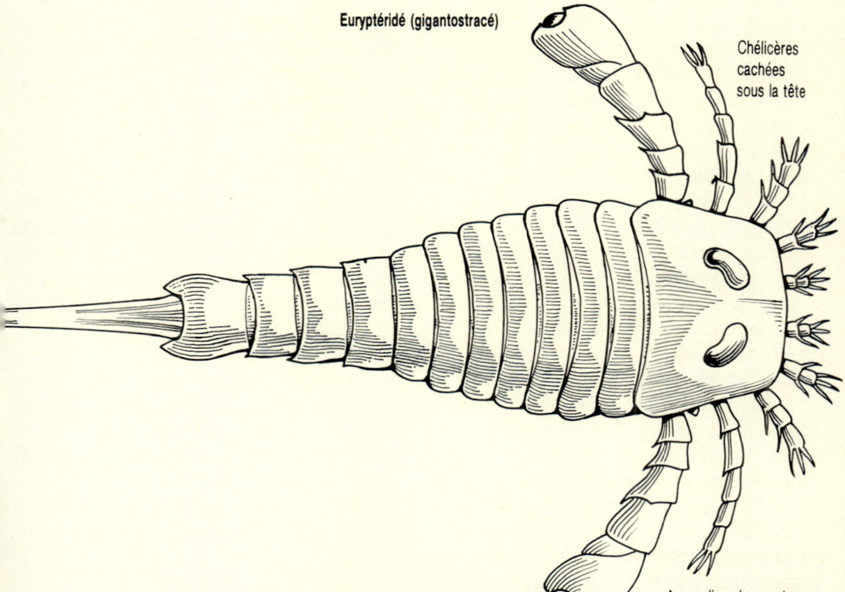
Euryptéridé (gigantostracé)
Chélicères
cachées
sous la tête
Appendices locomoteurs

Sous-classe des xyphosures

Les xyphosures sont connus depuis le silurien. Ils vivent en eau peu profonde, surtout dans la zone littorale. Ils possèdent un grand bouclier de prosoma, de forme semi-circulaire, généralement avec des pointes génales. Les chélicères sont très petites. Les pédipalpes sont bien développés, tout comme les autres paires de pattes, mais portent en plus des pinces. L'opisthosoma est très court proportionnellement au prosoma. Le nombre de segments est quelque peu réduit. Pas de différenciation mésosoma-métasoma. L'opisthosoma porte un long aiguillon caudal (telson).

Chez les rares représentants primitifs de cette sous-classe (silurien, dévonien), les segments de l'opisthosoma sont encore séparés. Les formes plus évoluées, qui apparaissent au paléozoïque inférieur, ont ces segments réunis en un bouclier commun. C'est le type de **Limulus**, seul représentant actuel de la classe des mérostomes. On en trouve parfois des restes fossiles, comme dans le calcaire lithographique de Solnhofen, également marqué de traces de reptation de limules. Depuis le mésozoïque inférieur jusqu'à l'époque actuelle, les limules n'ont pratiquement pas évolué. ▷

Classe des arachnides

Cette classe comprend les **scorpions** et les **araignées**. Ce sont des descendants des mérostomes ayant adopté un mode de vie terrestre.

Les scorpions gardent le plan de structure des euryptéridés, avec un prosoma relativement petit, un large mésosoma de forme ovale, constitué de 7 segments, et un métasoma transformé en queue étroite, formée de 5 segments et portant un telson devenu aiguillon venimeux. Les chélicères sont petites, les pédipalpes munis de pinces servent d'organes de préhension. On a retrouvé au silurien une forme intermédiaire illustrant le passage de l'euryptéride au scorpion. Quelques scorpions entiers ont également été retrouvés dans des gisements de fossiles.

Les araignées représentent un stade supérieur d'évolution. Leur tégument est devenu mou, et la segmentation de l'opisthosoma a donc plus ou moins disparu. Le telson n'existe plus. Quelques araignées du carbonifère ont pu se fossiliser car elles avaient encore un squelette légèrement chitineux. Ces fossiles permettent de voir que les principaux groupes d'arachnides existaient déjà au carbonifère. Les araignées se sont probablement détachées des scorpions primitifs dès le dévonien, et se sont presque immédiatement scindées en types

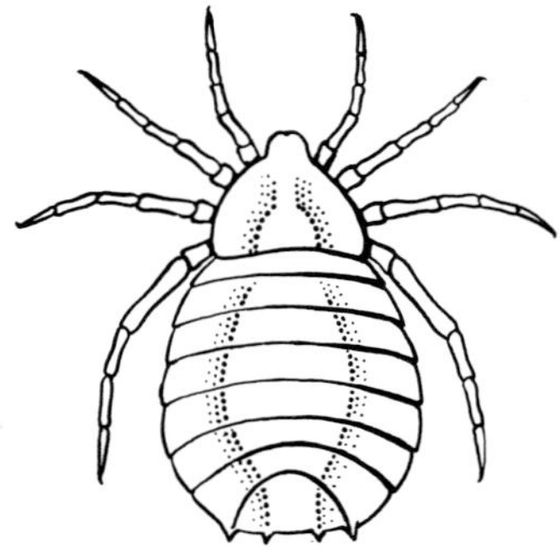

Araignée du carbonifère *(Anthracomartus)*

distincts. Après le carbonifère, les seules araignées fossiles connues sont celles que fournissent les inclusions dans l'ambre.

Sous-embranchement des trachéates

Les classes regroupées dans ce sous-embranchement se caractérisent par la présence d'une paire d'antennes flagellées, de trois paires d'appendices transformés en organes buccaux (une paire de mandibules et deux de maxillaires) et de trachées (invaginations tubulaires, généralement ramifiées, de la superficie du corps, servant d'organes respiratoires). Les trachéates sont également appelés antennates ou mandibulates. Ce sont des animaux terrestres. Contrairement aux scorpions et aux araignées, qui descendent des **mérostomes marins**, les trachéates apparaissent directement au dévonien, avec des formes primitives. Ils doivent également avoir des précurseurs paléozoïques marins, qui seraient passés à la vie terrestre au paléozoïque supérieur. Mais ils ne sont pas nettement reliés à un groupe d'arthropodes du paléozoïque. Les trachéates primitifs du paléozoïque étant constitués de segments avec des prolongements latéraux évoquant les plèvres, on peut penser à des formes marines semblables à des trilobites, mais pour l'instant inconnues.

Myriapodes

Les myriapodes regroupent deux classes d'arthropodes caractérisées par la présence d'un tronc formé de nombreux segments pédifères. On distingue les **opisthogonéates (chilopodes)** et les **progonéates (myriapode)**, selon que les gonoductes (orifices génitaux) débouchent en arrière du corps ou en avant, et selon la structure des organes buccaux.

Limulus walchi *11 cm, jurassique : tithonien (Daiting)*

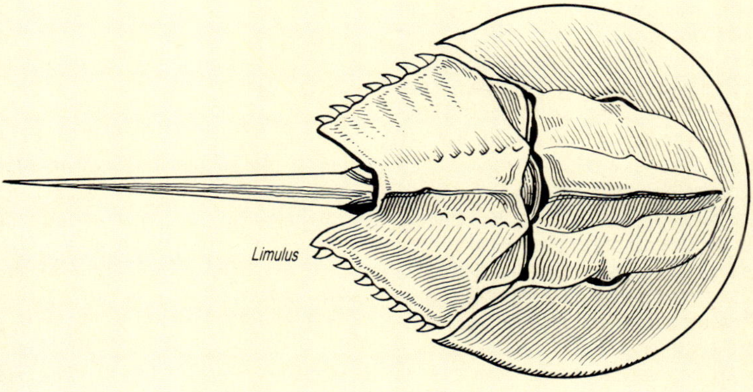
Limulus

Les myriapodes jouent un rôle mineur parmi les fossiles. Nous ne citerons donc que deux représentants des progonéates, relativement fréquents au carbonifère.

Arthropleura — carbonifère —, cet arthropode peuplait les forêts du carbonifère. Le bouclier céphalique est petit, à peu près semi-circulaire, et rappelle celui des trilobites. Les nombreux tergites du tronc ont un axe médian renflé — comme chez les trilobites — avec des expansions pleurales bien développées. Les appendices étaient apparemment de simples pattes locomotrices, comme chez les mille-pattes. Il ne semble pas qu'il y ait eu de grand bouclier pygidial. *Arthropleura*, qui possédait de nombreux segments et pouvait atteindre une longueur de 1 mètre, a donc les caractères du mille-pattes avec de fortes réminiscences des trilobites.
▷

Euphoberia — carbonifère —, véritable mille-pattes des forêts carbonifères, peut atteindre 50 centimètres de longueur. Alors qu'*Arthropleura* a un corps aplati dorso-ventralement, celui d'*Euphoberia* est cylindrique, comme chez le mille-pattes. Les tergites des segments ont des expansions épineuses souvent ramifiées. *Arthropleura* et *Euphoberia* montrent que les myriapodes avaient déjà atteint un haut degré d'évolution au carbonifère, et qu'ils ont joué un rôle non négligeable dans la vie des forêts de cette époque.

Classe des insectes (hexapodes)

La classe des insectes est, à l'époque actuelle, la plus diversifiée, et aussi la plus nombreuse, si l'on exclut les unicellulaires. Ce sont des organismes généralement terrestres, pour la plupart volants, avec des éléments de squelette peu rigides, sans incrustations minérales. Leur représentation dans les communautés fossiles est donc très incomplète. Mais, dans certains cas où les conditions de fossilisation étaient favorables, comme les marais argileux ou les dépôts lacustres, on trouve souvent des gisements fossiles d'insectes montrant la grande diversité de cette classe et le rôle important qu'elle a joué dans l'histoire de la Terre.

La tête des insectes, avec 1 paire d'antennes flagellées et 3 paires de pièces buccales, suit le même schéma que celle des myriapodes ; les différences entre les groupes d'insectes sont très fortes. Le tronc comprend tout d'abord 3 segments soudés pour former le thorax, caractérisé par 3 paires de pattes locomotrices et 2 paires d'ailes. Les segments qui suivent — initialement au nombre de 12, mais souvent moins dans les groupes plus évolués — n'ont pas d'appendices locomoteurs. Ils contiennent les organes digestifs et sexuels, et portent des trachées. Ils constituent l'abdomen. Chez les insectes évolués, la tête, le thorax et l'abdomen sont nettement séparés par des étranglements du corps — d'où le nom d'insectes (« divisé en parties »). Les restes fossiles les plus courants sont les ailes. La nervation alaire varie d'un groupe d'insectes à l'autre, et il est généralement possible d'identifier les ailes d'insectes fossilisées.

Les insectes jouissent d'une immense capacité d'adaptation et de transformation, ce qui explique leur prolifération et leur grande diversité. L'étude de leur classification et de leur biologie constitue le très vaste domaine de l'entomologie. L'identification de restes fossiles d'insectes exige généralement des connaissances très spécialisées.

Entognatha

Ces insectes sont dépourvus d'ailes, mais possèdent déjà la division en tête, thorax et abdomen sans appendices. Toutefois, ces trois sections ne sont pas séparées par un étranglement du corps. Ces insectes, de petite taille, sont très rares parmi les fossiles. Un seul gisement dans une formation de grès rouge (old red sandstone) du dévonien témoigne de leur présence depuis cette époque.

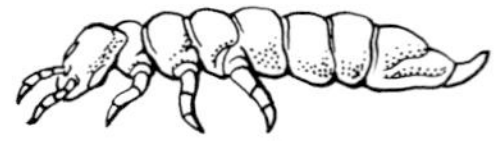

Rhyniella, dévonien : old red, insecte minuscule dépourvu d'ailes (Écosse)

Segment d'arthroporide 7 cm, carbonifère, région de la Sarre.

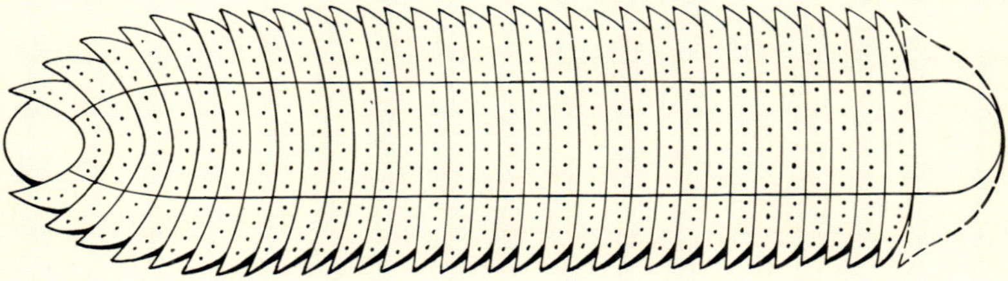

Arthropleura (schématisé), la tête et l'extrémité postérieure sont mal connues

Sous-classe des ptérygotes *(Pterygota)*

Ces insectes ailés sont connus à l'état fossile depuis le carbonifère. Leur évolution peut être retracée dans ses grandes lignes grâce à de nombreux gisements, généralement locaux, jalonnant toutes les périodes géologiques.

Super-ordre des paléoptères

Les paléoptères ne peuvent pas replier leurs ailes sur l'abdomen au repos. La tête, le thorax et l'abdomen ne sont pas délimités par des étranglements. Les ailes portent une nervation fortement réticulée. L'abdomen, généralement long, comporte la plupart du temps 12 segments. Les paléoptères ont fait leur apparition au carbonifère.

Ce groupe est représenté actuellement par les **éphémères** et les **libellules**, dont on a retrouvé des ancêtres dès le carbonifère. Les libellules vivant toujours près de l'eau, les ailes fossilisées sont relativement courantes dans les formations postérieures au carbonifère ; on en trouve, par exemple, dans le calcaire lithographique de Solnhofen. ▷ 1-2

A ces insectes, regroupés dans les **Ephemeroptera**, s'ajoutaient au carbonifère les **Palaeodictyoptera**, qui pouvaient atteindre 0,50 mètre d'envergure. Ces grands insectes ont disparu dès le permien inférieur. C'était le groupe le plus primitif de paléoptères. Leurs ailes antérieures et postérieures étaient semblables, leur nervation formant un réseau quadrillé dense. Le segment antérieur du thorax porte des plèvres qui évoquent des moignons d'ailes. Les segments abdominaux ont également des plèvres typiques. Les ailes de paléodictyoptères sont des fossiles relativement fréquents du carbonifère.

Super-ordre des néoptères

Il renferme la multitude des autres insectes ailés. Les ailes n'ont plus cette nervation réticulée dense et irrégulière, elles se replient au repos sur l'abdomen. Les ailes antérieures diffèrent nettement, en règle générale, des ailes postérieures. Elles peuvent se rigidifier pour servir de protection (élytres) aux ailes postérieures, comme chez les sauterelles, les blattes, ou les coléoptères.

Dès le carbonifère, de nombreux néoptères existent déjà. Les ancêtres primitifs des **blattes**, ou cafards,

1 Larve de Libellula *3,5 cm, tertiaire : sarmatien (Randecker Maar, RFA)*

2 Libellule, envergure 16 cm, jurassique : tithonien (Langenaltheim, RFA)

3 Tenthrède, envergure 3 cm, tertiaire : pliocène (Willershausen, RFA)

4 Moustiques 1 cm, tertiaire : oligocène (Céreste, France)

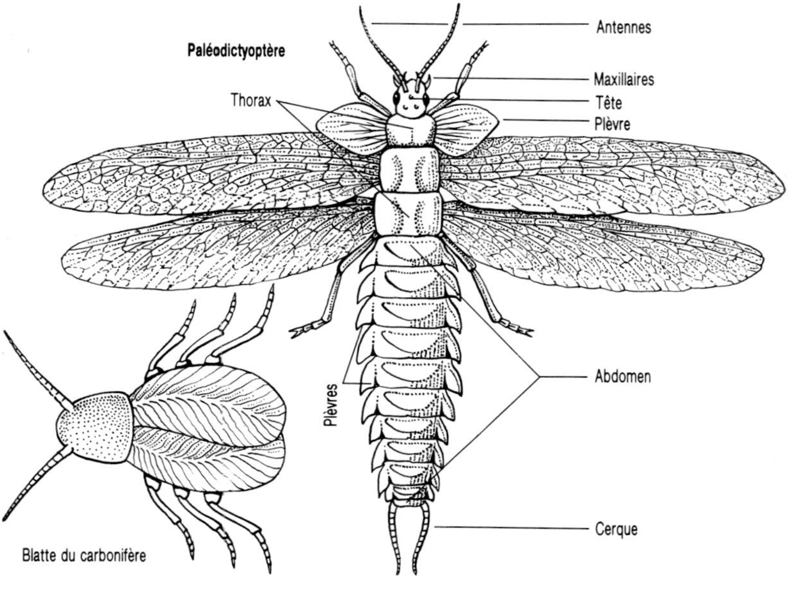

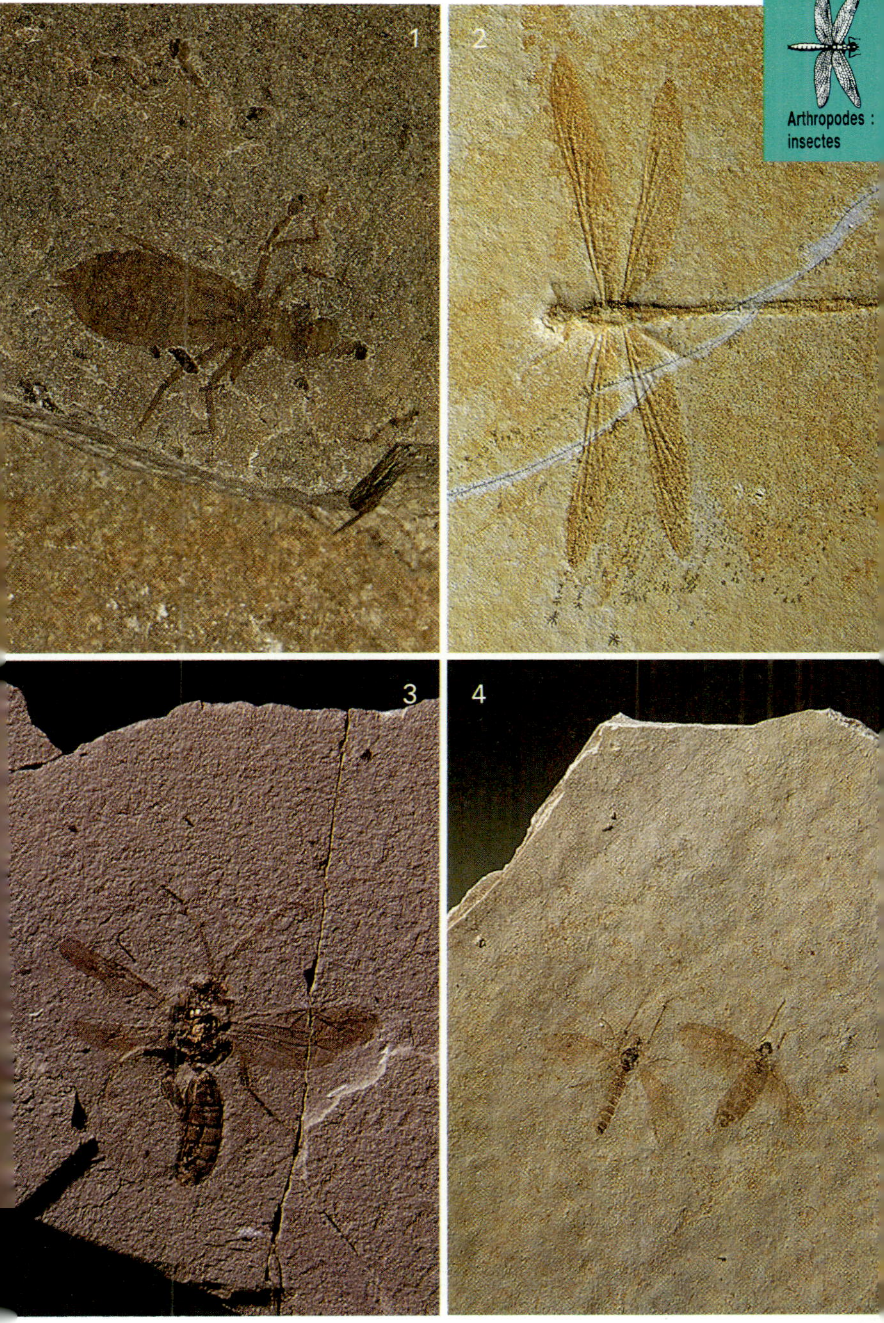
1
2
3
4

les **Blattodea**, sont relativement fréquents dans les gisements du monde entier. On trouve également des précurseurs des différents groupes de sauterelles et de grillons, ainsi que des punaises et des cigales.
Tous ces groupes primitifs de néoptères du carbonifère n'ont pas encore les forts étranglements entre la tête, le thorax et l'abdomen. Ils sont hémimétaboles, ce qui signifie que leur évolution passe par une série de mues, sans stade nymphal entre la larve et l'imago.
Dès le permien apparaissent les formes primitives de presque tous les groupes de néoptères évolués, dont le développement est holométabole. Entre le stade larvaire et l'imago vient s'insérer un stade particulier immobile, la nymphose. A partir du trias, on retrouve des représentants de la quasi-totalité des groupes d'insectes. La formidable diversification des insectes ailés s'est donc déroulée en deux étapes très proches, au carbonifère (groupes hémimétaboles) et au permien (groupes holométaboles). ▷ p. 171, 3-4

Les insectes fossilisés dans l'ambre jaune

Les insectes conservés dans l'ambre jaune méritent une attention particulière. La majorité des gisements fossiles d'insectes se trouvent dans des formations locales de type limoneux, d'argile ou de marne calcaire ; il s'agit essentiellement d'ailes, ou parfois d'empreintes externes de corps entiers. Les conditions sont différentes pour la fossilisation dans l'ambre jaune, puisqu'il s'agit d'un écoulement de résine d'un arbre. Les insectes qui se posent sur la résine y restent collés, et ne peuvent plus s'envoler. La résine continue de couler, puis se solidifie, si bien que les insectes y sont totalement inclus, et parfaitement protégés des influences de l'air. C'est pourquoi ils sont si bien conservés, jusque dans les moindres détails.
La résine d'ambre jaune est un produit de conservation et de fossilisation presque idéal. La fossilisation ne concerne pas, comme dans la majorité des cas, les seules parties (dures) de l'organisme qui ont résisté à un temps plus ou moins long de décomposition, mais des organismes encore vivants n'ayant subi aucune altération. Quand la résine est bien claire et transparente, ils peuvent être étudiés comme des organismes actuels. ▷
Bien entendu, un écoulement de résine, même relativement important, ne peut inclure totalement que de petits objets. Les plus courants sont des plumes d'oiseaux qui restent collées dans la résine, des poils de mammifères, des petits débris végétaux, et surtout des insectes.
Le terme d'ambre jaune, ou succin, désignait initialement la résine fossilisée de Prusse orientale, de la presqu'île du Samland, dont le commerce est très ancien, et qui est encore exploitée systématiquement aujourd'hui. Cette résine provient d'une essence de pin très résinifère. Une mer pénétrant dans la forêt d'ambre a inondé certains gisements, en provoquant leur concentration. Cet ambre de Prusse orientale remonte au tertiaire (éocène). De ce gisement connu depuis des millénaires, le terme d'ambre jaune a été repris pour d'autres résines fossiles découvertes par la suite.
Un gisement particulièrement intéressant est celui de l'ambre du Liban, qui remonte au néocomien (crétacé inférieur). L'ambre dominicain d'Haïti date de l'oligocène ; celui de Sibérie, encore peu connu, remonte au crétacé supérieur, de même que celui du Canada. Les ambres birman et mexicain proviennent de l'oligocène et du miocène. Outre ces grands gisements, il en existe de nombreux autres plus modestes.
Tous ces gisements d'ambre ont des inclusions d'insectes. ▷ p. 16 Seul celui de Prusse orientale a fait l'objet d'études entomologiques complètes. Les autres gisements ne sont connus que d'une façon globale. Mais on peut d'ores et déjà constater que la faune diffère fortement d'un gisement à l'autre. Rien d'étonnant à cela puisqu'il s'agit d'époques géologiques et de régions de la Terre différentes. Des études plus précises donneront des indications intéressantes sur les relations zoogéographiques et les conditions écologiques des différentes régions. Dans leur caractère général et leur degré de différenciation, les faunes entomologiques du tertiaire, et même déjà du crétacé supérieur, correspondent largement à la faune actuelle. Depuis le mésozoïque inférieur, le monde des insectes n'a pas connu de faits d'évolution majeurs.

Élatéride 0,3 cm, tertiaire-éocène (Samland, URSS)

Contrairement aux chélicérates et aux trachéates, qui sont passés à la vie terrestre après une phase marine, les crustacés, apparus dès le paléozoïque inférieur, sont restés fidèles à leur biotope aquatique initial. Ils ne se sont pas éteints comme les trilobites, mais constituent aujourd'hui une part importante de la faune mondiale, avec une profusion de formes.

Les trilobites et les chélicérates ont, conformément à leur mode de vie terrestre, un corps aplati dorso-ventralement, avec une face dorsale fortement cuirassée (le tergite). Mais les crustacés sont des animaux nectoniques, et leur corps est soit cylindrique, soit aplati latéralement. Leur respiration est branchiale.

Le segment antérieur, l'acron, porte 1 paire d'appendices sensoriels, ou antennes. Puis viennent 4 paires d'appendices dont la première est transformée en antennes, tandis que les 3 autres sont devenues des pièces buccales : 1 paire de mandibules et 2 paires de maxillaires.

Le nombre de segments dans le corps varie fortement. Chaque segment peut être porteur d'une paire d'appendices. Ceux de l'abdomen peuvent être dépourvus d'appendices ; s'ils en comportent, ce sont des pattes différentes de celles du thorax. Certaines formes ont la tête et le thorax enfermés dans une carapace commune. On parle alors de céphalothorax.

Tous les crustacés ont tendance à former une carapace. L'article basilaire des extrémités porte des branchies (épipodites). Le troisième article de l'appendice se divise en deux branches : l'exopodite, partie externe servant à la natation, et l'endopodite, partie interne destinée à la marche. On parle donc d'appendices biramés. ▷

Classe des ostracodes

Les ostracodes font leur apparition au cambrien, et connaissent un vaste développement qui se poursuit à l'heure actuelle. Ces crustacés de petite taille — ils dépassent rarement 5 millimètres — sont considérés comme des microfossiles, et donc étudiés par la micropaléontologie. Ils sont fréquents, et jouent un rôle important, avec les foraminifères, comme fossiles stratigraphiques lors des analyses de forages en profondeur.

Tout le corps est enfermé dans une carapace calcifiée à deux valves. Cette carapace s'articule à la suture dorsale par une charnière de forme variable. La fermeture ventrale se fait par un muscle adducteur situé à peu près au centre de la carapace et reliant les deux valves entre elles. Les insertions de ce muscle peuvent fournir des caractères intéressants pour la détermination. La carapace d'un ostracode évoque donc la coquille d'un bivalve.

L'organisme est très simplifié, la segmentation du corps s'efface, et le nombre de segments est fortement réduit. Les appendices sont également très limités. La deuxième paire d'antennes peut se développer en appendice natatoire biramé, constituant le seul organe locomoteur.

Les formes primitives du cambrien n'ont pas encore de carapace calcifiée. Au paléozoïque supérieur, la classe des ostracodes connaît un grand développement, et la carapace devient très calcifiée. La charnière dorsale est généralement longue et rectiligne.

Leperditia — silurien et dévonien —, les valves de la carapace sont ovales allongées. Leur surface est lisse et leur charnière est longue et rectiligne. Cet ostracode peut atteindre plusieurs centimètres de longueur, ce qui en fait un géant dans sa classe. En France, on en trouve dans la région de Rennes et de Laval. ▷ 1-2 ▷

Beyrichia — de l'ordovicien au dévonien. Cet ostracode, tout comme d'autres formes voisines, est relativement fréquent dans les dépôts (calcaires à *Beyrichia*). Sa taille est petite (3-5 mm). Deux sillons marquent la surface de la carapace, depuis le bord dorsal et en direction du bord ventral. La surface est souvent granuleuse. ▷ 3, ▷

1 Leperditia sp. *2,2 cm, silurien (dépôts sédimentaires de la Baltique)*

2 Leperditia gigantea *3 cm, silurien (Gotland, Suède)*

3 Beyrichia sp. *0,3 cm, silurien (dépôts sédimentaires de Steinberghaff, RFA)*

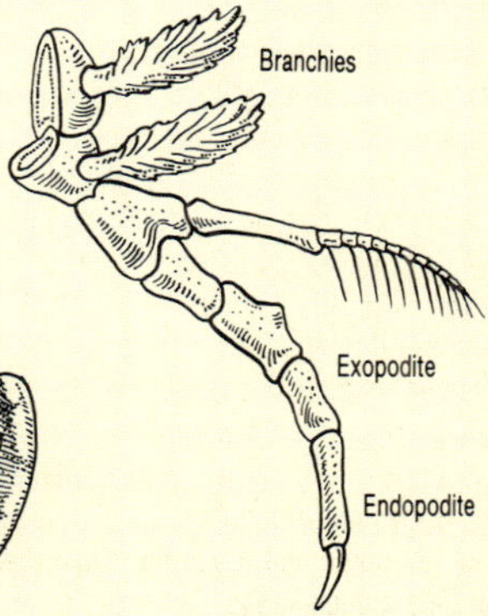

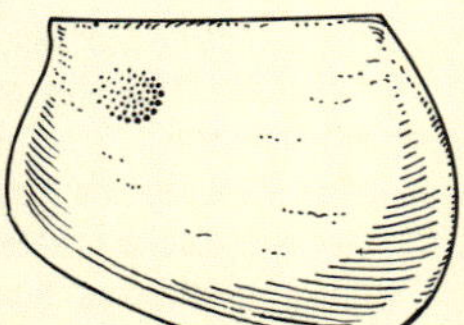

Leperditia

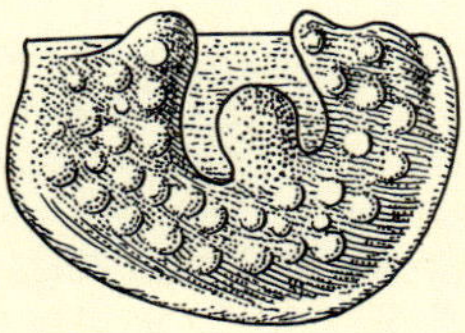

Beyrichia

Appendice de crustacé

Steusloffia et **Primitia** — silurien. Ces ostracodes sont fréquents dans les sédiments alluvionnaires. Ils se distinguent de *Beyrichia* par le fait que les sillons des valves sont nettement moins marqués. On peut même avoir une surface parfaitement lisse. ▷

Des formes semblables atteignent le dévonien et le carbonifère. Mais les ostracodes connaissent une forte régression au paléozoïque supérieur, pour entamer un nouveau déploiement au trias. Cette phase d'expansion se poursuit encore à l'époque actuelle. Elle se caractérise par la courbure du bord dorsal, et l'effacement de la limite entre le bord antérieur et le bord postérieur. Au mésozoïque, les ostracodes, jusqu'alors exclusivement marins, pénètrent en eau douce, où ils constituent d'importants fossiles stratigraphiques, puisque les foraminifères restent, pour l'essentiel, limités aux milieux marins.

Bairdia — assez rare au silurien, et jusqu'à l'époque actuelle. Les valves de forme ovale sont fortement bombées, parfois pointues à l'avant, avec une superficie lisse. Genre très répandu, surtout au trias. ▷

Candona — du jurassique à l'époque actuelle — et **Cypris** — du tertiaire à l'époque actuelle — sont des espèces d'eau douce. Leur carapace est réniforme : ovale avec le bord dorsal bombé et le bord ventral généralement un peu concave. Les valves sont très bombées. La différenciation entre ces deux genres d'aspect fort semblable repose sur la structure des insertions musculaires. ▷

Cythere — du jurassique à l'époque actuelle —, sous ce terme collectif sont regroupés plusieurs genres semblables. La carapace de forme ovale allongée est caractérisée par un relief marqué de larges sillons et de renflements, et même souvent de fortes expansions épineuses.

Les **cyprididés** — du silurien à l'époque actuelle — ont une forme généralement simple, ovale, et une surface peu divisée, souvent finement striée. Le bord antérieur comporte une incision pour le passage de la deuxième antenne, grande et biramée, qui sert d'organe de natation. Les carapaces de cyprididés forment des couches sédimentaires importantes (marnes à *cyprididés*). ▷

Classe des phyllopodes

Les phyllopodes regroupent de nombreuses formes de crustacés de petite taille, presque exclusivement dulçaquicoles, que les aquariophiles connaissent bien par les **daphnies**. Le nom de phyllopodes évoque les appendices, qui sont courts et aplatis comme des feuilles. Le nombre de segments, ou somites, est variable, et généralement élevé. L'organisation interne primitive est le résultat d'une régression secondaire à une évolution. Les plus anciens phyllopodes remontent au dévonien.

Parmi les différents groupes de phyllopodes, seuls les **conchostracés** jouent un rôle important dans les faunes fossiles. Ils possèdent une fine carapace chitineuse, non calcifiée, qui englobe tout le corps et la tête, et se compose de deux valves. Ces valves sont séparées sur le bord dorsal par un repli ; leur bord ventral est libre. La superficie s'orne de fines stries concentriques, qui peuvent être lisses, granuleuses, ou dentelées. La structure microscopique de ces stries est importante pour la détermination des espèces. Les minuscules coquilles des conchostracés, qui dépassent rarement 10 mm de longueur, peuvent constituer des couches sédimentaires, dans les formations d'eau douce ou saumâtre, argileuses ou marneuses. Elles sont connues depuis le carbonifère.

Leaia — carbonifère et permien —, coquille de forme subrectangulaire avec un crochet fortement déplacé vers l'avant. Outre les stries concentriques, la superficie s'orne de deux côtes allant du crochet au bord ventral.

Paraleaia — carbonifère et permien — se distingue par une forme ovale plus allongée, et la présence de trois côtes radiales. Ces deux genres sont des fossiles stratigraphiques du carbonifère et du permien.

Estheriella — trias — a une forme ovale plus courte, un crochet fortement décalé vers l'avant, et de nombreuses côtes radiales très fines.

Quadriamusium — carbonifère —, de forme subrectangulaire, avec un crochet médian, et des stries concentriques simples.

Anomalonema — carbonifère — se distingue de la précédente par un crochet plus antérieur et des côtes radiales faiblement marquées.

Euestheria — du carbonifère au trias —, coquille ovale courte, avec un crochet décalé relativement loin vers l'avant, et de fines stries concentriques dentelées.

Ce genre et quelques autres semblables ne différant que par la microstructure des stries d'accroissement sont très répandus dans les sédiments du keuper (schistes à *Estheria*).

Des formes semblables, identifiables seulement par l'étude de la microstructure des stries d'accroissement, sont souvent regroupées sous le nom d'*Estheria*. Elles sont fréquentes dans les sédiments du trias, du crétacé, et également du tertiaire.

Phyllopode 0,3 cm, permien inférieur (Nierstein, RFA)

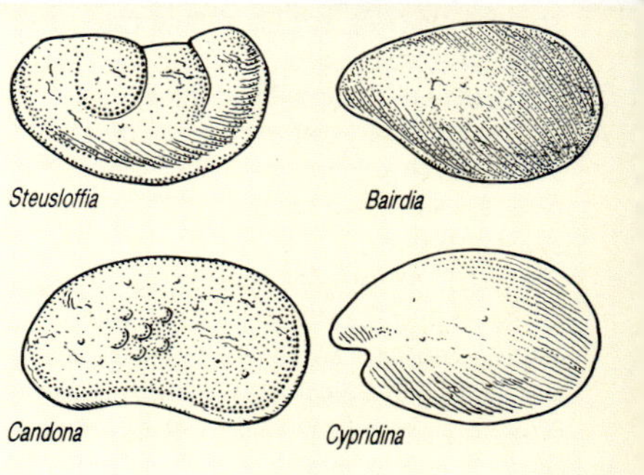

Classe des cirripèdes

Les cirripèdes constituent une classe tout à fait particulière parmi les crustacés. Ces animaux fixes n'ont été identifiés comme crustacés que par Darwin. Les formes juvéniles libres ressemblent aux ostracodes. Elles se fixent au sol par la tête. Puis l'animal sécrète une coquille externe formée de plaques triangulaires. Les appendices locomoteurs se transforment pour former des cirres flagellés, dont le rôle est de filtrer l'eau de mer pour y recueillir des particules nutritives, et de les porter à la bouche.

Chez les **lépadomorphes (anatifes)**, l'organe de fixation s'allonge pour former un pédoncule souple. Le corps est enfermé dans une coquille constituée de cinq plaques ovales, non calcaires. Ces cirripèdes, connus depuis le silurien, sont rares à l'état fossile.

Les **balanomorphes (balanes)** jouent un rôle plus important dans les faunes fossiles. Le corps, directement soudé au substrat, sécrète une coquille conique formée d'épaisses plaques calcaires de forme triangulaire. Les balanes sont fréquentes sur toutes les côtes. Les fossiles les plus anciens remontent au trias. Les plaques, même morcelées, sont aisément identifiables en raison de leur structure poreuse. Ces fossiles, parfois très nombreux dans les sédiments du crétacé et du tertiaire, permettent de localiser les faciès du littoral. ▷ 1

Classe des malacostracés

Connus depuis le cambrien, les malacostracés constituent, après les ostracodes, la seconde souche de développement des crustacés ayant laissé de nombreux vestiges fossiles. Comme les ostracodes, ils produisent une carapace bivalve, mais celle-ci n'englobe que le céphalothorax, laissant dépasser les segments libres qui constituent l'abdomen. Les appendices thoraciques sont des éléments locomoteurs biramés ; ceux de l'abdomen sont soit atrophiés, soit transformés pour remplir d'autres fonctions.

Sous-classe des phyllocarides

Les phyllocarides — du cambrien au dévonien — sont les ancêtres communs de tous les malacostracés. Les valves de la carapace sont séparées par une suture dorsale. A l'avant du corps vient s'insérer une plaque rostrale. Les appendices thoraciques biramés sont différents les uns des autres. Les segments abdominaux portent de petits appendices. Le nombre de segments est variable. Le dernier segment abdominal porte deux épines caudales (fourche). Le squelette est faiblement calcifié. Les sédiments du paléozoïque ancien contiennent parfois des restes de carapaces. ▷ 2

Sous-classe des eumalacostracés

Au dévonien apparaissent les premiers malacostracés supérieurs, qui connaissent une grande expansion à partir du trias. Les sutures entre les deux valves de la carapace et la plaque rostrale ont disparu. La carapace est donc unifiée, souvent très calcifiée, avec une tendance à la régression de cet élément chez certaines espèces. Le nombre des segments est fixe : 8 pour le thorax, 6, plus rarement 7, pour l'abdomen. Les appendices thoraciques sont des organes de marche, avec des branches plus réduites pour la natation. Les segments abdominaux portent de petits appendices courts et biramés. La fourche caudale est remplacée par une plaque terminale large, le telson.

Les malacostracés supérieurs comprennent les ordres suivants :

Les **Syncarida** à carapace atrophiée (surtout au permien) ▷ 3, les **Stomatopoda** (squilles) et les **Amphipoda** (depuis le trias), les **Isopoda**, dont une partie est devenue terrestre, ainsi que les **Schizopoda** et **Euphausiacea**, dont la carapace est bien développée, mais non calcifiée. Seuls les amphipodes et les isopodes sont très développés aujourd'hui : les autres groupes restent limités en nombre d'espèces. En paléontologie, tous ces groupes ont relativement peu d'intérêt, à part quelques trouvailles exceptionnelles.

Ordre des décapodes

Ce n'est que par cet ordre des décapodes que les crustacés sont bien représentés dans les faunes fossiles. Leur carapace est fortement calcifiée, et cet ordre a connu un grand déploiement depuis le jurassique. Depuis le crétacé, ils sont une composante importante des communautés marines. Sur les 8 paires d'appendices thoraciques, les 3 premières sont devenues des maxillipèdes, et jouent un rôle dans l'absorption de nourriture. Les 5 autres paires sont des pattes locomotrices, dont la branche natatoire s'est atrophiée. Ces appendices sont

1 Balanes 1 cm, dans une coquille d'huître, tertiaire : oligocène (bassin de Mayence, RFA)
2 Certiocaris papilio *9 cm, silurien (pays de Galles)*
3 Uronectes fimbriatus *1,7 cm, permien inférieur (Pfeffelbach, RFA)*

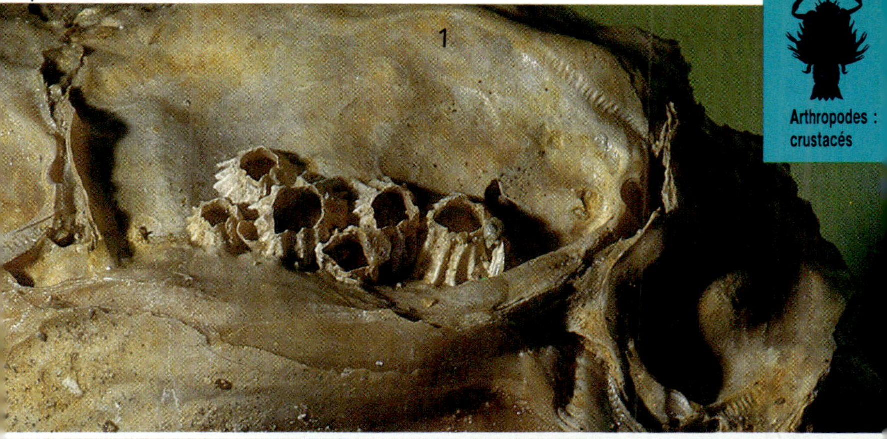

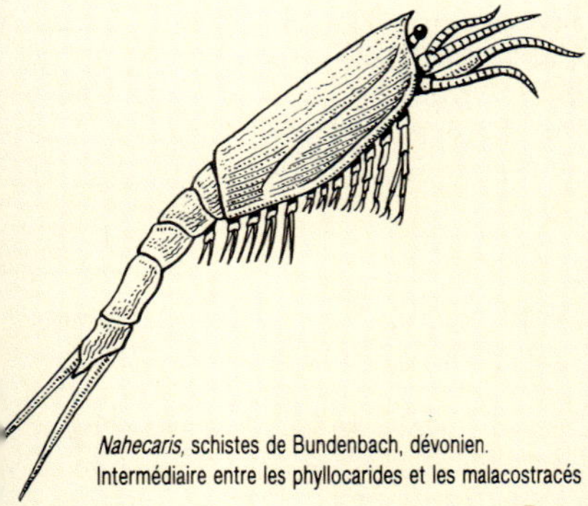

Nahecaris, schistes de Bundenbach, dévonien.
Intermédiaire entre les phyllocarides et les malacostracés

appelés péréiopodes (*pereion* = thorax). Quelques paires de péréiopodes, ou une seule, peuvent se terminer par une pince puissante, qui participe à la capture des proies.

Penaeus (= **Antrimpos**) — du permien à l'époque actuelle —, ce nom regroupe plusieurs genres semblables et comprend des formes nectoniques à corps long et cylindrique, et squelette externe faiblement calcifié. Les antennes sont très longues. Les 3 premières paires de péréiopodes portent des pinces. ▷ 1

Clytia — trias — a un corps trapu et un squelette fortement calcifié. La carapace céphalothoracique comporte 2 sillons transversaux. 3 paires de pinces, comme chez *Penaeus*.

Hoploparia — crétacé —, la première paire de pinces est très grande et longue. *Eryma* et *Hoploparia* sont les ancêtres de nos **homards** et **écrevisses**, qui ont également 3 paires de pinces.

Eryma — jurassique et crétacé — se distingue de *Clytia* par la première paire de pinces, de très grande taille.

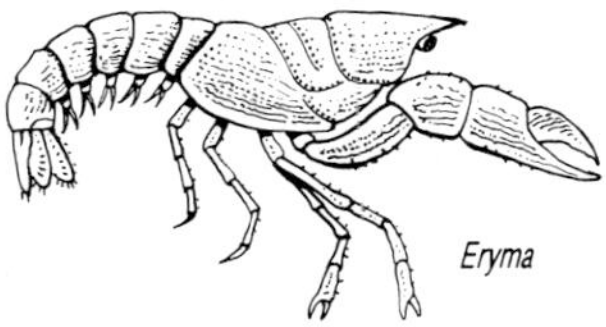

Eryma

Les **crevettes** sont un groupe très diversifié de crustacés nageurs, qui ont comme *Penaeus* une carapace fine, à peine calcifiée, et un corps relativement long et mince. Les crevettes se distinguent de *Penaeus* par le fait qu'elles ont tout au plus une paire de pinces, et souvent aucune. Elles sont rares et peu importantes parmi les fossiles. Une forme voisine est :

Callianassa — du jurassique supérieur à l'époque actuelle —, la carapace n'est pas calcifiée, mais la première paire de pinces l'est fortement. Ce crustacé est tubicole : il vit dans des terriers creusés dans les sédiments, surtout dans les régions sablonneuses. Les pinces sont typiques, avec un gros article de forme rectangulaire portant deux doigts courts ; elles constituent des fossiles fréquents du crétacé.

Pinces de *Callianassa*

Pagurus (bernard-l'ermite) — du jurassique supérieur à l'époque actuelle — abrite son corps dépourvu de carapace dans une coquille abandonnée par un gastropode. La paire de pinces antérieure est fortement calcifiée, comme chez *Callianassa*. Elle forme un épais renflement portant de courts doigts arqués, avec une surface généralement granuleuse. Les pinces de pagure se retrouvent dans les sédiments depuis le jurassique supérieur.

Pemphix — trias — a une forte carapace, légèrement aplatie dorso-ventralement, nettement divisée par des sillons et à surface granuleuse. Les segments abdominaux sont également très cuirassés dorsalement. Les pattes thoraciques, toutes dépourvues de pinces, se terminent par des griffes. ▷ 2

Pemphix
(partie antérieure)

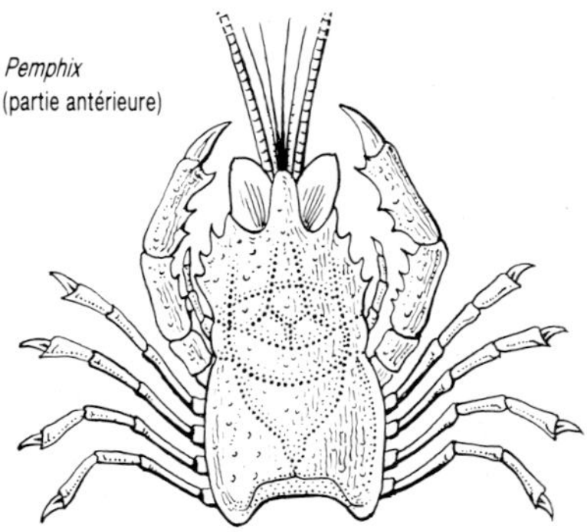

Glyphaea — trias et jurassique — a une carapace plus cylindrique, avec 2 sillons transversaux et 3 arêtes longitudinales sur chaque côté, en avant du sillon antérieur. Les pinces sont petites, les péréiopodes antérieurs moyennement allongés.

Mecochirus — jurassique — et **Meyeria** — crétacé — se distinguent de *Glyphaea* par la résorption des sillons transversaux, et des péréiopodes antérieurs très longs, sans pinces. ▷ 3

1 Aeger tipularius *20 cm de longueur (antennes comprises), jurassique : tithonien (Langenaltheim, RFA)*

2 Pemphix sueuri *8 cm, trias : muschelkalk (Haigerloch, RFA)*

3 Mecochirus longimanatus *13 cm, jurassique : tithonien (Solnhofen, RFA)*

1

2

3

Les formes dépourvues de pinces, comme *Pemphix* et *Glyphaea*, sont les ancêtres de nos **langoustes.**
Eryon — du jurassique à l'époque actuelle — constitue un genre très répandu au jurassique, dont les derniers représentants remontent au crétacé inférieur. Ses descendants, qui vivent dans les profondeurs des mers, ont très peu évolué depuis. La carapace fortement aplatie et élargie est marquée de sillons qui rappellent *Pemphix*. 4 paires de péréiopodes portent des pinces, la première est nettement plus longue que les autres. ▷ 1-2

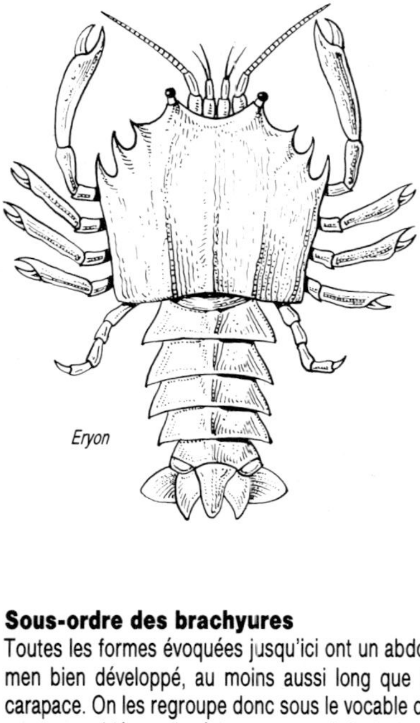
Eryon

Sous-ordre des brachyures

Toutes les formes évoquées jusqu'ici ont un abdomen bien développé, au moins aussi long que la carapace. On les regroupe donc sous le vocable de **macroures** (décapodes à longue queue). Il s'agit de formes qui se déplacent soit en marchant sur le sol, soit en nageant dans l'eau. Les **brachyures**, en revanche, regroupent des décapodes à l'abdomen très réduit, replié sous une carapace aplatie dorsoventralement. La première paire de péréiopodes porte toujours une pince ; les 4 autres paires sont des appendices locomoteurs bien développés. Les crabes descendent de crustacés de la famille de *Pemphix* et d'*Eryon*. Ils sont bien conservés à l'état fossile, grâce à une carapace calcifiée. Ils sont apparus au jurassique, ce sont des fossiles typiques et fréquents au crétacé, et surtout au tertiaire.

Galatheites — jurassique — a comme ses descendants actuels, les **Galathea**, une carapace cylindrique allongée, presque rectangulaire, avec un rostre triangulaire et un dessin typique des sillons. L'abdomen n'est que partiellement replié sous la carapace. Il s'agit d'une forme intermédiaire entre macroures et brachyures. ▷
Prosopon — jurassique. Représentant typique d'une classe très prolifique de petits brachyures primitifs. La carapace généralement rectangulaire allongée, très bombée, s'orne de 2 forts sillons transversaux. Les bords latéraux sont généralement arrondis. Il n'y a pas à proprement parler de rostre. On trouve, dans les profondeurs de la mer, des descendants de prosoponidés, qui ont peu évolué. ▷
Dromiopsis — crétacé supérieur —, mêmes dessins sur la carapace, mais forme plus large, plus aplatie, s'inscrivant presque dans un cercle. ▷ 3, ▷
Les **maiidés (Maiidae)** ont une carapace de forme triangulaire, très bombée, élargie vers l'arrière. Leur superficie est en relief. Les pattes locomotrices et les pinces sont fines. Ces crustacés assez rares parmi les fossiles deviennent un peu plus fréquents au tertiaire supérieur.
Les **ocypodidés (Ocypodidae)** ont une forme rectangulaire plutôt en largeur, avec un bord antérieur très large, des yeux portés par de longs pédoncules et 2 paires de pinces : une petite et une très grande. Ils sont connus depuis le tertiaire inférieur, mais ne deviennent relativement fréquents parmi les fossiles qu'au tertiaire supérieur. ▷
Cancer — du tertiaire inférieur à l'époque actuelle — et **Lobocarcinus** — tertiaire inférieur — ont une carapace ovale en largeur, avec le bord antérieur découpé, nettement décalé par rapport au bord postérieur.

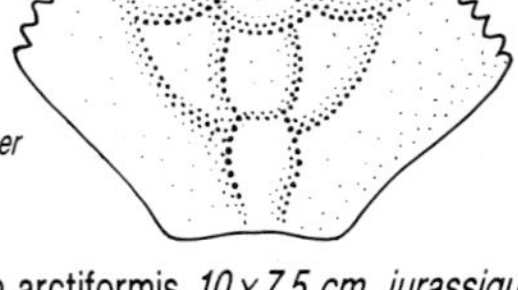
Cancer

1 Eryon arctiformis *10 x 7,5 cm, jurassique : tithonien (Langenaltheim, RFA)*
2 Eryon arctiformis *sur le dos, 8 x 8 cm, jurassique : tithonien (Langenaltheim, RFA)*
3 Carapace de crabe, 2,3 cm, crétacé (Faxe, Danemark)

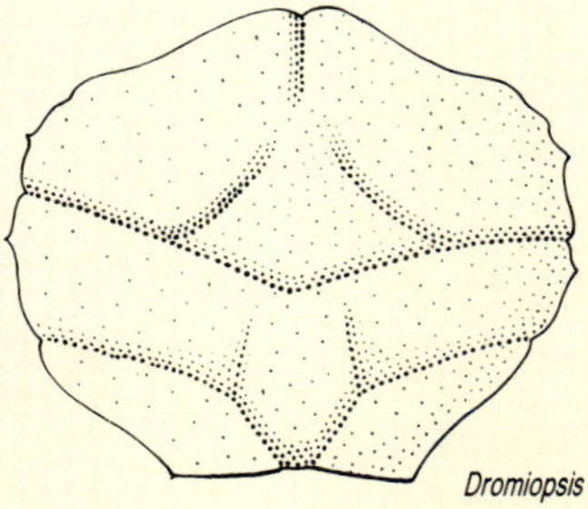

Dromiopsis

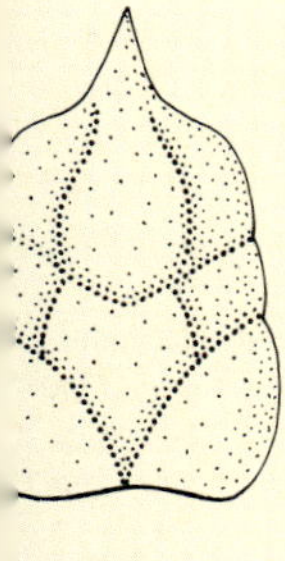

Galatheites

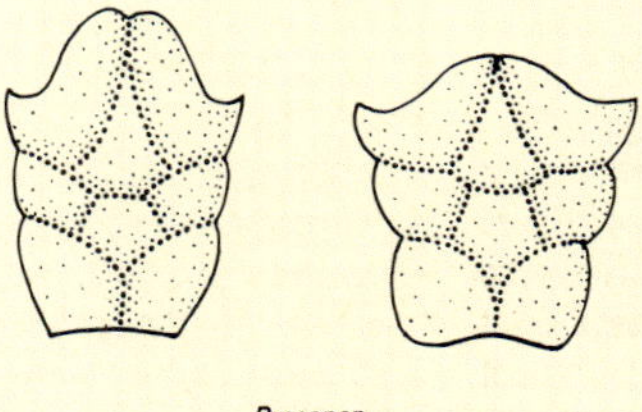

Prosopon

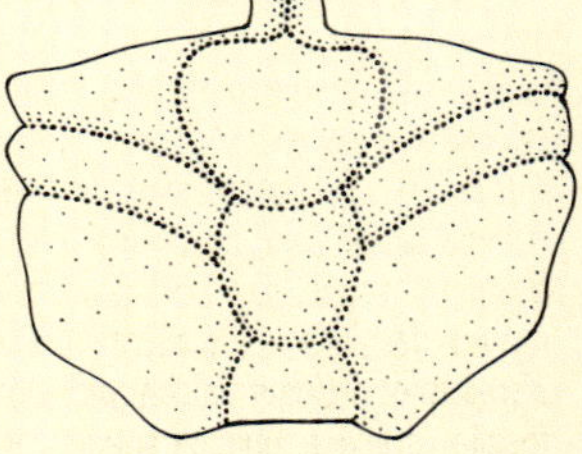

Ocypodidae

Carcinus — du tertiaire inférieur à l'époque actuelle —, la carapace trapézoïdale est moins fortement élargie ; son bord antérieur est dentelé. ▷

Portunus — du tertiaire inférieur à l'époque actuelle —, la carapace s'inscrit à peu près dans un hexagone, et son bord antérieur est dentelé. Les dernières pattes thoraciques sont aplaties en palette, et servent d'organes de natation. L'éminence thénar (protubérance de la pince) est de forme rectangulaire allongée, avec des arêtes longitudinales. ▷

Neptunus — du tertiaire inférieur à l'époque actuelle — se distingue de *Portunus* par la forme de la carapace, plus large.

Titanocarcinus — du crétacé supérieur au miocène —, **Coeloma** — tertiaire inférieur —, **Plagiolophus** — tertiaire inférieur —, et **Xanthilites** — tertiaire inférieur — ▷ illustrent la grande prolifération de formes diverses dans ce groupe des brachyures jusqu'à l'époque actuelle. La carapace est ovale en largeur ou subquadrangulaire ; le bord rostral large et lisse porte une incision médiane. Le bord antérieur est moyennement denté. La disposition des sillons, plus ou moins nombreux, sur la superficie constitue le critère d'identification de ces différents genres, dont les limites fluctuent.

Grapsus — du tertiaire inférieur à l'époque actuelle — est le représentant type d'une famille à carapace plus ou moins carrée ; le bord rostral est très large, et la superficie est peu marquée par les sillons qui la divisent.

Notopocorystes — albien et cénomanien — représente un genre très répandu au crétacé. La carapace aplatie est de forme rectangulaire allongée, et nettement marquée par les sillons. Les bords latéraux sont bien séparés du bord antérieur, mais il n'y a pas de séparation entre les parties antérieure et postérieure des bords latéraux. Les pinces ont de fortes éminences thénars, et des doigts très courts, le fixe étant plus court que le mobile. Ce caractère détermine, ainsi que la structure de la région buccale, la position particulière de ce genre parmi les brachyures. ▷

Ranina — représentant typique d'une famille essentiellement du tertiaire inférieur — se rattache à *Notopocorystes*. Carapace aplatie, rectangulaire ou ovale allongée, avec un bord latéral continu, mais nettement séparé du bord antérieur. Les sillons sont très effacés, mais des rayures transversales apparaissent souvent. Tout comme chez *Notopocorystes*, les pinces ont des doigts très courts. ▷

Necrocarcinus — de l'albien au maestrichtien —, large carapace de forme subquadrangulaire, avec 2 sillons longitudinaux plus ou moins marqués, *Necrocarcinus* a des pinces semblables à celles de *Notopocorystes*, avec des doigts très courts. Ces deux genres ont également une zone buccale semblable. ▷

Calappa — du tertiaire inférieur à l'époque actuelle —, carapace plus ou moins arrondie, avec des sillons fortement effacés, rappelant *Necrocarcinus*. La superficie a un relief prononcé. La pince a de fortes éminences thénars et des doigts très courts. Ce descendant de *Necrocarcinus* montre un degré d'évolution supérieur.

Les brachyures ont produit jusqu'à notre époque une diversité croissante de formes, dont les principaux représentants sont décrits ci-dessus. Ce sont surtout les formations tertiaires qui fournissent d'intéressants fossiles de crabes.

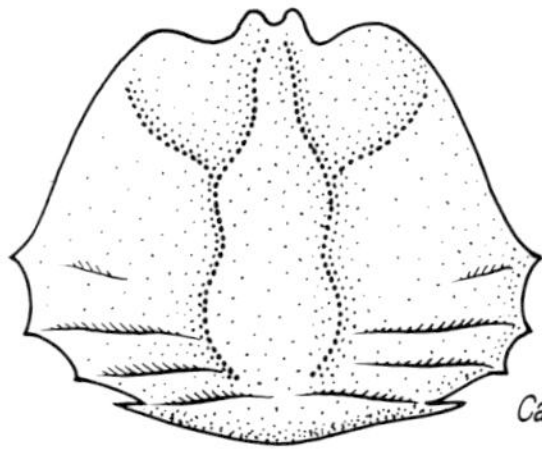

Calappa

Embranchement des *Tentaculata* (ou lophophoriens)

Les *Tentaculata* constituent un embranchement d'invertébrés ayant un niveau d'organisation assez primitif. Ils vivent généralement fixés sur un substrat ; leur intestin se recourbe en « U », et la bouche est entourée d'une couronne de tentacules typiques (lophophore).

Cet embranchement comprend les **brachiopodes**, très fréquents et importants au paléozoïque, et les **bryozoaires**, qui ont un aspect très différent et vivent toujours en colonies.

Coeloma helmstedtense *12 cm, tertiaire : éocène (Helmstedt, RFA)*

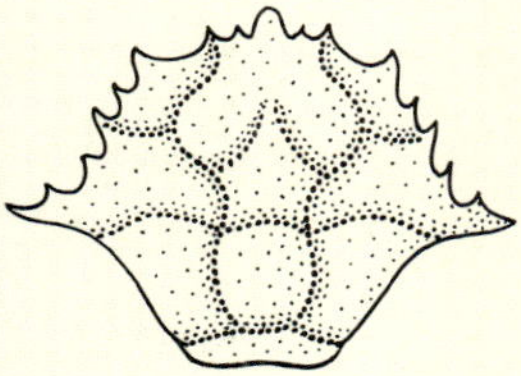

Psammocarcinus

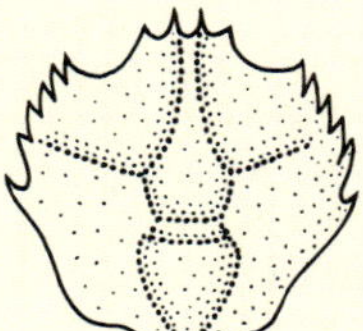

Portunus

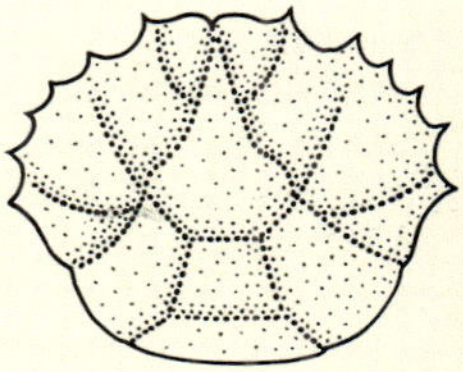

Titanocarcinus

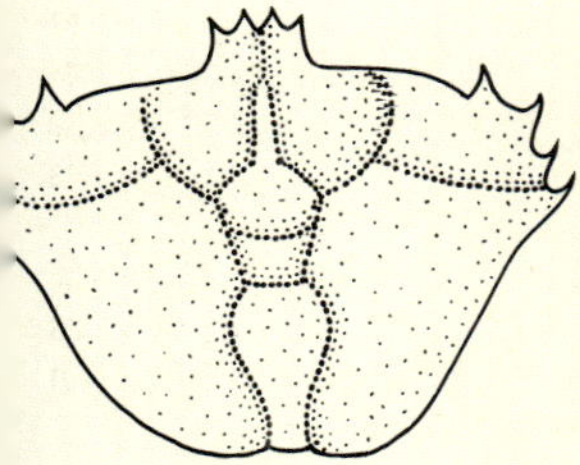

Coeloma

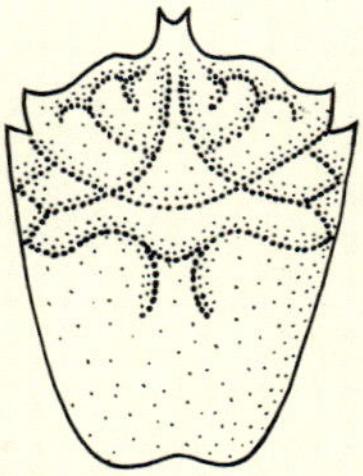

Notopocorystes

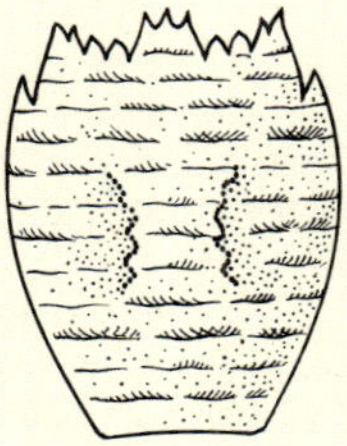

Ranina

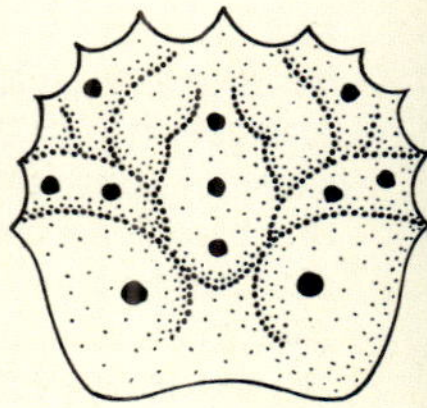

Necrocarcinus

Les brachiopodes ont, tout comme les bivalves, une coquille à 2 valves, et Linné les avait initialement rattachés à cette classe de mollusques. Mais il y a entre bivalves et brachiopodes une différence essentielle. Chez les premiers, les deux valves croissent depuis la face dorsale, sur les flancs droit et gauche, vers la face ventrale, et sont séparées par un plan de symétrie. Chez les brachiopodes, en revanche, les valves partent de l'extrémité postérieure du corps, et s'allongent vers l'avant, l'une étant dorsale, et l'autre ventrale. La partie initiale de la coquille (le crochet) est postérieure, le bord opposé est le bord antérieur, ou frontal. Le plan de symétrie sépare chaque valve en deux parties : la gauche et la droite.

La partie postérieure du corps est prolongée par un pédoncule, qui sert à fixer l'animal sur son substrat, et passe soit entre les crochets des 2 valves, soit par un orifice spécial dans la valve ventrale : le foramen. La valve ventrale est donc aussi appelée valve pédonculaire. L'ouverture buccale en position antérieure est entourée de 2 bras, généralement enroulés en spirale, qui sont garnis de tentacules ou cirres : c'est le lophophore. Ce dernier est souvent armé d'un appareil de soutien calcaire (squelette) : le brachidium. Le brachidium étant porté par la valve dorsale, celle-ci reçoit souvent le nom de valve brachidiale.

La fermeture des valves est assurée par un muscle adducteur allant de l'une à l'autre. Les 2 valves se formant indépendamment l'une de l'autre, elles ne sont pas reliées par un ligament. L'ouverture se fait par l'action d'un muscle diducteur, qui va du bord postérieur de la valve brachidiale prolongé en élément articulaire vers la valve pédonculaire, à l'avant. La situation et la forme des insertions musculaires (adducteurs et diducteurs) peuvent constituer des éléments de détermination importants. Un processus articulaire rappelant la charnière des bivalves, mais en plus simple, se trouve chez les brachiopodes supérieurs. Le squelette brachidial constitue également un critère d'identification intéressant, de même que le foramen (orifice du pédoncule dans la valve pédonculaire).

La coquille est cornée, ou, dans la majorité des cas, calcaire, plus précisément calcitique. La conservation des coquilles est donc beaucoup plus fréquente chez les brachiopodes que chez les mollusques, puisqu'une grande partie d'entre eux ont une coquille aragonitique. La coquille calcitique est constituée de fines fibres, parallèles à la superficie dans la couche supérieure, perpendiculaires dans la couche interne. Dans certaines familles, elle est perforée de canaux poreux (structure ponctuée).

Classe des brachiopodes inarticulés *(Inarticulata)*

Les brachiopodes inarticulés ont une coquille composée de chitine et de phosphate, ou encore de calcaire. Ils ne possèdent ni charnière ni brachidium.

Ordre des Atremata

Le pédoncule sort entre les bords postérieurs des 2 valves ; il est long et souple. La coquille est faite de chitine imprégnée de phosphate de chaux.

Lingula — de l'ordovicien à l'époque actuelle — a une forme ovale allongée. Les 2 valves moyennement bombées sont pratiquement identiques. Ce genre n'a pratiquement subi aucune modification depuis sa première apparition à l'ordovicien. *Lingula*, qui vit encore à notre époque, peuple les zones littorales à sédiments argileux ou sablonneux. Le pédoncule long et épais est profondément ancré dans le sable. La coquille se dresse à la verticale, le bord antérieur en haut. Les coquilles de *Lingula* sont des fossiles relativement fréquents à presque toutes les époques géologiques, surtout dans les faciès littoraux (couches à *Lingula*).

Lingulella — du cambrien à l'ordovicien — se distingue par le fait que la zone du crochet est souvent un peu pointue, et que la valve pédonculaire comporte un sillon plat pour le passage du pédoncule.

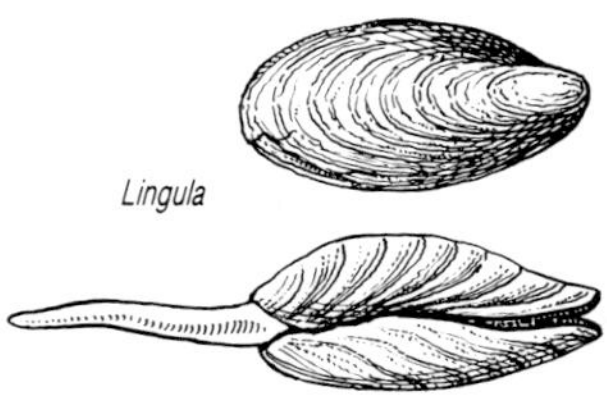

Lingula tenuissima *0,8 cm, trias : keuper (Obersontheim, RFA)*

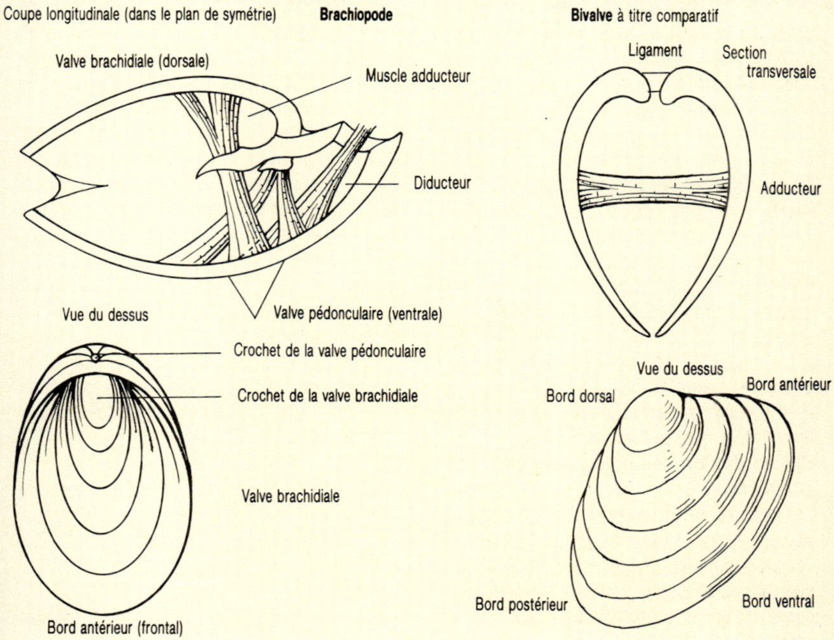
Coupe longitudinale (dans le plan de symétrie)
Brachiopode
Bivalve à titre comparatif
Valve brachidiale (dorsale)
Muscle adducteur
Diducteur
Valve pédonculaire (ventrale)
Ligament
Section transversale
Adducteur
Vue du dessus
Crochet de la valve pédonculaire
Crochet de la valve brachidiale
Valve brachidiale
Bord antérieur (frontal)
Vue du dessus
Bord dorsal
Bord antérieur
Bord postérieur
Bord ventral

Obolus — cambrien et ordovicien inférieur — est de forme circulaire ou ovale. La coquille est cornée ou calcaire. Le bord postérieur de la valve pédonculaire dépasse celui de la valve brachidiale, et comporte un sillon pour le passage du pédoncule. ▷

Ordre des Neotremata

La valve pédonculaire est posée sur le substrat. Elle est percée d'un orifice pédonculaire situé juste en avant du crochet, lui-même en position centrale ou subcentrale. La coquille croît depuis le crochet dans toutes les directions, adoptant ainsi une forme plus ou moins circulaire, avec un crochet central. La valve brachidiale supérieure suit le même schéma de développement. La coquille est formée de chitine imprégnée de phosphate ou de calcaire.

Acrotreta — cambrien et ordovicien —, la coquille cornée-calcaire comporte une valve pédonculaire conique et une valve brachidiale plate, posée sur la première à la manière d'un couvercle. Le crochet et l'orifice pédonculaire de la valve dorsale sont situés au sommet du cône, qui pointait vers le bas du vivant de l'animal. ▷

Orbiculoidea — de l'ordovicien au crétacé — a une coquille formée de chitine, ou de chitine et de calcaire, de forme plate et arrondie. L'orifice pédonculaire en forme de fente est situé juste en avant du crochet de la valve dorsale. Celle-ci est plate, et posée sur le substrat. La valve brachidiale est en cône plat, avec un crochet pointu en position centrale. *Orbiculoidea* se trouve souvent fixé à des coquilles de mollusques. ▷

Discinisca — du trias à l'époque actuelle. La coquille est cornée, très semblable à *Orbiculoidea*, et souvent fixée sur des coquilles de mollusques.

Crania — de l'ordovicien à l'époque actuelle — a une coquille fortement calcifiée, directement soudée au substrat. La valve pédonculaire fixée n'a donc plus d'orifice pédonculaire. La forme de la coquille est arrondie ou subquadrangulaire. La valve brachidiale supérieure, moyennement bombée, s'orne souvent de côtes radiales rayonnant autour du crochet central. *Crania* est très répandu à l'ordovicien, connaît une forte régression, puis à nouveau une phase d'expansion au crétacé. ▷

Classe des brachiopodes articulés *(Articulata)*

Les brachiopodes articulés ont produit une profusion de formes, surtout au paléozoïque, dont ils comptent parmi les fossiles les plus fréquents et les plus caractéristiques. Ils possèdent une charnière et un brachidium, et leur coquille est toujours calcaire. Les bords postérieurs des deux valves constituent une charnière, d'abord rectiligne chez les formes les plus primitives, puis plus courte, mais courbée. Les deux bords postérieurs s'articulant directement l'un sur l'autre, la région du crochet de la valve pédonculaire possède un orifice triangulaire pour le passage du pédoncule, qui va s'élargissant depuis le crochet jusqu'au bord postérieur. Cet orifice relativement large, le delthyrium, est fermé dans les formes supérieures par des plaques de calcaire qui se forment depuis le bord de la valve, ce qui donne un orifice circulaire. Les plaques de calcaire qui rétrécissent ainsi l'orifice du pédoncule constituent le deltidium. La systématique utilise la nature et la forme des plaques deltidiales, ainsi que la situation et la taille du foramen (orifice pédonculaire). Mais ces détails ne peuvent être étudiés que sur des spécimens en parfait état de conservation. Le deltidium est encadré de chaque côté par une dent cardinale simple, qui vient s'insérer dans une fossette de la valve brachidiale. Entre les 2 dents de la valve pédonculaire est située une protubérance dirigée vers l'arrière : le processus cardinal.

Le muscle adducteur se rattache sur la valve pédonculaire en position plus ou moins ventrale ; il se divise en deux branches, et possède donc 2 insertions sur la valve brachidiale. Le diducteur se rattache au processus cardinal, oblique vers l'avant de la valve pédonculaire, et se divise également en 2 branches qui entourent le muscle adducteur. La valve pédonculaire présente donc une insection de l'adducteur flanquée de 2 insertions du diducteur.

Le squelette brachidial commence près du bord cardinal de la valve brachidiale. Dans le cas le plus simple, on n'a que de petites plaques courtes et triangulaires : les brachiophores. Dans les formes plus évoluées, ces plaques peuvent être remplacées par des saillies courtes et étroites pointées vers l'avant : les cruras. Lorsque les lophophores sont très développés, on observe un squelette brachidial formé d'une lamelle de calcaire à disposition hélicoïdale (squelette hélicopegmatique). Parfois, le squelette brachidial est constitué d'une plaque en forme de ruban recourbé, on emploie alors le terme d'ancylopegmatique. La forme du squelette brachidial est un critère de classification important.

Les **Orthida** sont exclusivement paléozoïques. Le bord cardinal, rectiligne, peut être relativement long. Le delthyrium reste toujours ouvert, sans

Orbicula papyracea *1 cm, jurassique : toarcien (Dotternhausen, RFA)*

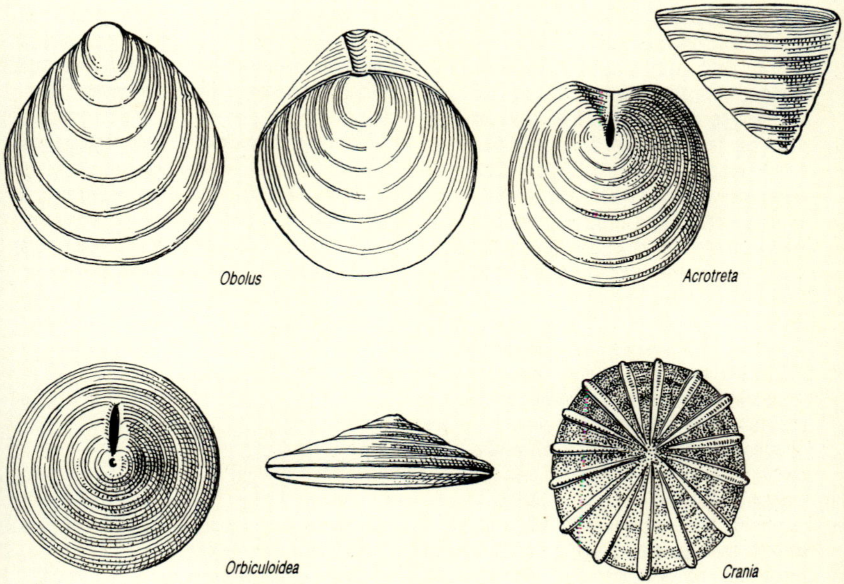
Obolus
Acrotreta
Orbiculoidea
Crania

formation de deltidium. Le squelette brachidial est constitué de brachiophores ou cruras simples. Parfois, l'une des valves est très plate : la coquille, de biconvexe, devient alors plane-convexe. La superficie s'orne généralement de stries radiales.
Platystrophia — ordovicien et silurien —, coquille biconvexe fortement bombée ; fortes côtes radiales. ▷
Orthis — de l'ordovicien au dévonien — a également le bord cardinal rectiligne. La coquille est moins bombée, biconvexe ou plane-convexe avec la valve brachidiale plane. Les côtes radiales sont plus fines que chez *Platystrophia*. Ce terme recouvre plusieurs genres proches.
Dalmanella — de l'ordovicien au dévonien —, le bord cardinal est plus court, la coquille biconvexe moyennement bombée, et les côtes radiales fines. Se distingue essentiellement par les perforations de la coquille.
Schizophoria — de l'ordovicien au permien —, la coquille est également perforée ; le bord cardinal est plus court, et parfois courbé. Coquille bombée biconvexe à très fines stries radiales. Ce genre est très répandu au dévonien. ▷ 1
Enteletes — carbonifère et permien —, coquille également perforée, à bord cardinal court, fortement bombée (biconvexe), et marquée de quelques fortes côtes radiales.

Les **Strophomenida**, presque exclusivement paléozoïques, avec quelques derniers représentants au jurassique, se caractérisent par un long bord cardinal rectiligne, qui correspond à la largeur maximale de la coquille. La forme est donc semi-circulaire. La coquille est plane-convexe ou concavo-convexe : la valve concave se pose sur la convexe, ce qui réduit le volume interne de la coquille. Le delthyrium est presque entièrement fermé par le deltidium ; seules les formes primitives conservent un petit foramen. Après la régression du pédoncule, la coquille se fixe parfois dans le sédiment au moyen d'épines. La superficie s'orne généralement de fines stries.
Plectambonites — ordovicien et silurien — a une forme très large. La valve brachidiale, concave, est posée sur la valve pédonculaire convexe. La surface de la coquille s'orne de fines côtes radiales espacées entre elles.
Leptaena — de l'ordovicien au dévonien — a également une coquille concavo-convexe, mais moins large. La partie périphérique de la coquille forme un coude recourbé vers la partie centrale. Fines côtes radiales et rides concentriques peu profondes marquent le relief. ▷ 2
Strophomena — ordovicien. Coquille de forme semi-circulaire, avec de fines côtes radiales, des plis concentriques, et une forme semblable à *Leptaena*. Se distingue de ce genre par le fait que la partie périphérique de la coquille se recourbe : la valve brachidiale devient alors convexe, et la valve pédonculaire concave vient s'appliquer sur son bord. ▷ 3
Orthothetes — de l'ordovicien au permien — a une valve brachidiale convexe moyennement bombée ; la valve pédonculaire est plate ou faiblement concave. Fines côtes radiales.
Streptorhynchus — carbonifère et permien —, légèrement biconvexe.
Chonetes — du silurien au permien. Large coquille à long bord cardinal rectiligne. La valve brachidiale concave rentre dans la valve pédonculaire convexe. Fines côtes radiales. ▷
Productella — dévonien. Coquille de forme semi-circulaire, fortement concavo-convexe. La superficie est lisse, avec des plis concentriques et des épines servant à l'ancrage dans le sédiment. Ce genre fait le lien avec les **Productus**, très répandus au carbonifère et au permien : la valve pédonculaire est très bombée, et la valve brachidiale concave. Comme chez les strophoménidés, le pédoncule est atrophié, et le delthyrium totalement fermé. L'ancrage dans le sédiment se fait par des épines très importantes. L'ornementation de la superficie est variable. Constituée initialement de fines côtes radiales, ses particularités permettent d'établir la distinction entre les genres. **Gigantoproductus**, qui dépasse 30 cm de largeur, est le plus grand des brachiopodes. **Dictyoclostus** a de nombreuses fines côtes radiales, quelque peu irrégulières. Chez **Linoproductus**, ces côtes sont d'une très grande finesse, et des épines irrégulièrement réparties viennent compléter l'ornementation. **Horridonia** porte des stries concentriques et de fortes épines.

1 Schizophoria schnuri biscissa *3,5 et 4 cm, dévonien (Baselt, Eifel, RFA)*
2 Leptaena sp. *5 cm, ordovicien (Siljan, Suède)*
3 Strophomena rhomboidales *4 cm, ordovicien (Öland, Suède)*

1

2

3

Face interne des brachiopodes primitifs

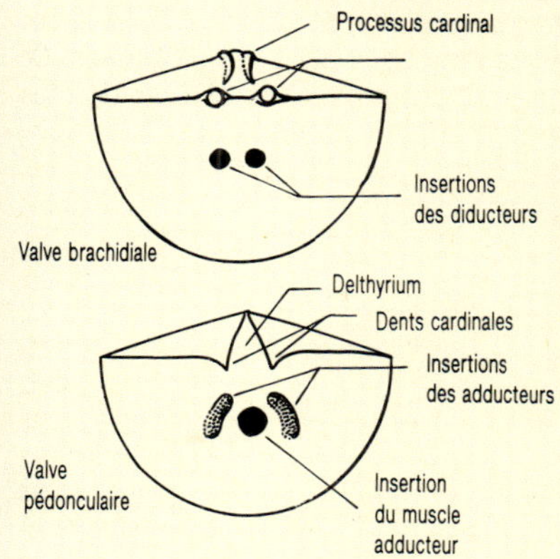

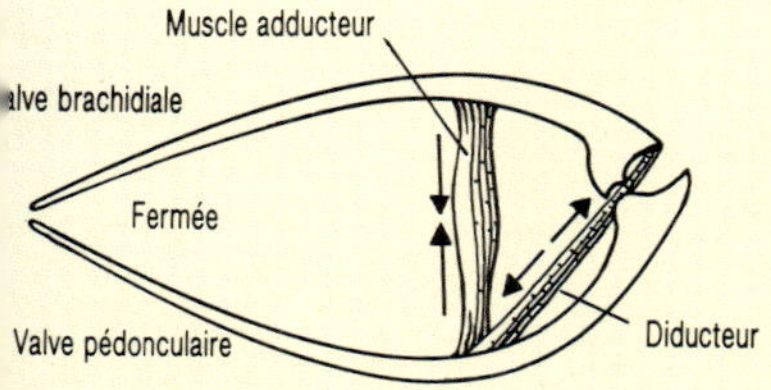

Système d'ouverture

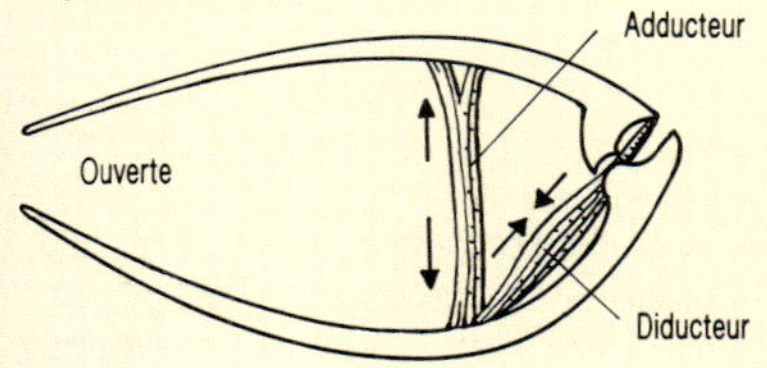

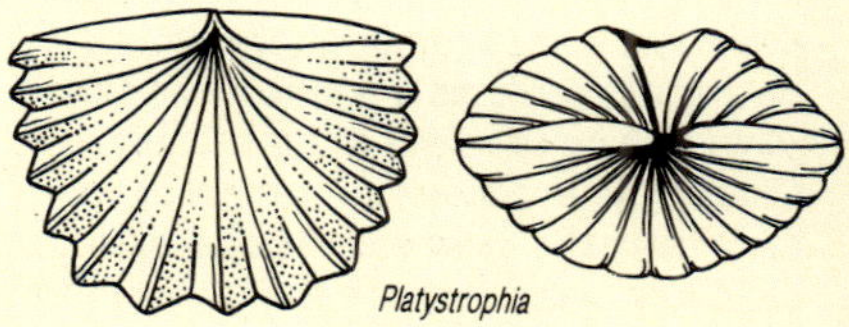
Platystrophia

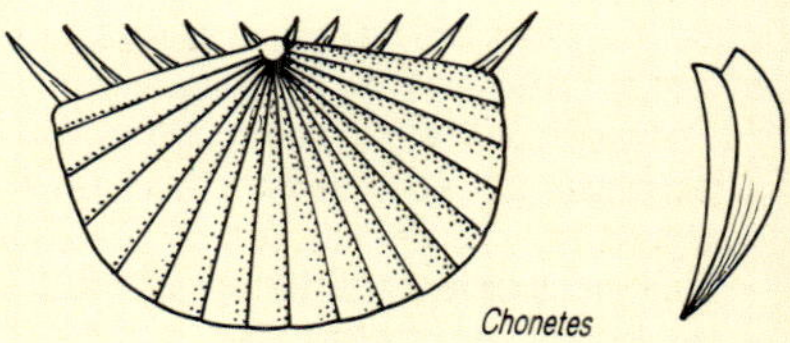
Chonetes

Strophalosia — du dévonien au permien — a une forme de coquille semblable à *Productus*, mais plus irrégulière. La surface est lisse ou ornée de plis concentriques, avec de multiples petites épines. Ce brachiopode est souvent soudé au substrat par le crochet de la valve bombée.

Oldhamina — carbonifère et permien — a une valve pédonculaire fortement bombée, et une valve brachidiale découpée.

Richthofenia — permien —, soudé au substrat par la région apicale de la valve pédonculaire, ce brachiopode s'évase vers le haut en forme de coupe. La valve brachidiale est un couvercle simple. La coquille de ce brachiopode a subi une déformation qui rappelle celle des *Hippurites*, chez les bivalves, et seul l'examen de la structure interne permet de détecter l'appartenance à cette classe.

Les **Pentamerida**, exclusivement paléozoïques, ont un delthyrium ouvert, triangulaire, mais un bord cardinal court et arqué. La coquille est de forme ovale allongée. Les 2 valves sont toujours très bombées, la pédonculaire plus grande que la brachidiale dont le crochet est fortement saillant. Les dents cardinales de la valve pédonculaire sont protégées par des plaques calcaires qui se réunissent au milieu pour former un septe médian. Cet élément supplémentaire du squelette, caractéristique de ce groupe, est appelé spondylium.

Porambonites — ordovicien et silurien — a une coquille biconvexe fortement bombée, avec une superficie lisse. ▷ 2

Pentamerus — silurien — est également lisse, un peu moins bombé mais toujours biconvexe, et se distingue par un crochet plus nettement saillant sur la valve pédonculaire. Ces 2 genres sont des fossiles stratigraphiques importants, surtout au silurien.

Conchidium — de l'ordovicien au dévonien — a un crochet saillant en forme de bec sur la valve pédonculaire. La superficie s'orne de côtes radiales.

Clitambonites — ordovicien — possède un spondylium comme les *Pentamerida*, mais s'en distingue par ailleurs si nettement qu'il constitue probablement une branche indépendante de brachiopodes, qui a vécu peu de temps. Le bord cardinal est rectiligne, et la coquille est de forme semi-circulaire, biconvexe, avec une valve pédonculaire plus bombée. Un deltidium obture le delthyrium, ne laissant qu'un foramen fort étroit, de forme circulaire. Côtes radiales.

Les **Rhynchonellida** sont également apparus à l'ordovicien, mais, contrairement aux genres précédents, ils se sont maintenus jusqu'à l'époque actuelle. La coquille biconvexe s'inscrit dans un cercle ou un triangle ; la valve pédonculaire a un crochet saillant, en forme de bec. Le bord cardinal est court et arqué. Le delthyrium est partiellement obturé par un deltidium qui laisse un foramen circulaire, de taille moyenne, sous le crochet. Le brachidium est composé de cruras simples. Des septes médians peuvent apparaître sur la face interne d'une valve, ou des deux. Les côtes radiales sont alternées d'une valve sur l'autre, ce qui donne un bord externe en zigzag.

La forme globale de la coquille varie relativement peu. Les nombreux genres se distinguent par les particularités du squelette interne (cruras, septes médians), observables uniquement sur des spécimens bien conservés. Dans la pratique, on emploie donc le terme générique de **Rhynchonella**. ▷ 1

Lacunosella — du jurassique supérieur au crétacé inférieur — a un petit nombre de grosses côtes radiales aiguës, et un grand sinus. C'est une forme très répandue, typique du jurassique supérieur. ▷ 3

1 Cymatorhynchia quadriplicata *4 cm, jurassique : bajocien (Caen)*

2 Porambonites sp. *5 cm, ordovicien, dépôts alluvionnaires (Schleswig-Holstein, RFA)*

3 Lacunosella trilobata *3 cm, jurassique : tithonien (Sigmaringen, RFA)*

1

2

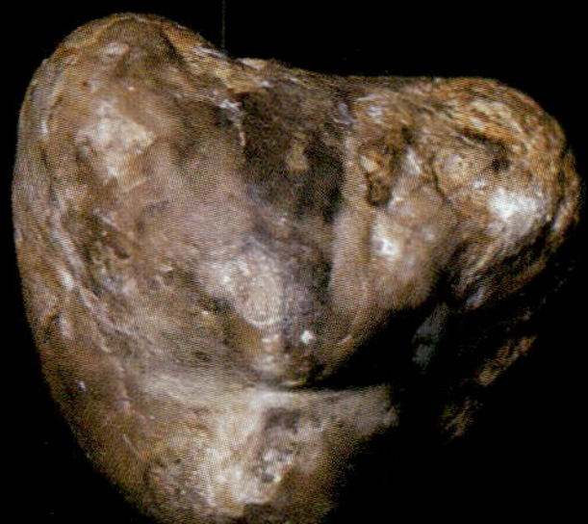

3

Torquirhynchia — jurassique supérieur — se distingue par des côtes légèrement plus fines, et plus nombreuses, et surtout par la torsion qui décale les valves l'une par rapport à l'autre. ▷ 1

Wilsonia — silurien et dévonien. La coquille, très bombée, est presque sphérique, avec un crochet à peine saillant et de nombreuses côtes radiales assez grosses.

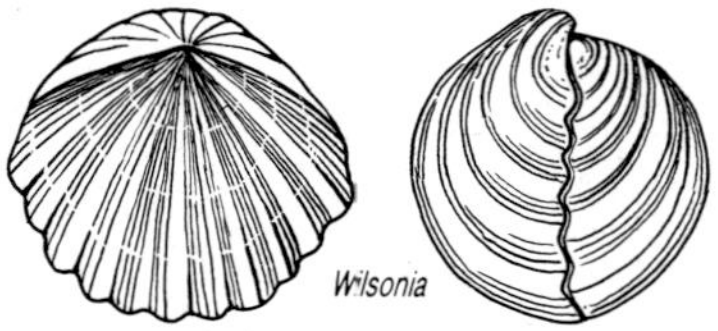
Wilsonia

Camarotoechia — silurien et dévonien — est moins bombée, avec un crochet plus saillant. Les côtes radiales sont moins nombreuses.

Pugnax — du dévonien au permien — est de forme étirée en largeur, avec un crochet peu saillant. Les côtes radiales sont presque totalement absentes, ou peu nombreuses et très larges. Le pli médian est très marqué et large.

Les **Spiriferida** sont essentiellement paléozoïques, avec quelques descendants atteignant le jurassique inférieur. Ils sont d'une extraordinaire diversité. Toutes ces formes ont en commun un squelette brachidial hélicopegmatique, et un delthyrium

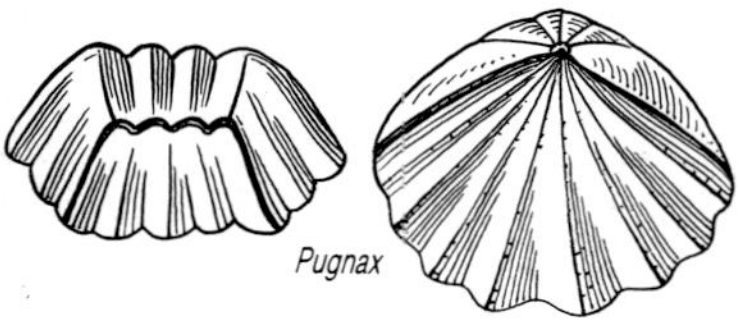
Pugnax

fermé, ne laissant ouvert qu'un foramen circulaire, juste sous le crochet.

Atrypa — de l'ordovicien au dévonien. La coquille biconvexe est moyennement bombée, de forme arrondie, avec un bord cardinal court et rectiligne. La superficie s'orne de fines côtes radiales. Le brachidium s'enroule en spirale et forme deux cônes opposés par le sommet. ▷ 2

Glassia — silurien et dévonien — se distingue par une ligne cardinale plus courte et arquée, une coquille de forme pratiquement circulaire, et une superficie lisse.

Meristina — silurien. Coquille biconvexe moyennement bombée, s'inscrivant dans un pentagone. Superficie lisse. L'enroulement basal du brachidium est parallèle au plan médian, la pointe tournée vers l'extérieur.

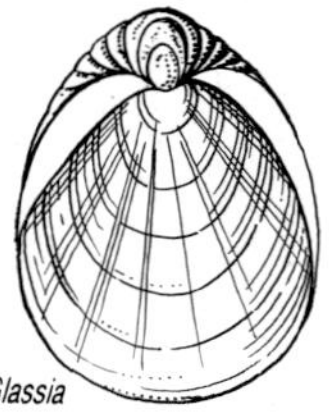
Glassia

Meristina

Dayia — silurien. Petite coquille ovale allongée ou circulaire. Relativement bombée, avec de très faibles côtes radiales. Le brachidium est parallèle au plan médian. Fossile stratigraphique du silurien supérieur.

Uncites — dévonien moyen. Coquille biconvexe très bombée. De forme ovale allongée ou triangulaire. Le crochet pointu de la valve pédonculaire se courbe vers l'avant à la manière d'un bec. Le grand deltidium concave est percé sous le crochet d'un foramen circulaire. Fines côtes radiales. ▷ 3

Athyris — dévonien, avec quelques descendants jusqu'au trias — se distingue (avec une forme semblable) par des valves légèrement plus bombées, et une superficie parfois ornée de fines épines. ▷ 4

Retzia — dévonien — s'inscrit dans une forme plus nettement circulaire. Les côtes radiales sont bien prononcées, et relativement éloignées. ▷ 5

Les **Sipriferidina** se distinguent des genres présentés jusqu'ici par leur ligne cardinale rectiligne, souvent très prolongée, de telle sorte que la coquille est généralement plus large que longue. Le crochet de la valve pédonculaire est séparé de la ligne cardinale

1 Torquirhynchia inconstans *5 cm, jurassique : tithonien (Zwiefalten, RFA)*

2 Planatrypa collega *3,5 cm, dévonien (Blankenheim, Eifel, RFA)*

3 Uncites gryphus *5 cm, dévonien : givétien (Bergisch Gladbach, RFA)*

4 Athyris concentrica *2,5 cm, dévonien (Zingsheim, Eifel, RFA)*

5 Retzia ferita *1 cm, dévonien (Niederhersdorf, Eifel, RFA)*

1
2
3
4
5

par une zone triangulaire, l'area. La superficie porte le plus souvent de fortes côtes radiales. La valve brachidiale présente un fort renflement médian, et la valve pédonculaire un sinus. Le brachidium comporte de nombreux enroulements, et pointe généralement vers l'extérieur.

Cyrtia — silurien et dévonien — a une area triangulaire très haute, ce qui donne à la valve pédonculaire une forme conique. La ligne cardinale est moyennement prolongée. Superficie lisse ou finement striée.

Spirifer — du silurien supérieur au permien —, ce nom recouvre en réalité de nombreux genres semblables, ayant en commun une ligne cardinale très prolongée et de fortes côtes radiales. Les formes les plus anciennes ont en général un petit nombre de côtes radiales prononcées, le renflement médian étant dépourvu de côtes. A partir du dévonien moyen, les côtes deviennent plus nombreuses et plus fines, et envahissent le renflement. Mais on rencontre encore au carbonifère et au permien des formes avec un sinus médian nettement marqué, et sans côtes. Les *Spirifer* sont des fossiles stratigraphiques intéressants au dévonien et au carbonifère. ▷ 1-2

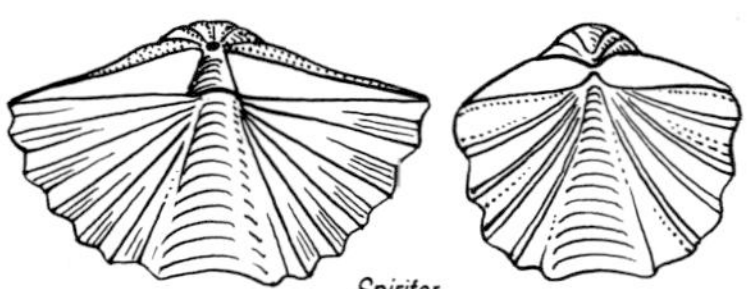

Spirifer

Cyrtina — du silurien au permien — a une forme de coquille rappelant *Cyrtia*, mais s'en distingue essentiellement par les côtes radiales et les perforations de la coquille.

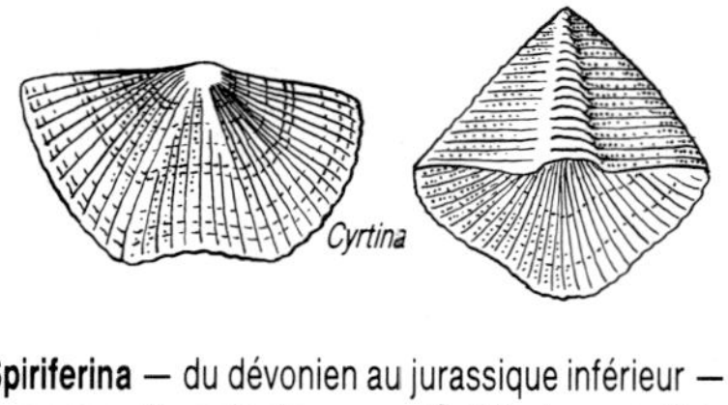

Cyrtina

Spiriferina — du dévonien au jurassique inférieur — a une coquille moins large que *Spirifer*. La superficie s'orne de grosses côtes radiales ou reste lisse. Le sinus est généralement très marqué. La coquille est perforée. ▷ 3

Reticularia — dévonien et carbonifère. Coquille perforée, avec une ligne cardinale courte et rectiligne. Forme presque circulaire. Pas de côtes radiales ; sinus assez peu prononcé.

Martinia — carbonifère. Même forme de coquille, mais se distingue par un sinus plus prononcé.

Les **Terebratulida** ne font leur apparition qu'au silurien supérieur, et se développent essentiellement au mésozoïque. Au crétacé, ils commencent une régression, mais ils restent néanmoins relativement bien représentés à l'époque actuelle. Leur coquille est toujours nettement perforée, biconvexe et très bombée, s'inscrivant dans un cercle ou un ovale allongé. La superficie est généralement lisse. Le crochet de la valve pédonculaire est très saillant, et son sommet est percé par un grand foramen circulaire. Le brachidium est ancylopegmate (recourbé, mais non spiralé). Sa structure, ainsi que la présence ou l'absence de septes médians, sont les principaux critères de classification, puisque les coquilles ont souvent un aspect extérieur dénué de critères de différenciation typiques.

Renssellaeria — dévonien inférieur — a une forme ovale allongée ; le crochet de la valve pédonculaire est peu saillant. Fines côtes radiales.

Stringocephalus — fossile stratigraphique du dévonien moyen — a une forme large, presque circulaire, un crochet saillant en forme de bec, un grand foramen et une superficie lisse. ▷ 4

Bornhardtina — dévonien moyen — s'en distingue par une forme ovale plus allongée.

1 Spirifer sp. *2,5 cm, dévonien (Zingsheim, Eifel, RFA)*

2 Spirifer verneuili *3,5 cm, dévonien (Hahn, Eifel, RFA)*

3 Spiriferina walcotti *3 cm, jurassique : sinémurien (région de la Wutach, RFA)*

4 Stringocephalus burtini *10 cm, dévonien (Bergisch Gladbach, RFA)*

1

2

3

4

Newberria — dévonien moyen. Coquille de forme ovale allongée, à surface lisse. Le crochet moyennement saillant de la valve pédonculaire est percé en son centre d'un foramen circulaire. Contrairement aux genres précédents, *Newberria* possède les caractères typiques des térébratulidés.

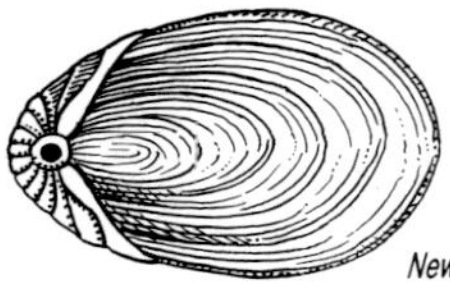

Newberria

Dielasma — carbonifère et permien — se distingue par un crochet plus proéminent sur la valve pédonculaire, et un foramen plus grand.

Coenothyris — trias — est de forme ovale allongée ou presque circulaire, et moyennement bombé. La superficie est lisse ; le crochet relativement saillant de la valve pédonculaire comporte un grand foramen circulaire. ▷ 1

Lobothyris — jurassique inférieur et moyen — est ovale allongé, avec un crochet moins proéminent sur la valve pédonculaire, et un foramen plus petit que précédemment.

Loboidothyris — jurassique moyen et supérieur — se distingue par un crochet plus proéminent sur la valve pédonculaire, un foramen plus grand, et un renfoncement médian de la valve brachidiale. ▷ 2

Juralina — jurassique supérieur — est légèrement plus large, et peut s'inscrire dans un pentagone. La valve brachidiale montre un léger renfoncement médian.

Tous ces genres très répandus au jurassique sont difficiles à déterminer avec précision sans une connaissance des caractères du squelette interne. Le crétacé possède aussi quelques genres semblables, mais leur rôle est beaucoup moins important. Cette évolution aboutit au genre *Terebratula*, apparu au tertiaire et toujours vivant à l'époque actuelle.

Terebratulina — du jurassique supérieur à l'époque actuelle — est de forme ovale allongée ou subpentagonale, avec de fines côtes radiales.

Pygope — du jurassique supérieur au crétacé inférieur — est de forme allongée, subtriangulaire. Sa caractéristique la plus marquante est une profonde échancrure médiane du bord frontal, dont les lobes se referment ensuite, laissant un trou en forme de goutte d'eau au centre de la coquille. ▷ 3

Zeilleria — du trias supérieur au jurassique moyen — est de forme large, arrondie ou subpentagonale, avec un crochet moyennement saillant sur la valve pédonculaire, et un sinus médian sur la valve brachidiale. ▷ 5

Aulacothyris — du trias au jurassique moyen — est de forme ovale allongée, avec un léger sinus au centre de la valve brachidiale plate. *Zeilleria* et *Aulacothyris* se distinguent à peine, par l'aspect extérieur, de *Coenothyris*, mais ces deux genres possèdent un squelette brachidial ancylopegmate très caractéristique. ▷ 4

Ismenia — jurassique supérieur — de petite taille, avec 5 à 6 côtes radiales alternées, résultant de la formation de plis dans la coquille. Le bord frontal est donc en zigzag. ▷ 6

Trigonellina — jurassique supérieur — de petite taille et de forme arrondie, avec le même type de brachidium que *Zeilleria*, mais se distingue par les 10 fortes côtes radiales opposées, qui se prolongent parfois au-delà du bord en épines saillantes.

Trigonellina

1 Coenothyris vulgaris *3 cm, trias : muschelkalk (Hameln, RFA)*

2 Loboidothyris zieteni *3 cm, jurassique : kimméridgien (Geisingen, RFA)*

3 Pygope dyphia *3,5 cm, jurassique : tithonien (Vérone, Italie)*

4 Keratothyris sp. *2 cm, jurassique : pliensbachien (Erzingen, RFA)*

5 Rugitela cadomense *2,5 cm, jurassique : bajocien (Caen)*

6 Ismenia pectunculoidea *2 cm, jurassique : tithonien (Nattheim, RFA)*

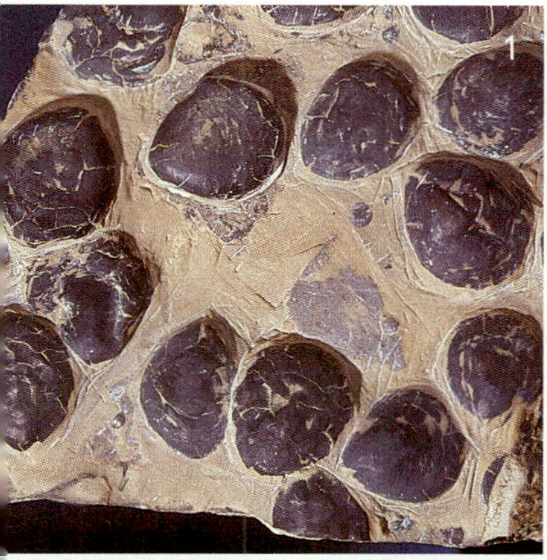
1

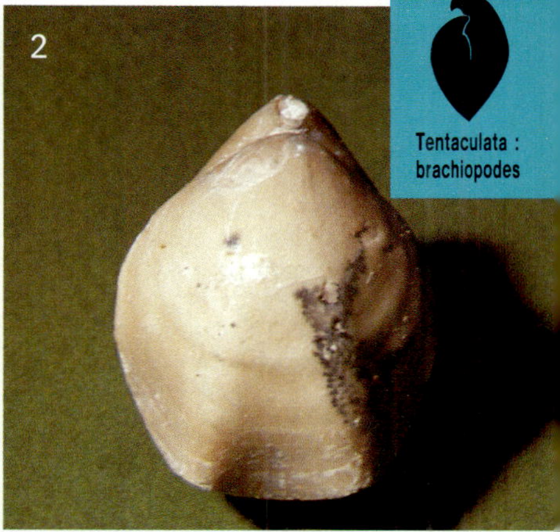
2

3

4

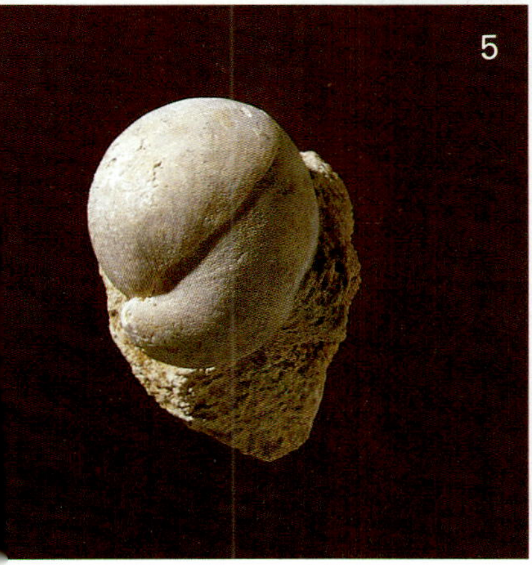
5

6

Les bryozoaires (littéralement : « animaux-mousse ») sont des individus minuscules qui vivent toujours en colonies. Leur organisation interne est semblable à celle des brachiopodes, mais simplifiée du fait de la petite taille des organismes.

Le corps des bryozoaires est entouré d'un squelette calcaire, la zoécie. Il se compose d'un cystide, fixé dans la zoécie, et d'un polypide évaginable, que le zoïde (individu) rétracte à la moindre alerte. Lorsque le polypide est rentré, la zoécie peut être fermée par un opercule. L'ouverture buccale du polypide est entourée d'une couronne de tentacules en fer à cheval, appelée lophophore comme chez les brachiopodes. L'intestin se recourbe en « U », et l'anus débouche donc près de l'ouverture buccale, mais à l'extérieur du lophophore.

La structure de la zoécie, et surtout de sa partie antérieure et de l'orifice, livre les critères décisifs de classification.

Classe des stenolaemates

Les zoécies sont cylindriques, calcifiées, et souvent subdivisées par des parois transverses, les diaphragmes.

Ordre des trépostomes

Les bryozoaires trépostomes, exclusivement paléozoïques, et surtout de l'ordovicien, se caractérisent par de longues zoécies tubulaires, dont la paroi peut s'épaissir dans la partie distale. Les zoécies sont très serrées et poussent en hauteur. L'orifice du polypide est simple, circulaire ou polygonale. De nombreux diaphragmes subdivisent les zoécies, si bien que les colonies rappellent celles des coraux. Les colonies sont massives, hémisphériques, ou plus étirées et ramifiées.

Monticulipora — ordovicien — forme des colonies hémisphériques de taille moyenne, avec une base large et plate. La surface est irrégulière, marquée de protubérances (monticules). Plusieurs genres très semblables se distinguent par la structure des zoécies. ▷ 1

Rhombotrypa — ordovicien. Le zoarium (ensemble des zoécies d'une même colonie) est de forme branchue, généralement avec des ramifications. Les bryozoaires trépostomes se retrouvent aussi parmi les dépôts alluvionnaires des grands fleuves d'Europe.

Ordre des cryptostomes

Les bryozoaires cryptostomes sont aussi exclusivement paléozoïques, mais leur époque de développement optimal se situe au paléozoïque inférieur. Les colonies sont réticulées, en forme de buisson ou d'entonnoir, et peuvent former des récifs. La partie distale des courtes zoécies tubulaires est séparée de la partie initiale par un hémisepte, au niveau duquel la zoécie se courbe plus ou moins nettement.

Fenestella — du dévonien au permien — est très répandu dans les calcaires à récifs du paléozoïque inférieur. La colonie est formée de branches étroites, disposées parallèlement ou en éventail, et comportant chacune 2 rangées de zoécies. Le tout est sur un même plan (zoarium foliacé). Les branches sont réunies entre elles à intervalles réguliers par des dissépiments, ce qui donne un aspect réticulé. Le plan du zoarium s'élargit en haut comme un éventail, tandis que sa base étroite est soudée au substrat. L'ensemble est légèrement enroulé en cornet. ▷ 2

Archimedes — du carbonifère au permien — a la même structure en éventail, mais de forme très large et très plate. Sur l'entonnoir initial viennent se rattacher de nombreux autres entonnoirs, enroulés en hélice autour d'un axe central. *Archimedes* et *Fenestella* font partie des bryozoaires les plus typiques, et sont des fossiles stratigraphiques du carbonifère et du permien. Très répandus. ▷ 3

Rhombopora — du dévonien au permien — forme des branches cylindriques se divisant par dichotomie. Les zoécies ont des parois très épaisses dans la partie distale. Leurs orifices sont alignés en rangées obliques.

1 Chasmatopora bifurcata, *jusqu'à 2 cm, ordovicien (Estonie, URSS)*

2 Fenestella sp. *7 x 7 cm, dévonien (Schönecken, Eifel, RFA)*

3 Archimedes sp., *largeur de la plaque = 11 cm, carbonifère (Illinois, USA)*

1

2

3

Ordre des cyclostomes

Les bryozoaires cyclostomes apparaissent dès l'ordovicien, mais ne connaissent un important déploiement qu'au mésozoïque. A la fin du crétacé commence leur lent déclin. Les zoécies tubulaires ont généralement une section circulaire, plus rarement polygonale. Leur orifice est simple, le plus souvent circulaire. Les zoïdes peuvent communiquer à l'intérieur d'une même colonie grâce à des perforations des parois des zoécies. Certains zoïdes sont spécialisés : ils sont plus grands, et assurent la maturation des œufs ; on les appelle ovicelles. Les colonies, le plus souvent de taille modeste, forment des incrustations planes ou des branches dressées.

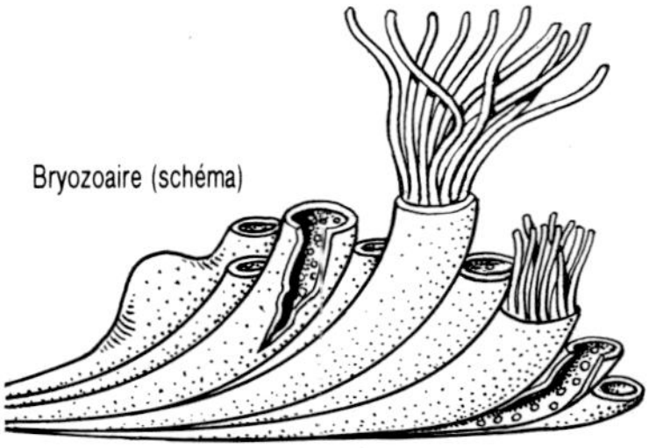

Bryozoaire (schéma)

Stomatopora — de l'ordovicien à l'époque actuelle — forme de petites colonies incrustantes, constituées de petites branches ramifiées, d'une seule rangée de zoïdes. Les zoécies sont posées à plat sur le substrat, l'orifice circulaire est ouvert vers le haut.

Berenicea — de l'ordovicien à l'époque actuelle — forme également des colonies plates, incrustantes sur une seule couche. Les zoécies sont semblables à celles de *Stomatopora*, mais elles rayonnent dans toutes les directions depuis le point initial de la colonie. A la périphérie, elles se ramifient par bourgeonnement, si bien que la colonie forme comme un disque plat posé sur le substrat.

Ceriopora — du trias au tertiaire — forme des colonies ramifiées dressées, les orifices des zoécies étant irrégulièrement disposés à la superficie. ▷ 1

Entalophora — du jurassique au tertiaire. La colonie présente la même forme que l'espèce précédente, mais les parties distales des zoécies émergent de la superficie des branches, sous forme de petits tubes dressés vers le haut.

Spiropora — du jurassique au tertiaire. Même type de colonie, mais les orifices des zoécies sont disposés en verticilles réguliers sur les branches de la colonie.

Tous ces noms désignent des espèces semblables par l'aspect de la colonie, entre lesquelles on peut établir des distinctions plus précises, essentiellement selon la forme des ovicelles.

Classe des gymnolaemates

Les zoécies chitineuses, en forme de boîte ou de cruche, ne sont pas toujours entièrement calcifiées.

Ordre des cheilostomes

Les cheilostomes n'ont fait leur apparition qu'au jurassique, et sont devenus les bryozoaires dominants depuis le crétacé et jusqu'à l'époque actuelle. Ce sont les plus élevés en organisation : une colonie comporte des autozoécies (zoécies normales), des ovicelles, et d'autres types de zoécies spécialisées, les hétérozoécies, consacrées à la défense de la colonie. Les zoécies sont en forme de boîte, s'ouvrant sur la face frontale par un orifice variable, muni d'un opercule. La classification et la détermination reposent d'une part sur la forme de l'orifice, et d'autre part sur le type de différenciation entre les ovicelles et les hétérozoécies. Ces critères impliquent une étude détaillée des spécimens.

Membranipora — du crétacé à l'époque actuelle. Ce terme regroupe plusieurs genres de bryozoaires incrustants, dont les zoécies ont une forme hexagonale, avec une face frontale faiblement ou pas du tout calcifiée. Les restes fossiles ne montrent donc souvent que les parois latérales des zoécies. ▷ 2

Lunulites — du crétacé à l'époque actuelle — forme des colonies discoïdes ou faiblement bombées, de forme à peu près circulaire. Les zoécies se constituent à partir d'un point central, et se disposent en lignes rayonnantes. Leur orifice est semi-circulaire.

Coscinopleura — du crétacé à l'époque actuelle — forme des colonies dressées, ramifiées, aux branches comprimées, constituées de 2 couches de zoécies. Les zoécies sont disposées en une rangée longitudinale ; leur forme est ovale allongée, avec un orifice semi-circulaire, pas très grand.

1 Ceriopora angulosa *2 cm, jurassique : tithonien (Zwiefalten, RFA)*

2 Membranipora sp. *1,5 cm, sur un oursin du genre* Micraster*, crétacé : campanien (Höver, RFA)*

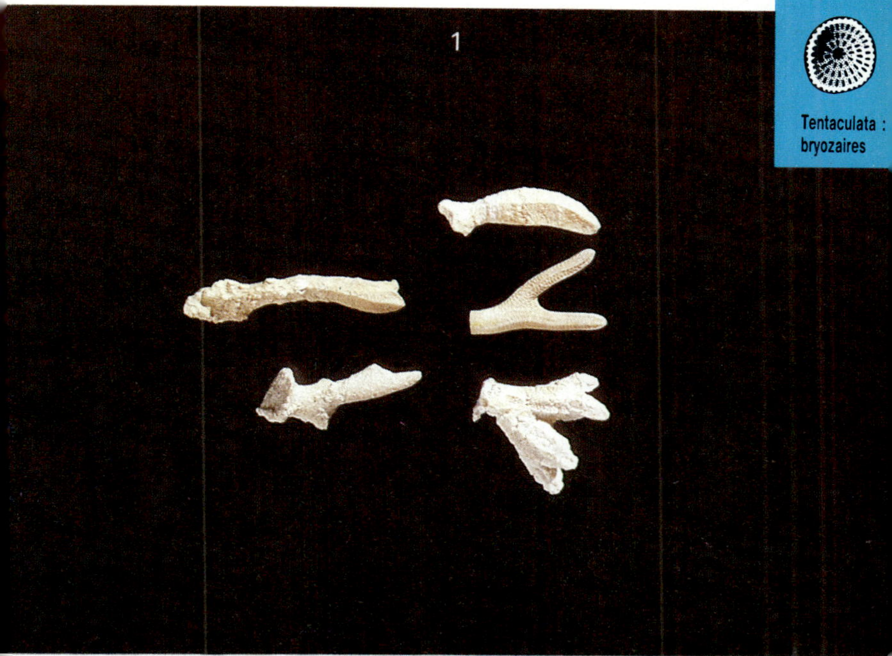

1

2

Embranchement des échinodermes *(Echinodermata)*

Les échinodermes présentent une organisation tout à fait primitive : ils n'ont ni tête ni ganglion cérébral, et leurs organes des sens sont à peine développés. Toutefois, par leur développement d'ensemble et par mainte caractéristique de leur organisation, ils sont plus proches des **vertébrés** que des **invertébrés**. C'est pourquoi, pour ce qui est de leur anatomie, ils ne sauraient être comparés aux mollusques, arthropodes, ou autres.

Les échinodermes se distinguent avant tout par leur symétrie pentaradiaire (pentamérie) ; on ne retrouve cette caractéristique dans aucun autre embranchement, ce qui leur confère une place tout à fait à part.

La larve d'échinoderme est libre et à symétrie bilatérale simple. A la métamorphose, cette larve s'ancre solidement au fond avec son lobe frontal, puis elle se couche sur le côté droit. La structure définitive du corps de l'animal se développera essentiellement à partir de la moitié gauche de la larve, tandis que sa partie droite restera fortement comprimée. L'ouverture de la bouche se trouvera également déportée vers le flanc gauche. Il en résulte que le corps des échinodermes adultes ne présente pas une symétrie bilatérale, avec une extrémité antérieure (la tête) et une extrémité postérieure (la queue) : il ne comporte ni flanc droit ni flanc gauche.

Lors de la métamorphose, la transformation de la cavité interne secondaire (cœlome) donne naissance au système aquifère, ou ambulacraire, existant exclusivement chez les échinodermes ; celui-ci comporte un anneau oral entourant la partie antérieure du tube digestif, et à partir duquel rayonnent cinq canaux ambulacraires borgnes. Ce sont ces derniers qui donnent au corps des échinodermes sa structure pentaradiaire. Le système ambulacraire communique avec les régions avoisinantes par l'intermédiaire du canal hydrophore formé dans la section antérieure de la cavité interne secondaire, ainsi que via les madrépores ; ce système assure la circulation de l'eau entre l'organisme et son environnement.

Les canaux ambulacraires alimentent les pieds ou *podia*, qui font saillie hors du corps de l'animal ; généralement disposés deux à deux, ceux-ci remplissent différentes fonctions, et ils peuvent aussi être spécialisés (locomotion, respiration, alimentation, etc.).

Le corps de l'échinoderme doit être orienté à partir du pôle oral, dans la mesure où c'est de celui-ci que rayonnent les cinq aires radiales ambulacraires et les extrémités de leurs ambulacres ; entre ces dernières se trouvent les cinq aires interambulacraires, ou interradiales.

Une telle structure prend toujours forme dans un squelette calcique, mésodermique ; autrement dit, il s'agit d'un squelette interne, comme chez les vertébrés, alors que tous les invertébrés sont dotés d'un squelette exodermique, externe — que ce soit un dermosquelette (arthropodes), ou une coquille (mollusques, brachiopodes).

Le squelette est constitué de petites plaques calcaires de forme polygonale qui peuvent être soit articulées les unes par rapport aux autres, soit fixées les unes aux autres pour former un test rigide. Ces petites plaques calcaires sont généralement recouvertes de piquants et autres appendices mobiles. Dans la mesure où il doit permettre l'érection des pieds ambulacraires, le squelette des aires ambulacraires est différent de celui des aires interambulacraires. Ce squelette a également une structure pentaradiaire. Cette différence de conformation au niveau du squelette ambulacraire constitue un important élément de classification. A la métamorphose, la fixation sur le fond a donné naissance à une symétrie radiale pentamère. Les embranchements d'échinodermes primitifs ont conservé un mode de vie sessile — ils sont restés fixés sur leur support, tandis que les embranchements plus évolués sont devenus libres. Pour cette raison, on divisait autrefois les échinodermes en deux grands groupes : les pelmathozoaires, sessiles, et les éleuthérozoaires, libres. Mais cette classification simpliste ne reflète pas le caractère multiforme et complexe de l'embranchement des échinodermes.

Sous-embranchement des homalozoaires

Apparus surtout au cambrien et à l'ordovicien, et représentés encore par quelques spécimens tardifs jusqu'au dévonien, les homalozoaires constituent une formation problématique. Certes, les plaquettes calcaires polygonales formant la thèque présentent bien le caractère d'un squelette d'échinoderme, mais on n'a pas affaire à une structure pentaradiaire ; de plus, il manque également les

Lys de mer du genre Scyphocrinites *9 cm, dévonien (Erfoud, Maroc)*

aires ambulacraires typiques. En revanche, on observe les indices d'une symétrie bilatérale modifiée. Les homalozoaires sont donc bel et bien le fruit de la transformation des échinodermes primitifs, lesquels n'avaient pas encore acquis leur système ambulacraire définitif. Ils sont rares sous la forme fossile.

Sous-embranchement des blastozoaires

Fixés sur le fond, ces échinodermes sont pourvus de petits bras non ramifiés (les brachioles), partant des canaux ambulacraires.

Classe des cystoïdes

Abondante à l'ordovicien, cette classe compte encore quelques représentants tardifs au dévonien.

Le test (la thèque), en forme de boule ou de sac, est constitué de petites plaques polygonales, souvent extrêmement nombreuses et agencées irrégulièrement. Les cystoïdés se fixaient à leur support par un pédoncule. A partir de la bouche orientée vers le haut rayonnent deux à cinq courts sillons dans lesquels circule le canal ambulacraire. Les canaux ambulacraires peuvent éventuellement se prolonger du test jusqu'aux brachioles articulées et protégées par les petites plaques du squelette. Les cystoïdés étaient donc pourvus de canaux ambulacraires, mais ceux-ci restaient relativement courts et n'étaient pas définitivement fixés sur la symétrie radiale d'ordre 5. Les plaquettes du squelette étaient porifères.

Ordre des rhombifères

Chez les rhombifères, les pores sont agencés en forme de losange. La suture entre deux plaquettes du squelette voisines constitue la diagonale de ce losange, de sorte que les pores de part et d'autre de la suture forment le côté d'un triangle. Les pores des deux triangles sont reliés par des canaux internes transsuturaux. Cet ensemble constitue un « rhombe de pores ». En règle générale, les sillons ambulacraires sont au nombre de trois à cinq — deux dans des cas plus rares.

Echinosphaerites — ordovicien —, fréquent dans les roches fossiles (calcaire à *Echinosphaerites*) ; on le rencontre également dans les strates du diluvium. Le test est sphérique, constitué d'innombrables petites plaques polygonales ordonnées irrégulièrement. Toutes les plaques sont pourvues de rhombes de pores. Deux à quatre sillons ambulacraires, terminés par une brachiole. ▷ 1, ▷

Pleurocystites — ordovicien — comporte un test allongé en forme de poire, constitué de 24 plaquettes polygonales assez grandes. Deux longues brachioles. ▷

Caryocystites — ordovicien —, pour une forme identique, est constitué de plaquettes relativement grandes, mais plus nombreuses, toutes pourvues de rhombes de pores. Trois brachioles. Ce genre, ainsi que le précédent et quelques autres similaires, est nettement plus rare que les échinosphaeritidés. Semblable à **Hemicosmites**. ▷ 2

Ordre des diploporifères

Le test présente une structure similaire à celui des rhombifères. Mais, au lieu des rhombes de pores, les plaques du squelette sont pourvues de diplopores disposés irrégulièrement. Ceux-ci sont parfois contenus dans une petite cavité de forme ovoïde. Tandis que, chez les rhombifères, le pédoncule est déjà bien développé, en revanche, les tests des diploporifères ne sont que courtement pédonculés et il n'est pas rare qu'ils se fixent directement

Plaquettes de squelette de *Rhombifera*

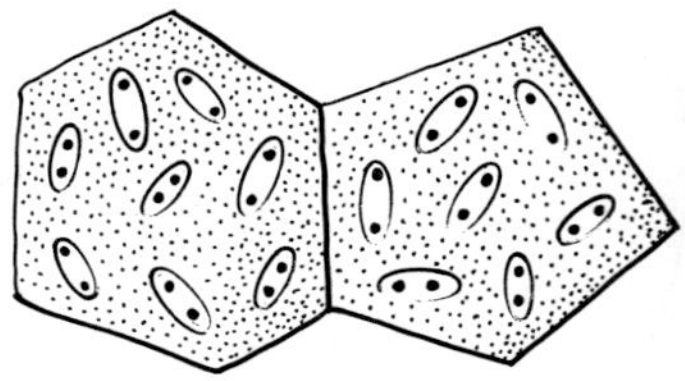

Plaquettes de squelette de *Diploporita*

1 Echinosphaerites aurantium *4 cm, ordovicien (Öland, Suède)*

2 Hemicosmites extraneus *5 cm, ordovicien (Siljan, Suède)*

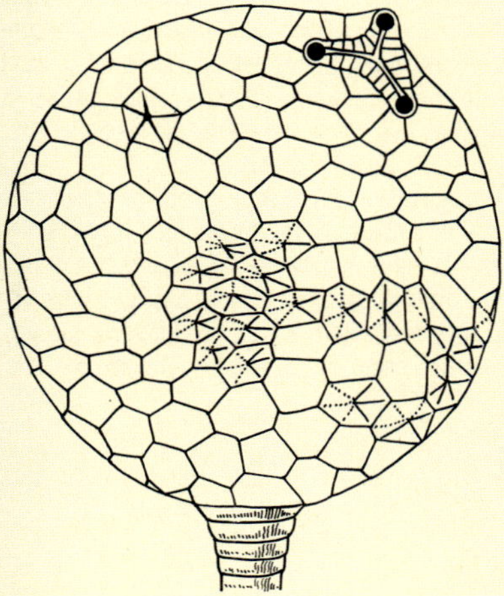

Echinosphaerites

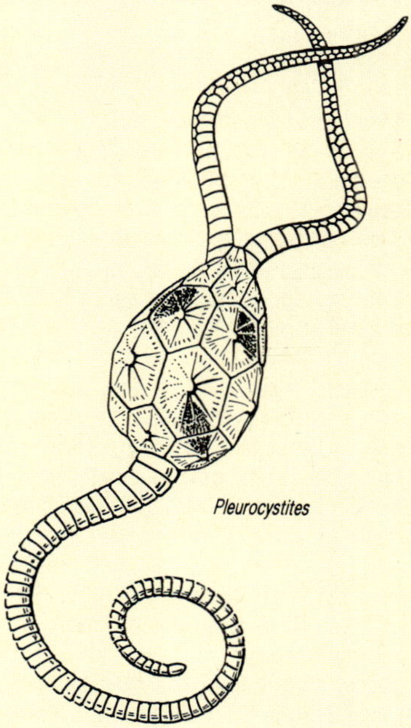

Pleurocystites

au fond, sans pédoncule. Généralement présents dans la symétrie radiale d'ordre 5, les sillons ambulacraires sont plus longs que dans les rhombifères.

Glyptosphaera — ordovicien — est constitué, comme les échinosphaeritidés, d'un test sphérique comportant un grand nombre de petites plaques, toutes pourvues de diplopores. Cinq sillons ambulacraires relativement longs suivent un tracé sinueux, donnant naissance à des brachioles irrégulièrement espacées.

Sphaeronites — ordovicien — se distingue, tout en gardant une conformation identique au niveau de son test sphérique, par la présence de ses courts sillons ambulacraires, au nombre de trois seulement, chacun terminé par une brachiole. ▷ 1

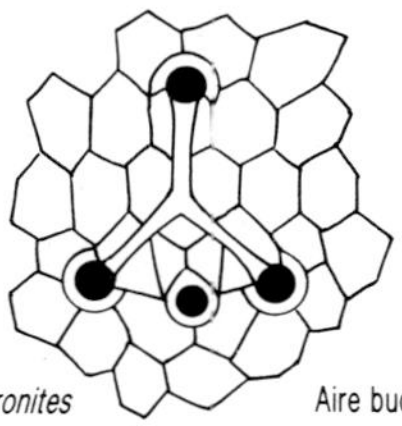

Classe des blastoïdes

A l'instar des cystoïdes, les blastoïdes constituent une classe éteinte d'échinodermes exclusivement paléozoïques ; apparus au silurien, ceux-ci proliférèrent du dévonien au carbonifère et leurs derniers représentants datent du permien. Contrairement aux cystoïdes, les blastoïdes se signalent par leur symétrie pentaradiaire définitivement fixée et par la régularité géométrique de la structure de leur test. Ce dernier (le calice) est porté par une tige divisée et de longueur moyenne. La base est constituée de trois plaques basales formant un pentagone. Sur les cinq côtés de cette base se trouvent cinq plaques radiales formant les flancs du calice, fortement incurvées vers l'intérieur. Entre les plaques radiales sont disposées les cinq plaques deltoïdes interradiales bordant l'aire buccale, centrale. La bouche se trouve au milieu de la partie supérieure du calice. Voisin de la bouche, l'anus est situé dans une des plaques deltoïdes. A l'extrémité supérieure des plaques deltoïdes, à proximité de la bouche, un ou deux pores (spiracle) conduisent à l'appareil hydrophore. Les canaux ambulacraires passent dans les renfoncements des plaques radiales, lesquels sont protégés par une plaque en lancette ; au-dessus de la plaque en lancette, deux rangées de plaquettes latérales supportent le squelette qui reçoit les nombreux pieds ambulacraires bisériés.

Les blastoïdes ont proliféré surtout au paléozoïque supérieur d'Amérique du Nord ; ils sont plus rares au dévonien et au carbonifère européens.

Pentremites — carbonifère — possède un calice en forme de bouton de rose ou de sphère à base convexe. Largement foliacées, les aires ambulacraires s'étirent jusqu'à proximité de la base du calice. Le spiracle est nettement développé. C'est le genre le plus répandu et le plus diversifié parmi les blastoïdes. ▷ 2

Mesoblastus — carbonifère inférieur — présente également des aires ambulacraires jouxtant la base, mais étroites. La base est plate à concave. ▷

Schizoblastus — carbonifère et permien —, également pourvu d'aires ambulacraires étroites rejoignant la base plate ou concave. Il se distingue essentiellement par l'absence de spiracle.

Orbitremites — carbonifère —, pourvu d'un calice de conformation semblable, d'étroites aires ambulacraires et de spiracle. Se distingue essentiellement par le fait que les plaques deltoïdes sont fortement agrandies et qu'elles occupent la plus grande partie des flancs du calice.

Codaster — carbonifère — est pourvu d'un calice en forme de coupe, avec des plaques basales relativement hautes. Les aires ambulacraires, très courtes et étroites, restent limitées à la partie supérieure du calice. Les plaques deltoïdes sont petites. Le spiracle n'est guère développé. ▷

Cordyoblastus — dévonien — comporte également des aires ambulacraires courtes, mais larges, limitées à la partie supérieure. Le calice est haut, de forme élancée, avec des plaques basales hautes et des aires interradiales échancrées, de sorte que, vu transversalement, le calice apparaît étoilé. ▷

1 Sphaeronites sp. *4 cm, en haut dans la roche vue en coupe, ordovicien (Öland, Suède)*

2 Pentremites godoni *1,5 cm, carbonifère (Illinois, USA)*

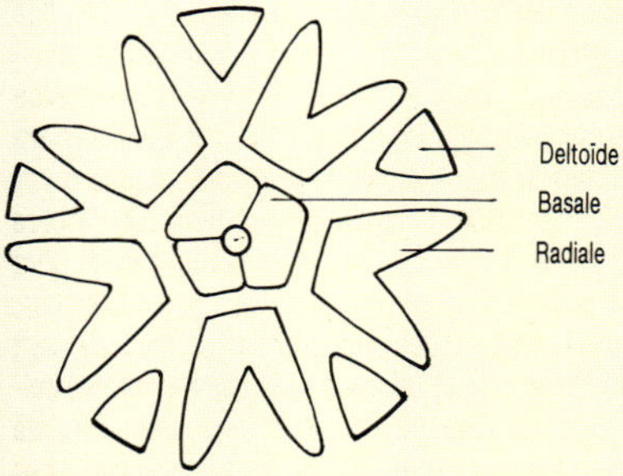

Vue éclatée d'un calice de blastoïde

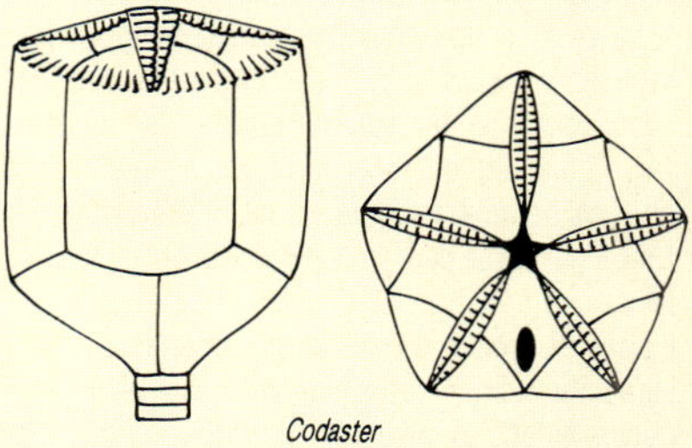

Codaster

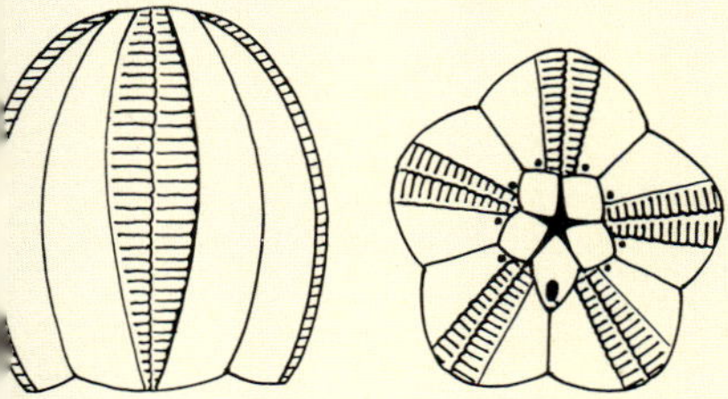

Mesoblastus

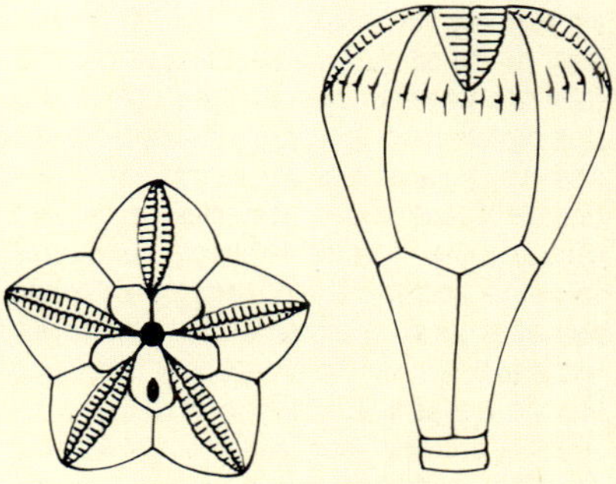

Cordyoblastus

Sous-embranchement des crinoïdes *(Crinozoa)*

Des échinodermes fixés, pourvus de bras ramifiés prolongeant les canaux ambulacraires.

Classe des lys de mer *(Crinoidea)*

Les lys de mer constituent le rameau le plus diversifié de tous les échinodermes sessiles. Ayant proliféré particulièrement au paléozoïque sous une grande diversité de formes, ils ont survécu jusqu'à nos jours. Pourvus d'une tige mobile, souvent très longue et constituée d'un grand nombre d'articles, ils se fixent sur le fond au moyen de celle-ci. Cette tige est coiffée d'un calice (thèque) enveloppant les parties molles. Au bord supérieur de cette thèque apparaissent cinq bras mobiles, généralement ramifiés, atteignant souvent une bonne longueur. Une voûte ferme le sommet du calice entre les points d'insertion des bras. La paroi du calice est constituée de plaques coronales pentaradiaires dont la disposition fait alterner les plaques radiales et interradiales. La plaque coronale la plus haute comprend les cinq radiales sur lesquelles viennent s'insérer les bras articulés. En revanche, la partie basse est occupée par la couronne basale, constituée des cinq plaques du même nom. Lorsque cette couronne se forme au-dessus de la base qui soutient le calice sur la tige, ce dernier est dit monocyclique. Inversement, s'il se trouve encore sous le calice une autre couronne de plaques radiales, les infrabasales, on a affaire à un calice dicyclique. Les basales d'un calice monocyclique ou les infrabasales d'un calice dicyclique peuvent éventuellement être émaillées.

L'anus se trouve dans une aire interradiale de la voûte du calice ; cette aire, dite postérieure, est généralement un peu plus grande que les quatre autres zones interradiales. Il en résulte fréquemment qu'une ou plusieurs plaques anales supplémentaires viennent s'intercaler dans l'aire interradiale postérieure de la couronne radiale, perturbant ainsi la symétrie pentaradiaire normale.

Une aire buccale centrale est éventuellement visible dans la voûte du calice — encore que le plus souvent la bouche soit recouverte par de petites plaquettes calcaires. Il en va de même pour les cinq sillons ambulacraires rayonnant à partir de la région buccale. A la périphérie de la voûte du calice, ces sillons, à découvert, sont prolongés par les bras. Toutefois, quelle que soit la configuration, ces sillons reçoivent les canaux ambulacraires et leurs *podia*. Ces podia, ou pieds ambulacraires, sortent des canaux des bras en un alignement bisérié, et ils peuvent être soutenus par de petites plaquettes calcaires (les pinnules). Dans l'eau, les podia capturent les aliments en suspension : ceux-ci seront amenés jusqu'au calice par les canaux ambulacraires. De ce fait, il est inutile que l'aire buccale et les canaux ambulacraires restent à découvert, et ils peuvent ainsi être protégés par une voûte constituée de petites plaquettes.

Le calice étant l'unique élément solide du squelette, lui seul subsiste après la mort de l'animal : très rapidement, il perd sa tige mobile et ses bras formés d'articles également mobiles et articulés. Il s'ensuit que l'on trouve rarement des fossiles de lys de mer entiers. En revanche, on peut trouver des articles isolés, formant parfois des bancs entiers (calcaire à entroques ▷ p. 217, 3). Mais on rencontre plus souvent des calices isolés. Seuls les squelettes de lys de mer incrustés peu après la mort de l'animal dans une eau calme ont des chances de rester entiers.

Sous-classe des Inadunata

Apparus à l'ordovicien, les crinoïdes de la sous-classe des *Inadunata* ont connu leur grand épanouissement seulement au silurien, et leurs derniers représentants ont survécu jusqu'au trias. Leur calice, mono- ou dicyclique, reste petit. Leurs bras libres, articulés sur les radiales du calice, sont généralement fortement ramifiés ; ils sont dépourvus de pinnules. Les podia sont en principe dépourvus de squelette de soutien. Chez les formes primitives, la bouche et les sillons ambulacraires s'ouvrent sur la voûte du calice ; en revanche, chez les représentants plus évolués, la bouche et les sillons sont recouverts par de petites plaques calcaires.

Lys de mer

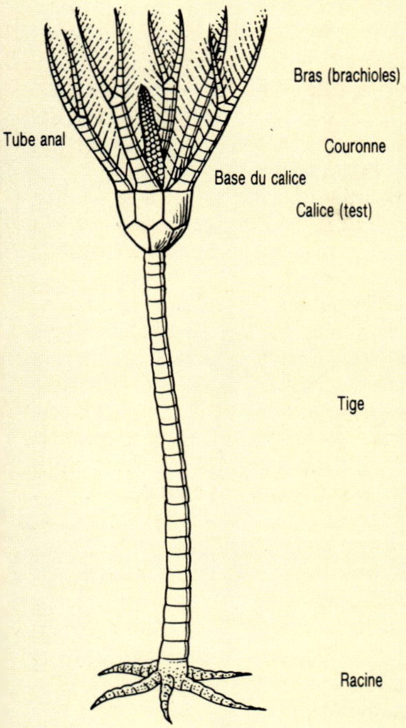

Base du calice

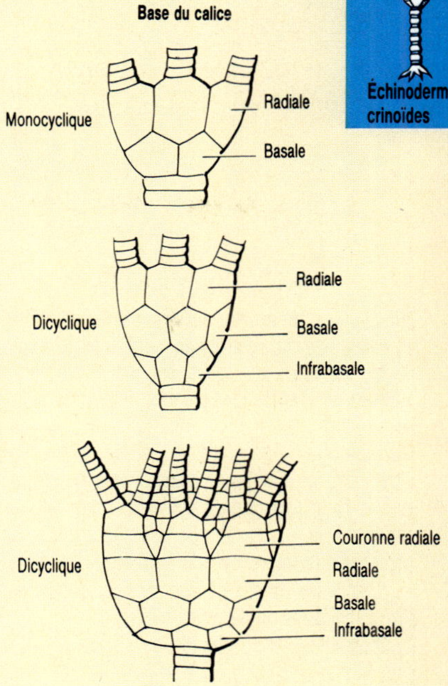

Ramifications des bras

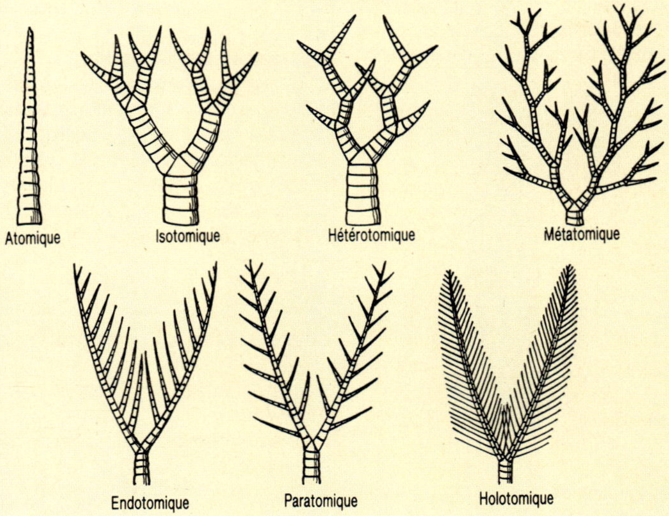

Haplocrinites — du silurien au carbonifère — reste très petit, avec un calice sphérique, monocyclique et cinq bras non ramifiés.

Haplocrinites

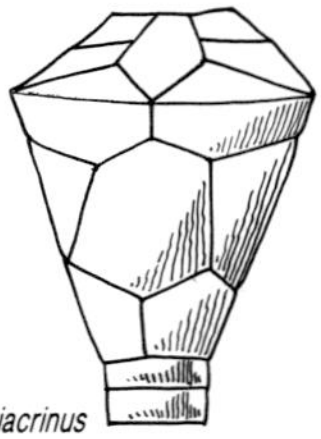
Triacrinus

Triacrinus — du silurien au dévonien — comporte un calice haut et s'élargissant vers la partie supérieure. La voûte du calice est monocyclique et pourvue de cinq grandes plaques orales interradiales.

Gasterocoma — dévonien — est doté d'un calice dicyclique, de hauteur moyenne et s'élargissant vers le haut. Les plans d'articulation des radiales sont orientés vers l'extérieur. La voûte du calice se compose de nombreuses petites plaques polygonales. Ces petits calices ne sont pas rares dans les strates calcaires du dévonien moyen. ▷ 1-2

Cyathocrinites — du silurien au permien — est pourvu d'un calice dicyclique en forme de coupe ou globuleux. En règle générale, les bras sont fortement ramifiés, avec un bras principal et des secondaires plus petits. Les *Cyathocrinites* couvrent un bon nombre de genres proches. La voûte du calice, avec sa multitude de petites plaques, peut porter une excroissance en forme de sac ou de cône, dont l'extrémité supérieure constitue l'anus (tube anal).

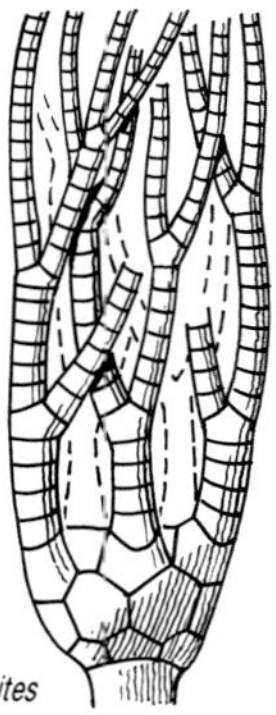
Cyathocrinites

Dictenocrinus — silurien — est reconnaissable à son tube anal très développé.

Crotalocrinus — silurien — présente un calice dicyclique bas et large. Pourvus d'un réseau dense de ramifications secondaires, les bras ont un aspect flabelliforme.

Cupressocrinites — dévonien — comporte également un calice large, bas, en forme d'écuelle. Ses grandes plaques radiales sont pourvues de cinq bras articulés, larges et non ramifiés. ▷ 3

Pachylocrinus — carbonifère —, avec son haut calice dicyclique en forme de coupe et ses bras fortement ramifiés, est un des genres apparentés aux *Cyathocrinites*.

Sous-classe des Flexibilia

Apparus à l'ordovicien, les *Flexibilia* ont eu leurs derniers représentants au permien. Les membres de cette sous-classe se signalent par leur grand calice dicyclique et souple d'où rayonnent la base des bras — généralement à ramification dichotomique simple et dépourvus de pinnule. Constituée de nombreuses petites plaques polygonales, la voûte du calice laisse à nu la bouche et les sillons ambulacraires, et elle se prolonge entre les parties inférieures des bras jusque dans la paroi du calice. S'étant fortement évasé, le tube anal dont étaient pourvus les *Inadunata* a manifestement soulevé la voûte du calice. Dans leur partie supérieure, les bras sont généralement repliés vers l'intérieur.

Sagenocrinites — silurien — est encore pourvu d'un test semi-rigide.

Taxocrinus — dévonien et carbonifère — est doté d'un grand calice non rigide sur lequel des interradiales supplémentaires viennent s'insérer entre les radiales. ▷ 4

Sous-classe des Camerata

Exclusivement paléozoïques (de l'ordovicien au permien), les crinoïdes de la sous-classe des *Camerata* sont dotés, comme les *Flexibilia*, d'un grand calice monocyclique ou dicyclique ; mais, à la différence de ces derniers, le calice est rigide, y compris sa voûte constituée de petites plaques polygonales. La bouche et les sillons ambulacraires

1 Gasterocoma sp. *4,5 cm, dévonien (Prüm, Eifel, RFA)*

2 Calice de Gasterocoma *1,7 cm, dévonien (Prüm, Eifel, RFA)*

3 Cupressocrinites abbreviatus *5 cm, dévonien (Hillesheim, Eifel, RFA)*

4 Japocrinus colletti *4 cm, carbonifère (Indiana, USA)*

1

2

3

4

sont recouverts par cette voûte. Dans la paroi du calice, les radiales sont prolongées par une série de petites plaques non cycliques, éventuellement divisée en deux ramifications identiques, les brachiales, prolongées par les bras libres. Lorsque la série de brachiales est insérée dans la paroi du calice, ces bras libres sont au nombre de dix. Entre les séries de brachiales viennent parfois s'intercaler de petites plaques polygonales, les interbrachiales, en nombre variable et qui rejoignent directement la voûte du calice. Les bras des crinoïdes de la sous-classe des *Camerata* sont de taille moyenne, toujours à ramification isotomique et pinnulés.

Tandis que chez les *Flexibilia* la voûte du calice tend à se déplacer vers le haut, de sorte qu'une plus grande longueur des bras se trouve incluse dans ce calice, chez les *Camerata*, c'est l'inverse qui se produit : la voûte a migré vers le bas, faisant ressortir du calice une partie de plus en plus grande des séries de brachiales, ainsi que les bras libres.

Scyphocrinites — silurien et dévonien — présente un calice monocyclique haut, en forme de coupe. Un grand nombre de brachiales et d'interbrachiales viennent s'insérer dans la paroi du calice, donnant naissance à dix bras libres à ramification isotomique. Les articles sont de section circulaire, et leur canal axial est pentaradiaire. ▷ p. 205

Carpocrinus — silurien —, d'une structure identique aux précédents, se distingue par la base monocyclique de son calice.

Patelliocrinus — silurien — a un calice dicyclique, bas et évasé vers le haut, pourvu seulement de quelques brachiales et interbrachiales. La ramification des séries de brachiales fait apparaître dix bras libres au niveau du bord du calice.

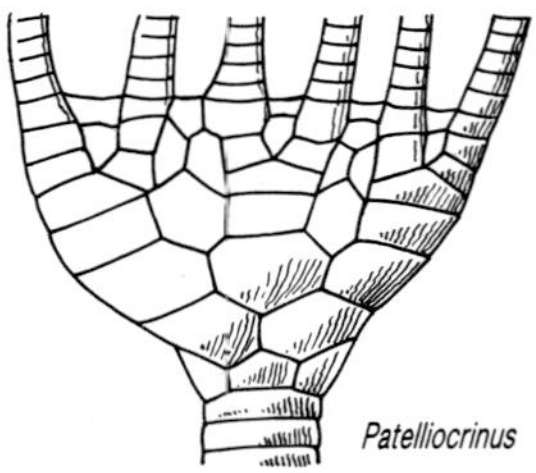

Patelliocrinus

Rhipidocrinus — dévonien — doté d'un calice bas et très large, avec une base dicyclique et aplatie. Peu nombreuses, les brachiales sont cependant ramifiées dans la paroi du calice ; dix bras libres.

Ctenocrinus — silurien et dévonien — a un calice plus haut, en forme de coupe, avec une base monocyclique. La paroi de ce calice comporte de nombreuses brachiales et interbrachiales ; dix bras libres.

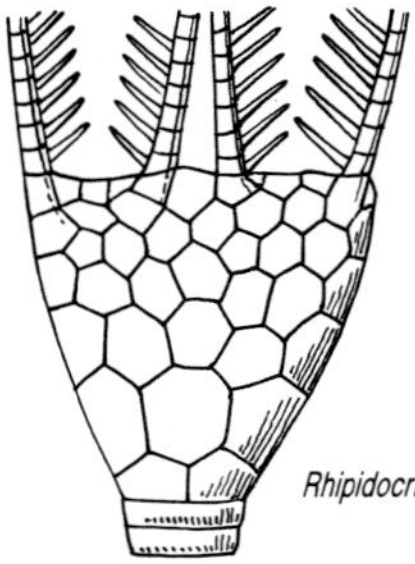

Rhipidocrinus

Eucalyptocrinus — silurien et dévonien — est pourvu d'un calice monocyclique bas et large, et dont la base est retroussée, de forme concave. La voûte du calice est bombée en son centre. Les dix bras sont situés dans les loges de ce bombement formées par les interbrachiales. ▷ 2

Platycrinites — du dévonien au permien — comporte un calice monocyclique bas et large, avec de grandes radiales sur lesquelles sont articulés cinq bras à ramification isotomique. Aucune brachiale dans la paroi du calice. ▷ 3

Hexacrinites — dévonien — possède un calice monocyclique haut et en forme de coupe. Les radiales sont hautes, sensiblement rectangulaires, avec cinq bras libres et articulés. La plaque anale intercalée entre les radiales leur ressemble par sa taille et sa forme, de sorte que la couronne radiale apparaît hexagonale. ▷ 1

Melocrinus — dévonien —, généralement petit, présente un calice monocyclique, hémisphérique ou en forme de coupe, avec seulement quelques brachiales et interbrachiales insérées dans la paroi de ce calice. ▷ 4-5

1 Hexacrinus nodifer *2 cm, dévonien (Prüm, Eifel, RFA)*

2 Eucalyptocrinus delphinuloides *4 cm, dévonien (Fleringen, Eifel, RFA)*

3 Sthorthingocrinus fritillus *1 cm, dévonien (Blankenheim, Eifel, RFA)*

4 et 5 Melocrinus hieroglyphicus *2,5 cm, dévonien : frasnien (Ardennes, France)*

1
2
3
4
5

Actinocrinus — carbonifère — comporte un calice monocyclique fortement évasé vers le haut. La voûte du calice, constituée de nombreuses plaques, présente un fort bombement. La paroi ne comprend que quelques brachiales et interbrachiales.

Sous-classe des articulés

Les crinoïdes multiformes traités plus haut sont restés confinés au paléozoïque, régressant déjà considérablement au permien ; alors qu'au trias, des crinoïdes articulés donnaient naissance à de nouvelles formes fossiles. Dans la mesure où les articulés se distinguent principalement par leurs bras à ramification isotomique et pourvus de pinnules, on peut les considérer comme dérivés des lys de mer de la sous-classe des *Camerata*. Les articulés ont connu leur grand épanouissement au mésozoïque et, à l'heure actuelle, c'est le seul groupe de crinoïdes existant, avec un grand nombre d'espèces.

Le calice des articulés est petit et dicyclique. Les plaques infrabasales, voire basales, sont souvent régressées, de sorte que ce calice est principalement formé par les plaques radiales, bien développées et articulées les unes aux autres. Celles-ci donnent naissance aux bras articulés, à ramification isotomique et pinnulés. La voûte du calice étant constituée d'une peau molle, le squelette s'en est trouvé fortement réduit. Une atrophie du squelette rigide est déjà amorcée chez les représentants les plus évolués des *Camerata*, et ce au profit d'une plus grande mobilité *(Platycrinites)*. Chez les articulés, cette atrophie est maximale.

Encrinus — fossile type du trias — est doté d'un large calice en forme d'écuelle. Les basales et les radiales sont bien développées, avec dix bras parfois à ramification simple. Les articles, de forme circulaire, abondent souvent dans les bancs de calcaire (calcaire à entroques). ▷ 1, 3

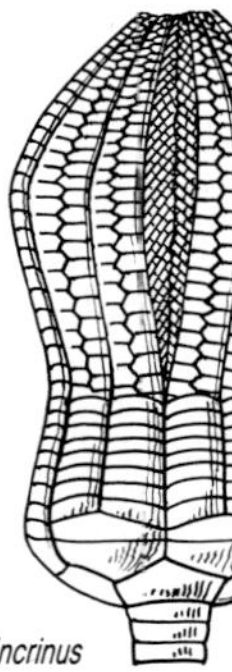

Encrinus

Dadocrinus — trias et jurassique — présente un calice élancé en forme de coupe, avec de hautes radiales. Dix bras simples et des articles circulaires.

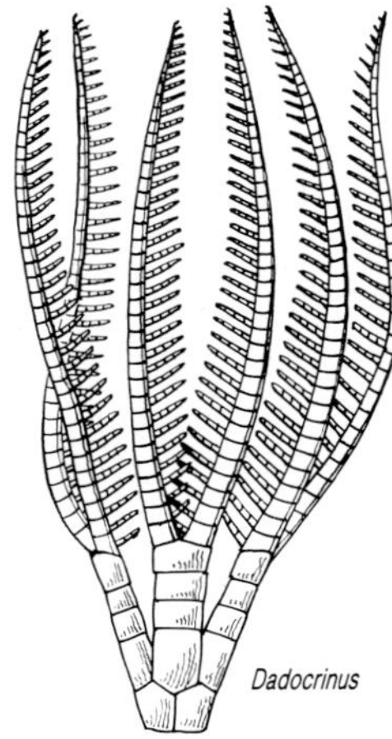

Dadocrinus

Pentacrinites — du trias au jurassique — comporte un petit calice bas et des bras fortement ramifiés. En règle générale, la tige est courte, constituée d'articles pentagonaux pourvus de petites ramifi-

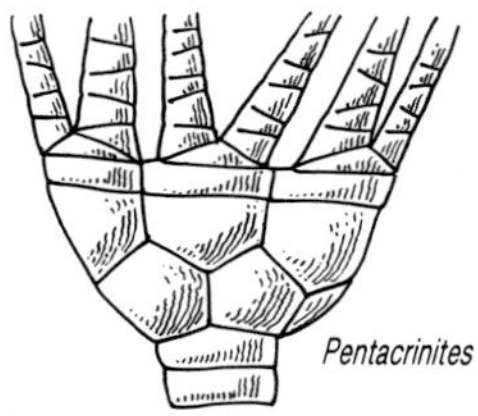

Pentacrinites

cations latérales (les cirres). Les articles de forme pentagonale sont des fossiles fréquents et typiques du jurassique. La conformation de leurs aires d'articulation permet de les classer dans différents genres. ▷ 2

Isocrinus, doté lui aussi d'articles de forme pentagonale, est représenté jusqu'au tertiaire. ▷ 4

1 Encrinus liliformis *13 cm, trias : muschelkalk (Wollmershausen, RFA)*

2 Pentacrinites dargniesi *7 cm, jurassique : bathonien (Sampont, Belgique)*

*3 Calcaire à entroques avec des articles d'*Encrinus *(0,8 cm), trias : muschelkalk (Niedenfels, RFA)*

*4 Articles d'*Isocrinus basaltiformis *0,7 cm, jurassique inférieur (Altenhagen bei Bielefeld, RFA)*

1

2

3

4

Seirocrinus — jurassique — se distingue par son long pédoncule (atteignant près de 20 mètres de long) polygonal et arrondi, et par une moindre ramification des bras. ▷ 1

Rattachées aux **pentacrinides**, les **comatules** actuelles se détachent du fond — à l'instar des *Pentacrinus* —, après une phase juvénile sessile ; leur tige régresse et elles commencent à vivre librement dans l'eau. Le genre **Antedon**, des calcaires de Solnhofen, est un lointain précurseur des comatules actuelles. ▷ 2

Millericrinus — jurassique — ainsi qu'**Apiocrinites** — crétacé —, similaire, présentent un calice en forme de coupe ou sphérique, avec de grandes basales. Les bras sont moyennement fourchus. De forme ronde, la tige s'épaissit souvent au voisinage de la base du calice, de sorte que la séparation entre l'une et l'autre n'est pas très clairement délimitée. ▷ 3-4, 6

Eugeniacrinites — jurassique supérieur et crétacé inférieur — est assez fréquent dans les strates calcaires du jurassique supérieur, mais sa taille minuscule le fait souvent passer inaperçu. Le petit calice, constitué de cinq grandes radiales, coiffe une tige courte, comportant seulement quelques articles de forme cylindrique. Les cinq petits bras, tournés vers l'extérieur, sont parfois enroulés.

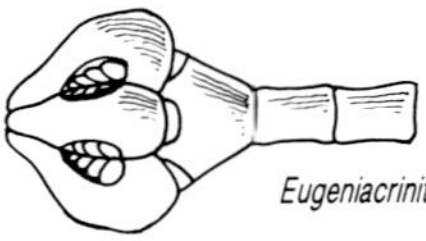

Eugeniacrinites

Marsupites — crétacé supérieur, fréquent localement — se rattache aux *Millericrinus* ; comme la comatule, il est passé à un mode de vie aquatique libre. Il est dépourvu de tige. Le calice globuleux est constitué de cinq infrabasales, cinq basales et cinq radiales — toutes grandes. Les bras sont moyennement ramifiés.

Uintacrinus — crétacé supérieur —, également dépourvu de tige, libre et doté d'un calice globuleux ; mais, pourvu seulement de basales et de radiales de petite taille, celui-ci est essentiellement constitué de nombreuses brachiales polygonales et d'interbrachiales.

Roveacrinida constitue une forme d'articulés indépendante, mise au jour seulement récemment (en raison de sa taille minuscule). Il s'agit d'un groupe de lys de mer exclusivement mésozoïque, dépourvu de pédoncule et passé à un mode de vie planctonique. Dans le petit calice, la couronne infrabasale et basale est remplacée par une plaque centro-dorsale, constituant la base. Bien développées, les plaques radiales sont pourvues de dix bras articulés. Jamais de pédoncule.

Saccocoma — jurassique supérieur, encore représenté au crétacé —, connu depuis longtemps, c'est un des fossiles les plus répandus dans les calcaires stratigraphiques de Solnhofen. Les dix bras, pourvus à leurs extrémités de petites ramifications latérales, sont souvent spiralés. La zone jouxtant la base des bras présente des extensions foliacées (forme larvaire). ▷ 5 C'est seulement au cours de ces dernières décennies que l'on a découvert que différents genres proches apparentés aux *Roveacrinida* étaient très répandus au trias, et parfois extrêmement fréquents. Par leur diffusion mondiale, ils jouent un rôle considérable en tant que fossiles caractéristiques. On trouve rarement des squelettes entiers comme chez les *Saccocoma* de Solnhofen ; les calices ou les plaques de calice isolées — microfossiles typiques du calcaire triasique — sont encore plus rares. Ces formes triasiques se différencient des *Saccocoma* par le fait que la plaque centro-dorsale s'étire généralement en une longue épine dorsale.

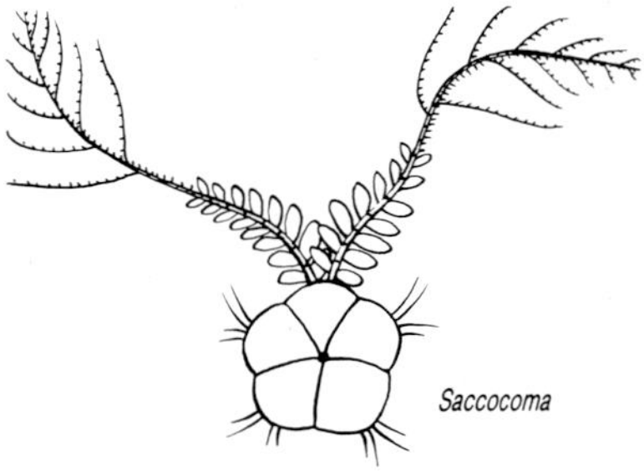

Saccocoma

1 Seirocrinus subangularis *20 cm, jurassique : toarcien (Holzmaden, RFA)*

2 Pterocoma *(Antedon)* pennata *20 cm, jurassique : tithonien (Langenaltheim, RFA)*

3 Millericrinus milleri *5 cm, jurassique : tithonien (Heidenheim, RFA)*

4 Millericrinus mespiliformis *4 cm, jurassique : tithonien (Nattheim, RFA)*

5 Saccocoma pectinata *4 cm, jurassique : tithonien (Langenaltheim, RFA)*

6 Apiocrinus rosaceus *6 cm, jurassique : oxfordien (Liesberg, Suisse)*

1

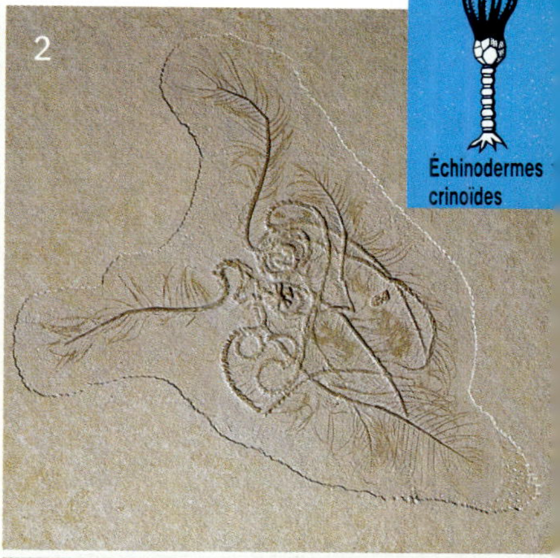
2

3

4

5

6

Sous-embranchement des édriastéroïdes *(Asterozoa)*

Les édriastéroïdes sont des échinodermes sans pédoncule, non fixés au fond, et qui se déplacent librement.
Comme chez les blastoïdes et les crinoïdes, leur squelette ambulacraire forme des sillons à nu et limités à la face orale. Mais, comparés à ces deux autres sous-embranchements, chez qui la bouche orientée vers le haut filtre l'eau pour y prélever les micro-organismes en suspension, les édriastéroïdes, qui se nourrissent de viande, d'animaux morts et de vase, ont un corps inversé : la face orale et ambulacraire est tournée vers le bas.

Classe des astérides

Peu mobiles, leurs bras, qui sont d'une longueur moyenne, ne sont pas isolés par un disque central. ▷ 2

Classe des ophiures

Les bras généralement très minces et mobiles sont nettement séparés par un disque central ; le squelette ambulacraire est également fortement modifié. Les étoiles de mer et les ophiures sont des fossiles de l'ordovicien. ▷ 1, 3
Les bras des édriastéroïdes et ceux des lys de mer sont différents à tous égards. Chez ces derniers, le corps à proprement parler est inclus dans le calice, et les bras se superposent aux extensions des aires ambulacraires qui dépassent du corps. Chez l'étoile de mer et l'ophiure, les aires interambulacraires du corps se trouvent réduites, de sorte que les aires ambulacraires se présentent comme des bras mobiles, utiles aux déplacements.
Les petites plaques calcaires constituant le squelette ne sont pas reliées entre elles de façon rigide, comme chez les échinodermes sessiles, mais seulement par des connectifs mous. Il en résulte qu'à la mort de l'animal, les éléments du squelette ne tardent pas à se disloquer. C'est pourquoi les fossiles entiers d'étoiles de mer et d'ophiures sont rares ; ces fossiles ne se forment que dans des conditions de fossilisation et sur des sites particulièrement propices. En revanche, les éléments de squelettes isolés sont fréquents dans pratiquement toutes les formations. Leur détermination nécessite une connaissance approfondie en anatomie. Les schistes dévoniens de Bundenbach sont réputés pour leur richesse en fossiles entiers. Sur les sites triasiques et jurassiques, on trouve par endroits des bancs isolés dont la surface présente des empreintes d'ophiures et d'étoiles de mer.

Urastella, 8 cm, dévonien (Hunsrück)

Sous-embranchement des échinides *(Echinozoa)*

Hormis quelques petits groupes problématiques et classés ici sous toutes réserves, cet embranchement d'échinodermes englobe deux classes : les holothuroïdes et les échinides (oursins).
Chez ces deux classes, du fait d'un mode de vie libre et mobile, les canaux ambulacraires ne se limitent pas à la face orale : à la différence de tous les autres échinodermes, ces canaux se prolongent depuis le pôle oral jusqu'au pôle anal. D'un pôle à l'autre, les aires ambulacraires forment une sorte de méridien. De même, contrairement à ceux d'autres échinodermes, les canaux ambulacraires ne circulent pas dans les sillons ouverts — ils sont creusés vers l'intérieur.

Classe des holothuroïdes

A l'exception de cas isolés, les holothuroïdes (ou concombres de mer) à l'état de fossiles ne sont guère représentés que par leurs spicules, des microfossiles sans grand intérêt.

1 Ophiopinna elegans *3 cm, jurassique : callovien (La Voulte, France)*
2 Plesiastropecten hallovensis *13 cm, jurassique : hettangien (Hallau, Suisse)*
3 Geocoma carinata *9 cm, jurassique : tithonien (Solnhofen, RFA)*
4 Oursin du genre Tripneustes *6 cm, tertiaire (Lacoste, France)*

Échinodermes : astéroïdes

Échinodermes : échinides

Les oursins étant dotés d'un test calcifié, ils se prêtent bien à la fossilisation — de sorte que le matériel d'étude ne manque pas. Ce test, sphérique, est constitué de petites plaques polygonales, et il est pourvu d'un pôle oral, où l'on reconnaît l'ouverture de la bouche, et d'un pôle anal situé à l'opposé. Le pôle oral est orienté vers le bas. Les cinq aires ambulacraires s'étirent d'un pôle à l'autre, séparées par les cinq aires interambulacraires. Les canaux ambulacraires étant situés à l'intérieur du test, les plaques des aires ambulacraires sont dotées de diplopores par lesquels sortent les pieds ambulacraires bisériés. De ce fait, on différencie sans difficulté les aires ambulacraires et interambulacraires.

La bouche est localisée dans le péristome, une zone de taille variable et membraneuse, pourvue de petites plaques calcaires lâches. A l'intérieur du test, autour de la région buccale, se trouve un appareil masticateur complexe — la lanterne d'Aristote — de structure pentaradiaire, et dont la conformation est déterminante pour la classification. ▷

L'anus est situé dans une zone membraneuse plus ou moins grande (le périprocte). Cette aire périproctale est bordée d'une couronne de plaquettes génitales (chacune étant pourvue d'un pore génital). Une de ces plaquettes est plus grande que les autres et percée comme une écumoire : c'est la plaque madréporique. Pour observer le pôle anal (ou pôle apical), on oriente le test plaque madréporique en haut. De façon cyclique, c'est-à-dire suivant une disposition radiale par rapport aux plaquettes génitales, on découvre une seconde couronne de plaquettes, plus petites : ce sont les plaquettes ocellaires constituant l'extrémité apicale des aires ambulacraires. L'ambulacre ayant sa terminaison dans la plaquette ocellaire située à gauche de la plaque madréporique est l'ambulacre antérieur (le périprocte, sortant de l'appareil apical, passe toujours dans l'interambulacre situé à l'opposé de l'ambulacre antérieur, de sorte que cet interambulacre devient postérieur.) La plaque madréporique, dans laquelle le canal hydrophore débouche, constitue le point fixe permettant une orientation similaire de la coque pentamère de l'oursin.

Comme chez tous les échinodermes, les plaques du squelette sont couvertes de piquants mobiles et articulés, particulièrement développés chez les oursins. Ces piquants sont articulés sur un mamelon rond des plaquettes du squelette, le tubercule, entouré d'une dépression annulaire, l'aire scrobiculaire. Dans cette dernière viennent s'insérer les muscles commandant la mobilité des piquants. Le piquant lui-même se compose d'une épine articulée sur un coussinet conjonctif. Cette « tête » coiffe le « cou » du piquant, lisse et légèrement plus étroit, et sur lequel sont fixés les muscles de l'aire scrobiculaire ; vient ensuite la tige, ou « corps » du piquant, de formes diverses, souvent sculptée. La forme et surtout la structure interne des piquants sont importantes pour la classification.

Les oursins datent de l'ordovicien, mais, en tant que fossiles typiques et très répandus, c'est seulement au début du mésozoïque qu'ils acquièrent toute leur importance.

Sous-classe des Perischoechinoidea

Cette sous-classe regroupe les formes primitives, c'est-à-dire celles limitées au paléozoïque, à l'exception des **Cidaroidea**, encore représentés à l'heure actuelle. Ceux-ci sont pourvus d'une cavité buccale non échancrée (holostome).

Ordre des échinocystoïdes

Les échinocystoïdes sont représentés de l'ordovicien au permien. Leur test, qui peut atteindre une taille assez importante, est souple, constitué d'innombrables petites plaquettes fines et imbriquées les unes dans les autres. Les ambulacres peuvent compter jusqu'à 20 rangées de plaquettes, et les interambulacres jusqu'à 14. La souplesse du test, jointe à la petite taille et à la minceur des plaquettes du squelette réduisent fortement les chances de fossilisation. Au paléozoïque, les échinocystoïdes ont probablement joué un rôle plus important que ne l'indique le faible matériel fossile parvenu jusqu'à nous.

Coque d'oursin 8 cm, avec son appareil masticateur (« lanterne d'Aristote »), récent (Méditerranée)

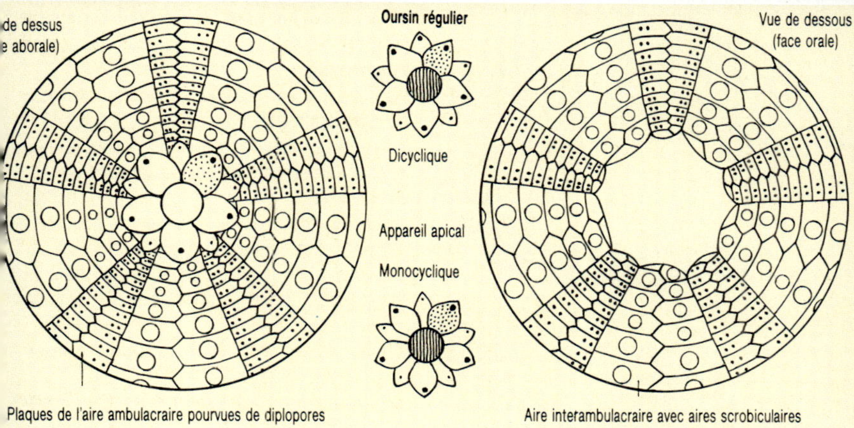
de dessus
e aborale)
Oursin régulier
Dicyclique
Appareil apical
Monocyclique
Vue de dessous
(face orale)
Plaques de l'aire ambulacraire pourvues de diplopores
Aire interambulacraire avec aires scrobiculaires

Ordre des Palaechinoidea

Les *Palaechinoidea* datent du silurien au permien. Ils se distinguent par la rigidité de leur test, constitué d'un grand nombre de petites plaquettes polygonales. Les ambulacres de ce test sphérique comportent deux rangées de plaquettes, tandis que ce nombre est variable dans les interambulacres. L'axe péristome-périprocte est généralement plus long que le diamètre transversal.

Ordre des Cidaroidea

Les *Cidaroidea* datent du silurien supérieur. Chez les représentants paléozoïques, le test est souple ; l'aire ambulacraire, étroite, comporte deux rangées de plaquettes et l'aire interambulacraire, plus large, a trois à quatre rangées. Chaque plaque interambulacraire est pourvue d'un piquant relativement grand. Depuis la fin du paléozoïque, le test s'est rigidifié.

Archaeocidaris — carbonifère et permien — présente quatre rangées de plaques interambulacraires, chaque plaque étant dotée d'un piquant cylindrique relativement long. Les ambulacres, étroits, comportent deux rangées de plaques.

Cidaris — du trias à nos jours — possède un test sphérique ou moyennement aplati sur l'axe oral-aboral. Très étroits, les ambulacres ondulent légèrement entre les interambulacres, larges. Les ambulacres sont constitués de deux rangées de minuscules plaquettes percées de pores ambulacraires. Les interambulacres se composent de quelques grandes plaques pentagonales, disposées sur deux rangs alternés. Chaque plaque comporte une grande aire scrobiculaire. Les radioles sont très gros et sculptés. Le péristome est grand, circulaire,

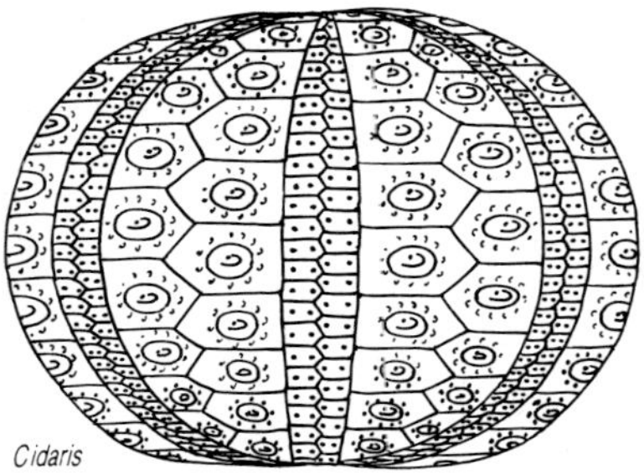

Cidaris

holostome. Les *Cidaris* regroupent plusieurs genres se distinguant les uns des autres par des détails anatomiques, surtout au niveau des ambulacres, ainsi que par leur type de piquants. Ces derniers sont des fossiles très répandus et essentiellement typiques du jurassique.

Rhabdocidaris — du jurassique au tertiaire — ▷ 1 et **Paracidaris** — trias et jurassique — présentent des tubercules crénelés. En revanche, chez **Balanocidaris** — du trias au crétacé — et **Plegiocidaris** — trias et jurassique — ▷ 2, les tubercules ne sont pas crénelés. Les uns et les autres sont perforés, tandis que **Tylocidaris** — crétacé — ne l'est pas. Les tests entiers et bien conservés sont rares ; les piquants eux sont fréquents. Chez *Rhabdocidaris*, ces piquants sont longs, de section aplatie et épineux ; chez *Balanocidaris*, le corps du piquant est court, granuleux, avec une excroissance en forme de massue ; chez *Paracidaris*, le corps est cylindrique et pourvu de longues rangées de granules — le corps du piquant prolongeant le cou sans une dénivellation claire. En revanche, dans le radiole de *Plegiocidaris*, de forme identique au précédent, le décrochement entre le cou et le corps du piquant est très prononcé.

Sous-classe des Euechinoidea

Plus récente, cette sous-classe d'oursins est apparue au trias et, par une grande diversification de ses formes, elle a connu son plein épanouissement du jurassique à notre époque. Les euéchinoïdes sont dotés d'un test rigide, dans lequel chaque aire ambulacraire et interambulacraire est constituée de deux rangées de plaquettes. Les plaquettes des deux rangées à l'intérieur d'une aire ambulacraire ou interambulacraire sont alternées, de sorte que ces deux rangées sont séparées par une suture sinueuse. En revanche, la suture entre les aires ambulacraires et interambulacraires est rectiligne. L'aire buccale étant pourvue de branchies, la marge du péristome comporte dix entailles, éventuellement localisées à la limite de l'ambulacre et de l'interambulacre.

Les euéchinoïdes étaient jadis réunis sous le vocable d'**oursins réguliers** — ces derniers conservant la symétrie pentaradiaire, avec un périprocte situé au centre de l'appareil apical. Les ambulacres peuvent être étroits, cidaroïdes, constitués de petites plaquettes indépendantes ; ou bien les plaquettes peuvent se développer par groupes de trois à six, formant ainsi de grandes plaques et produisant un élargissement des aires ambulacraires : dans ce

1 Rhabdocidaris nobilis *9 cm, jurassique : kimméridgien (Geisingen, RFA)*

2 Plegiocidaris coronata *5 cm, jurassique : tithonien (Ulm, RFA)*

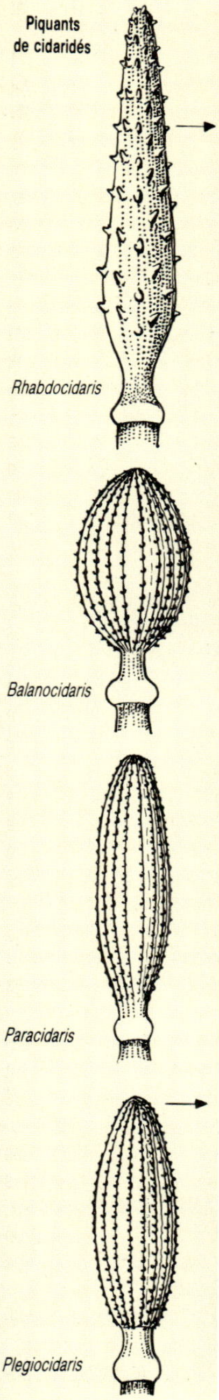
Piquants
de cidaridés
Rhabdocidaris
Balanocidaris
Paracidaris
Plegiocidaris

1

2

cas, les pores ambulacraires, alignés à l'origine sur une seule rangée, peuvent former plusieurs rangs. Tandis que les étroits ambulacres cidaroïdes ne portent pas de grands piquants — ceux-ci n'apparaissant que sur les interambulacres —, les ambulacres élargis, formés de grandes plaquettes, portent en revanche des piquants très développés, analogues à ceux des interambulacres. Dès lors, la cuirasse des interambulacres et des ambulacres se confond.

Super-ordre des diadématides

Les ambulacres sont minces, cidaroïdes, très souvent élargis, et constitués d'un assemblage de grandes plaquettes. Les piquants sont fins, allongés et souvent aciculaires ; ils comportent un axe creux et une enveloppe externe constituée de quelques lamelles calcaires radiales, en forme de coin évasé vers l'extérieur. De ce fait, les piquants, avec leur tête prolongeant directement leur corps, présentent de fines cannelures sur toute la longueur.

Eodiadema — trias et jurassique inférieur — possède un test enfoncé, avec une partie inférieure aplatie, des ambulacres cidaroïdes, des piquants

Piquant de diadématide

aciculaires et un tubercule perforé et crénelé sur chaque plaque interambulacraire.

Hemipedina — jurassique — présente une face inférieure aplatie et une face supérieure relativement bombée, ainsi que des ambulacres larges et de grandes plaques, constituées de trois plaquettes primaires. Chaque plaque interambulacraire est pourvue d'un tubercule perforé et non crénelé. Les grandes plaquettes ambulacraires sont dotées de tubercules similaires mais plus petits. ▷ 1

Pedina — jurassique — présente une coque identique, mais il est plus gros (diamètre jusqu'à 10 cm). Relativement larges, les aires ambulacraires sont constituées de grandes plaquettes en trois parties. Les trois pores ambulacraires d'une plaquette majeure formant une triade oblique, les deux aires porifères d'un ambulacre présentent un alignement par rangs de trois. Les tubercules sont perforés et non crénelés. Rare.

Pygaster — lias — se distingue par le prolongement de l'aire du périprocte dans l'interambulacre postérieur.

On trouve également au crétacé des formes similaires à *Pedina*. Les diadématides ont connu leur grand épanouissement au jurassique ; depuis le crétacé, ils ont lentement régressé jusqu'à nos jours.

Super-ordre des échinacés

Jusqu'à notre époque, ce groupe s'est considérablement diversifié. Les ambulacres peuvent être larges et pourvus de plaquettes majeures constituées par la soudure de plaquettes primaires (jusqu'à six). Les pores sont multisériés.

La cuirasse d'épines des ambulacres se confond avec celle des interambulacres. Les piquants, effilés, comportent un axe réticulé et pourvu d'une enveloppe externe constituée d'un grand nombre de fines lamelles calcaires radiales. Leur surface est finement cannelée sur toute la longueur.

Les **salénidés** englobent différentes formes, très petites, plus ou moins aberrantes, pourvues d'un grand appareil apical, dans lequel le périprocte s'insère en position excentrique à travers une plaque suranale centrale supplémentaire. Les gros piquants, de longueur moyenne, ressemblent à ceux des *Cidaris*.

Acrosalenia — jurassique —, ainsi que quelques autres genres étroitement apparentés et représentés jusqu'au crétacé, est pourvu de tubercules perforés et crénelés. Les ambulacres de la moitié inférieure se composent de grandes plaques en trois parties, ceux de la moitié supérieure de plaquettes primaires simples. ▷ 2

Salenia — nom générique utilisé pour plusieurs genres très proches représentés du jurassique supérieur jusqu'à notre époque — comporte un grand appareil apical d'un diamètre équivalant à une bonne moitié du test, les rangées de plaques interambulacraires comprennent seulement quatre à six plaques. Tubercules imperforés, crénelés. Les ambulacres sont constitués de grandes plaquettes primaires ou bilobées.

Hemicidaris — jurassique et crétacé — ▷ 3-4 présente un calice sphérique, aplati à la partie in-

1 Hemipedina granulata *1,5 cm, jurassique : callovien (Munifeld, Suisse)*
2 Acrosalenia bradfordensis *3,5 cm, jurassique : callovien (Delemont, Suisse)*
3 Hemicidaris luciensis *1,5 cm, jurassique : callovien (Luc-sur-Mer, France)*
4 Hemicidaris crenularis *2,5 cm, jurassique : oxfordien (Soyhières, Suisse)*

1

2

3

4

férieure, ainsi qu'un grand tubercule perforé et crénelé sur chaque plaque interambulacraire. Les ambulacres sont constitués de plaques majeures trilobées dont chacune porte dans sa région inférieure un tubercule crénelé et perforé. Dans la région supérieure, l'ambulacre rétrécit et ne porte plus de grands tubercules. Des plaques primaires simples peuvent apparaître à cet endroit. Plusieurs genres similaires existent au jurassique et au crétacé.

Pseudodiadema — jurassique —, pourvu d'un test bas, aplati en haut et en bas, d'ambulacres relativement larges dotés de grandes plaquettes en trois parties et d'une série de pores unisériés. Chaque plaque majeure comporte un tubercule perforé et crénelé, légèrement plus petit que les tubercules des interambulacres. Chaque interambulacre est pourvu d'un tubercule, et les interambulacres sont légèrement plus larges que les ambulacres. ▷ 1

Polydiadema — jurassique et crétacé —, de forme identique aux *Pseudodiadema*. Constitués de grandes plaquettes trilobées, les ambulacres sont pratiquement aussi larges que les interambulacres. Les tubercules des ambulacres et interambulacres sont identiques par leur taille, avec toujours un tubercule par plaquette. Les aires porifères sont unisériées.

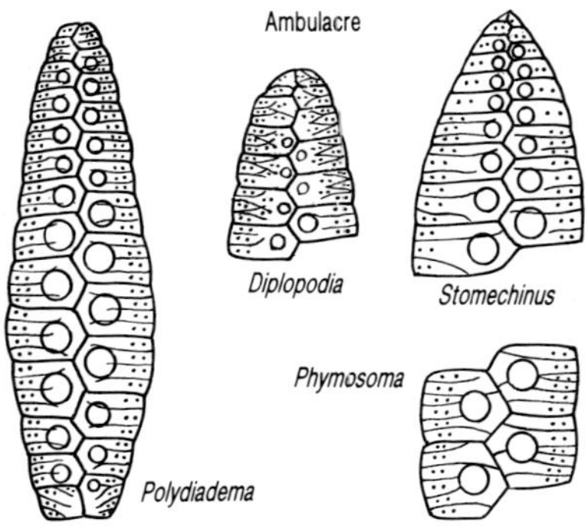

Diplopodia — jurassique et crétacé — se distingue par le fait que les pores des ambulacres sont alignés sur un seul rang seulement dans la partie centrale de ceux-ci ; en revanche, en haut et en bas, ils sont bisériés. ▷ 2

Glypticus — jurassique —, de petite taille, aplati à la partie inférieure, moyennement bombé sur le dessus. Les ambulacres sont pourvus de grandes plaquettes en trois parties, et en quatre ou cinq parties à la périphérie du péristome, chacune étant pourvue d'un tubercule crénelé et imperforé. Les interambulacraires sont dotés de tubercules identiques. Sur le pourtour de l'appareil apical, les tubercules cèdent le pas à des boursouflures irrégulières. ▷ 3

Magnosia — jurassique et crétacé —, doté d'une partie inférieure aplatie et d'une partie supérieure fortement bombée, avec des ambulacres étroits comportant de grandes plaquettes en trois parties, des aires porifères unisériées, et de deux à quatre petites aires scrobiculaires. Les interambulacres comportent un grand nombre de petits tubercules alignés longitudinalement ou transversalement.

Stomechinus — jurassique et crétacé inférieur —, relativement gros, avec une partie inférieure aplatie et une partie supérieure renflée, de forme hémisphérique. Les ambulacres sont pourvus de grandes plaquettes trilobées et d'aires porifères sur deux ou trois rangs, avec des tubercules imperforés et non crénelés, aussi grands que ceux des interambulacres, identiques, et dont chaque plaque comporte deux à quatre aires scrobiculaires. ▷ 4

Phymechinus — jurassique et crétacé — se distingue par le fait que chaque plaque interambulacraire est coiffée seulement d'un tubercule relativement grand, non perforé et non crénelé.

Phymosoma — crétacé — comporte un test bas, aplati en haut et en bas. Relativement larges, les ambulacres sont constitués de grandes plaquettes en cinq ou six parties. Les aires porifères sont unisériées ; à la périphérie de l'appareil apical, elles peuvent être bisériées. Chaque plaque interambulacraire comprend deux ou trois gros tubercules non perforés et non crénelés. ▷ 5-6

Psammechinus — du crétacé à l'époque actuelle —, aplati à la partie inférieure, avec une partie supérieure renflée, de forme globuleuse. Les ambulacres

1 Pseudodiadema sp. *4 cm, jurassique : kimméridgien (Mundingen, RFA)*

2 Diplopodia subangularis *2,5 cm, jurassique : oxfordien (Holderbank, Suisse)*

3 Glypticus hieroglyphicus *2 cm, jurassique : oxfordien (Fringeli, Suisse)*

4 Stomechinus lineatus *8 cm, jurassique : tithonien (Seligweiler, Ulm, RFA)*

5 et 6 Phymosoma koenigi *4,5 cm, crétacé (Ramsgate, Kent, Grande-Bretagne)*

1
2
3
4
5
6

comportent de grandes plaquettes en trois parties et des aires porifères sur deux rangs. Les interambulacres sont pourvus d'un grand nombre de petits tubercules longitudinaux et transversaux.

On regroupait jadis sous le vocable d'**oursins irréguliers** plusieurs genres d'euéchinoïdes indépendants les uns des autres et irréguliers seulement dans la mesure où, chez eux, la structure pentaradiaire propre aux échinodermes cède le pas à une symétrie bilatérale.

Le plan de symétrie bilatérale passe toujours de l'ambulacre antérieur, situé à gauche de la plaque madréporique, par l'appareil apical, pour rejoindre l'interambulacre postérieur. Il en résulte que, depuis le centre de l'appareil apical, l'aire périproctale a migré jusqu'à l'interambulacre postérieur. Au fil de l'évolution, le test et le tracé des aires ambulacraires ont pu également se modifier en fonction de la bilatéralité.

La cuirasse d'épines est invariablement constituée d'une multitude de petits piquants, de sorte que la surface du test est couverte de minuscules tubercules.

Les aires ambulacraires se composent toujours de plaquettes primaires simples. Sur le pourtour de l'appareil apical, les plaquettes ambulacraires peuvent être évasées et les pores ambulacraires lancéolés. Cela engendre la formation, sur la partie supérieure du test, à la périphérie de l'appareil apical, d'aires ambulacraires, dites pétaloïdes. Une déformation identique des ambulacres peut se présenter sur le pourtour du péristome, produisant des phyllodes.

Ordre des holectypoïdes

Cet ordre qui a connu son grand épanouissement au jurassique et au crétacé est encore représenté à notre époque. La forme est ronde à pentagonale arrondie. Le péristome et l'appareil apical se trouvent au centre. Le dessous est aplati, le dessus est plus ou moins fortement bombé.

A partir de l'appareil apical, les ambulacres ont un rayonnement radial, de sorte que la pentamérie radiale du test reste inchangée. Celle-ci se trouve rompue uniquement par le fait que le périprocte est déporté de l'appareil apical vers l'interambulacre postérieur. En règle générale, ce périprocte se trouve sur la marge postérieure, voire sur le dessous, derrière le péristome.

Galerites — crétacé supérieur —, moins fortement bombé, de forme plus ou moins globuleuse. Les différents genres peuvent abonder dans les gisements du crétacé supérieur.

Holectypus — jurassique et crétacé —, moyennement bombé. Derrière le grand péristome central, nettement glyphostomique, se trouve, sur le dessous, le gros périprocte ovoïde. ▷ 1

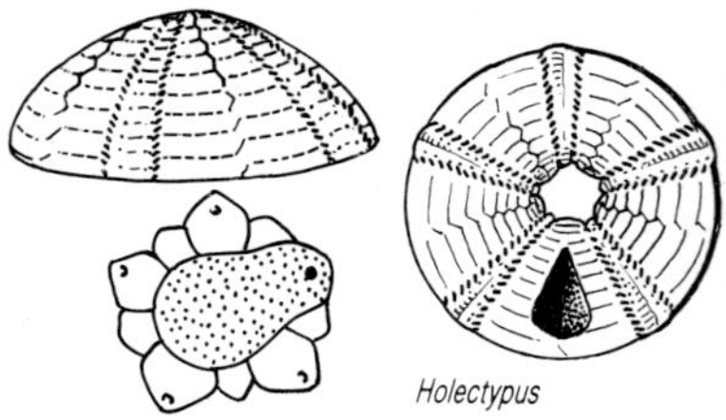

Holectypus

Discoides — crétacé —, fortement bombé en forme de cône. Le périprocte, déporté sur le dessous, reste relativement petit. Sur la face interne, les ambulacres sont délimités par des côtes formant des sillons dans le moule.

Conulus — crétacé supérieur —, très haut, de forme conique. Le péristome est petit. Le périprocte est localisé sur le dessous, près de la marge postérieure. ▷ 3-4

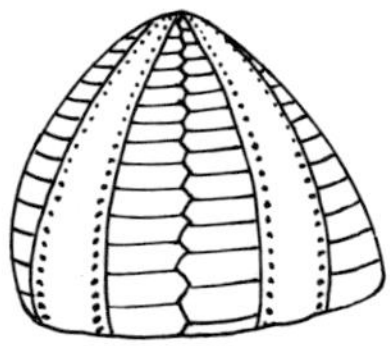

Conulus

Conoclypeus — tertiaire —, très gros, c'est le seul représentant des holectypoïdes dont le test est de forme ovale étirée en longueur et dont les ambulacres se sont modifiés pour devenir fortement pétaloïdes. ▷ 2

Ordre des clypéastroïdes

Ici aussi la forme est ronde à pentagonale arrondie ; le dessous est aplati, le dessus moyennement bombé. L'appareil apical et le petit péristome, généralement enfoncés, sont en position centrale. Le périprocte se trouve dans l'interambulacre pos-

1 Holectypus depressus *3 cm, jurassique : callovien (Hauenstein, Suisse)*
2 Conoclypeus conoideus *12 cm, tertiaire : miocène (Irkut, Hongrie)*
3 Conulus *3 cm, crétacé : turonien (Wüllen, RFA)*
4 Conulus subrotondus *3 cm, crétacé : turonien (Wüllen, RFA)*

1

2

3

4

térieur, sur la face inférieure. A la différence des holectypoïdes, les ambulacres sont nettement pétaloïdes.

Echinocyamus — crétacé supérieur —, petit, il est de forme ovoïde, modérément allongée, avec une partie postérieure légèrement pointue. Le périprocte est petit, localisé sur le dessous. Les pétales sont à peine apparents. Comme chez le genre *Discoïdes*, sur la face interne, les ambulacres sont délimités par des côtes radiales.

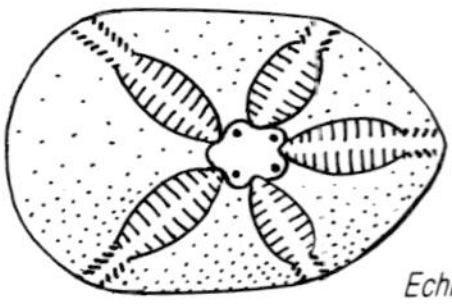

Echinocyamus

Clypeaster — du tertiaire paléogène à nos jours —, plus gros, il est de forme ronde à pentagonale arrondie. Le dessus est fortement bombé au centre et aplati vers la périphérie. Les ambulacres pétaloïdes sont très développés. ▷ 1-2

Scutella — du tertiaire paléogène à nos jours —, plat, en forme de disque, avec des ambulacres pétaloïdes assez grands ; les lignes ambulacraires de la face inférieure présentent des ramifications caractéristiques. La partie interne comporte de nombreux piliers verticaux de soutien, de sorte que le lumen du test, déjà petit, se trouve réduit à la portion congrue. ▷ 4

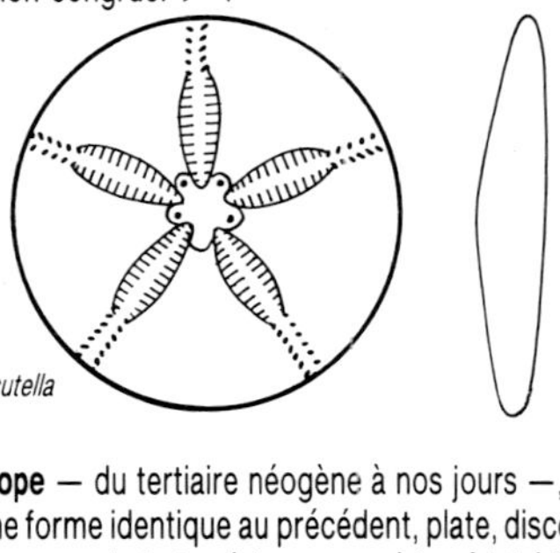

Scutella

Encope — du tertiaire néogène à nos jours —, soit d'une forme identique au précédent, plate, discoïde, soit pourvu de fortes échancrures à la périphérie, se refermant éventuellement sur le pourtour — le test apparaissant alors criblé de pores. *Encope* est fréquent sur les plages de sable des régions tropicales **(dollar des sables)**. ▷ 3

Ordre des Cassiduloidea

Plate à modérément bombée, la forme peut être ronde, pentagonale arrondie ou ovale allongée. Les ambulacres pétaloïdes sont généralement longs et peu prononcés. Le péristome peut être central ou légèrement déporté vers l'avant ; il est souvent pourvu de phyllodes. Les formes sont fortement variables.

Mepygurus — jurassique —, d'une forme pratiquement ronde, avec un appareil apical central, il est doté de pétales faiblement évasés et s'étirant jusqu'à la périphérie. Le dessus est très faiblement bombé. Le périprocte se trouve sur le dessous, près de la marge postérieure.

Pygurus — jurassique et crétacé inférieur — comporte un test plat, lui aussi en forme de disque. Il se distingue par son pourtour pentagonal plus arrondi et dont la marge postérieure fait souvent légèrement saillie en forme de bec.

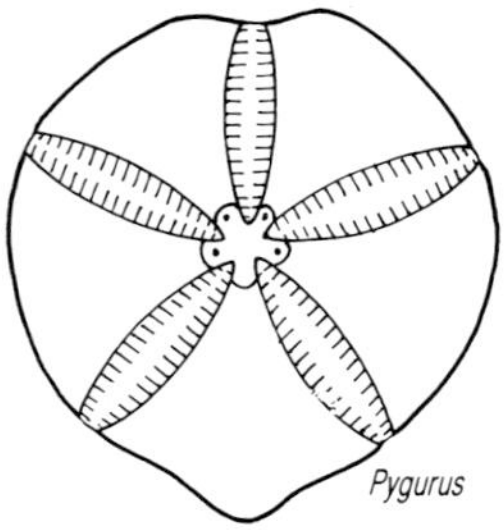

Pygurus

Hyboclypus — jurassique —, légèrement bombé, discoïde, il présente un pourtour pentagonal rond ou arrondi. Ambulacres pétaloïdes peu développés, non évasés. L'appareil apical est allongé. Le périprocte est situé juste derrière l'appareil apical central, sur le dessus, dans un sillon profond se prolongeant jusqu'à la marge postérieure. ▷ 5

Clypeus — jurassique —, de forme identique, il se distingue par ses pétales bien développés, évasés et se prolongeant pratiquement jusqu'à la périphérie. ▷ 6

1 et 2 Clypeaster portentosus *18 cm, tertiaire : miocène (Logudoro, Sardaigne, Italie)*

3 Encope california *10 cm, tertiaire : pliocène (Sonora, Mexique)*

4 Scutella subrotunda *7 cm, tertiaire : miocène (Doué, France)*

5 Hyboclypus gibberulus *3 cm, jurassique : callovien (Anwil, Suisse)*

6 Clypeus *5 cm, jurassique : aalénien (Blumberg, RFA)*

1

2

3

4

5

6

Nucleolites — jurassique et crétacé —, riche en espèces diverses et très répandu ; il reste assez petit, plutôt fortement bombé. La forme est ovale et étirée en longueur, avec une marge postérieure soutenue. L'appareil apical est plus ou moins central. Les pétales sont peu développés, à peine évasés. Le périprocte est situé sur le dessus, dans un sillon profond et atteignant la marge postérieure, à une distance variable de l'appareil apical. ▷ 1

Pyrina — crétacé —, de forme ovale allongée, avec des pétales étroits, longs, mais nettement développés. Situé au-dessus du bord postérieur, le périprocte n'est pas noyé dans un sillon.

Cassidulus — du crétacé à l'époque actuelle —, il reste de petite taille, et sa forme est, comme précédemment, ovale et allongée. Les pétales sont courts mais bien développés. Situé à la partie supérieure près de la marge postérieure, le périprocte n'est pas enfoncé dans un sillon.

Catopygus — du jurassique au crétacé supérieur —, de forme identique aux précédents, il se distingue par un bombement un peu plus important, des pétales faiblement développés non évasés, et un périprocte situé juste sur le bord postérieur.

Echinolampas — du tertiaire à l'époque actuelle —, de forme ronde à pentagonale arrondie, il est plus gros et modérément bombé. L'appareil apical et le péristome occupent une position subcentrale. Le périprocte est situé sur la face inférieure, près du bord postérieur. Les pétales et les phyllodes sont nettement visibles. ▷ 2

Ordre des holastéroïdes

Cet ordre a connu son grand épanouissement depuis le jurassique, et surtout au crétacé ; il compte encore quelques représentants. Les formes varient d'oblongues à cordiformes, avec un fort bombement. Les ambulacres sont simples ou faiblement pétaloïdes. Le péristome est déporté vers l'avant, avec un pourtour ovalisé transversalement. L'ambulacre postérieur est légèrement bombé sur le dessous, il se termine par une « lèvre inférieure » faisant saillie par rapport au péristome.

Collyrites — jurassique et crétacé inférieur —, de forme ovale arrondie à cordiforme, il présente un bombement de hauteur variable. Situé à l'avant du centre, le péristome peut être plus proche du bord antérieur. Le périprocte se trouve à l'extrémité postérieure. Les ambulacres sont simples. Tout en longueur, l'appareil apical, situé en avant du centre, donne naissance aux trois ambulacres antérieurs (trivium). Les deux ambulacres postérieurs (bivium) sont nettement en retrait, séparés des autres par l'appareil apical. Une série de plaquettes supplémentaires alignées dans l'axe relient le trivium et le bivium.

Collyrites

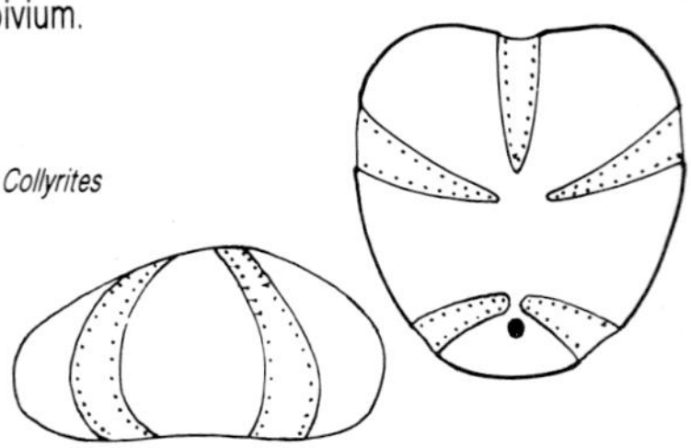

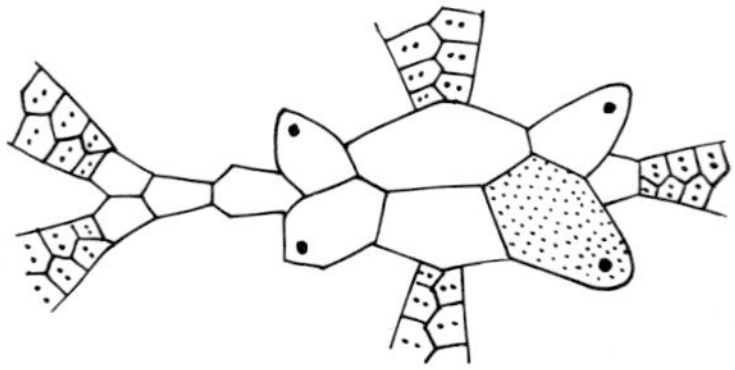

Dysaster — jurassique et crétacé inférieur —, de forme identique au précédent et pourvu lui aussi d'un trivium et d'un bivium séparés, il se distingue par le fait que son appareil apical, petit et compact, présente une forme quadrangulaire arrondie, tandis que son bivium et son trivium ne sont pas reliés par une série de plaquettes médianes.

Holaster — crétacé inférieur —, d'aspect cordiforme, il présente un fort bombement. Comme chez *Collyrites*, l'appareil apical est étiré en longueur. Chacun des cinq ambulacres simples, non pétaloïdes, prend naissance au niveau de l'appareil apical. L'ambulacre antérieur passe dans une cavité reliant ce dernier au péristome, très avancé.

Echinocorys — crétacé supérieur —, très fortement bombé, presque conique. Aucune cavité n'assure le passage de l'ambulacre antérieur. Le périprocte est situé sur le dessous, près du bord postérieur. ▷ 3-4

Hemipneustes — crétacé supérieur — se distingue par la présence d'un profond sillon permettant le passage de l'ambulacre antérieur et par des ambulacres développés et faiblement pétaloïdes. ▷ 5

1 Nucleolites hugi *4 cm, jurassique : callovien (Hauenstein, Suisse)*

2 Echinolampas kleini *(vu de dessous) 6 cm, tertiaire : oligocène (Doberg, RFA)*

3 et 4 Echinocorys sulcatus *6,5 cm, crétacé : danien (Dalbyover, Danemark)*

5 Hemipneustes radiatus *9 cm, crétacé : sénonien (Valkenburg, Pays-Bas)*

1

2

3

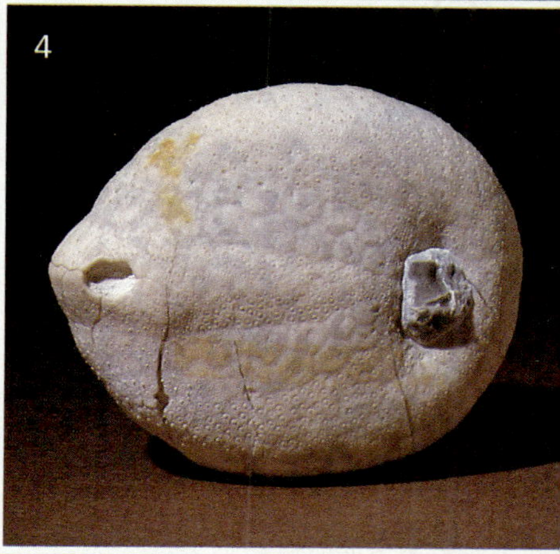
4

5

Offaster — crétacé supérieur —, contrairement aux genres mentionnés précédemment, il reste relativement petit. Fortement bombé, de forme hémisphérique, il comporte un périprocte situé sur le dessus, à la partie postérieure, et des ambulacres simples, non pétaloïdes.

Infulaster — crétacé supérieur —, étroit, allongé, très haut. A partir de l'appareil apical situé très à l'avant, la face antérieure apparaît très abrupte, pourvue d'un profond sillon permettant le passage de l'ambulacre antérieur. ▷ 2

Cette riche formation crétacée des holastéroïdes a rapidement disparu au crétacé supérieur. A l'époque actuelle, elle ne compte plus que quelques rares représentants.

Ordre des spatangoïdes

Les spatangoïdes présentent généralement un test cordiforme. Comme chez les holastéroïdes, le péristome ovoïde et transversal est situé très à l'avant, pourvu d'une lèvre inférieure formée par le sternum (interambulacre postérieur). Les spatangoïdes se distinguent des holastéroïdes par leur petit appareil apical de forme quadrangulaire arrondie, semblable à celui de *Dysaster* ; de même que chez ce dernier, les ambulacres sont généralement fortement pétaloïdes. Une caractéristique particulière aux spatangoïdes est la présence de fascioles, étroits rubans très visibles à la surface et qui ont servi de support à de petits cils. Le dessin et l'agencement des fascioles jouent un rôle important dans la détermination des spatangoïdes. Le périprocte se trouve toujours à l'extrémité postérieure.

Toxaster — crétacé —, d'aspect cordiforme. L'ambulacre antérieur est enfoncé dans un sillon. Il est dépourvu de fascioles. ▷ 1

Hemiaster — du crétacé à l'époque actuelle —, pourvu d'un sillon reliant l'appareil apical et le péristome, et permettant le passage de l'ambulacre antérieur. Les quatre ambulacres postérieurs sont nettement pétaloïdes et légèrement creusés. Les deux pétales postérieurs sont plus longs que les trois antérieurs. Un anneau de fascioles entoure les aires ambulacraires pétaloïdes.

Schizaster — du crétacé supérieur à l'époque actuelle — se distingue surtout par le fait que ses deux pétales postérieurs sont beaucoup plus courts que ses trois pétales antérieurs. L'appareil apical est légèrement excentré vers l'arrière. ▷ 3

Linthia — du tertiaire à l'époque actuelle —, moins fortement bombé. Le sillon reliant l'appareil apical au péristome est nettement marqué. Les quatre pétales pairs sont de taille sensiblement égale. Un anneau de fascioles borde les aires ambulacraires pétaloïdes.

Micraster — crétacé supérieur et tertiaire — comporte aussi un sillon reliant l'appareil apical au péristome et des pétales creusés. Ces pétales sont tous sensiblement de la même longueur. A l'extrémité postérieure, le périprocte est situé tout en haut ; en dessous apparaît une bande fasciolée. A l'instar d'*Hemiaster*, les différentes espèces de *Micraster* sont très importantes en tant que fossiles caractéristiques. ▷ 5

Echinocardium — du tertiaire à l'époque actuelle —, de forme similaire aux précédents, il se distingue principalement par sa bande fasciolée entourant l'appareil apical et l'ambulacre antérieur, tandis que ses pétales géminés restent à l'extérieur de la fasciole.

Spatangus — du tertiaire à l'époque actuelle — se caractérise par le fait qu'entre ses pétales non creusés viennent s'intercaler quelques grands tubercules. Une fasciole est visible sous le périprocte situé en haut de la partie postérieure. ▷ 4

Maretia — du tertiaire à l'époque actuelle — se distingue de *Spatangus* par l'absence du sillon antérieur reliant l'appareil apical au péristome.

Hemipatagus — du tertiaire à l'époque actuelle — est pourvu d'un sillon nettement visible entre l'appareil apical et le péristome ; en revanche, les pétales ne sont pas creusés. Quelques tubercules assez grands sont visibles, mais seulement à l'avant, pas entre les pétales postérieurs. La fasciole est située en dessous du périprocte, lui-même localisé en haut de la partie postérieure.

Macropneustes — du tertiaire à l'époque actuelle — se distingue par l'absence de grands tubercules. Ses pétales ne sont pas creusés, et même le sillon antérieur reliant l'appareil apical au péristome n'est qu'à peine visible.

1 Toxaster retusus *3 cm, crétacé : hauterivien (Cressier, Suisse)*

2 Infulaster excentricus *(« mitre d'évêque ») 5 cm, crétacé : turonien (Wüllen, RFA)*

3 Schizaster sp. *7 cm, tertiaire : miocène (Almeria, Espagne)*

4 Spatangus hoffmanni *6 cm, tertiaire : oligocène (Doberg, RFA)*

5 Micraster sp. *7 cm, crétacé : campanien (Hanovre, RFA)*

1

2

3

4

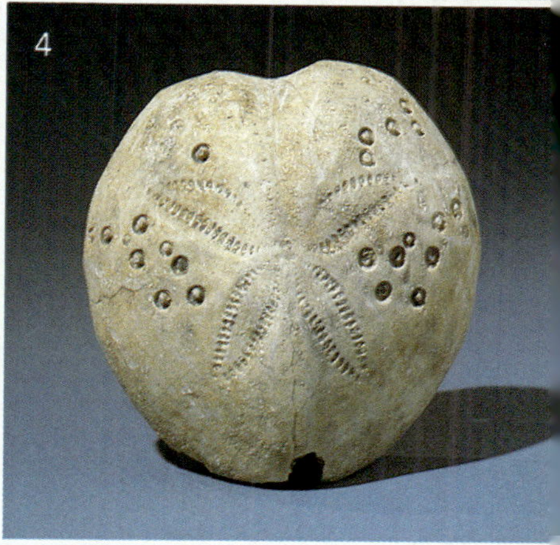

5

Embranchement des stomocordés *(Hemichordata)*

Cet embranchement, constitué d'organismes primitifs et peu diversifiés, est aujourd'hui très restreint. Il est, semble-t-il, voisin de l'embranchement des vertébrés.

Classe des graptolites *(Graptolithina)*

Apparus au cambrien supérieur, les graptolites ont connu leur grand essor à l'ordovicien et au silurien. Orbicoles, ce sont d'importants fossiles caractéristiques. Leurs derniers représentants atteignent le carbonifère. Ils doivent leur nom (de *graptos*, gravé, et *lithos*, pierre) au fait que, dans les schistes noirs où ils ont été trouvés, leurs restes évoquaient des traces d'écriture.

Par leur rassemblement, les individus, de petite taille, formaient des colonies denses. Une série de thèques parcourue par un stolon chitinisé constituait l'axe de la colonie. Pendant longtemps, en raison d'une certaine ressemblance avec les colonies de cnidaires ou de bryozoaires, on a rangé les graptolites dans l'un ou l'autre de ces deux embranchements.

Des découvertes récentes concernant la structure microscopique du squelette permettent d'établir une relation avec deux classes de l'embranchement des stomocordés : les ptérobranches et les entéropneustes.

Ordre des dendroïdes

Cet ordre datant du cambrien supérieur au carbonifère est constitué de colonies fixées au fond, ramifiées en formation buissonnante et se développant en hauteur. Chaque axe se compose d'un tube central (le stolon), dont l'extrémité supérieure, ouverte, contient la stolothèque. A intervalles réguliers, deux thèques différentes prennent naissance sur cet axe : la grande autothèque et la petite bithèque. Les axes communiquent entre eux par une multitude de « ponts » transversaux, donnant à la colonie une architecture réticulaire. Le principal représentant est un fossile caractéristique de l'ordovicien inférieur, que l'on rencontre fréquemment, le genre **Dictyonema**. ▷ 1

Les autres dendroïdes sont rares.

Ordre des Graptoloidea

Cet ordre, répandu depuis l'ordovicien inférieur jusqu'au dévonien inférieur, présente une grande diversité de formes et est plus important que les dendroïdes. Les colonies de *Graptoloidea* sont des organismes planctoniques. Il n'y a plus aucune différenciation au niveau de la stolothèque, de l'autothèque et de la bithèque — la colonie ne comportant plus qu'un seul type de thèque. La thèque initiale, en forme de calice pointu, est la « sicule ». Les autres thèques forment de longs axes minces dont les thèques apparaissant les unes après les autres s'alignent sur un ou deux rangs : ce sont les rhabdosomes. Plusieurs rhabdosomes peuvent rayonner à partir de la sicule.

Chez les **Graptolites** (= **Axonolipa**), le rhabdosome se développe dans le même sens que la sicule, de sorte qu'une thèque suit l'autre en l'absence d'un axe central.

Chez le **Dichograptus** — ordovicien inférieur —, la colonie se compose de plusieurs rhabdosomes (jusqu'à huit) rayonnant à partir de la section initiale.

Tetragraptus — ordovicien inférieur — forme des colonies comportant quatre rhabdosomes.

Didymograptus — ordovicien inférieur à moyen — ne comprend plus que des colonies de deux rhabdosomes. ▷ 3

Dicellograptus — ordovicien moyen à supérieur — forme des colonies comportant deux rhabdosomes qui se replient dans la direction opposée au bourgeonnement de la sicule. ▷ 2

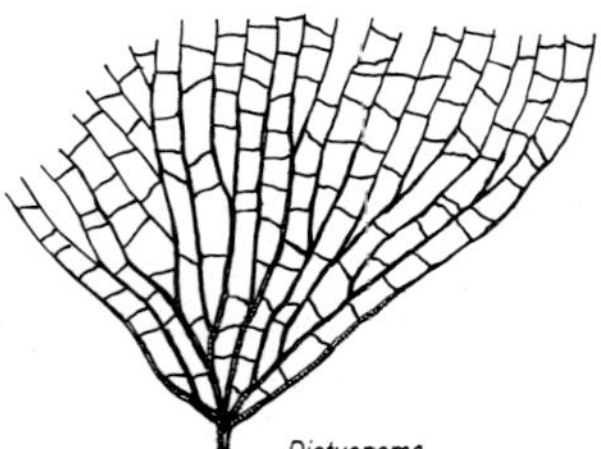
Dictyonema

1 Dictyonema flabelliforme *5×3 cm, ordovicien (Bornholm, Danemark)*
2 Dicellograptus johnstrupi *3,5 cm, ordovicien (Bornholm, Danemark)*
3 Didymograptus bifidus *3 cm, ordovicien (Oslo, Norvège)*

Colonie de graptoites dendroïdes (fortement agrandie)

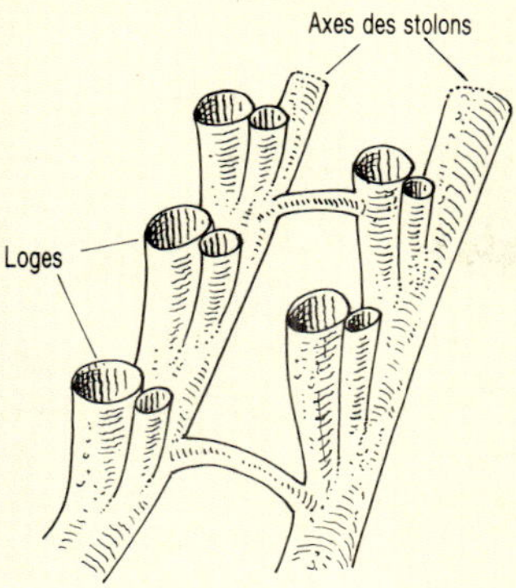

Graptolite axonolipe
(fortement agrandie)

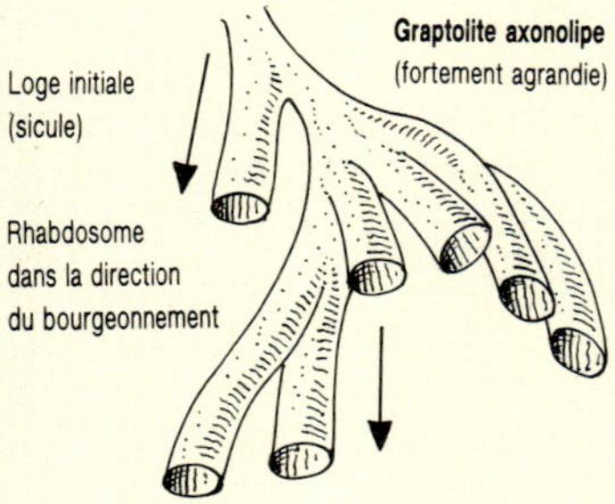

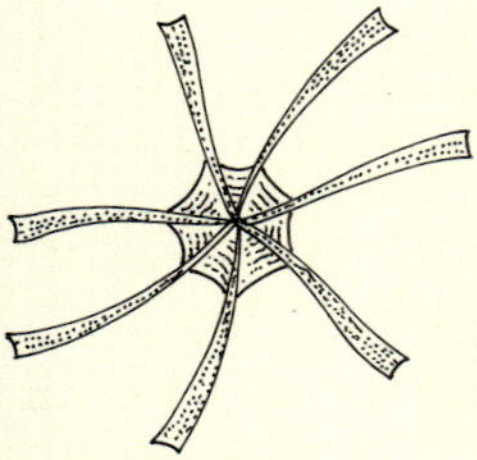

Dichograptus

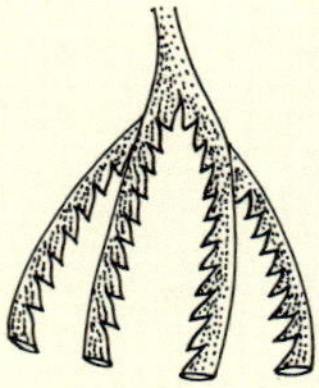

Tetragraptus

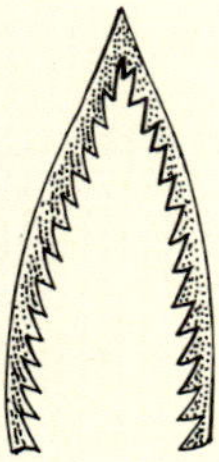

Didymograptus

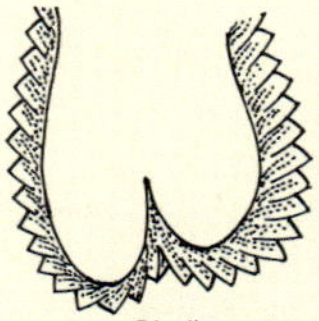

Dicellograptus

Chez les **Graptoloidea**, ce retournement dans la direction opposée au bourgeonnement de la sicule se produit à partir de la toute première thèque. La section initiale, pointue, de la sicule se prolonge par un filament, la néma, auquel la thèque se rattache. A mesure que de nouvelles thèques apparaissent, la néma s'allonge, se transformant ainsi en un prolongement du rhabdosome.

Diplograptus — du moyen ordovicien au silurien inférieur — et les **Climacograptus** — de diffusion stratigraphique similaire — présentent deux séries de thèques au niveau du filament de la néma. La conformation respective de l'orifice de leur thèque permet de les différencier. ▷ 2

Chez les **Rastrites**, les thèques sont longues et très espacées. ▷ 1

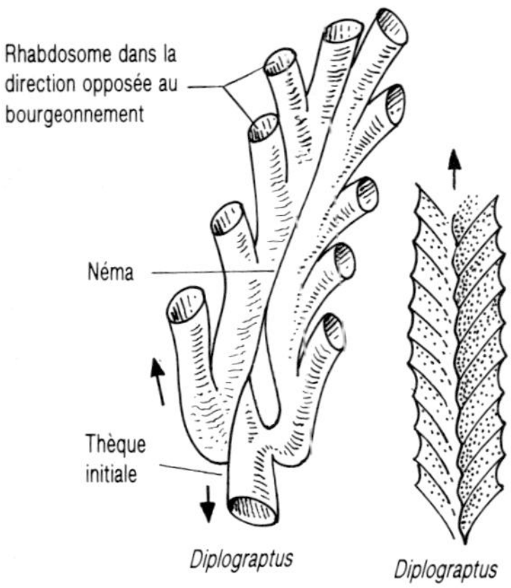

Retiolites — silurien inférieur et moyen — est également pourvu de thèques bisériées ; mais la

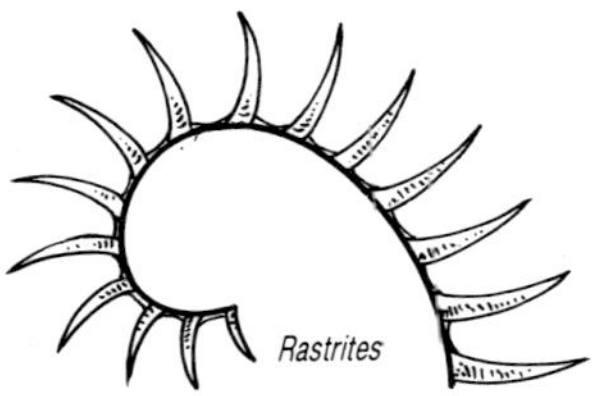

paroi de la thèque se trouve réduite à une fine membrane réticulaire. ▷ 3

Chez les **Cyrtograptus**, le rhabdosome spiralé présente des ramifications latérales.

Monograptus — du silurien au dévonien inférieur —, d'une grande diversité de formes, réparties en un

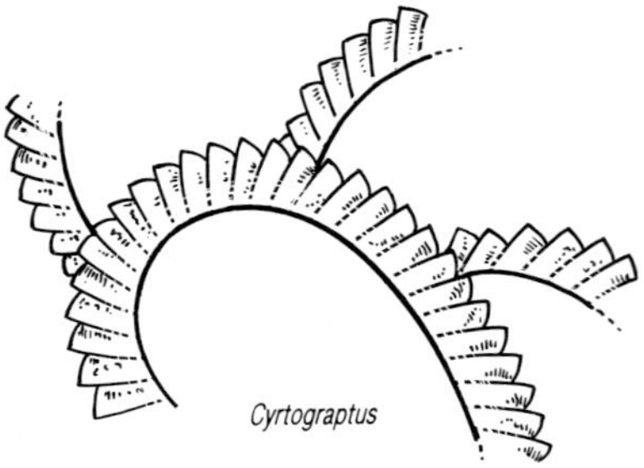

bon nombre de genres, il comporte un rhabdosome sur lequel les thèques sont unisériées. Le rhabdosome peut être droit ou spiralé. Chez les monograptidés, les loges se succèdent sans espacement. ▷ 4-6

Monograptus turriculata 2,3 cm, silurien (Siljan, Suède)

1 Rastrites peregrinus *0,2 cm de large, silurien (Bornholm, Danemark)*
2 Diplograptus toernquisti *0,3 cm de large, ordovicien (Bornholm, Danemark)*
3 Retiolites geinitzianus *3 cm, silurien (Gotland, Suède)*
4 Monograptus spiralis *2,5 cm, silurien (Gotland, Suède)*
5 Monograptus uncinatus *0,3 cm de large, silurien (Flensburg, RFA)*
6 Monograptus triangulatus *2 cm, silurien (Gotland, Suède)*

1

2

3

4

5

6

Super-embranchement des cordés ou chordés *(Chordata)*

Dans ce super-embranchement caractérisé par un squelette interne axial, seuls les vertébrés comptent vraiment pour l'étude des fossiles. Les premiers restes datent de l'ordovicien, mais ils deviennent plus fréquents seulement à partir du silurien. Un fossile mis au jour dans les schistes de Burgess, du cambrien moyen, pourrait bien être une forme primitive de vertébré dépourvu de squelette. Pour le collectionneur de fossiles, seuls sont importants les **poissons**, au sens le plus large.

Pour ce qui est du reste des chordés (tétrapodes), à quelques rares exceptions près, il faudra se contenter de rendre visite aux divers squelettes exposés dans les musées.

Classe des agnathes *(Agnata)*

Connus depuis l'ordovicien, les agnathes ne sont pas des vertébrés au sens propre, car leur corde dorsale n'est pas encore ossifiée. Par ailleurs, les agnathes se distinguent de tous les autres vertébrés par leur bouclier céphalique de forme hémisphérique et dépourvu de mâchoires.

Sous-classe des cyclostomes

Elle comprend les pétromyzontides et les myxines. Leurs squelettes cartilagineux ne se conservant pas, on ne leur connaît pas de fossiles.

Sous-classe des ostéostracés

Les représentants de cette sous-classe répandue au silurien et au dévonien sont pourvus d'un puissant bouclier céphalothoracique formé d'os dermiques. La partie postérieure du corps est couverte d'écailles osseuses. Les os sont constitués de véritables cellules osseuses. La partie dorsale du bouclier céphalothoracique comporte deux yeux et un orifice nasal impair. Sur la partie ventrale du bouclier s'ouvre un grand orifice rond — la bouche —, ainsi que, sur le côté de celle-ci, un nombre variable de petits orifices circulaires, recevant les poches branchiales simples ; comme chez les représentants de la sous-classe des cyclostomates, les extrémités ne sont pas appariées. Les poches branchiales simples sont pourvues de fentes séparées et, de même que la conformation de l'encéphale et la distribution des nerfs cérébraux à partir de celui-ci, elles correspondent exactement aux caractéristiques des représentants actuels de la sous-classe des cyclostomates. Aussi est-on fondé à considérer ces derniers comme des descendants des ostéostracés, dont ils se distinguent par la régression du bouclier osseux.

Cephalaspis — silurien et dévonien — possède un bouclier céphalothoracique déprimé, en forme de demi-cercle ; ce bouclier n'est pas divisé en différentes plaques osseuses. Les fentes branchiales sont situées sur le dessous. Chez les formes primitives, le bouclier osseux est épais, tandis que chez les formes plus évoluées il est plus mince. On rencontre les *Cephalaspis* et leurs formes étroitement apparentées au silurien supérieur et dans les formations de vieux grès rouges. ▷ 2

Birkenia — silurien et dévonien —, pourvu d'une anatomie identique au précédent, il se distingue par son bouclier céphalothoracique formé de petites plaquettes osseuses. ▷ 1

Sous-classe des hétérostracés

Sous un rostre préominent sur la face ventrale, dans le bouclier céphalothoracique constitué de plaques d'os dermiques, on reconnaît la paire de narines, située en avant d'une bouche dépourvue de mâchoires. Les os dermiques ne comportent pas de cellules osseuses. Les poches branchiales communiquent avec l'extérieur via un canal commun.

Pteraspis — diffusion identique aux *Cephalaspis* — est pourvu d'un bouclier céphalique composé de quelques grandes plaques, non dorso-ventral et non enfoncé. Le rostre est fortement proéminent.

Drepanaspis — dévonien — possède un bouclier céphalothoracique élargi et enfoncé. Au lieu d'être aboutées les unes aux autres, les plaques osseuses, plus fines, sont séparées par des bandes de petites plaquettes osseuses.

Coelolepis — silurien et dévonien —, sa conformation est la même que précédemment, mais ici les plaques osseuses sont remplacées entièrement par de petites écailles dermiques.

Les vertébrés sont donc les descendants des hétérostracés, répandus au silurien et au dévonien.

1 Birkenia elegans *8 cm, dévonien (Écosse)*
2 Logania scotica *12 cm, dévonien (Écosse)*

1

2

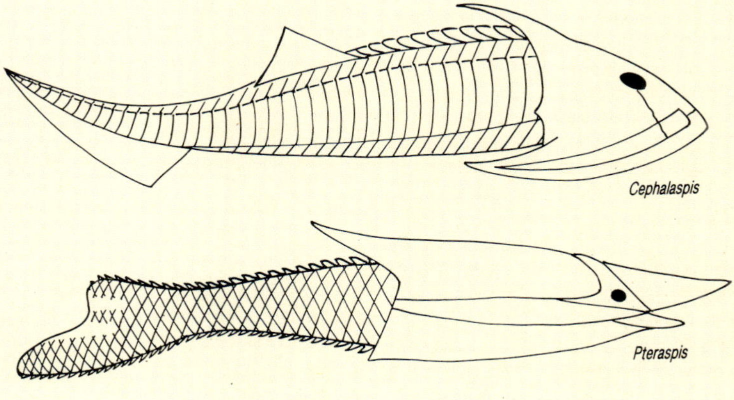
Cephalaspis
Pteraspis

Classe des placodermes *(Placodermi)*

Les placodermes sont pourvus d'un bouclier céphalothoracique de plaques osseuses articulées. Ils possèdent des mâchoires simples, ainsi que des appendices pairs, ou autres formations de ce type. Une ossification des vertèbres peut intervenir. La structure du cerveau est évoluée, rappelant celle des **requins**.

Exclusivement dévoniens, les placodermes ont prospéré plus particulièrement dans les formations de vieux-grès-rouges. Hormis quelques groupes de modeste importance, les deux genres les plus importants sont **Antiarche** et **Arthrodire**.

Les **Antiarche** restent relativement petits. Ils sont reconnaissables à leur bouclier céphalothoracique nettement plus grand que la partie postérieure du corps, et, surtout, à leur appendice latéral, un arthroptérygium articulé et couvert de plaquettes osseuses ; au plan anatomique, cet organe n'est pas homologue aux nageoires pectorales, et il n'existe que chez les *Antiarche*. ▷ 1

Contrairement aux *Antiarche*, limités aux vieux-grès-rouges, les **Arthrodire** sont très répandus ; ils peuvent atteindre jusqu'à 8 m de long. La partie pectorale du bouclier céphalothoracique reste relativement petite, et elle comporte seulement une épine natatoire osseuse et articulée. La partie céphalique du bouclier est plus épaisse et plus grande que chez les *Antiarche*, et elle comporte des mâchoires parfois très puissantes, garnies de plaques en forme de dents. Dans les mers du dévonien, les *Arthrodire* étaient de redoutables prédateurs. La partie postérieure du corps est longue, pisciforme. On trouve dans les vieux-grès-rouges des plaques osseuses du bouclier céphalothoracique, ces plaques pouvant être très épaisses chez les formes géantes.

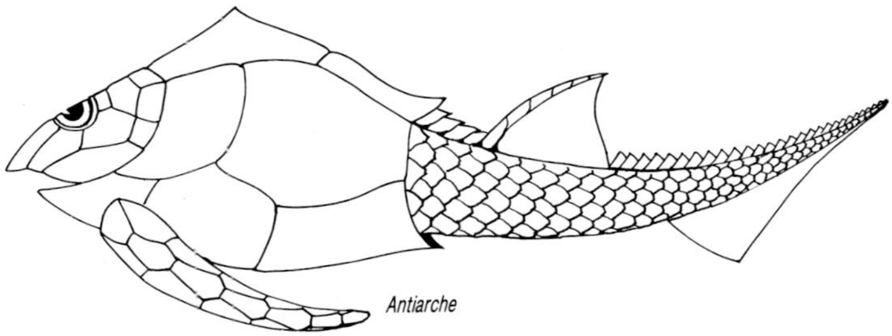
Antiarche

Classe des chondrichtyens *(Chondrichthyes)*

Outre le petit groupe des **chimères**, la classe des chondrichtyens comprend les **requins** et les **raies**. Ces descendants des placodermes sont apparus au moyen dévonien et leurs formes n'ont cessé de se diversifier jusqu'à notre époque. Par leur organisation, ils constituent au côté des **poissons** une classe à part entière de vertébrés aquatiques pisciformes. Leur bouclier céphalothoracique a totalement régressé ; seules ont subsisté de petites écailles placoïdes réparties sur tout le corps. ▷ 3. Le squelette est cartilagineux. La corde dorsale a cédé le pas à une véritable colonne vertébrale ; de forme annulaire, les vertèbres présentent une face antérieure et une face postérieure concaves. Elles sont souvent calcifiées, cette calcification donnant naissance soit à des anneaux concentriques (vertèbres tectispondyles, ▷ 2), soit à des lamelles calcaires radiales (vertèbres astérospondyles). Chez le requin, les vertèbres sont généralement astérospondyles, et, chez la raie, plutôt tectispondyles. La structure cartilagineuse du squelette réduit considérablement les chances de fossilisation. De ce fait, le matériel fossile des chondrichtyens est très pauvre. Ce que l'on trouve le plus souvent, c'est une seule vertèbre incrustée dans une strate calcaire.

1 Perichthyodes milleri *13 cm, dévonien (Écosse)*
2 Vertèbres de requin (tectispondyle à anneaux concentriques) 6 cm (RFA)
3 Dent dermique de requin 1,5 cm, tertiaire : éocène (Balegem, Belgique)

1

2

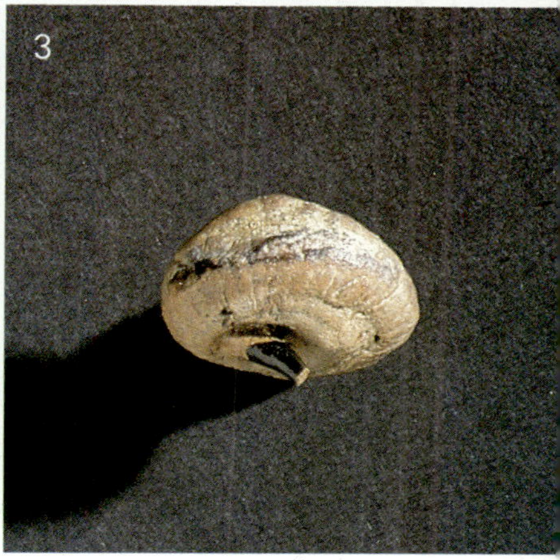
3

Les vestiges fossiles les plus importants du requin et de la raie sont les dents, très résistantes. Ce sont à l'origine des denticules dermiques formés dans le tissu recouvrant les mâchoires ; ces dents ne sont pas plantées dans les alvéoles dentaires de la mâchoire, mais seulement liées à celle-ci par le tissu conjonctif. Du côté intérieur de la mâchoire, derrière la première rangée de dents, il se forme sans cesse de nouvelles dents de réserve. La première rangée est régulièrement repoussée, tandis que celle qui se trouve derrière avance. Dans la mesure où une seule rangée peut comporter un très grand nombre de dents et où l'on compte souvent plus de dix rangées successives, il n'est pas rare que la denture comprenne plusieurs milliers de dents. De plus, le fait que les dents soient constamment renouvelées implique qu'au cours de sa vie, un requin produit un nombre de dents considérable. Par leur grande dureté, ces dents se conservent bien (encore faut-il qu'elles ne s'incrustent pas trop rapidement dans la pierre), et elles s'accommodent de toutes sortes de strates sédimentaires. C'est pourquoi les dents de requin sont des fossiles répandus et typiques, et ce bien que le requin, contrairement au hareng, par exemple, soit peu grégaire. Dans les eaux peu profondes et à proximité des côtes, il n'est pas rare que le courant rejette des dents de requin — de sorte que, dans ce type de faciès, celles-ci sont des fossiles fréquents et bien conservés.

Bon nageur, le requin capture sa proie avec ses dents acérées. Certains groupes, se nourrissant de coquillages qu'ils broient, sont pourvus de dents en pavés. Cela vaut également pour la majorité des raies. Ces dents étant plus lentes à se renouveler, elles sont également plus rares à l'état fossile comparées aux dents acérées du requin chasseur.

Hybodus — du trias au crétacé inférieur — est pourvu de dents acérées, triangulaires et pas très hautes. De petits denticules apparaissent souvent à la base ; et la racine est large, basse, à peine creusée. ▷ 2

Acrodus — du trias au crétacé — est pourvu de dents basses et allongées, avec une longue crête moyennement tranchante et une racine basse, non creusée en dessous. ▷ 3

Ptychodus — crétacé supérieur — possède des dents broyeuses basses, plates, de forme rectangulaire à carrée. **Heterodontus** — du jurassique à l'époque actuelle — présente des dents similaires. Mais les dents, relativement rares, de ces formes mésozoïques, présentent moins d'intérêt que celles des requins modernes, que l'on trouve souvent dans les sables marins du tertiaire.

Isurus — du tertiaire à l'époque actuelle — possède une haute couronne dentaire triangulaire, à la crête très acérée. Les racines sont creusées en dessous.

Chez **Odontaspis** — du tertiaire à l'époque actuelle —, la couronne dentaire est plus mince, généralement légèrement incurvée ; la pointe et la crête sont acérées. En règle générale, la base ne présente pas de denticules. Les racines sont très creuses.

Carcharodon — du tertiaire à l'époque actuelle — peut mesurer jusqu'à 10 m de long. Le requin bleu appartient à ce genre. Les dents, triangulaires, sont relativement larges, très plates. La crête est acérée et finement crénelée. La racine est faiblement creusée. ▷ 1

Otodus — tertiaire ancien —, comme *Isurus*, il possède une haute couronne triangulaire. Mais, de chaque côté, la base est pourvue de petits denticules ; la racine est très creuse, comme chez *Odontaspis*.

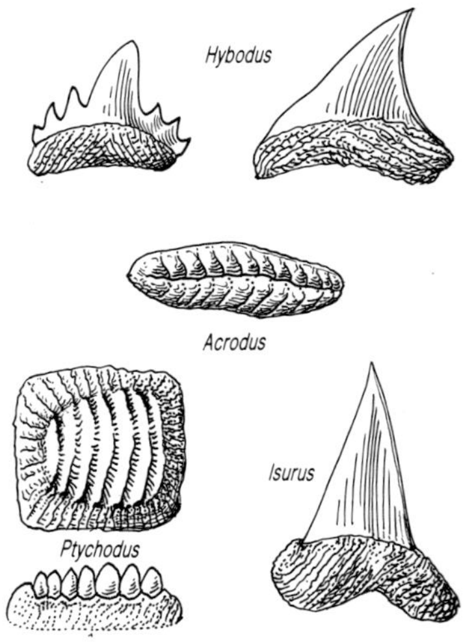

1 Carcharodon angustidens *10 cm, tertiaire : oligocène (bassin de Mayence, RFA)*

2 Hybodus raricostatus *1,5 cm, trias : muschelkalk (Crailsheim, RFA)*

3 Acrodus gaillardoti *2,2 cm, trias : muschelkalk (Crailsheim, RFA)*

1

2

3

Hemipristis — du tertiaire à l'époque actuelle — possède une couronne triangulaire inclinée, large à la base, et des crêtes acérées et finement crénelées. La racine est peu profonde, à peine creusée.

Galeocerdo — du tertiaire à l'époque actuelle — est pourvu d'une couronne dentaire triangulaire, large,

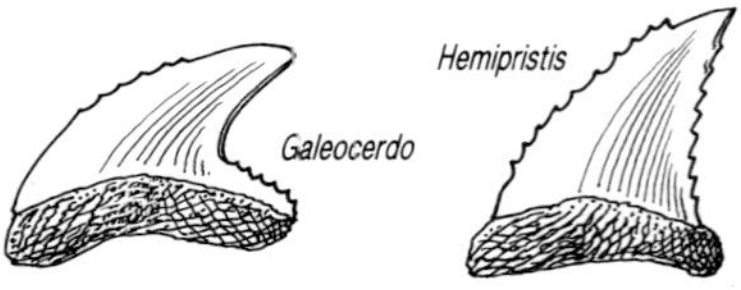

basse et inclinée. Les tranchants peuvent être finement dentelés. La racine est basse, légèrement creuse. ▷ 2

Hexanchus — du tertiaire à l'époque actuelle — possède des dents longues, comportant six pointes triangulaires et obliques, plus basses vers l'arrière.

Myliobatis — du tertiaire à l'époque actuelle —, cette raie est dotée de longues molaires rectangulaires présentant des cannelures transversales. ▷ 1

Acanthodiens

Les acanthodiens, ou poissons épineux, datent du silurien au permien. Autrefois considérés comme de proches parents des requins, ils n'ont en fait rien à voir avec ces derniers.

L'acanthodien se distingue du requin par son squelette interne partiellement ossifié, sa boîte crânienne constituée de plaques osseuses, et sa cuirasse d'écailles. Il est désormais considéré comme l'ancêtre des **poissons** vrais, dont il se différencie par l'absence de nageoires paires.

A la place de celles-ci, l'acanthodien est pourvu de puissantes épines natatoires, qui soutiennent des replis dermiques latéraux faisant office de nageoires. De même, les deux nageoires dorsales sont soutenues par de fortes épines. La cuirasse d'écailles est constituée de petites écailles rhomboïdales disposées en rangs croisés et dont la surface est émaillée.

On trouve des restes d'acanthodiens principalement dans les formations de vieux-grès-rouges, ainsi que dans le permien rouge de la Sarre. Les restes les plus fréquents à l'état fossile sont les grandes épines natatoires. ▷ 3

Classe des ostéichtyens *(Osteichthyes)*

Les ostéichtyens, ou poissons osseux, englobent les **poissons** au sens restreint du terme. Ils sont pourvus d'un vrai squelette interne ossifié — parfois seulement partiellement —, avec une colonne vertébrale, une ceinture scapulaire et une ceinture pelvienne, et une boîte crânienne formée de plaques osseuses.

A la différence des requins, pourvus de cinq à sept fentes branchiales ouvertes et séparées les unes des autres, chez les ostéichtyens, la région branchiale est recouverte par un opercule, comportant plusieurs plaques osseuses (os operculaires). De plus, la branchie située le plus en arrière se trouve à la partie antérieure du corps ; chez les poissons, elle se transforme en une vessie natatoire, et chez le reste des cordés en un poumon. Contrairement aux requins, dont la peau est seulement pourvue d'écailles placoïdes, les ostéichtyens sont dotés d'une cuirasse d'écailles complète.

Sous-classe des sarcoptérygiens

Les nageoires sont soutenues par un axe central d'où divergent les rayons osseux.

Nageoires caudales

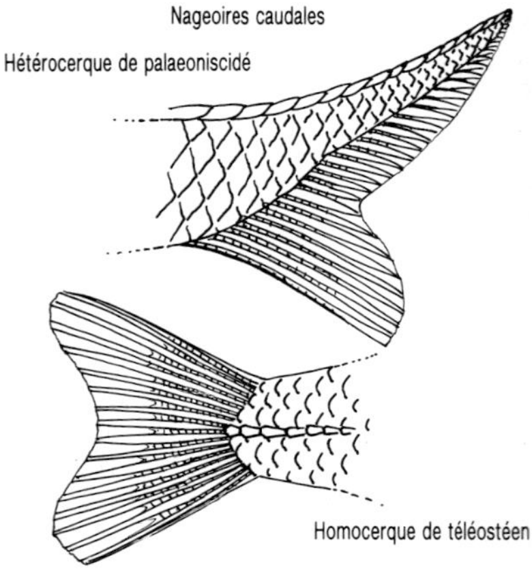

1 Plaque dentaire de raie 5 cm, tertiaire (Rumst, Belgique)

2 Galeocerdo aduncus *2 cm, tertiaire : miocène (RFA)*

3 Acanthodes bronni *avec épines natatoires, 20 cm, permien inférieur (Odernheim, RFA)*

1

2

3

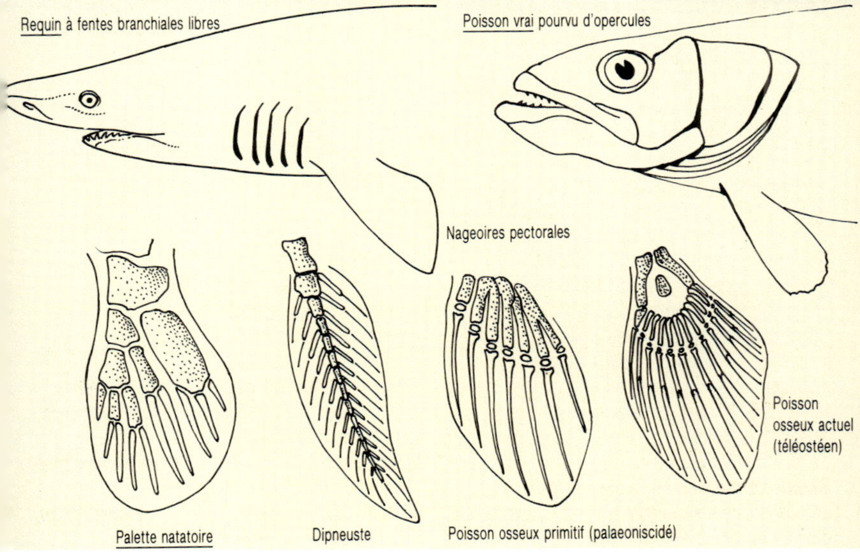
Requin à fentes branchiales libres
Poisson vrai pourvu d'opercules
Nageoires pectorales
Poisson osseux actuel (téléostéen)
Palette natatoire
Dipneuste
Poisson osseux primitif (palaeoniscidé)

Ordre des crossoptérygiens

Très répandus surtout au dévonien, les crossoptérygiens ont ensuite régressé. Ils passaient pour éteints au jurassique, jusqu'à ce que, voici quelques décennies, l'on découvre dans les profondeurs de l'océan Indien un de leurs descendants vivant.

Durant les époques de grande sécheresse, chez les premiers représentants de cet ordre, au dévonien, la vessie natatoire faisait vraisemblablement office de poumon. Les crossoptérygiens se distinguent par leurs nageoires paires en forme de palette, avec un axe médian duquel partent symétriquement des rayons obliques. Les crossoptérygiens sont les ancêtres des amphibiens. ▷ 3, ▷

Ordre des dipneustes

Les dipneustes datent du dévonien inférieur. Ayant connu leur grand essor au paléozoïque récent, ils ont ensuite régressé. Quelques-uns de leurs descendants ont survécu jusqu'à l'époque actuelle dans les eaux douces d'Amérique du Sud, d'Afrique et d'Australie.

Les dipneustes sont également pourvus de palettes natatoires, et leur vessie natatoire sert de poumon. Leurs dents, assez fréquentes comme fossiles, sont typiques. Ce sont des plaques dentaires, triangulaires, ovales ou arrondies, à crêtes rayonnantes arrondies ou tuberculées. ▷

Dipterus — dévonien —, de forme triangulaire arrondie, il est pourvu de dix petites dents tuberculées. ▷ 2. **Ctenodus**, du carbonifère, est similaire.

Ceratodus — trias. La plaque masticatoire, triangulaire et arrondie, comporte quatre à six grandes crêtes arrondies. Typique du trias d'Europe centrale, c'est un fossile assez fréquent. ▷ 1

Sous-classe des actinoptérygiens

Les précurseurs, rares, sont apparus au silurien supérieur ; mais c'est seulement à partir du carbonifère que les actinoptérygiens ont connu leur grand essor, gagnant dès lors une importance sans cesse croissante. Ce sont des **poissons** au sens commun du terme (cette sous-classe excluant les squales).

Super-ordre des chondrostéens

Comprenant les actinoptérygiens primitifs, les chondrostéens apparaissent au silurien supérieur, connaissent leur grand essor au carbonifère et au permien, pour régresser ensuite. Leurs descendants vivants sont les **esturgeons**, pourvus d'un squelette cartilagineux et d'une cuirasse ossifiée. Ils se distinguent par leur nageoire caudale hétérocerque (voir p. 248). La cuirasse est constituée d'écailles ganoïdes, de forme carrée et aboutées en rangées longitudinales et transversales.

Palaeoniscus — carbonifère et permien — est le représentant le plus connu de ce super-ordre. Fréquent à l'état fossile et typique des schistes du kupfer. Nombre de genres lui sont étroitement apparentés, et seule une analyse du squelette rend possibles la différenciation et la détermination. Chez toutes les formes, le squelette interne est ossifié. ▷ 4

Platysomus — carbonifère et permien — se distingue de *Palaeoniscus*, de forme élancée, par son corps haut et plus court. ▷ 5

Super-ordre des holostéens

Ayant connu leur grand épanouissement au trias et au jurassique, les holostéens ont ensuite régressé, mais ils ont encore des représentants à l'époque actuelle. Ils sont pourvus d'écailles ganoïdes dans lesquelles manque la couche intermédiaire entre la plaque osseuse basale et la ganoïne. Cette dernière se renouvelle constamment.

Semionotus — trias —, parfois fréquent au trias supérieur (grès à sémionotidés). Il est petit, avec un corps relativement haut ; les écailles sont carrées ou rhomboïdales. Les dents sont styloïdes.

Dapedius — trias supérieur et jurassique — possède un corps haut et court, une nageoire caudale à peine échancrée et une dorsale longue et basse. Sur les flancs, les écailles sont nettement rectangulaires. Les dents sont très petites.

Lepidotes — du jurassique au crétacé inférieur — a un corps plus long et de hauteur moyenne. Nageoire caudale profondément échancrée. Écailles rhomboïdales, épaisses. Dents hémisphériques.

Caturus — jurassique — est pourvu d'un corps long, pas très haut, d'une nageoire caudale généralement profondément échancrée et d'écailles petites, rhomboïdales, se recouvrant comme des tuiles et présentant une fine épaisseur de ganoïne. Vertèbres incomplètement ossifiées.

1 Ceratodus *(plaque dentaire) 6 cm, trias : keuper (Schwäbisch Hall, RFA)*

2 Dipterus valenciennesi *20 cm, dévonien (Écosse)*

3 Osteolepis macrolepidotus *10 cm, dévonien (Orkney, Écosse)*

4 Palaeoniscus freieslebeni *20 cm, permien inférieur (Bad Sachsa, RFA)*

5 Platysomus *26 cm, permien inférieur (Bad Sachsa, RFA)*

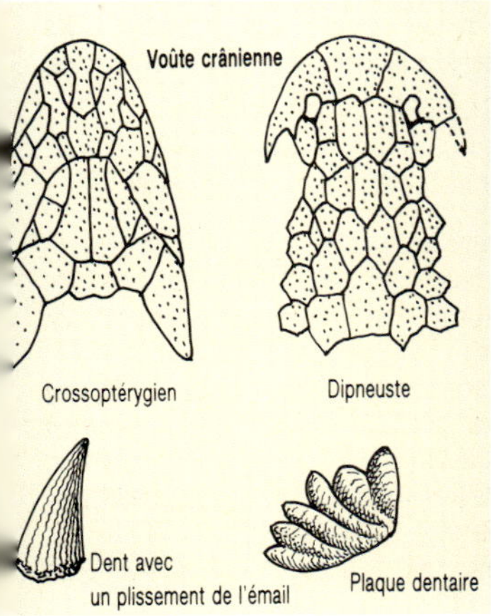
Voûte crânienne
Crossoptérygien
Dipneuste
Dent avec un plissement de l'émail
Plaque dentaire

Aspidorhynchus et **Belonostomus** — jurassique et crétacé inférieur — sont pourvus d'un crâne se prolongeant jusqu'au rostre, pointu, et d'un corps long et mince dont les flancs présentent quelques rangées d'écailles ganoïdes hautes, rectangulaires. Dents fines et pointues. ▷ 1

Amia et **Lepisosteus** — depuis le tertiaire, les membres actuels vivant dans les eaux douces d'Amérique du Nord — se rattachent aux *Caturus*. ▷ 2, 4

Gyrodus — jurassique et crétacé — et son proche parent, **Pycnodus** — tertiaire inférieur — présentent un corps très haut et court, comprimé latéralement, avec une nageoire caudale pratiquement homocerque. Écailles hautes et rectangulaires, recouvertes d'une fine couche de ganoïne. Le palais et la mâchoire inférieure sont pourvus de molaires larges, en forme de boutons. ▷ 3

Super-ordre des téléostéens

Apparus au jurassique supérieur, les téléostéens se sont propagés du crétacé à nos jours. Ils comprennent les ostéichtyens modernes — ou poissons osseux —, parmi lesquels, au cénozoïque, les descendants des chondrostéens et des holostéens ne jouent encore qu'un rôle subalterne. Ils sont pourvus d'une nageoire caudale homocerque, constituée de rayons osseux non reliés à la colonne vertébrale. Chez tous les représentants de ce super-ordre, le squelette est totalement ossifié. Les écailles sont de fines lamelles osseuses non ganoïdes et se recouvrant comme les tuiles d'un toit. Il peut s'agir d'écailles cycloïdes (à bord postérieur lisse), ou cténoïdes (à bord postérieur dentelé).

Leptolepis — du jurassique au crétacé inférieur —, dans les calcaires de Solnhofen, c'est un des tout premiers représentants des téléostéens ; il constitue une des formes primitives des harengs. ▷ 5

On trouve quelques représentants fossiles de téléostéens depuis le crétacé. Comparée à celle des chondrostéens et aux holostéens, la cuirasse d'écailles est très fine, de sorte que les chances d'une fossilisation sont relativement moindres — ce qui fait que le matériel fossile est très pauvre. Il s'entasse par endroits dans les formations tertiaires d'eau douce. ▷ 6

1 Belonostomus muensteri *25 cm, jurassique : tithonien (Langenaltheim, RFA)*
2 Amia kehreri *25 cm, tertiaire : éocène (Messel, RFA)*
3 Gyrodus umbilicus *(plaque dentaire) 3,5 cm, jurassique : tithonien (Riedlingen, RFA)*
4 Lepisosteus strausi *25 cm, tertiaire : éocène (Messel, RFA)*
5 Leptolepis sp. *5 cm, jurassique : tithonien (Langenaltheim, RFA)*
6 Knightia alta *6 cm, tertiaire : éocène (Wyoming, USA)*

Tétrapodes *(Tetrapoda)*

Les poissons, en tant que vertébrés aquatiques, ont laissé de nombreuses traces fossiles depuis le silurien supérieur et pratiquement tout au long des époques géologiques ultérieures. Leur taille étant souvent relativement modeste, le collectionneur de fossiles est en mesure de recueillir les restes plus ou moins complets des formations qui donnèrent naissance aux poissons. Concernant les tétrapodes en tant que vertébrés vivant principalement sur la terre ferme, le matériel fossile est nettement déficient. Dans la majeure partie des cas, les conditions de fossilisation sur la terre ferme impliquent que l'on trouve seulement des parties isolées du squelette (os ou dents), dont la détermination nécessite une solide formation en anatomie.

Lorsque l'on met au jour un squelette entier, encore faut-il avoir les moyens de le préparer et de le reconstituer, sans compter que ce genre de découverte exige d'importants travaux de fouille (en particulier pour l'exhumation des gros spécimens). Si bien qu'à quelques exceptions près, comme par exemple les dents de mammifères du tertiaire et du quaternaire, les restes fossiles de tétrapodes ne sont pas du ressort de l'amateur. Ce type de recherche est plutôt de la compétence d'un muséum.

Classe des amphibiens *(Amphibia)*

Les amphibiens englobent les formes les plus primitives de tétrapodes ; ils connaissent une phase larvaire, à respiration branchiale (les têtards) et sont pourvus d'un crâne large et aplati.

Les représentants les plus primitifs des amphibiens sont les **Ichtyostegalia** des sites de vieux-grès-rouges (dévonien) ; ils sont pourvus d'une queue et d'un corps longs, ainsi que de pattes frêles à cinq doigts. Au côté de leur caractère amphibien, ils conservent certains traits de leurs ancêtres poissons, les crossoptérygiens.

1

2

3

4

5

6

A partir du carbonifère intervient une division en une multitude de rameaux, dont tous les représentants ont en commun un mode de vie amphibien, un stade larvaire à respiration branchiale et un crâne de type autostylique, large, aplati et constitué d'un grand nombre de plaques osseuses. Les seules fentes de ce crâne sont les narines et les orbites oculaires. Toutefois, la plupart de ces espèces devaient s'éteindre dès le carbonifère ou le permien. Le seul groupe survivant atteindrait le trias, avec des représentants de 1 mètre de long : les **stégocéphales** ou **temnospondyles**. ▷ 1

Le mot temnospondyle fait allusion à la constitution du squelette, lequel, incomplètement ossifié, comporte seulement quelques centres osseux. Le crâne est toujours bas et aplati, l'ossature de la boîte crânienne, autostylique, étant fortement sculptée. Les membres restent petits et frêles. Les os dermiques externes de la ceinture scapulaire sont larges, plats et ils forment une sorte de cuirasse ventrale. Le crâne des grandes formes triasiques peut mesurer jusqu'à 1 mètre de long. On trouve parfois des os isolés ou des fragments de boîte crânienne dans les gisements de grès rouge de la région de la Sarre ou dans le trias d'Europe centrale.

Dans les schistes argileux du permien, on découvre par endroits de petits crânes aplatis, ainsi que des colonnes vertébrales et des pattes. On trouve aussi des empreintes de branchies, vestiges de **branchiosaures**. ▷ 2

Classe des reptiles *(Reptilia)*

Outre les temnospondyles, rattachés aux amphibiens au sens le plus large du terme, on rencontre aussi au carbonifère des stégocéphales pourvus d'un crâne fortement bombé et plus étroit. Ils se distinguent également des temnospondyles par leur structure vertébrale et leur ceinture scapulaire. Ce sont les ancêtres les plus primitifs des reptiles, lesquels ne descendent donc pas des amphibiens, mais constituent un rameau indépendant, détaché de la classe des amphibiens dès le début du développement des tétrapodes.

De fait, les tout premiers reptiles étaient dotés d'un crâne plus étroit et plus haut, mais anapside. Ils ont connu leur épanouissement au carbonifère et au permien. Les **chéloniens**, avec leur carapace spécialisée, forment un ordre dérivé des reptiles anapsides.

Chez les reptiles au sens restreint du terme, le crâne anapside se trouve transformé par l'apparition des fenestrations temporales, favorisant le développement du cerveau.

Simultanément, les membres ainsi que les ceintures scapulaire et pelvienne gagnent en puissance. L'œuf amniotique contenait une réserve de substances nutritives suffisante afin que l'embryon s'y développât jusqu'à son terme : à l'éclosion, naissait un jeune reptile en tout point semblable à l'adulte. Une métamorphose de la larve était désormais inutile. C'est ainsi que les reptiles purent coloniser la terre ferme jusque dans les régions arides. Sur la masse de diapsidés primitifs disparus dès le trias se détachèrent deux grandes formations : les **squamates** et les **archosauriens**.

Les **squamates**, qui englobent la plupart des reptiles vivants (les lacertidés et les ophidiens), ont un corps couvert d'écailles (d'où leur nom) et une boîte crânienne formée de plusieurs os articulés assurant une mobilité accrue. Les deux fenestrations temporales sont élargies, et l'attache osseuse inférieure limitant l'ouverture de la fenestration inférieure est atrophiée, de sorte que l'os carré se trouve libéré, favorisant une grande mobilité de la mandibule, très développée chez les serpents.

Le matériel fossile concernant les squamates est très pauvre. On leur connaît des ancêtres primitifs du trias et, à partir du jurassique, leur ordre s'est épanoui pour atteindre sa diversité actuelle.

Les formes de squamates les plus intéressantes sont les **mosasauriens**. Limités au crétacé supérieur, ces derniers sont des descendants des lacertidés passés à la vie aquatique. Avec parfois près de 10 mètres de long, ils sont avec les boas actuels les plus grands représentants des squamates. Leurs pattes étant très courtes, les mosasauriens se meuvent à la façon des serpents.

1 Sclerocephalus *12 cm de large, permien inférieur (Jeckenbach, RFA)*

2 Micromelerpeton credneri *15 cm, permien inférieur (Odernheim, RFA)*

3 Steneosaurus sp. *3 cm, jurassique : toarcien (Hauff, Holzmaden, RFA)*

1

2

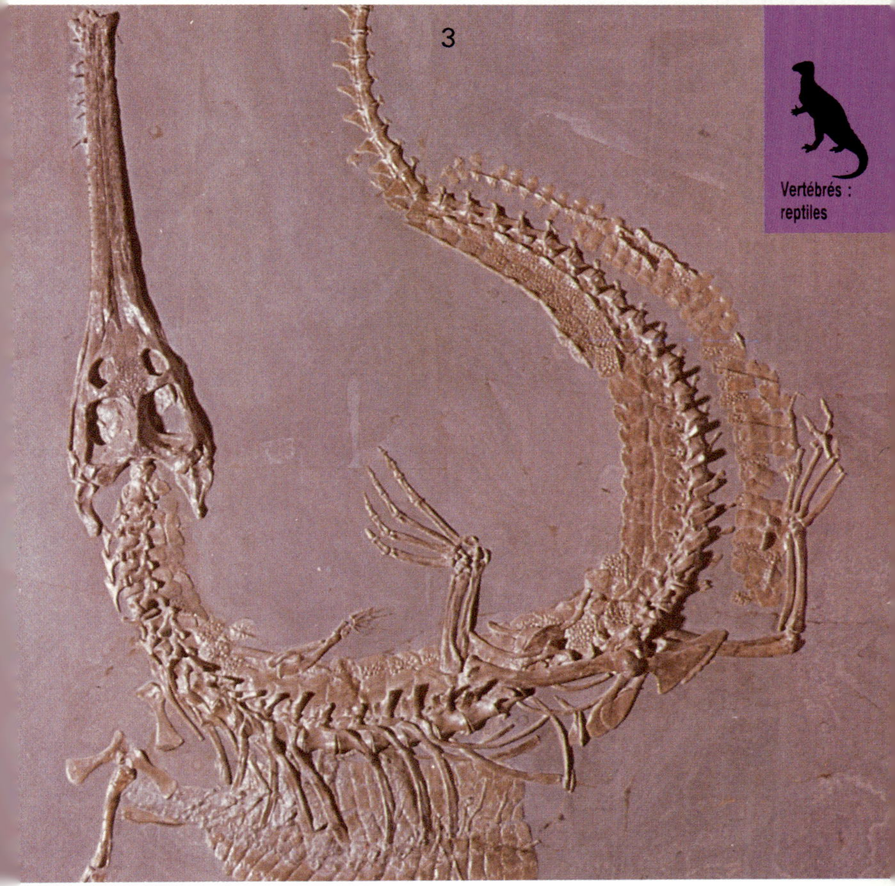
3

Les **archosauriens** sont représentés par les **thécodontes**, exclusivement triasiques. Ils englobent d'un côté des formes relativement grandes, proches des crocodiliens, et de l'autre des animaux petits, légers (dont des bipèdes), et arboricoles. Les traces d'**ornithosuchiens**, très répandues dans les grès bigarrés d'Europe centrale, appartiennent à cette dernière catégorie de formes. Disséminées dans le monde entier, des traces analogues indiquent que ces reptiles d'environ 1 mètre de long colonisèrent assez massivement les continents. Le fameux groupe des **aetosauriens**, constitué de plus d'une vingtaine de squelettes d'*Aetosaurus* extraits d'un gisement de grès du trias supérieur du Wurtemberg (exposés au musée de Stuttgart), fait également partie de la seconde catégorie.

Descendant des thécodontes, les **crocodiliens**, dont les premiers représentants connus datent du jurassique, sont à l'heure actuelle les seuls survivants des archosauriens. A la différence des squamates, les archosauriens ont eu leur grand essor au mésozoïque et, au cours du jurassique et du crétacé, ils furent les maîtres sur la terre ferme. Descendant également des thécodontes, les **saurischiens** et les **ornithischiens**, regroupés au sein des **dinosauriens** au côté des **ptérosauriens**, adaptés au vol, ont disparu vers la fin du crétacé. ▷ 1. Parmi les autres représentants connus des saurischiens, mentionnons les **Plateosaurus** du trias supérieur, les **Brachiosaurus** géants — de 12 mètres de haut et 25 mètres de long (de Tanzanie) —, les **Diplodocus** (à peine plus petits), l'énorme carnivore **Tyrannosaurus** et, enfin, l'**Ornithomimus**, au profil élancé comme une autruche. Un fameux représentant des ornithischiens est le grand **Iguanodon** bipède (musée de Bruxelles). ▷ 2. Les lourds **cératopsiens**, ou dinosaures à cornes, dont la partie postérieure du crâne était protégée par une grosse excroissance osseuse, ainsi que les **stégosauriens**, au dos pourvu d'une double rangée de plaques osseuses, appartiennent également à l'ordre des ornithischiens.

Les **ptérosauriens**, réunissant des animaux de petite taille, sont apparus au jurassique inférieur. Avec ses ailes atteignant 10 mètres d'envergure, le **Ptéranodon** (crétacé supérieur), fut le plus grand animal volant connu.

C'est dans les calcaires de Solnhofen (jurassique supérieur) qu'apparaissent les premiers **oiseaux**, avec l'**Archaeopteryx** archaïque pourvu d'un plumage et conservant des caractéristiques de ses ancêtres reptiliens. L'idée de rechercher chez les dinosaures les origines des oiseaux n'est certes pas nouvelle et, à l'heure actuelle, on les tient pour dérivés des différentes formes d'*Ornithomimus* (saurischiens), au corps élancé. ▷ 3

Chez les reptiles, il existe également des formes adaptées à la vie aquatique.

Les **sauroptérygiens** conservent un corps relativement court, avec un cou souvent très allongé et des pattes adaptées à la nage. Chez les **nothosauriens** (trias), premiers représentants de l'ordre des sauroptérygiens, cette adaptation était encore imparfaite. On trouve assez fréquemment dans les calcaires coquilliers des vestiges isolés d'os et de dents. Les descendants des nothosauriens, les **plésiosauriens**, qui proliférèrent au jurassique et au crétacé, étaient pourvus de membres désormais transformés en palettes natatoires, et certains représentants avaient un cou très long.

Par leur corps trapu, les **placodontes**, répandus au trias au côté des nothosauriens, ne sont pas sans rappeler ces derniers, avec lesquels ils n'ont cependant aucun lien de parenté. Ils étaient pourvus de grosses dents en pavés, destinées à broyer les coquilles de mollusques.

C'est chez les **ichtyosauriens** que l'adaptation à la vie aquatique atteignit la perfection. Ceux-ci avaient un corps de poisson, avec des nageoires caudale et dorsale, un cou bref et un crâne terminé par un rostre pointu. Leurs membres étaient en forme de nageoires. Les premiers datent du trias ; ayant proliféré au jurassique, ils régressèrent au crétacé, avant de disparaître à la fin de celui-ci avec presque tous les autres sauriens.

1 Œuf de saurien 21 cm, crétacé (Provence)
2 Iguanodon *reconstitué 5 m, crétacé inférieur (Salzburg, Autriche)*
3 Archaeopteryx lithographica, *l'oiseau primitif, de la taille d'un pigeon, jurassique : tithonien (Eichstätt, RFA)*

1

2

3

Classe des mammifères *(Mammalia)*

Les mammifères constituent, au côté des oiseaux – que nous laisserons de côté, sachant qu'en tant que fossiles, ils ne jouent qu'un rôle extrêmement minime –, la classe de tétrapodes dominante à l'époque actuelle.

Apparus à la charnière du trias et du jurassique, les mammifères sont restés dans l'ombre jusqu'au crétacé supérieur, sous la forme de petits animaux aux mœurs souvent nocturnes. Au début du cénozoïque, leurs formes se diversifièrent considérablement, et ils pénétrèrent dans tous les habitats libérés par les **grands sauriens**. A l'époque actuelle, ils ont dépassé depuis longtemps l'apogée de leur évolution, et seuls les **petits sauriens**, aussi nombreux que diversifiés, continuent d'évoluer.

Les mammifères comptent parmi les plus importants fossiles caractéristiques du cénozoïque et de ses gisements terrestres, très riches depuis cette époque. Les restes fossiles les plus fréquents de mammifères sont leurs dents, dures et résistantes. Cette denture, puissante et différenciée chez les divers groupes, autorise une grande précision dans la détermination. Les molaires, pourvues de plusieurs pointes, sont les plus importantes pour cette détermination, car ce sont elles qui produisent la différenciation au niveau de la surface masticatoire. Les prémolaires, initialement d'ordre 4, sont plus petites que les molaires, d'abord d'ordre 3. Par la suite, le nombre de dents a pu se trouver réduit.

Lorsque la dent a terminé sa croissance, la cavité dentaire sous-jacente (la pulpe) se referme en un étroit canal, interdisant ainsi une reprise de la croissance de cette dent : c'est la conformation normale d'une dent de brachyodonte. Chez certains animaux ayant une usure masticatoire particulièrement prononcée (les incisives des **rongeurs**, les molaires des **chevaux** et des **ruminants**), la cavité pulpaire peut rester ouverte, permettant à la dent de poursuivre sa croissance et de compenser l'usure : cette dent est dite hypsodonte. Dans ce processus d'usure masticatoire, les cuspides de la couronne dentaire se trouvent peu à peu rabotées, engendrant un plissement typique de l'émail, comme sur les dents du cheval ou du **bœuf**.

Dès le tertiaire ancien, les mammifères présentaient une diversité de formes considérable. Les petits **insectivores** et **rongeurs** côtoyaient les premiers **carnivores** primitifs, ainsi que les groupes en partie éteints des premiers **ongulés**. Parmi ceux-ci, le tertiaire ancien a vu l'apparition des formes géantes de **titanothères** et d'**amblypodes**, tôt disparues.

En Europe, le collectionneur de fossiles aura surtout affaire aux **dents de mammifères** du tertiaire récent et du quaternaire. La faune de mammifères du tertiaire récent évolue en se rapprochant de plus en plus des mammifères actuels. On peut extraire les petites dents d'**insectivores** et de **rongeurs** dans les limons et gisements de ce type. Les molaires des insectivores sont généralement pourvues de six cuspides plus ou moins pointues. Les molaires des rongeurs, chez lesquels les canines ont régressé, présentent une face d'usure plissée transversalement.

Les **carnivores** sont également pourvus de molaires à six cuspides. Les dents des mâchoires inférieure et supérieure s'emboîtant les unes dans les autres, les flancs des cuspides présentent souvent des traces d'usure.

Les restes d'**ongulés** herbivores sont plus importants à l'état fossile. Ces animaux broient leurs aliments, de sorte que le mode d'occlusion de leurs molaires est reconnaissable sur les deux rangées de dents.

Chez les **périssodactyles**, très répandus dès le tertiaire inférieur et dont seuls le **tapir**, le **rhinocéros** et le **cheval** et quelques autres formes ont survécu jusqu'à nos jours, les molaires sont lophodontes, c'est-à-dire que les replis de la face d'usure sont orientés transversalement à la surface masticatoire. A cet égard, les rhinocéros, encore très abondants au tertiaire supérieur, sont particulièrement intéressants. Leurs dents, de type brachyodonte, présentent deux replis transversaux, reliés au bord externe par un bourrelet d'émail longitudinal. ▷ Chez les chevaux, les molaires sont hypsodontes et elles forment deux faces d'usure complémentaires. Sur leurs dents à six cuspides, la face d'usure comporte deux empreintes fermées, plus ou moins fortement plissées, et un repli saillant vers l'intérieur. Les dents de la mâchoire supérieure présentent une coupe transversale plus ou moins carrée, tandis que celle des dents de la mâchoire inférieure est rectangulaire.

Mâchoire de Rhinoceros simorrensis *17 cm, tertiaire : miocène (Heggbach, RFA)*

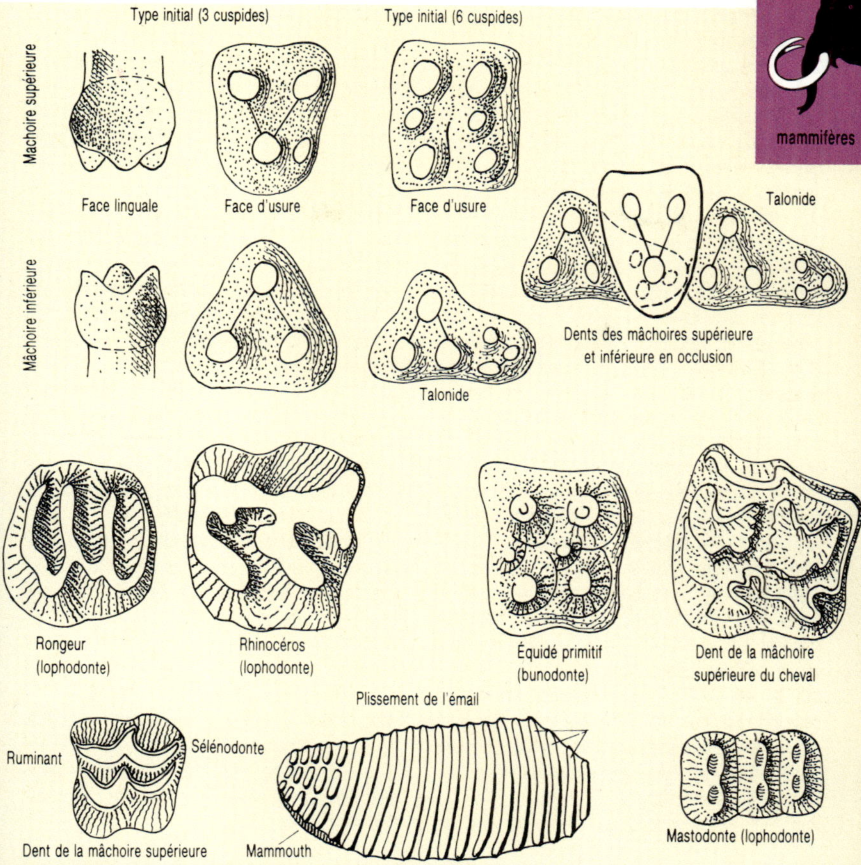
Type initial (3 cuspides)
Type initial (6 cuspides)
Machoire supérieure
Face linguale
Face d'usure
Face d'usure
Mâchoire inférieure
Talonide
Talonide
Dents des mâchoires supérieure et inférieure en occlusion
Rongeur (lophodonte)
Rhinocéros (lophodonte)
Équidé primitif (bunodonte)
Dent de la mâchoire supérieure du cheval
Plissement de l'émail
Ruminant
Sélénodonte
Dent de la mâchoire supérieure
Mammouth
Mastodonte (lophodonte)

Membres des artiodactyles, les **porcins** sont omnivores. Ils sont pourvus de dents de type bunodonte, c'est-à-dire que les cuspides de leurs molaires sont basses, larges et arrondies (forme qui restera pratiquement inchangée pendant toute la durée de vie de l'animal). Les premiers porcins sont apparus au tertiaire inférieur, mais, comme chez tous les artiodactyles, c'est seulement au tertiaire supérieur qu'ils ont connu leur grand épanouissement.

Les artiodactyles plus évolués sont pourvus de dents sélénodontes : sur la face d'usure de la dent apparaissent de minces replis longitudinaux en forme de demi-lunes. Aujourd'hui rares, les **chameaux** étaient encore très répandus à travers le monde au tertiaire supérieur, et ce avec une grande diversité de formes.

Les **ruminants** forment un très important sous-ordre, dont les représentants ont, entre autres caractéristiques communes, des dents hypsodontes. Les **girafidés**, encore très nombreux au tertiaire supérieur, sont aujourd'hui faiblement représentés ; en revanche, les **Bovoidea (antilocapridés** et **bovidés)** présentent encore à l'heure actuelle une grande diversité. On trouve assez fréquemment des dents de ces deux groupes ainsi que des dents de rhinocéros et de cheval dans les alluvions des fleuves du tertiaire supérieur et du quaternaire. Toutefois, la détermination de la provenance exacte de ces dents est assez difficile, et elle nécessite l'appui d'ouvrages spécialisés. De même, la classification systématique de vestiges osseux exige une bonne connaissance en anatomie.

Pour finir, mentionnons un dernier groupe de mammifères intéressants pour le collectionneur de fossiles : les **subongulés**. Les formes primitives de ces derniers sont apparues au tertiaire inférieur ; cependant, c'est seulement au tertiaire supérieur qu'ils ont connu leur grand essor, se propageant à travers le monde et atteignant parfois une taille géante. De type lophodonte, leurs molaires présentent des crêtes longitudinales. Leurs canines avaient disparu et leurs dents de devant étaient transformées en défenses. Limités au miocène, les **dinothériens** sont pourvus de molaires comportant seulement deux ou trois bourrelets transversaux. Sur la mâchoire inférieure, les dents de devant sont seulement au nombre de deux, et elles se présentent sous la forme de défenses recourbées vers le bas et en arrière. Chez les **mastodontes** — miocène et pliocène —, les mâchoires inférieure et supérieure comportent une paire de dents de devant transformées en défenses. Les molaires présentent trois à quatre, voire parfois jusqu'à six tubercules. ▷ 1. Rattachés aux mastodontes à partir du pliocène, les **éléphants** connaissaient encore au diluvium une diffusion mondiale. Leur mâchoire supérieure conserve seulement une paire de défenses, tandis que leurs molaires sont très grosses et pourvues de nombreuses apophyses.

1 *Molaire de mastodonte 12 cm, tertiaire : miocène (bassin de Mayence, RFA)*

2 *Silique de zingibéracée* Spirematospermum wetzleri *avec ses graines, 7 cm, tertiaire : miocène (Ponholz, RFA)*

Végétaux

Concernant les végétaux, le matériel fossile dont on dispose est très incomplet. Les **algues**, à quelques exceptions près (algues calcaires et algues siliceuses), ne comportent guère de parties dures d'origine minérale.

Les **végétaux supérieurs**, ou **plantes vasculaires**, sont des organismes vivant sur la terre ferme, où les possibilités de fossilisation sont restreintes, tandis que les **plantes terrestres** ne trouvent que dans le bois une relative préservation. Les chances d'une conservation à l'état fossile se trouvent améliorées seulement lorsque l'incrustation intervient précocement, le végétal se trouvant abrité de l'oxydation par l'oxygène de l'air. C'est pourquoi les fossiles végétaux se forment principalement dans les bas-fonds marécageux et les bassins des lacs. Mais il y a une exception : les régions fortements arides, où le bois subit souvent une silicification. Pourvus d'une cuticule très résistante, le pollen et les spores sont des fossiles fréquents, même dans les formations marines ; dans la mesure où ils présentent généralement des caractéristiques typiques, ils apportent autant d'indices concernant la végétation terrestre. L'analyse de ces minuscules vestiges requiert des connaissances approfondies en botanique, et elle fait l'objet d'une discipline spéciale de la micropaléontologie : la palynologie. Les fruits eux-mêmes étant souvent pourvus d'un involucre très résistant, on les trouve assez souvent à l'état fossile. ▷ 2

1

2

Algues *(Tallophyta)*

En tant que plantes aquatiques, les algues sont dépourvues de tissus rigides et, absorbant les sels de l'eau par toute la surface de leur corps, elles ne présentent aucune différenciation au niveau de leur appareil radiculaire et de leurs scions. Pour cette même raison, elles sont également dépourvues de système vasculaire. Leur corps végétatif indifférencié est le thalle — d'où le nom de **thallophytes** englobant l'ensemble de ces formes d'algues.
Les algues bleues (cyanophycées) procaryotiques, c'est-à-dire proches des **bactéries** et qui, sous la forme de **stromatolites**, constituent une formation fossile importante surtout au protérozoïque, ont déjà été mentionnées précédemment. De même, nous avons déjà signalé les **coccolithophoridés** : ces importants fossilifères sont de petites algues planctoniques isolées laissant une coque calcaire. ▷ p. 35

Les grandes algues dont la classification est basée sur leur pigmentation et leurs formes de propagation typiques sont sans véritable valeur en tant que fossiles.
Seuls les lithothaniums, qui font partie des **algues vertes**, présentent un certain intérêt comme fossiles. Connus depuis le cambrien, ils forment un squelette calcaire propice à la fossilisation. Ils peuvent être d'importants fossilifères, et apportent, au côté d'autres organismes constructeurs, une forte contribution à l'édification des grandes formations dolomitiques et des calcaires à récifs du trias alpin. ▷ 1-2
Les **characées**, appartenant elles aussi aux **algues vertes** et vivant en eau douce, produisent également plusieurs coques calcaires. Connues depuis le dévonien, elles participent souvent à la formation des calcaires d'eau douce.

Plantes vasculaires ou végétaux supérieurs

Les végétaux ont acquis de l'importance en tant que fossiles à partir du dévonien ; c'est en effet au tournant du silurien au dévonien qu'ils gagnèrent la terre ferme, se transformant en plantes vasculaires pourvues d'une coque, avec un appareil radiculaire et un pied fixant les sels, ainsi que des tissus vasculaires reliant les deux parties.
Les représentants les plus primitifs des plantes vasculaires conservaient un mode de vie partiellement amphibie, leurs pousses émergeant à la surface de l'eau.

Cryptogames

Reproduction par les pores ; changement de génération.

Psilophytales

Apparus au silurien supérieur, leurs premiers représentants devaient disparaître dès le dévonien. Les psilophytales font leurs racines dans l'eau, mais ils produisent des scions sans feuilles, à ramification simple ou dichotomique. A l'extrémité de ces surgeons apparaissent les sporanges (sacs ou urnes contenant les spores). Les scions à nu peuvent être lisses ou couverts d'écailles ; leurs feuilles resteront toutefois non composées. Les ramifications du pied sont encore très simples. Une intéressante flore de psilophytales, du dévonien inférieur, a été mise au jour dans la région de Bonn, en Allemagne. Toujours en Allemagne, cette fois près de Wuppertal-Elberfeld, on connaît une autre flore de psilophytales, du moyen dévonien. Les psilophytales colonisent également les formations dévoniennes de vieux-grès-rouges. ▷ 3

Lycopodiales

Ces descendants des psilophytales sont apparus dès le dévonien supérieur. Chez les lycopodiales, les écailles recouvrant éventuellement les scions des psilophytales sont divisées en feuilles.
A l'heure actuelle, les lycopodiales ne sont plus que de modestes plantes herbacées pourvues de peti-

1 Mastopora concava, *fragment de roche, 6,5 cm, ordovicien (Suède)*
2 Banc d'algues du genre Rothpletzella *3,5 cm, silurien (Gotland, Suède)*
3 Psilophytale 10 cm, dévonien (Eifel, RFA)
4 Feuilles de fougères, plaque de 10 cm de large, permien inférieur (Sobernheim, RFA)

1

2

3

4

tes feuilles enveloppant les scions. Ils ont connu leur grand épanouissement au carbonifère : à l'époque, ils formaient de grands arbres mesurant près de 40 mètres de haut et dont le diamètre du tronc pouvait atteindre plusieurs mètres. Ce sont d'importants composants des houillères du carbonifère. Les deux grandes formes arborescentes de **lycopodiales** sont les **lépidodendracées (lépidodendrons)** ▷ 2, 4, et les **sigillariacées géantes (sigillaires)** ▷ 1. Leurs troncs, droits et non ramifiés, peuvent atteindre 20 mètres de haut pour un diamètre supérieur à 2 mètres. Les fragments de ces troncs sont des fossiles typiques et fréquents au carbonifère. Les fragments du tronc des lépidodendracées présentent des séries de cicatrices foliaires alignées en diagonale, tandis que, sur les fragments de sigillaires, celles-ci sont alignées longitudinalement. Le lépidodendron est pourvu d'une couronne de branches à ramification dichotomique, alors que, sur la sigillaire, les branches bifurquent tout au plus à l'extrémité supérieure. Longues et minces, les feuilles du lépidodendron mesurent jusqu'à 50 cm de long ; celles de la sigillaire forment une couronne touffue.

Équisétales

Elles aussi en plein épanouissement au carbonifère, les équisétales, autres formes arborescentes, mesuraient jusqu'à 20 mètres de haut pour un diamètre atteignant 1 mètre. Leur forme de croissance n'était guère différente d'aujourd'hui, avec un tronc vertical, noduleux ; çà et là, les nœuds pouvaient donner naissance à des ramifications latérales. A l'origine, la surface du tronc était lisse ; les cannelures longitudinales, typiques des restes fossiles, sont dues au fait qu'au cours de la fossilisation, l'écorce externe a disparu. Les cannelures longitudinales sont produites par le moulage des rameaux. Les feuilles étaient petites, étroites, lancéolées et distribuées çà et là autour des nœuds du tronc et des branches. ▷ 3 Lorsque ces feuilles se sont développées de pair à la base, elles se présentent à l'état fossile sous la forme de verticilles multiples *(Annularia)*. Les équisétales arborescentes sont les *Calamites* (nom englobant différents genres). Apparentés aux *Calamites*, les **Sphenophyllum**, de forme plus élancée, sont reconnaissables à leur verticille comportant six à neuf feuilles cunéiformes, évasées vers l'extérieur. ▷ 5

Filicophyles

Les restes de feuilles palmées du type des feuilles de fougère comptent parmi les fossiles les plus fréquents dans les houillères. Dans un premier temps, leur aspect leur valut d'être rattachés sans exception aux fougères : on partait en effet de l'idée que, dans cette phase primitive de l'évolution des plantes terrestres, il ne pouvait exister de phanérogames.

Chez les **cryptogames** normaux, il se forme un seul type de spores ; c'est pourquoi on les dit isospores. En revanche, chez les représentants plus évolués, en particulier les lycopodiales et les filicophyles, dès le dévonien supérieur apparaissent deux types de spores : les grandes spores femelles, ou mégaspores, et les petites spores mâles, ou microspores, formées respectivement dans des mégasporanges et des microsporanges. Cette hétérosporie constitue un premier pas vers l'apparition de fleurs mâles et femelles. Quand le mégasporange reste dans le corps maternel, il sera fécondé ; en revanche, s'il continue de se développer, il produira des graines. Dès lors, la plante deviendra ainsi une **plante terrestre**. La fructification et le développement précoce du germe du cryptogame (prothalle) sont encore tributaires d'un apport d'eau ; mais la germination permet de surmonter cette dépendance.

Phanérogames

Les phanérogames ont eu des précurseurs dès le dévonien supérieur. Dans la flore carbonifère, naguère considérée comme purement cryptogamique, les phanérogames occupent au côté des ptéridophytes une place non négligeable.

1 Sigillaria *13 cm de large, carbonifère : stéphanien (Sarrebruck, RFA)*

2 Lepidodendron, *nervure des limbes de feuille, 2,5 cm, carbonifère : westphalien (Ibbenbüren, RFA)*

3 Annularia sphenopsis *2 cm de large (Pennsylvanie, USA)*

4 Cônes de Lepidodendron *8 cm, carbonifère : stéphanien (Sarrebruck, RFA)*

5 Asterophyllites longifolium *20 cm, permien inférieur (Sobernheim, RFA)*

1

2

3

4

5

Ptéridospermées

Les filicophyles portent leurs sporanges sous les palmes. En revanche, le carbonifère a vu l'apparition de nombreux types de fougères dont le dessous des palmes n'était jamais pourvu de sporanges. Par chance, des restes de souches ont pu être mis au jour, et si leur microstructure les distingue des filicophyles, elle est néanmoins comparable à celle des **cycadées**. Par la suite, d'autres découvertes ont permis d'établir que ces plantes produisaient également de vraies graines. On suppose qu'il s'agit là de phanérogames encore pourvues de « feuilles de fougères », mais se rattachant par la structure de leur tronc et par leurs graines aux gymnospermes du groupe des **cycadées**. Ce groupe est celui des **ptéridospermées.**

Rhachiopteris et **Sphenopteris**, deux fougères fortement tripennées, appartiennent aux ptéridospermées et aux vestiges fossiles réunis sous le nom de **Lyginodendron. Neuropteris** et **Alethopteris**, de grandes fougères elles aussi tripennées, mais aux feuilles seulement ovales, font également partie de ce groupe.

Les ptéridospermées ont également proliféré sous une grande diversité de formes dans les grès-rouges ▷ 3, et elles ont eu leurs derniers représentants au jurassique inférieur. Les fougères vraies apparaissent un peu plus fortement représentées dans les grès-rouges du permien qu'au carbonifère. Parmi elles, mentionnons **Recopteris**, une fougère tripennée dont les petites feuilles de forme rectangulaire arrondie, pourvues d'une base large, s'insèrent sur l'axe de la palme. ▷ 1

Coniferophyta

Il existe également chez les lycopodiales une hétérosporie menant à la formation de graines, et c'est chez elles qu'il faut rechercher l'origine des **conifères** dans l'acception la plus large du terme.

Cordaïtes

Les **cordaïtes**, issues des lycophytes, constituent un groupe indépendant, apparenté aux **conifères**. Très répandues au carbonifère, elles n'ont pas tardé à disparaître, dans les grès-rouges du permien. Elles étaient pourvues d'un tronc lisse, atteignant 20 mètres de haut et dont la cime comportait une couronne de branches à ramifications multiples. Celles-ci présentaient des feuilles en forme de ruban, à nervures parallèles et mesurant jusqu'à 1 mètre de long.

Conifères

Apparus dès le permien rouge, les **conifères** ont prospéré jusqu'à nos jours, représentés par le genre **Walchia**. Verticillés et insérés horizontalement dans le tronc, les rameaux étaient à ramifications pennées, hérissées de longues aiguilles. ▷ 2. Par leur forme et leur cuirasse d'aiguilles, les walchias rappellent les **araucarias**. De même que les **cordaïtes**, les conifères sont à rattacher aux lycophytes **lépidodendracées**, tandis que les ptéridospermées proviennent des filicophyles. Le type évolué des phanérogames est vraisemblablement apparu à plusieurs reprises d'une manière indépendante.

Avec la fin du permien rouge, la flore se modifie radicalement. La flore houillère s'était créée sous un climat chaud et humide. Mais, au permien supérieur et par la suite, pendant une partie du trias, il régnait un climat plus sec. Parmi les cryptogames, les lycopodiales régressèrent fortement : seules les équisétales et les filicophyles ont connu une relative prospérité. Au trias, plus particulièrement au keuper, les équisétales sont représentées par le genre **Equisetites**, atteignant 6 mètres de haut. Le tronc des *Equisetites* se ramifie seulement à sa partie inférieure, ses branches se dressant à la verticale. Ce genre est un des fossiles les plus fréquents du keuper.

En revanche, les phanérogames constituent un élément déterminant, dans la mesure où il s'agit en quelque sorte des ancêtres carbonifères des gymnospermes.

Par la suite, les conifères n'ont cessé de prospérer. Mentionnons notamment les **Voltzia**, fossiles importants au permien supérieur et à l'étage des grès bigarrés.

Ginkgoales

Au côté des conifères, les ginkgoales constituent un ordre indépendant issu des lycopodiales. Le dernier

1 Pecopteris cyathea *30 cm, permien inférieur (Sobernheim, RFA)*

2 Walchia *30 cm, permien inférieur (Jekkenbach, RFA)*

3 Weissites pinnatifidus *10 cm, permien inférieur (Odernheim, RFA)*

1

2

3

représentant de cette classe (**Ginkgo biloba**), dont l'habitat est limité à la Chine, est dans ce pays comme en Europe un arbre d'agrément fréquent dans les parcs. La feuille du ginkgo actuel est flabelliforme, évasée vers l'extérieur à partir de la tige, et sa marge externe présente une échancrure médiane. Les nervures sont également flabellées vers l'extérieur à partir de la tige. On connaît des ancêtres du ginkgo au permien rouge. Très répandus au permien supérieur, les **Sphenobaiera** sont pourvus de feuilles à division fortement dichotomique, présentant un grand nombre d'échancrures atteignant pratiquement le pédoncule. Chez **Baiera**, du jurassique inférieur, cette division se trouve nettement réduite, et chez le genre **Ginkgoites**, du crétacé inférieur, elle devient insignifiante. ▷ 1

Cycadées

Les cycadées ont pour ancêtres les ptéridospermées. Leurs représentants actuels sont limités aux régions tropicales. Par leur tronc simple, dont la cime est pourvue de longues feuilles simples, elles ressemblent extérieurement aux **palmiers**, avec lesquels elles n'ont cependant rien à voir. Les premiers spécimens datent du permien inférieur. Au permien et au trias inférieur, on n'en trouve que quelques rares vestiges. C'est seulement à partir du trias supérieur qu'elles deviennent plus fréquentes.
Au keuper, on rencontre plus souvent des restes de cycadées, ainsi que de leurs proches cousines, les **nilssonies** et les **bennettitales**. Ces deux derniers groupes devaient disparaître dès le crétacé inférieur.

Angiospermes

Au crétacé inférieur (néocomien), la flore était dominée par les gymnospermes : conifères, ginkgoales et cycadées. Puis, brusquement, à partir du crétacé moyen (albien), est apparue une multitude d'**angiospermes**, correspondant aux plantes à fleurs. Cependant, une classification précise de celles-ci au sein des familles actuelles est impossible, car on ne sait rien de leurs inflorescences et de leurs fruits.
Dans les grès du crétacé supérieur des contreforts du Harz septentrional, les restes de feuilles d'angiospermes constituent un élément prédominant. Les plus connues sont les feuilles du genre **Credneria**, voisines des feuilles de **platane**. A celles-ci viennent s'ajouter d'autres formes de feuilles, parmi lesquelles, notamment, les **monocotylédones** et les **dicotylédones**. Les angiospermes, qui dominent aujourd'hui la flore, connaissaient déjà un grand épanouissement au crétacé supérieur : la découverte, dans le sud de la Suède, d'une fleur bien conservée en atteste.
La brusque apparition, à partir de l'albien, d'une flore d'angiospermes déjà fortement diversifiée, à laquelle vinrent se joindre, dès le crétacé supérieur, des **monocotylédones**, permet de supposer que les angiospermes de l'albien avaient déjà derrière elles une longue histoire, laquelle ne nous a pas laissé de traces sous la forme de fossiles. On pense que ces angiospermes primitives colonisèrent les régions continentales sèches et situées en altitude, où faisaient défaut les conditions nécessaires à la conservation des fossiles. On connaît en effet des restes de pollen d'angiospermes amassés par le vent au jurassique inférieur. Concernant l'origine des **plantes à fleurs supérieures**, on ne peut rien avancer de façon certaine, faute de matériel fossile. Cependant, elles semblent dérivées de plantes du type des cycadées ou des bennettitales.
Au tertiaire, en grande partie du fait de l'extension des gisements de lignite, les restes fossiles de végétaux sont fréquents, surtout dans les sédiments marins argileux à diffusion localisée. Ces restes sont constitués de feuilles, de graines et de bois. En règle générale, ils peuvent être insérés dans les familles actuelles, car la flore correspond à la nôtre. Cette flore change durant les périodes successives du tertiaire, sous l'influence des modifications climatiques qui ont caractérisé cette ère. ▷ 2-4

1 Ginkgo huttoni *feuille de 4 cm de large, jurassique : toarcien (Yorkshire, Grande-Bretagne)*
2 Feuille de bouleau 13 cm avec son pédoncule, tertiaire : pliocène (Willershausen, RFA)
3 Feuille de charme 5 cm, tertiaire : miocène (lac de Constance)
4 Feuille d'orme 4 cm, tertiaire : pliocène (Willershausen, RFA)

1

2

3

4

Conclusion

Depuis les temps les plus reculés et jusqu'à notre époque, les animaux et les plantes n'ont cessé de se modifier, et ce non seulement au sein des communautés vivantes, mais également à tous les niveaux taxinomiques. Sans cesse, d'anciennes formes disparaissent, cédant le pas à des formes nouvelles. Chaque fois que l'héritage de fossiles qui nous est laissé est assez complet, on est en mesure de remonter la filière des formes anciennes ayant abouti à des formes plus récentes.

L'évolution des fossiles illustre la théorie de l'origine des espèces, ébauchée par Lamarck et établie par Darwin.

Notre tableau (p. 6) récapitule en les resituant dans les différentes périodes géologiques les principaux embranchements d'invertébrés marins pour lesquels on dispose d'un abondant matériel fossile. Ce tableau révèle — de façon assez inattendue — que toutes ces espèces animales, présentant des structures nettement différenciées (même si leurs représentants étaient encore très primitifs), sont apparues dès le cambrien, et que, du cambrien à l'ordovicien, la diversité des structures physiques existantes était bel et bien considérable. Nombre de ces espèces archaïques ont totalement disparu au fil de l'évolution — c'est le cas des anthozoaires tabulés, trilobites, cystidés et blastoïdes —, tandis que d'autres, ayant connu un grand épanouissement, ont survécu jusqu'à nos jours à travers quelques vestiges rares (notamment les mérostomes et les brachiopodes).

Comparée à la grande diversité caractérisant la faune initiale, celle de l'époque actuelle se distingue en ce qu'elle résulte de l'épanouissement d'un nombre réduit de structures dominantes (bivalves, gastropodes, décapodes, échinides, etc.). Il en ressort que, depuis le cambrien, les différentes niches écologiques des communautés vivantes n'ont cessé d'être occupées par des groupes se succédant constamment. Ainsi, à la fin du paléozoïque, les brachiopodes cédèrent le pas aux bivalves alors en plein essor, qui s'effacèrent néanmoins devant les trilobites et les mérostomes, eux-mêmes relayés par les crustacés, auxquels succédèrent les lys de mer, à leur tour évincés par les échinides, et ainsi de suite. A cet égard, les gastropodes se révèlent un objet d'étude particulièrement significatif : ayant proliféré au paléozoïque ancien, ils ont disparu au dévonien lorsque les ammonites ont commencé à s'épanouir, avant de réapparaître et de prospérer de nouveau à partir du crétacé supérieur, c'est-à-dire après la régression et l'extinction définitive des ammonites.

S'appuyant sur la théorie de l'origine des espèces, on aurait pu penser qu'au commencement, la Terre n'était guère peuplée que par quelques formes animales archaïques constituant une faune pauvre, et qu'au fil de l'évolution ces espèces se ramifièrent sans cesse. Afin de résoudre la contradiction entre la théorie et l'état des découvertes sur le terrain, on a avancé une nouvelle hypothèse : les êtres vivants du post-cambrien avaient derrière eux une très longue histoire — ce qui expliquait la rapidité de leur évolution au cambrien. Mais leurs prédécesseurs avaient été totalement effacés de la carte de la Terre par la transformation de la quasi-totalité des roches précambriennes en roches cristallines — ce qui impliquait nécessairement que les restes fossiles avaient été détruits.

Cependant, des découvertes plus récentes devaient avoir raison de cette explication. En effet, dans les gisements de la phase finale du précambrien et auxquels succèdent de façon ininterrompue des strates cambriennes, on a mis au jour des vestiges fossiles d'êtres multicellulaires constitués de parties molles et encore dépourvus de parties dures. Cette phase finale, fossilifère, du précambrien — l'édiacarium — fut d'une durée à peine plus longue que le cambrien. Outre des restes non identifiables, on a reconnu dans la faune de l'édiacarium des fossiles de méduses, conulaires, annélides et arthropodes. En gros, dans l'état actuel de nos connaissances concernant l'évolution de la vie au précambrien, la faune de l'édiacarium semble illustrer les premiers pas du développement des animaux multicellulaires. La brièveté de la préhistoire de cette faune cambrienne, avec toute sa diversité, apparaît d'autant plus étonnante. Partant, on en est réduit à supposer que, de l'édiacarium au cambrien, le développement et la diversification des structures des nombreuses espèces animales s'efffectuèrent à une cadence quasiment effrénée, et aussi que toutes ces espèces étaient déjà à même de se doter de parties dures.

Les différents embranchements, avec les diverses formes animales, ne sont donc pas les produits successifs d'une lente évolution procédant par une multiplication des ramifications partant d'un tronc central. Bien au contraire, lors d'une phase initiale remontant fort loin dans le temps, les différentes structures animales se sont dégagées plus ou moins simultanément, pour évoluer ensuite côte à côte, indépendamment les unes des autres : les unes connurent un épanouissement et une différenciation très rapides, s'essoufflant dès le paléozoïque ou le mésozoïque, ou survivant encore à travers quelques vestiges ; les autres, en revanche, connurent une transformation plus hésitante et, par conséquent, un épanouissement plus tardif. Cette évolution s'est effectivement déroulée suivant le modèle de l'arbre généalogique, mais ici la racine donne naissance à de nombreux troncs dont chacun croît et se transforme indépendamment des autres et avec plus ou moins de réussite.

Ce foisonnement de l'évolution se perpétue et se renouvelle sans cesse, à grande comme à petite échelle. Ainsi, nos oursins modernes sont des descendants des périschoechinidés, principalement paléozoïques, aujourd'hui quasiment éteints. Parmi leurs rares survivants, on trouve au trias quelques ancêtres primitifs des oursins modernes. Après un bref essor, ce type d'oursin plus évolué devait donner naissance, au jurassique, à l'ensemble des rameaux d'oursins qui ont poursuivi côte à côte leur évolution jusqu'à nos jours. De même, après un bref essor au trias, les malacostracés, issus des phyllocaridés paléozoïques, devaient se subdiviser dès le jurassique en un grand nombre de ramifications, lesquelles ont continué d'évoluer jusqu'à notre époque.

Les agnathes eurent pour descendants, au dévonien, les placodermes gnasthostomes ; simultanément, les requins, les crossoptérygiens, les dipneustes et les poissons vrais firent leur apparition, immédiatement suivis des premiers tétrapodes. Mais ces quelques exemples se suffisent à eux-mêmes : on pourrait les multiplier à souhait.

Au vu de ces découvertes, on peut dire ceci : lorsqu'un nouveau type d'organisation, plus

Une promenade studieuse dans les Alpes suisses, en compagnie de Karl Beurlen

évolué, se détache d'un autre, plus ancien, plus rudimentaire, ce nouveau « modèle », non encore définitivement différencié, se subdivise en différentes variantes, en quelque sorte ses « cobayes », avec lesquels l'organisme éprouve ses différentes possibilités. Par la suite s'imposent les formes les plus « réussies », les plus capables d'adaptation ; les autres sont vouées à disparaître tôt ou tard, ou, dans le meilleur des cas, elles sont reléguées dans l'ombre, au côté d'autres vestiges. Quoi qu'il en soit, il faut savoir que le fait de s'interroger sur les tenants et les aboutissants de ce processus qui est à l'origine de la grande diversité de la faune à toutes les époques géologiques de la Terre ne signifie pas pour autant que la réponse soit à portée de main...

Grâce aux fossiles dont nous disposons, nous pouvons remonter la filière des différentes ramifications et, par voie de conséquence, retracer dans ses grandes lignes l'histoire de la vie sur terre. De même, les méthodes de la théorie de l'hérédité et les techniques de la biochimie nous permettent d'analyser les mécanismes moteurs de la mutation d'une espèce.

Qu'il existe une lutte pour la vie (Darwin) assortie d'une sélection naturelle et d'une survivance du plus apte, c'est vérifiable. Mais, conjointement, il nous faut aussi admettre qu'au sein de toutes les communautés vivantes, il existe également une étroite interdépendance, dont l'effet régulateur est décisif. Les recherches modernes en matière d'environnement nous ont permis de prendre clairement conscience de cette interdépendance, jusqu'alors négligée. Mais il reste encore beaucoup à faire pour ce qui est de décrire le processus vital et d'analyser et expliquer les mécanismes moteurs de l'histoire de la vie sur terre...

Grâce à la chance qui lui est donnée d'observer la diversité du vivant et la richesse de ses capacités d'adaptation depuis les temps les plus reculés, l'amateur de fossiles ne peut qu'être fasciné par ce mystère qui pourrait bien en rester un à jamais : celui de la vie.

Glossaire des termes spécialisés

Abdomen La partie postérieure du corps. Chez les vertébrés, c'est la partie ventrale située derrière la cage thoracique, tandis que chez les arthropodes, il s'agit de la partie du corps constituée de plusieurs segments et contenant la plupart des organes végétatifs.

Abducteur Muscle assurant l'ouverture de la coquille chez les bivalves et les brachiopodes.

Adducteur Muscle assurant la fermeture d'une coquille bivalve.

Allochtones Se dit des vestiges d'organismes non enfouis dans leur habitat d'origine car ils ont subi un déplacement depuis leur mort.

Ambulacraire (système) Le système aquifère dont sont pourvus les échinodermes.

Ambulacre Rangée de plaques percée par les pieds ambulacraires, ou *podia*.

Apex Sommet d'un cône ou d'un dôme. Chez les gastropodes, c'est le sommet de la spirale, et chez les échinides, c'est le pôle opposé à la région buccale.

Aragonite Variété cristalline de carbonate de calcium, relativement soluble et que l'on retrouve dans la structure de nombreuses espèces animales (anthozoaires, nombre de bivalves et de gastropodes, ainsi que les céphalopodes).

Autochtones Vestiges d'organismes fossilisés dans leur habitat d'origine.

Biocénose Association animale et végétale équilibrée.

Biosphère Couche idéale formée par l'ensemble des êtres vivants autour de l'écorce terrestre.

Bioturbation Modification de la structure initiale d'un gisement par les organismes qui y sont enfouis.

Bitume Substance minérale riche en carbone et en hydrogène. Il est produit par la décomposition de restes organiques due à la carence en oxygène (schistes bitumineux).

Calcédoine (silex) Une variété de quartz, très représentée dans les fossiles.

Calcite Carbonate naturel de calcium cristallisé. Fortement représenté dans les coquilles de nombreuses espèces (brachiopodes, échinodermes, mollusques, etc.).

Carapace Squelette cuticulaire recouvrant l'ensemble du corps (par exemple, chez les crustacés et les tortues).

Cénozoïque Synonyme de tertiaire. Ère géologique caractérisée par la prolifération des mammifères.

Céphalon Céphalothorax (appelé « tête ») chez les trilobites.

Charnière Chez les bivalves et les brachiopodes, cette région de la coquille, dotée de dents et d'alvéoles dentaires dans lesquels celles-ci viennent s'emboîter, assure l'articulation des valves, dont elle représente l'axe de rotation à l'ouverture et à la fermeture.

Chitine Substance organique très résistante, présente dans le squelette de nombre d'invertébrés, plus particulièrement des arthropodes.

Chorde (= corde) Pièce squelettique dorsale des chordés. Chez les vertébrés, elle est remplacée par une colonne vertébrale.

Cœnenchyme Tissu squelettique commun à une colonie et remplissant l'espace entre des zoïdes déjà différenciés.

Columelle Colonnette s'érigeant au centre du disque des anthozoaires. Ce terme désigne également la colonnette formée par la coalescence de la partie axiale des tours (chez les gastropodes).

Conchyoline Voisine de la chitine, cette substance organique forme en partie la nacre des mollusques.

Coque, coquille Exosquelette enveloppant les parties molles de l'animal.

Corrélation des organes Lois établissant les relations des organes entre eux, ainsi que la coordination de leurs fonctions respectives. Connaissant les caractéristiques d'un organe, on peut en déduire celles d'un autre organe.

Crochet Chez les bivalves et les brachiopodes, c'est l'extrémité saillante de la valve (le plus souvent fortement recourbée) située au voisinage de la charnière et contenant le centre de croissance de cette valve.

Cuticule Tissu de soutien, distinct de l'épiderme (chez les arthropodes).

Décomposition Séparation d'un corps en ses éléments constituants sous l'effet de l'oxydation.

Dichotomique Qui se divise en deux (par exemple, les bras des lys de mer et chez nombre de plantes).

Diducteur Muscle commandant l'écartement des valves.

Dissépiment Petite lame convexe située entre les septes à la périphérie d'un squelette d'anthozoaire.

Dorsal Côté opposé à celui sur lequel s'ouvre la bouche.

Écaille ganoïde Écaille de poisson dont la couche basale, osseuse, est recouverte d'une épaisseur d'émail (ganoïne).

Ectoderme L'enveloppe externe des parties molles. Ce feuillet embryonnaire fournit la peau et ses annexes.

Endogastrique L'enroulement spiralé de la coquille s'effectue vers l'arrière, de sorte que la face ventrale des anneaux se trouve du côté intérieur de celle-ci (chez les gastropodes).

Épiderme Membrane épithéliale formant la zone externe de la peau.

Exogastrique Coquille spiralée vers l'avant. La face ventrale des tours se trouve sur le côté externe. (La plupart des coquilles spiralées des céphalopodes.)

Exosquelette Parties squelettiques placées à l'extérieur du corps et recouvrant les parties molles (arthropodes ; également dans le dermosquelette des vertébrés).

Faciès Caractère d'une formation sédimentaire déterminé par les conditions locales (faciès lithographique) ; ou encore, milieu vivant dont le caractère est déterminé par les conditions locales (biofaciès).

Formation Ensemble homogène de strates rocheuses dans un filon. Jadis, on utilisait également ce terme pour décrire un ensemble de roches d'une époque géologique donnée (« formation jurassique »).

Fossile Reste d'une plante ou d'un animal conservé dans un dépôt sédimentaire.

Fossiles caractéristiques Il s'agit de fossiles d'organismes plus ou moins dépendants des conditions du faciès, et dont les espèces se caractérisent par leur transformation rapide et, donc, leur faible longévité.

Fossiles de faciès Fossiles d'organismes plus ou moins étroitement liés par leurs conditions de vie ou de faciès.

Hétéronomie Se dit des groupes différenciés de segments (métamères) constituant un corps (arthropodes).

Holostome Dont l'ouverture, ou l'aire buccale, n'est pas échancrée (gastropodes et échinides).

Homocerque Structure symétrique de la nageoire caudale chez les poissons.

Homonomie Conformation identique de tous les segments d'un corps métamère.

Involute Coquille enroulée en spirale et dont les anneaux se recouvrent plus ou moins (gastropodes et céphalopodes).

Ligament Située dans la charnière centro-dorsale, cette formation de conchyoline a pour fonction d'ouvrir les valves (chez les bivalves).

Lophophore Bourrelet charnu prolongeant la région buccale, généralement en fer à cheval, et sur lequel viennent s'insérer les tentacules (chez les brachiopodes et les bryozoaires).

Macrofossile Fossile dont la taille assez importante permet la description et la détermination à l'œil nu ou avec une simple loupe.

Manteau Situé sur l'extrémité postérieure chez les brachiopodes et en position dorsale chez les mollusques, c'est un épithélium qui joue un rôle dans la sécrétion de la coquille et limite la cavité où se font les échanges respiratoires.

Maxillipède Chez les crustacés, appendice du segment nucal, servant à la préhension de la nourriture.

Mésozoïque Synonyme de secondaire, comprenant donc le trias, le jurassique et le crétacé, cette ère géologique se caractérise par le grand épanouissement des sauriens.

Métamère Chez les annélides et les arthropodes, se dit d'un corps constitué d'un nombre variable d'anneaux.

Métamorphose Transformation indirecte faisant intervenir un ou plusieurs stades larvaires entre le stade de l'œuf et le stade adulte.

Microfossile Fossile minuscule dont la description et la détermination nécessitent le recours au microscope.

Mue Pour pouvoir poursuivre leur croissance, les arthropodes se débarrassent régulièrement de leur vieille cuticule, devenue moins élastique.

Nekton L'ensemble des organismes capables de nager dans un milieu aquatique donné.

Néma Dans une colonie de graptolites, filament prolongeant l'extrémité de la thèque initiale.

Ombilic Partie visible au centre de l'enroulement interne d'une ammonite, en forme d'entonnoir évasé. Chez les gastropodes, lorsque les faces internes des enroulements ne se touchent pas, l'ouverture qui apparaît à la base de la coquille prend également le nom d'ombilic.

Opale Silice hydratée constituant le squelette de certains organismes, notamment les procaryotes. Est également fossilifère.

Opercule Valve refermant le tube coquillier chez les gastropodes, les bryozoaires et les hyolithes. Chez les poissons, l'appareil operculaire est une pièce paire qui recouvre les branchies.

Opisthogyre Chez les lamellibranches, coquille dont les crochets sont tournés vers l'arrière (*Trigonia, Nucula*, etc.).

Paléozoïque Comprenant les périodes du cambrien, de l'ordovicien, du silurien, du dévonien, du carbonifère et du permien, cette ère est riche en espèces dont dérivent les espèces actuelles.

Péréiopodes Chez les crustacés, appendices pectoraux assurant la locomotion.

Périostracum Tissu de conchyoline.

Périprocte Dans l'appareil apical des échinides, membrane au centre de laquelle est percé l'anus.

Péristome Ouverture de la coquille tubulaire de gastropode. Il peut être non échancré (holostome), ou présenter à sa partie antérieure une échancrure souvent tubulaire (cette différenciation correspondant au siphon est nommée siphonostome). Aire entourant la bouche des échinides.

Phragmocône Partie cloisonnée de la coquille chez les céphalopodes.

Plancton Ensemble des organismes de petite taille flottant dans la mer.

Polypiérite Chez les anthozoaires, squelette de chaque zoïde.

Prosogyre Chez les bivalves, coquille dont les crochets sont tournés vers l'avant.

Pyrite Sulfure naturel de fer. Minerai fréquent dans les gisements bitumineux. Fossilifère.

Resilium Chez les bivalves, ligament déporté vers l'intérieur, entre les bords des valves.

Rostre Chez les ammonites, c'est une saillie du côté externe du bord de la bouche ; chez les bélemnites, le rostre est un élément du squelette, massif, conoïde, entourant le phragmocône ; chez les gastropodes, c'est le prolongement tubulaire de la section antérieure de l'ouverture (dite siphonostome) ; chez les crustacés, ce rostre apparaît souvent au bord antérieur de la carapace, formant une pointe médiane, laquelle se développe parfois en une plaque indépendante (plaque rostrale) ; de même, chez les trilobites, un rostre peut apparaître sur la tête. Enfin, nombre de vertébrés sont pourvus d'une crête, également appelée rostre.

Sédiment Dépôt laissé par les eaux, le vent et autres agents d'érosion, souvent sous la forme de strates successives dont la solidification donnera naissance à des roches sédimentaires.

Septe (septum) Les septes sont des lamelles calcaires radiales qui se forment de l'extérieur vers l'intérieur dans un calice d'anthozoaire ; chez les céphalopodes, les septes sont des cloisons qui divisent le phragmocône en loges.

Silicification Sous l'effet des facteurs chimiques de la fossilisation, la transformation du squelette en silice.

Sinupalliée Se dit d'une ligne palléale échancrée en arrière par l'impression des muscles rétracteurs du siphon (bivalves).

Siphon Chez les céphalopodes, c'est un prolongement vascularisé du corps à travers les loges du phragmocône, de la loge initiale à la loge d'habitation. Chez les gastropodes, le siphon est un prolongement tubulaire du manteau, orienté vers l'avant et par où l'eau est aspirée. Chez les bivalves, il s'agit d'un prolongement tubulaire, orienté vers l'arrière, des parois de la cavité palléale.

Spicule Chez les porifères, les spicules sont de petits éléments du squelette, de forme typique, pointue, constitués d'acides siliciques et de calcite. Visibles sur la peau des holothurides, ce sont de petits éléments calcaires du squelette. De même, des spicules calcaires peuvent apparaître dans les tissus connectifs des brachiopodes.

Spongine Cette substance organique apparentée à la chitine constitue avec la silice, ou en l'absence de celle-ci, la structure du squelette des porifères.

Sternite Chez les arthropodes, partie ventrale des anneaux.

Stratigraphie Étude des couches de l'écorce terrestre afin d'établir l'ordre de superposition et l'âge relatif.

Suturale (ligne) Chez les gastropodes et les ammonites, la ligne correspondant à l'intersection de la surface externe de la coquille avec la surface d'accolement de deux tours successifs.

Symétrie bilatérale Symétrie par rapport à un axe passant généralement par la bouche.

Systématique Science de la classification des êtres vivants d'après un système, mettant en évidence leurs caractères communs et leurs différences ainsi que leurs rapports de parenté.

Tabularium Partie centrale d'un polypier, comprenant surtout des planchers.

Tentacule Extension mobile d'un corps, généralement en couronne, surtout autour de la bouche (notamment chez les anthozoaires, ainsi que chez nombre d'annélides, bryozoaires, brachiopodes, céphalopodes, etc.)

Tergite Par opposition à sternite, chez les arthropodes, partie dorsale des anneaux, généralement épaissie.

Thèque 1. Squelette en plaques, en forme de boule ou de sac, des pelmathozoaires (cystidés, blastoïdes). 2. Coque tubulaire logeant les différents individus qui forment une colonie de graptolites.

Thorax Chez les arthropodes métamères hétéronomes, la partie antérieure du corps, dont les métamères sont pourvus d'articles assurant la locomotion (chez les insectes, les ailes sont insérées dessus).

Traces et empreintes fossiles Témoignent de l'existence d'organismes n'ayant pas laissé d'autres vestiges de leur présence.

Trachée Canal superficiel plus ou moins ramifié et faisant fonction d'appareil respiratoire.

Transsuturale Direction des canaux qui traversent perpendiculairement les bords de la plaque qui les renferme.

Vertébré Pourvu d'un axe dorsal osseux.

Au travail, sous l'œil vigilant du professeur Beurlen ▷

INDEX

Noms scientifiques

Noms français

Vasum horridum *9 cm, pliocène (La Belle, Floride, USA)*

Crédit photos

Le premier chiffre indique la page, le deuxième, le numéro de la photo.

Musée du Jura-Eichstätt, G. Völkl : p. 257-3
Musée préhistorique-Hauff, Holzmaden : p. 145-4, 255-3

Fritz Ziegast, Munich : p. 257-2
Toutes les autres photos : **Gerhard Lichter**

Les fossiles présentés proviennent des collections suivantes :

Werner Bauer : p. 223, 225-2, 229-1 ; **Piero Garonetti :** p. 84, 131-4, 167 ; **Max Gießler :** p. 175-3, 239-1, 2, 241-1, 3, 4, 5, 6 ; **Dr Alfred et Joachim Hauser :** p. 19-4, 51-5, 53-4, 105-1, 115-2, 133-4, 149-1, 191-1, 195-2, 4, 5, 197-1, 2, 201-2, 213-1, 2, 215-1, 2 ; **Edeltraud Hepfer :** p. 95-3, 231-2 ; **Karl-Heinz Hilpert :** p. 67-5, 77-3, 103-3, 119-1, 135-1, 2, 5, 6, 147-7, 8, 227-3, 233-4 ; **Reinhard Jadrniczek :** p. 115-1, 117-2 ; **Rainer Kratz :** p. 65-2, 67-2, 69-5, 127-4, 141-6, 147-2, 195-1, 203-1, 225-1 ; **H. Kugler :** p. 217-1 ; **Reinhard Kuhn :** p. 55-2, 3, 4, 5, 57-1, 2, 71, 89-3, 141-5, 145-3, 171-2, 181-1, 3, 183-1, 2, 219-2, 3, 4, 221-3, 253-1, 5 ; **Hanno Langen :** p. 127-3, 141-4 ; **Rudi Laqua :** p. 125-1, 5, 209-1 b., 231-3, 235-2, 251-4, 5 ; **Heilwig Leipnitz :** p. 39-1, 53-3, 63-1, 87-3, 5, 117-1, 119-2, 149-3, 163-3, 175-1, 191-2, 199-1, 217-2, 220, 227-1, 2, 263-1, 2 ; **Gerd H. Leichter :** p. 139-3 ; **Rupert et Helmut Lenzenweger :** p. 55-1, 57-5, 65-6, 77-2, 119-3, 4, 5, 6, 121-1, 2, 139-1, 143-2 ; **Dr Thaddäus Liske :** p. 97-1, 128-2, 131-5 ; **Gerhard Müller :** p. 149-4, 175-2, 269-4 ; **Axel Paulsen :** p. 43-2, 3, 4, 45, 47, 49-1, 4, 51-1, 53-2, 65-1, 4, 83-6, 87-2, 91-1, 105-2, 4, 129-5, 137-1, 2, 3, 4, 139-2, 4, 5, 155-1, 159-1, 3, 163-2, 191-3, 207-1, 2, 209-1 h., 240 ; **Harald Prescher :** p. 63-2, 75-3, 79-3, 87-1, 3, 109-2, 115-3, 4, 159-4, 161-1, 2'3-3, 215-3 ; **Horst Schmid :** p. 199-2 ; **Harald von Seherr-Thohs :** p. 217-4, 123-4, 133-3 ; **Emil Stanke :** p. 57-3, 147-3 ; **Klaus Thoma :** p. 189, 229-3, 231-1, 233-5, 235-1, 237-1 ; **Karl Wiedmann :** p. 67-6, 79-2, 107-1, 2, 141-2, 151-1, 4, 187, 247-2, 3, 251-1, 253-3 ; **Prof. Peter S. Wu :** p. 265-3 ; **Musée paléontologique de Nierstein, Arnulf et Harald Stapf :** p. 19-2, 3, 22-d., 41-1, 2, 43-1, 49-2, 3, 51-2, 3, 4, 53-1, 83-1, 3, 4, 5, 89-1, 93-2, 95-1, 101, 109-1, 117-3, 133-5, 6, 135-4, 149-2, 157-1, 163-5, 165, 169, 171-3, 4, 177, 179-1, 2, 3, 183-3, 185, 195-3, 197-4, 201-1, 221-1, 4, 243-1, 2, 245-1, 3, 247-1, 249-1, 3, 251-2, 255-1, 2, 257-1, 261-1, 263-3, 4, 265-1, 4, 5, 267-2, 3, 269-2 ; **Musée de Schaffhausen, Dr Rudolf Schlatter :** p. 39-2, 3, 4, 73-3, 77-1, 85-6, 91-4, 123-2, 219-1, 221-2, 237-4 ; **Musée Biberach/Riß :** p. 67-3, 245-2, 259.

Tous les autres fossiles : collection Gerhard Lichter.

Achevé d'imprimer le 10-09-1987
Dépôt légal Septembre 1987
Imprimé en R.F.A. par Mohndruck, Gütersloh